ノーム・チョムスキー　エドワード・S・ハーマン
Noam Chomsky　Edward S. Herman

マニュファクチャリング・コンセント

マスメディアの政治経済学――I

中野真紀子✣訳

TRANSVIEW トランスビュー

MANUFACTURING CONSENT
by Edward S. Herman and Noam Chomsky

マニュファクチャリング・コンセント　第Ⅰ巻＊目次

―マスメディアの政治経済学―

初版の序　66

第三章　第三世界選挙の正統性と無意味さ ―エルサルバドル・グアテマラ・ニカラグア―

訳注

装幀　高麗隆彦

アレックス・ケアリー〔一〕とハーバート・I・シラー〔二〕の思い出に

イラン＝コントラ事件では、大統領の鷹揚な性格に、その責任があるとされた。国民は、そういう彼のひととなりを知る機会がいくらでもあったのに、それでもこの人物をホワイトハウスに送り込んだのだ——一度ならず、二度までも。

——ジェイムズ・レストン［三］

国民の眼をふさいでおきながら、見えないことを叱咤する者たち

——ジョン・ミルトン［四］

マニュファクチャリング・コンセント　I

―マスメディアの政治経済学―

・本文中の［　］は原著の注記、〔　〕は訳者による注記である。
・本文横の（　）は原注、［　］は訳注の番号で「補遺」とともに巻末に付した。

新版の序

一　プロパガンダ・モデルとは

本書が中心に据えている「プロパガンダ・モデル」とは、アメリカのメディアの働き（パフォーマンス）を、その活動の場となっている基本的な制度構造や関係性の観点から説明するために、わたしたちが考案した分析の枠組みである。

わたしたちの見るところ、メディアの機能のなかには、メディアに資金を与え支配する有力な社会層の役に立ち、そのための宣伝活動を行なう役割が含まれている。そうした勢力の代表者たちは、特定の政治的な思惑を持ち、推進したい理念がある。彼らは、メディアがめざすべき方向を定め、制約を課しやすい立場にある。それを達成するために露骨な干渉がなされることは、ふつうはない。むしろ、「正しい」考えの人材が選別されていき、メディア機構の方針に一致するニュース性の定義や優先順位を、編集者やジャーナリストが完全に自分のものとして身につけることを通じて、それは達成されるのだ。

構造的な要素としては、①所有と支配、②外部の重要な資金源（とりわけ広告主）への依存、③ニュースをつくり、意味を限定し、その含意を説明する力を持つ人々と、メディアのあいだの共通利害ともたれ合いの関係、などが挙げられる。

これらに加えて、プロパガンダ・モデルには、関連性の強い他の要素も含まれている。たとえば、メディアによるニュースのあつかいに苦言を呈する能力（つまり、矢継ぎばやに組織的な非難を浴びせる「集中砲火《フラック》」の能力）、「専門家」を出演させて、ニュースについての当局の見解を後押しする能力、メディア業界やエリート層のあいだでは当然とされていても一般大衆には受けの悪い基本理念や思想を、定着させる能力、などが挙げられる。(1)

メディアを所有し、広告主として資金を提供したり、ニュースをまっ先に定義したり、「集中砲火」を浴びせたり、「好ましい」思想を持つ専門家を提供したりする、隠れたパワーソースと同じものが、基本理念や支配的なイデオロギーを定着させるうえでも中心的な役割を果たしていると、わたしたちは考えている。ジャーナリストの行動、彼らが何にニュース性を認め、何を仕事にあたっての当然の前提とみなしているかについては、このような構造の分析から浮かび上がる誘因とプレッシャー、抑制などによって、たいていは説明できるだろう。

メディアの働きを支配するこうした構造的な要因も、すべてを操っているわけではないし、かならずしも単純で同質な結果ばかりを生むわけでもない。メディア機構のそれぞれの部門が一定限度の自律性を保っていること、個人の価値観や職業倫理がメディアの働きに影響すること、方針の強要は不完全だということ、またメディアの方針そのものが、一般的な見方に疑問をはさむ報道や異議を表明するすきまを容認しているらしいことなどは、すでに広く一般に認められており、本書に示すような制度批判にもある程度は反映されていると言えるかもしれない。こうした配慮によって、反対意見や都合の悪い事実も、ある程度は報道されることが約束

されている。(2)

だが、このシステムの巧妙なところは、そうした異論や不都合な情報も、一定の節度を守ったものにとどまり、つねに片隅に留め置かれることである。その結果、そういうものが存在することによって体制がけっして一枚岩でないことは証明されるのだが、当局の意向が世論を牛耳っている状況を、過度に邪魔だてするような規模にはけっしてならないのだ。

もう一つ確認しておきたいのは、わたしたちが論じているのはメディアの構造とパフォーマンスであって、メディアが大衆におよぼす影響についてではないということだ。もちろんメディアが当局の方針を支持し、ほとんど異議を唱えなければ、望みどおりの方向に世論が動く可能性は高い。だがそれも程度の問題であって、大衆の利害がエリート層の利害と大きく食い違い、大衆が独自の情報源を持っているような場合には、当局の方針に対する疑問が広がることだってあるだろう。だがここで強調しておきたいのは、プロパガンダ・モデルは、メディアの行動を決定する諸要因を説明するものだということだ。メディアが発するプロパガンダはつねに効果的である、とほのめかすわけではない。

初版の刊行からすでに十年以上が経過したが、プロパガンダ・モデルも、初版で紹介したケーススタディも、驚くほど有効性を保っている。(3) 新たな序文をつけ加えた理由は、このモデルを最新のものに更新すること、収録済みのケーススタディ（その部分についてはいっさい修正していない）を補足する新材料をつけ足すこと、最近話題になった問題の多くにも、このモデルが適用できることを証明すること、の三つである。

二　プロパガンダ・モデルのアップデート

メディアを支配する二十四の企業

第一章で詳述した「プロパガンダ・モデル」は、主流メディアの行動やパフォーマンスを、企業としての性格や、支配的な経済体制のポリティカルエコノミーに組み込まれていることなどを通じて、広範囲に説明するものだ。そのため本書では、メディア企業の規模拡大、メディアの集権化と資本集中の段階的な進展、多数の異種メディア（映画撮影所、テレビ局、ケーブル放送局、雑誌社、書籍出版社など）を支配するメディア・コングロマリット（巨大複合企業）の発達、グローバリゼーションによる国境を越えたメディアの普及、などに大きな関心を払っている。またメディア企業の経営が、従来の同族支配から雇われ経営者による運営へと、次第に転換していることにも注目した。雇われ経営者は、より広い範囲のオーナーに奉仕しており、市場のディシプリンにより強く縛られている。

こうした傾向や、異種メディア間の垣根を越えた広告獲得競争の激化が、過去十年あまりの期間においても継続・強化されており、収益性重視の傾向がいっそう強まる結果になっている。したがってメディアの集権化と寡占は加速しているのだが、それに対して、共和党政権も、民主党政権も、規制当局も、事実上なんの反対もしてこなかった。ベン・バグディキアンは、『メディアの支配者』*Media Monopoly*〔藤竹暁訳、光文社、一九八五年〕の初版を一九八三年に出版したとき、五十社の巨大企業がほぼすべてのマスメディアを独占していると指摘した。だが、わずか七年後の一九九〇年には、そのような地位にある企業の数は二十三社に減っていた。(4)

一九九〇年以降は、大型企業合併の嵐とグローバリゼーションの急速な進展によって、メディア業界の寡占化はさらに進み、九社の多国籍コングロマリットが出現した――ディズニー、AOL＝タイム・ワーナー、ヴァイアコム（CBSを所有）、ニュース・コーポレーション、ベルテルスマン、ゼネラル・エレクトリック（NBCを所有）、ソニー、AT&T＝リバティー・メディア、ヴィヴェンディ・ユニヴァーサルである。これらの巨大グループは、世界中の大手映画制作所、TVネットワーク、レコード会社、ケーブル放送の最重要チャンネルのかなりの部分、ケーブル・システム、雑誌、大型市場向けテレビ局、書籍出版社などを、すべて所有している。最近の合併でできた最大グループのAOL＝タイム・ワーナーは、インターネット・ポータル最大手を、伝統的なメディア・システムに統合したものだ。

この他に十五の企業がこの業界を構成しており、つまるところ二十四の会社が、アメリカ市民に到達するメディアのほとんどすべてを支配していることになる。バグディキアンは、「これらの企業が一体となったときの、企業体の連携や、統一された文化的、政治的な価値観などを背景とした圧倒的な力は、アメリカの民主主義に個人がはたす役割について、不安になるような疑問を提起する」と結んでいる。(5)

メディアの世界を支配する九つの巨大企業のうち、GE〔ゼネラル・エレクトリック〕以外はすべて、メディア産業の枠内で広い範囲にわたる複合企業体を形成しており、コンテンツの制作と配給の両面において重要な機能を担っている。そのうちディズニー、AOL＝タイム・ワーナー、ヴァイアコム、ニュース・コーポレーションの四社は、映画、書籍、雑誌、新聞、テレビ番組、音楽、ビデオ、おもちゃ、テーマパークなどをプロデュースしており、同時にまた放送局やケーブル・システムの所有、小売店や映画館チェーンなどを通して、広く流通させる能力を持っている。

ニュースや政治にかかわる調査報道、ドキュメンタリーもときどきは提供しているものの、このようなポップカルチャーの巨大企業では、経営者たちの主要な関心はエンタテインメントだ。ABCテレビの「大金持ちになりたい人は？」（Who Wants to Be a Millionaire）やCBSテレビの「サバイバー」のようなショー番組、あるいはディズニーの『ライオン・キング』のような映画によって、大勢の視聴者を獲得し、それをもとにした関連商品の販売（クロスセリング）による相乗効果を実現することが、これらの企業が最重要とする目標なのだ。

グローバル・メディアの誕生

映画や書籍のようなメディアの重要部門は、ずっと昔から大きなグローバル市場を持っていたが、グローバルなメディア・システムが誕生したのは、せいぜいここ二十年ほどのことにすぎない。この世界システムが、国単位のメディア・システムや、文化や政治に大きな影響を及ぼしている。[6] これに拍車をかけているのが、ビジネス一般のグローバリゼーションと、それに伴うグローバルな広告需要の急速な伸び、ならびに多国間にまたがる事業活動や管理を容易にさせた、通信技術の向上だ。

政府の政策やネオリベラルの思想的な強化も、同じくこれに貢献してきた。アメリカや西側諸国の政府は、海外進出を切望する自国企業の利益を後押しし、また国際通貨基金（IMF）や世界銀行も、これに連動した。彼らは、多国籍企業が世界中のメディア市場にアクセスを拡大できるよう努力し、かなりの成功をおさめた。ネオリベラルの思想は、放送局やケーブル・システムや衛星システムの株式所有制限を緩めて、海外の民間投資家の参入を認める政策に、理論的な根拠を提供した。

このグローバリゼーションのプロセスの中で育まれてきた文化や思想は、おもに「ライフスタイル」の問題や、商品とその購入法にかかわるものであり、市民生活に役立つような共同体意識は、ことごとく弱められる傾向にある。ロバート・マチェスニーは、「グローバルなメディア・システムのいちばんの特徴は、いたるところに顔を出す、容赦ない商業主義だ」と指摘する。[7] ショッピング・チャンネル、「インフォマーシャル」（消費者への情報を盛り込んだコマーシャル）、プロダクト・プレイスメント（映画の中に提携企業の製品やロゴを登場させること）が、グローバル・メディアシステムの中で急速に発展している。「一九九〇年代後半に書かれた報告は、いずれも異口同音に、世界中の中産階級の若者が消費者向け製品やブランドに魅せられ、とり憑かれているとさえいえる状況を、明らかにしている」と、マチェスニーはつけ加える。[8]

ここ数年、グローバル・メディアが「ニュース」として関心を持ったできごとは、「同盟の力作戦《オペレーション・アライド・フォース》」（ユーゴスラビアにNATOが仕掛けた戦争）のような「聖戦」や、国政選挙についての報道は別にして、おそろしく無節操なセンセーショナリズムに走っていた。たとえば、O・J・シンプソン裁判、モニカ・ルインスキー・スキャンダル、そしてダイアナ妃とジョン・F・ケネディ・ジュニアという、欧米社会の超大物の有名人ふたりの死亡事故などに、脅迫的なまでの関心が向けられた。

グローバリゼーションの進展は、規制緩和の流れや、国家予算圧縮の圧力とともに、どこの国でも非営利メディアの重要性を低下させる一因となった。これが特に重大な問題となるのは、ヨーロッパとアジアである。これらの地域では、（アメリカやラテンアメリカとは大きく異なり）公共放送システムが中心的地位をしめてきたからだ。財政的な圧力によって、公共放送は、事業を縮小するか、さもなければ商業放送システムの資金調達法と番組編成を模倣するよう迫られており、一部のものは政策転換や民営化によって、完全に営利事業と化している。世界的なパワーバランスは、商業システムの方へと決定的にシフトしているのだ。

ジェイムズ・レッドベターによれば、アメリカでは右派からのたえまない政治圧力と、きびしい財政事情のため、「九〇年代には商業主義が、津波のように公共放送に押し寄せ」、公共放送事業者たちは、「先を争って、自分たちのサービスを商業放送ネットワークが提供するものと統合させた」[9]。公共放送の「商店街化」とレッドベターはこれを呼んでいるが、このプロセスのあいだに、もともとわずかなものだった商業放送とのちがいは、ほとんど消滅した。もっとも重大なことは、番組編成に際して、「今の時代にかかわる政治論争という、有力なパトロンとの摩擦をもたらしかねない領域のことは、避けて通るか骨抜きにする、という習慣を、商業放送と共有するようになったことだ[10]」。

インターネットや新しい通信技術の発展によって、ジャーナリズムに対する企業統制は打ち破られ、いまだかつて経験したことのない、双方向で民主的なメディアの時代がはじまる、という主張もある。たしかに、インターネットによって個人やグループのネットワークづくりが幅を広げ、効率を高めているのは事実であり、それは重要なことだ。そのおかげで人々は、主流メディアがさまざまなかたちで押しつける制約を、回避することが可能になった。

日本の女性は、彼女たちが抱える悩みを専門にあつかう新しいウェッブサイトを訪れ、似たような立場の人々と意見や体験や情報を交換し、仕事や金銭や個人的な問題について専門家から助言を受けることができるようになっている[11]。メキシコ軍や政府の圧政に抵抗するチアパスの人々は、ウェッブを通じた呼びかけによって一九九五年に国際的な支援基盤を作り上げ、これを通じて自分たちの憤懣を広く宣伝し、メキシコ政府に圧力をかけて、チアパス政策の修正を迫ることに、協力を得ることができた[12]。

二〇〇〇年に、世界銀行が推進する民営化計画と水資源の有料化に、抗議して立ち上がったボリビアの農民たちや、一九九八年にスハルトの独裁政治に反対して街頭を占拠したインドネシアの学生たちは、インターネットを通じて情報を発信する能力を身につけており、それによって大きな注目と世界的な関心を集め、重要な成果を挙げることができた。ボリビアの水道システムの民営化では、新たな所有者となったベクテル社が、さっそく水道料金を二倍に引き上げていたのだが、この抗議運動に屈して退散し、民営化のための売却は撤回された。インドネシアでも、抗議運動とその情報の広がりが、一九九八年の金融危機ともあいまって、スハルトの退陣を促した[13]。

広域にまたがる抵抗運動にも、インターネットを利用した情報伝達は役立っている。一九九八年、世界貿易機構（WTO）の主要メンバーが、多国間投資合意を秘密裏に推し進め、各国内の民主的な組織体の権利を犠牲にして、国際投資家の権利をさらに擁護しようとしたとき、インターネットはこの脅威について警告を発し、反対勢力の結集をうながして合意の受け入れを防ぐという、貴重な役割を果たした[14]。

同じように、一九九九年十一月にシアトルで行なわれたWTOの会議や、二〇〇〇年四月にワシントンDCで行なわれたIMFと世界銀行の年次総会に際して、それに反対する抗議行動が起こったときも、インターネットを通じた情報交換が、抗議運動の組織化に重要な役割をはたした。またこうした抗議行動について主流メディアは敵意のある描き方をしたが、それに対抗して、当事者が、自分たちの手でこのできごとについての情報を広めることにも、インターネットは大きな役割を果たした[15]。

けれどもインターネットは、たしかに反体制派や抗議運動に参加する人々に、通信面での貴重な新戦力となったとはいえ、批判ツールとしては限界がある。ひとつには、もっとも切実に情報を必要としている人々には、インターネットがあまり役に立っていないという問題がある――そういう人たちの多くはインターネットが利用できないし、ネット上にあるデータベースは、彼らが必要とするものを満足させるようには設計されておらず、それを使いこなすためには（そしてインターネット一般を効果的に利用するためには）、知識と組織を持つことが前提となっている。

ブランドネームを持たない人々、すでに多数の顧客を獲得しているわけでも、大きなリソースを持つわけでもない人々にとって、インターネットは大衆に向けて発信する道具にはならない。かなり大きな営利組織だけが、インターネットを通じて自分たちが提供するものの存在を、多数の人々に気づかせることができるのだ。

インターネットのハードウェアが民営化され、インターネット・ポータルやサーバーの営利事業化と集中が急速に進行し、やがては非インターネット系の複合企業体に統合されていき――AOL＝タイム・ワーナーの合併はこの方向への大きな一歩だ――新しいブロードバンド・テクノロジーが、民間企業の寡占支配のもとに置かれていることも、民主的なメディア媒体としてのインターネットの将来に、大きな制約となりかねない懸念材料である。

ここ数年は、大手新聞社やメディア複合企業が、急速にインターネットに進出したのが目立った。彼らはみな、新テクノロジーの少数のパイオニアによって出し抜かれることを恐れており、未知の領域に手を出して何年間も赤字を出すことになっても、それでよしとする構えだ（また、その余裕もある）。とはいえ、そのような損失はできるだけ抑えたいし、広告主の方は、利用者の自由な行動の余地が大きく、せっかちなサーフィングを特徴とするような媒体に、大金を注ぎ込むことには慎重だ。したがって大手メディアのインターネット参入は、いきおい、おなじみの妥協へと流れていくことになる――商品販売の重視、ニュースの削減、瞬時に視聴者をひきつけ、それゆえ広告主にも魅力的な内容を優先的に供給することである。

『ボストン・グローブ』（『ニューヨーク・タイムズ』の子会社）や『ワシントン・ポスト』は、電子商取引による商品やサービスを提供している、「困ったことに、新聞ポータルのなかには、良質のジャーナリズムを提供することが企業戦略の中心である、と考えるところは一社もない……ジャーナリズムは物を売る助けにはならないからだ(16)」、とレッドベターは記している。『ニューヨーク・タイムズ』の元編集者のマックス・フランケルによれば、新聞がインターネット上の顧客を追い求めれば求めるほど、「セックス、スポーツ、暴力、コメデイがメニューに増え、外国の戦争や国内の社会福祉改革などについてのニュースは、完全な無視は免れたとしても、ひどく軽視される」ことになる。[17]

新しい技術は、主に企業の必要を満たすために導入されている。ここ数年の技術革新によって、メディア企業は人員を削減しながら生産性を引き上げることが可能になっており、またグローバルな配信システムが可能になったことから、メディア企業そのものの数も減少した。インタラクティブ機能の向上によって促進された視聴者との「対話」も、主にメンバー登録をした彼らに、ものを買わせるのを助長しただけであり、しかもメディア企業は、それによって顧客の詳細なデータを集めることが可能になった。これをもとにして、企業はプログラムの性格や広告を個々の顧客の性格に合わせて調整し、プログラムの途中でワンクリックするだけで購入できるようにする。プライバシーの低下と併行して、商業化が促進される。

集中砲火《フラック》の威力

要するに、ここ十数年のあいだの政策と通信技術の変革は、結局のところプロパガンダ・モデルの適用性を高めるものでしかなかったのだ。企業の力と世界的な浸透力の増大、メディア企業の合併と集中の進展、公共放送の衰退などによって、アメリカでも外国でも、利益重視の傾向が強まったのである。広告獲得競争はいっそう熾烈なものとなり、編集部門と営業部門の垣根は、いっそう低くなった。ニュース編集室は、これまでにもまして多国籍企業帝国の中に完全に取り込まれるようになり、予算は削減され、権力の構造に挑戦するような調査報道に対する経営陣の熱意は、さらに冷めている。

この十年余のあいだには、少数特権層が影響力をふるうメカニズムとして、情報提供と集中砲火《フラック》の力も強まった。メディアの集中とジャーナリズムに振りあてられる資源の減少によって、メディアはニュースを最初に規定する人々への依存を、これまで以上に強めることになった。この人たちがニュースをつくりだし、わかりやすく安価なコピーを供給することによって、メディアの負担の一部を肩代わりしているのだ。彼らのメディアに対する影響力は増大しており、こうした人々や他の有力利権集団のために働くＰＲ企業もまた、メディアへの情報提供者としての存在感を増大させている。

アレックス・ケアリー、スチュアート・ユーウェン、ジョン・ストーバー、シェルダン・ランプトンなどの著作は、広報産業がどれほどジャーナリズムの慣習を利用して、自分たち——ひいては顧客企業——の目的に奉仕させることに成功してきたかについて、わたしたちの理解を深めてくれた。[18] ニュース発信源の研究によって、ニュースのかなりの部分が、広報関係のリリースに由来していることが明らかになっている。今日、ニュースに手を加えるのが仕事の広報エージェントの数は、ニュースを書くジャーナリストの数を二万も上回っている、という数字を挙げるものもある。[19]

ソヴィエト連邦が崩壊し、社会主義運動が地上からほぼ消滅してしまったことで、反共イデオロギーの勢いは弱まったかもしれないが、それを埋め合わせるように、「市場の奇跡」（レーガン）という信仰が、イデオロギー的な力を強めている。資本主義の勝利と、民営化や市場原理の推進で利益を得る人々の力が強まったため、市場信仰の統制力も強まっている。少なくとも少数特権層のあいだではそうであり、そのため、実態はどうあれ、市場原理は寛大であり、民主的であるとさえ考えられている（トーマス・フランクの表現では「マーケット・ポピュリズム（市場大衆主義）[五]」だ）。非市場型のメカニズムはうさんくさいものとされる（ただし民間企業が助成金や救済措置、海外事業展開への政府支援を必要とするときは、その限りではない）。

ソ連の経済が一九八〇年代に停滞したとき、市場メカニズムの不在にその原因があるとされた。一九九〇年代に資本主義化したロシアが分裂したときには、その責任は新たに採用された経済システムにあるのではなく、政治家と労働者が、市場に魔法のような効果を発揮させられなかったせいだとされた。[20] ジャーナリズムは、このイデオロギーを完全に自分のものにしている。これが反共主義の残滓に重ねられて、グローバルな市場システムの力が、非市場型経済という選択肢を空想的にみせる今日の世界において、強大な力を持つ思想パッケージができあがる。

これらの変化は、プロパガンダ・モデルの適用性をいっそう高めたが、同時にまた「公共圏」をひどく弱体化させるものだった。公共圏とは、民主的な共同体において、重要なことがらが議論され、市民が理解力を持って社会に関与するための情報を与えてくれる、さまざまな場や公開討論などの機会のことである。マーケティングと広告宣伝の、着実な進展と文化的な力は、「政治的な公共圏が、政治色を薄められた消費者文化によって置きかえられる」という現象を引き起こした。[21] その結果、広告主が構築する、消費者の人口構成と趣味の相違に基づいた、仮想共同体の世界が創造されることになった。このような消費とスタイルに基づいた集団は、社会生活や問題意識を共有する実体としての共同体とは、折り合いが悪い。民主主義の体制に役立つのは、後者である。[22] こうした仮想の共同体は、商品を売り買いするために組織されたものであり、公共圏を創造したり、それに役立つことを目的としたものではない。

広告主は公共圏を好まない。そこには顧客が比較的少なく、心をかき乱すような論争が行なわれ、商品を売るのに理想的な環境ではないからだ。エンタテインメントを優先させたがる広告主の姿勢が、商業メディア・システムのもとで公共圏が次第にしぼんでいくことの底流にある。過去七十五年にわたるアメリカの放送事業の歴史が、そのことを如実に物語っている。[23]

けれどもエンタテインメントのメリットは、たんに物を売るのに都合がよいというだけではない。それはまた、隠れたイデオロギー的なメッセージを伝える手段としても、たいへんに効果的なのだ。[24] さらに言えば、すでに高度なのにまだ拡大しつつある、不平等に基礎を置いた体制においては、エンタテインメントは古代ローマ帝国の民衆に与えられた「円形競技場の見世物」の現代版にほかならず、民衆の注意を政治からそらせ、政治的な無関心をつくり出し、現状の維持に役立てようとするものである。

とはいえ、一般の人々が商業化の進むメディアの提供するものを、買ったり観たりしているからといって、公共圏のゆるやかな衰退が、市民としての、あるいは消費者としての、彼らの好みや自由な選択を反映したものだ、と判断するのはあやまりであろう。はるか昔の一九三四年、放送権を民間企業にまるごと移譲するという決定が下されたとき、一般市民には、それを承認するかどうかを選択する機会など、一度も与えられはしなかったのだ。[25]このとき放送権を買った民間企業も、また後には連邦通信委員会（FCC）自身も、公共サービスとして提供されているものが、広告主に好まれるエンタテインメントの山に埋もれるようなことは、けっして起こらないと誓ったのだが、そんな誓約が守られることはなかった。[26]

一般大衆はメディアに関する主権をもっていない――メディア企業のオーナーや経営者という、広告需要を求める人々が、メディアが提供する内容を決定するのであり、民衆はその中から選択するしかないのだ。人々が観たり読んだりするものは、手に入りやすく、集中的に売れているという理由で、選択されるところが大きい。

世論調査の結果がいつも示すのは、民衆はニュースやドキュメンタリー、そのほかの情報をふやしてほしいと思っており、セックスや暴力や、その他の娯楽番組は減ったほうがいいと思っている、ということだ――たとえ実際には後者の方を観たり聞いたりするのだとしても。労働は強化されているのに、収入は横ばいか、減少していること、高い費用をはらって不充分な医療しか受けられないこと、世界中で自分たちの名前においてなされていることなどについて、民衆がその理由を知りたがっていないと考える根拠は、ほとんどない。これらの話題について、彼らがあまり情報を与えられていないとすれば、その理由はプロパガンダ・モデルが説明してくれる——メディアを支配する主権者たちが、そんな材料は提供しないと決めたのだ。

三　ケーススタディのアップデート

本書の第二章から第六章までに紹介したケーススタディでは、おおざっぱにみれば同じ性格の事件であっても、そこに絡んでいる政治的、経済的な利害が異なれば、メディアによるあつかいも異なってくることを検証した。ニュース報道も、論説記事も、こうした利害に強く影響されており、あらかじめ予想のつく偏見を示すだろう、という見通しをわたしたちは立てた。

たとえば、アメリカ政府の高官がひいきにする従属国で政府が選挙を実施した場合、それについてのメディアのあつかいは、アメリカ政府の高官が敵視する政権の下で実施される選挙の報道とは、異なったものになると予想される。この問題については第三章で論じた。そこで分析した重要な選挙の事例においては、この二項対立的な取りあつかいと偏見が、異常なほどに強くあらわれていた。

価値ある被害者と価値なき被害者

第二章では、アメリカの敵国から迫害された者と、アメリカやその従属国から迫害された者では、メディアのあつかいがどう違うかを比較した。わたしたちの予想は、敵国による被害者は「価値あり」と判断され、彼らの事件については、アメリカやその従属国に虐待されたため、暗黙のうちに「価値がない」と判断される人たちに比べて、ずっと強烈で義憤に満ちた報道がなされるだろう、というものだった。

第二章に示したように、一九八四年にポーランドの共産主義者に殺された司祭、イエジ・ポピエウシュコについての報道は、一九八〇年にアメリカの従属国エルサルバドルで殺された大司教オスカル・ロメロに比べて、ずっと量が多かった。それどころか、アメリカの従属国で宗教迫害の犠牲になった聖職者百人についての報道を、全部合わせたよりも多かったのだ。しかも、後者のうち八人は、アメリカ市民だったというのに。

このような偏向は、アメリカの政策当局にとって政治的に有利である。敵国による被害者に注目することは、それらの国々が邪悪であり、アメリカが敵対するのは当然だ、ということを示すからだ。一方、アメリカとその従属国の被害者を無視することは、政治的にぐあいの悪い被害者への関心に足を取られることなく、現行の政策をひきつづき推進するのを容易にする。これほどひどい報道のダブルスタンダードを、「価値なき」被害者については証拠を得るのがむずかしいという理由で説明しようとするのは、とうてい信用できない。資金も人材も乏しいオルターナティヴな報道機関が、この人たちの虐待に関する資料を、主要な人権団体や教会関係者といった信憑性の高い情報源から大量に収集することを、りっぱにやってのけているからだ。(27)

本書の全体を通じて指摘されている、「価値ある」被害者と「価値なき」被害者のあつかいの質的な差を説明できるのは、政治的な要因だけだ。第二章では、価値なき被害者の虐待についての滅菌されたような報道(米国人の女性たちが、エルサルバドルで強姦されて殺された場合でさえそうだった)と、価値ある被害者の場合に示される、格段に大きな義憤と上層部にまでおよぶ責任の追及との対比によって、それが例証されている。

先にみた、ポピエウシュコとラテンアメリカで殺された聖職者百人についての報道格差が示すのと、同じ強大な政治的偏向が今日も続いていることは、一九九〇年代に「ジェノサイド」(集団虐殺)という言葉をメディアがどのように用いたかによって示唆されている。これについては、表にまとめて示した〔次頁〕。「ジェノ

主流メディアにおける「ジェノサイド」という語の使用頻度
:コソヴォ、東ティモール、トルコ、イラク[*1]

対象地域と期間	1．セルビア人やトルコ人などの行為に適用された回数[*2]	2．社説や投稿論説欄での使用回数	3．ニュース記事	4．第一面記事
セルビア人/コソヴォ 1998-99	220	59	118	41
インドネシア/東ティモール 1990-99	33	7	17	4
トルコ/クルド人 1990-99	14	2	8	1
イラク/クルド人 1990-99	132	51	66	24
イラク制裁措置 1991-99	18	1	10	1

1．この図表の作成に使用した主流メディアの数値は、Nexusデータベースで、『ロサンゼルス・タイムズ』、『ニューヨーク・タイムズ』、『ワシントン・ポスト』、『ニューズウィーク』、『タイム』を検索した結果である。
2．コラム2とコラム3の数字を合計しても、コラム1の数字にはならない。コラム1には、投書や「ワールド・ブリーフィングス」、要約の部分が含まれるからだ。

サイド」という言葉は、敵国による被害者にならば、政府高官はいつでも使う用意があるが、同等かそれ以上の迫害が、アメリカ自身やその同盟者によってなされた場合には、稀にしか適用されない不快な言葉である（そもそも使われることがあればだが）。

したがって、サダム・フセインやイラクは一九九〇年代にアメリカの標的にされてきたが、同時期のトルコは、クルド人に対しひどい民族浄化政策を進めていたにもかかわらず、アメリカの同盟者であり、アメリカに依存して武器の供給を受けていたため、前アメリカ大使ピーター・ガルブレイスは次のように発言する。「トルコは自国内のクルド人を弾圧してはいるものの、イラクのクルド人をサダム・フセインが新たに仕掛けたジェノサイドから守るという、アメリカが主導する使命の達成には、欠かせない協力者なのです」(28)。トルコによる自国のクルド人のあつかいが、イラクによる自国のクルド人のあつかいに比べて、残虐でなかったとはとても言えないが、ガルブレイスにとっては、トルコは「弾圧」しているだけだが、イラクは「ジェノサイド」を行なっているのだ。

この表には、調査の対象となった五つの大手印刷メディアの似たような偏向が示されている。敵国の迫害を記述するためには「ジェノサイド」という言葉がしばしば使われているが、同じようにひどい迫害が行なわれていたとしても、アメリカあるいはその同盟国やクライアントに対しては、この言葉が適用される頻度はずっと少ない。この用語についてのメディアの使い分けから、どこがアメリカの友人で、どこが敵であるかを読み取ることさえできるくらいだ。

アメリカとNATOの同盟国が、一九九九年にユーゴスラビアに戦争を仕掛けた——同国がコソヴォのアルバニア人を虐待したことに対抗するものだと主張されてはいるが——ときに、ユーゴスラビアの虐待行為を断罪するアメリカ政府の論調にメディアも追従し、「ジェノサイド」という言葉をくりかえし適用した。同じパターンが、イラク政府による国内のクルド人の虐待に対しても、あてはまる（イラクがアメリカの同盟国ではなくなってからの話だが）[29]——敵国、アメリカ政府による公然の非難、きびしい経済制裁措置、メディアの似たようなあつかいだ。

他方、トルコとインドネシアは、むかしからアメリカの同盟者かつ従属国であり、軍事・経済的な援助の対象だった。その結果、プロパガンダ・モデルの推測と寸分の相違もなく、メディアは、トルコが一九九〇年代を通じて行なってきたクルド人へのひどい虐待ばかりか、クリントン政権がトルコの民族浄化政策の遂行に気前のよい援助を与えてきたことについても、最低限の注意しかはらわなかった。「ジェノサイド」という言葉を、メディアがトルコのクルド人迫害に適用することは、稀であった。

同様に、この言葉がインドネシアによる東ティモール人の虐待に向けられることも稀であった。東ティモールに独立の意志を問うために、国連が後ろ盾になった一九九九年の住民投票に際して、インドネシアがこれを阻止あるいは打ち負かそうと、ふたたび大規模なテロを遂行したときの話である。アメリカは、スハルトが一九六五年に二十世紀でも有数の流血騒動を通じて政権を掌握するのを手助けして以来[30]、三十二年にわたって彼の独裁を支援しつづけ、彼が一九七五年に東ティモールを侵略し、占領を開始したときにも、決定的な軍事・外交的な支援を与えてきた[31]。

一九九九年、東ティモールの独立を問う住民投票をインドネシアが暴力で妨げようとしたときも、アメリカは、インドネシアへの軍事援助プログラムを続行し、殺人をやめさせるために介入するのを拒んだ。その理由として挙げられたのは、そこで起こっていたことは「インドネシア政府が責任をとるべきことであり、彼らからその責任を取り上げるようなまねはすべきでない」（一九九九年九月八日の記者会見で、ウィリアム・コーエン国防長官が述べた言葉）からだった。これはインドネシアが、東ティモールで何千もの人々を殺し、その大半を破壊してから、かなり時間がたっての話である。それからしばらくして、相当に強い国際的な圧力のもと、アメリカはインドネシアに懇願して、すでに荒廃した国からひき揚げてもらった。

他のところでも指摘したように、一九七五年にも、その後も、アメリカのメディアは東ティモールの人々を価値なき被害者としてあつかい、注目や憤慨は、もっぱら同時期に起こっていたカンボディアのポル・ポト政権による殺戮のために取っておいた。共産主義の指導者ポル・ポトから迫害された者には、価値があったからだ。だが、ポル・ポトが一九七八年にヴェトナム人によって政権を追われると、カンボディア人には価値がなくなった。アメリカの政策が、亡命中のポル・ポトを支持する方向にシフトしたからだ[32]。東ティモールの人々は、表が示唆するように、一九九〇年代を通じてずっと無価値のままだった。

一九九一年の湾岸戦争の後、イラクに対してきびしい制裁措置を強く要求した一派の親分格として、アメリカは、一九九〇年代に発生したイラク民間人の大量の死亡に責任があった。ジョン・ミューラーとカール・ミューラーは、これらの「大量破壊制裁」が「イラクで人々を死に至らしめた数は、いわゆる「大量破壊兵器」〔核兵器や化学兵器〕が、古今の歴史を通じて殺してきた人々の総数よりも、ずっと多い」と断言する。[33]

制裁措置によって殺された百万人を超える人々の多くは、幼い子供たちだった。ユニセフの常任理事キャロル・ベラミーは、「一九八〇年代にイラク全土を通じて確認された幼児死亡率の大幅な低下が、もし一九九〇年代にも継続していたならば、一九九一年から一九九八年までの八年間にこの国全体で死んだ五歳以下の子供たちの数は、五十万人ほど少なかっただろう」と指摘した。[34]しかしながら、彼らの死がアメリカの政策の結果として生じており、国務長官マデレーン・オルブライトが全国放送のテレビで、これら五十万人の子供の死は「その値打ちがあった」と言い放った[35]ことなどを勘案すれば、アメリカのメディアがこれらの被害者を価値なきものとみなし、ほとんど関心を寄せず、義憤もひかえめで、「ジェノサイド」の言葉を使うのは不適当と判断するだろうと予想される。表は、実際のメディアの行動が、わたしたちの予想通りであったことを示している。

表に示した「ジェノサイド」という言葉の使用法が示唆するような、メディアのひどい偏向の事実は、次の事例によってさらに補強される。一九九八年から一九九九年にかけてのセルビア人によるコソヴォのアルバニア人の迫害に、メディアは大きく注目し義憤を表明したが、この虐待は一九九〇年代にトルコがクルド人に与えたものや、一九九九年にインドネシア軍と民兵組織が東ティモールの住民に与えたものに比較すれば、ほぼ確実にそれほどひどくはなかった。

NATOによる空爆の前年にコソヴォ全域で発生した死者の数は、アメリカや他の欧米諸国の情報では二千人未満であったとされている。セルビア人の侵略と住民の追放、それに続いたNATOの空爆作戦の被害者も、数千人台の前半だったと思われる（戦後に埋葬された死体を集中的に調査した結果、二〇〇〇年八月までに三千体が見つかった。そのすべてがアルバニア系の民間人というわけではなく、必ずしもセルビア人に殺されたわけでもなかった）。[36]

一方、一九九〇年代にトルコがクルド人にしかけた戦争で、死亡した人の数は三万以上と見積もられており、その多くはクルド系の民間人だった。このほかに、二百万から三百万の人々が、難民になった。東ティモールでは、独立の意志を問う国連主催の住民投票が一九九九年八月三十日に実施されたが、インドネシア軍が反対派の民兵組織を編成、支援して、投票日までに、すでに推定五千人から六千人の東ティモール人を殺害した。それでも投票の結果、インドネシアによる支配は拒絶され、これに対してインドネシア軍と民兵による猛烈な住民虐殺がはじまった。[37]

「ジェノサイド」という言葉の、政治的な配慮に基づく適用に示されるダブルスタンダードは、より広くニュース素材全般にもあてはまる。メディアはつねに価値ある被害者の虐待に関心を集中させ、価値なき被害者の逆境はもみ消そうとするのだ。

その実例として、一九九九年一月十五日、コソヴォのラチャクでセルビア人に殺されたとされる四十人ほどのアルバニア人と、一九九九年四月六日に東ティモールのリキカでインドネシア軍と民兵に殺された「最大二百人」にのぼる東ティモール人についての、メディアの対照的なあつかいを比較してみよう。[38]

前者はアメリカ政府の高官には有益に映った。[39] 彼らは、目前に迫ったNATOによるユーゴ攻撃に向けて、自国や西欧の民衆に覚悟を固めさせる必要があったからだ。ラチャクの殺戮は、ユーゴスラビア内部でセルビア軍と、反乱を起こしたKLA（コソヴォ解放軍）との衝突の中で発生したものであり、その事実関係には当時から異論が唱えられていた（最近出てきた証拠によって、このできごとについてのNATO＝KLAの説明は一段と疑わしいものになっている）。にもかかわらず、この殺人は、アメリカやNATOの高官によって即座に非難され、ゆるしがたい「大虐殺」として大々的に喧伝された。アメリカの主流メディアもこれにならい、大虐殺というふれこみのこの事件に、大々的で無批判な関心を寄せた。[41] これが一九九九年三月二十四日に始まったNATOのユーゴ空爆に、道義的な根拠を与えるのに役立った。

リキカの殺戮は、カトリック教会に逃げ込んだ東ティモール人を、インドネシアが組織した民兵組織が殺害したもので、議論の余地のない「大虐殺」だった。明らかにラチャクよりずっと多くの人々が犠牲になっており、またそれが起こったのは外国（インドネシア）によって不法に占領された土地だった。これは特異なできごとでもなければ、コソヴォのように戦争状態の中で起こったことでもない——単純明快な民間人の殺戮だったのだ。けれどもアメリカ政府の高官は、この大虐殺を非難しなかった——実際、アメリカの積極的なインドネシア軍への援助は、この時期を通して継続し、住民投票の一週間後まで続いていた。その時点では、住民の八五パーセントが家を追われ、六千人を大きく上回る民間人が虐殺されていた。

アメリカの主流メディアは、政府の先導につき従った。それぞれの事件が起こった日から十二カ月のあいだに、表でとり上げたメディア大手五社がラチャクについて語った回数は、リキカについての四・一倍だった。また、この二つの場所での「大虐殺」が言及された回数は、六・七対一の割合でラチャクが多かった。記述の長さを記事の語数で比較すれば、ラチャクの優位は十四対一にまで上昇する。『ニューズウィーク』は、ラチャクとその「大虐殺」には九回も言及しているが、リキカについてはただの一度も語っていない。

このようにラチャクの殺戮は、メディアの協力のもとに、アメリカ政府高官によって、民衆に戦争を覚悟させるために効果的に利用された。メディアが事件を集中的に報道しただけでなく、「大虐殺」という政府の主張を、額面どおりに受け入れたからだ。ちょうど同じ時期にリキカで起こっていた議論の余地のない大虐殺に対しては、メディアのあつかいは量的にも少なく、民衆の義憤を呼び覚ますうえでも不十分なものだった。これは、東ティモールのできごとについては、同盟国であるインドネシアの管理に委ねようという、アメリカの政策に沿ったものだ。

四　第三世界選挙の正統性をめぐって

第三章では、従属する国の選挙と敵視する国の選挙のあつかいについてのアメリカ政府の方針に、主流メディアが迎合してきたことを論証した。エルサルバドルでは、一九八〇年代にアメリカ政府が後援するいくつかの選挙が行なわれた。これはアメリカの一般大衆に対して、エルサルバドルに自分たちが干渉することは、現地の住民に承認されていると証明するためのものだった。これに対してニカラグアで一九八四年に選挙が実施された時には、レーガン政権はその信用を貶めようとやっきになった。転覆を狙っていた政権が、選挙によって正統性を獲得するのを妨ぐためだ。主流メディアはこれに協力し、エルサルバドルの選挙は「民主主義に向けた一歩」であり、ニカラグアの選挙は「ごまかし」だと判定した。だが実際には、選挙を実施する環境でみれば、ニカラグアの方がエルサルバドルよりも、ずっと公正な選挙の条件に近いものだった。メディアが、政府の求めるプロパガンダに沿って、この二つの選挙に対して驚くべきダブルスタンダードを適用したことを、この章では証明した。

これと同じ偏向は、これ以降に実施されたカンボディア、ユーゴスラビア、ケニヤ、メキシコ、ロシア、トルコ、ウルグアイの選挙に関するメディアのあつかいにも、はっきりと現われている。この七つの事例の中で、アメリカの政策当局が強く反発する政党によって統治されているのは、カンボディアとユーゴスラビアの二国だけだ。そして、『ニューヨーク・タイムズ』が重大な欠陥を警告したのも、この二つの選挙についてであった。

カンボディアについて同紙は、「欠陥選挙の実施は、選挙がないより悪い」と述べ、「不正に操作された選挙がフン・セン氏に正統性の粉飾を与えることのないよう、国際社会は慎重に構える必要がある」と断言した。[42]

一方、スロボダン・ミロシェヴィッチの再選を妨げるため、アメリカ政府が公然と介入した二〇〇〇年九月のユーゴスラビアの選挙についての報道でも、『ニューヨーク・タイムズ』は他のメディア一般とならんで、選挙の不正操作と詐欺の可能性をくりかえし警告した。[43]

ケニヤの場合、現政権に対するアメリカの政策は、揺れ動いていた。ここでも『ニューヨーク・タイムズ』は選挙の質に懐疑的で、「選挙の実施だけで、民主的な政府であると保証されるわけではない」と指摘し、「政党にしばられない、もっと独立した選挙管理委員会」と「反対派の声が選挙の時期以外にも聞けるような、独立した放送メディア」が必要だと強調している。[44]

だが、残りの四つの選挙は、アメリカ国務省の肝煎りの政権が準備し、勝利したものだ。したがって、それらに関しては、「欠陥選挙の実施は、選挙がないより悪い」という意見はなかったし、不正があった恐れについての報道もなかった。独立した選挙管理委員会や放送メディアの存在の重要性が強調されることもなく、それぞれのケースにおいて、選挙は民主主義に向けた一歩前進であり、それゆえ現政権に正統性を付与するものであるとされた。

メキシコでは長いあいだＰＲＩ（制度的革命党）の一党支配が続いていたが、アメリカ政府はこれを過去数十年にわたって支援してきた。『ニューヨーク・タイムズ』はいつもきまったように、今回のメキシコの選挙は、過去の不正なものとは違って希望が持てると書きたてる。だが、その過去の選挙も、実施された当時は同紙の論説記者によって、それより前のものと比べて好意的に描かれていたのだ！　同紙は善意の表現を大きく宣伝し、その一方で構造的な欠陥と汚職は軽くあつかった。

たとえば、カルロス・サリナス・デ・ゴルタリを大統領に選出した、一九八八年の選挙についての『ニューヨーク・タイムズ』の最初の論説は、従来の選挙は不正だった（ＰＲＩが「後援者も、メディアも、投票箱も操っていた」）と指摘した後、ＰＲＩの候補者サリナスは政治改革が急務であると「強く主張」しており、「クリーンな選挙を要求」していると強調した。[45]　論説記者は、「彼の党が」はたして「彼の懇願に注意を払う」だろうかと疑問を投げかけ、そうすることによって、今後に予想される不正行為の責任から、ひいきの候補者をあらかじめ遠ざける手を打ったのだ。同紙はその後の論説でも、選挙の不正や「支持のごまかし」がつづいている可能性や、メディア支配と偏向などについて、何も語らなかった。だがこの選挙は、投票が終わったところで都合よく「コンピュータの故障」が起こり、その結果、落選とみられていたカルロス・サリナスが一転して当選をはたしたという、悪名高いものだった。

そのちょうど三年後、一九九一年の選挙がやってくると、『ニューヨーク・タイムズ』の論説記者は、「人の記憶に残っている限り、メキシコの選挙といえばひどい不正がつきものだった」と述べ、新たな不正一掃の約束に向けて読者を誘導しようとしている。[46]　けれども、この期間中を通して、またその後にも、『ニューヨーク・タイムズ』が（そのライバルのメディアも）詐欺行為に注目することはなかったし、それを不正選挙と呼ぶこともなかった。ニュース記事でも論説欄でも、彼らは、このひどい欠陥選挙を、民主主義と正統性を付与するための一歩前進と描いていたのだ。

一九八三年のトルコの選挙は、軍政のもとに実施され、きびしい検閲が行なわれ、「軍事政権に好意的な政治家が率いる」三つの政党だけしか立候補を許されなかった。それにもかかわらず、『ニューヨーク・タイムズ』は、これを「トルコが民主主義に接近」と判断した。[47]

同様に、ウルグアイの一九八四年の選挙も、軍政下で行なわれ、最有力の反政府候補を投獄し、二番目の有力候補には立候補をみとめないような代物だった。それにもかかわらず、この政権はアメリカ国務省が容認したものだったので、『ニューヨーク・タイムズ』はここでも、「ウルグアイは民主主義への使命感にふたたび目覚め……将軍たちは、ラテンアメリカ諸国を席巻している民主主義蘇生の空気に、道を譲りつつある」などと書いている。[48]

一九九六年のロシアの選挙は、アメリカとその同盟国にとって重要なものだった。ロシアをグローバルな金融システムに結びつけ、民営化を推進するという、彼らが望む政策を推進していたボリス・エリツィンという統治者が、選挙で敗北する恐れが大きかったからだ。エリツィン政権によって国民総生産は五〇パーセント以上も低下し、国民の九〇パーセントが大幅な所得減少にみまわれた。その一方で、はなはだしく不正な民営化の手続きによって、重要な犯罪者たちを含む少数の人々が、棚ぼた式の利益にあずかった。社会福祉や医療制度はエリツィン政権のもとで崩壊し、伝染病と死亡率が飛躍的に増加する一因となった。一九九六年の選挙運動の直前、エリツィンの支持率は八パーセントだった。このような状況にもかかわらず彼が再選をはたしたことは、おそろしく不正な選挙が行なわれたことを示唆している。

しかしながらエリツィン政権は、アメリカ政府とその西側の同盟国によって強く支持されていたため、『ニューヨーク・タイムズ』は今度もまた、この選挙は「ロシア民主主義の勝利」であると判断し、他のアメリカの主流メディア一般も、似たようなふるまいを示した。この高級紙は、選挙の欠陥を軽視あるいは無視し、社説ではまさにその「不完全な」選挙の実施を、「すばらしい功績」であると宣言した。[49]

二〇〇〇年三月のロシアの選挙についての報道でも、同じ偏向がみられた。この選挙では、エリツィンの後継者に選ばれた元ＫＧＢのウラジミール・プーチンが勝利した。プーチンは、チェチェンに対してゲリラ活動鎮圧のための残虐な戦争を遂行したことで知られるようになり、選挙で勝利した背景には、強力な国営テレビ局やラジオ局が猛然と彼のためにキャンペーンを繰り広げ、その一方で対立候補者たちをけなし、放送時間を与えなかった事実があり、その功績が大きかった。

プーチンの選挙運動について、外国人向け英文紙『モスクワ・タイムズ』が二〇〇〇年九月に掲載した暴露記事は、六カ月におよぶ調査に基づいたもので、得票の水増しや反対票の破棄、百三十万の「死者」による選挙名簿の水増しなど、不正選挙の実態をあばく、説得力のある記事だった。[50] しかしアメリカの主流メディアは、選挙が実施された当時は不正の証拠を何ひとつ発見しなかったし、『モスクワ・タイムズ』による調査結果を報道することにも、消極的なままだ。[51] エリツィンと同様に、プーチンも西洋に支持された「改革者」のひとりだ。そこで今回も、主流メディアにとってはひき続き、欠陥選挙でも（欠陥を認めることはほとんどないが）無いよりまし、だったのだ。[52]

五　ローマ教皇暗殺未遂事件

レーガン時代（一九八一～八八年）には、ソヴィエト連邦を悪魔のように描こうとする協調した動きが見られた。大幅な軍備拡大を推進し、第三世界を中心に、これまでより攻撃的な世界政策へ転換するための地ならしだった。ソ連は「悪の帝国」として描写され、国際テロを支援し、自国や従属国家の民衆を虐待していると非難された。[53] 暗殺を決意したメフメット・アリ・アージャが、一九八一年五月にローマで教皇ヨハネ・パウロ二世を狙撃した事件は、冷戦時代でもっとも成功したプロパガンダの材料を提供した。

ローマ教皇を襲撃した男はトルコ人ファシストで、急進的な反左翼トルコ人組織のメンバーだったが、イタリアの牢獄に十七カ月間つながれた後、自分はKGBとブルガリア人によって雇われていたと「自供した」。この自供は、強力な自国の共産党の信用を貶めたいイタリアの支配政党の思惑や、レーガン政権の「悪の帝国」キャンペーンの推進にとって、きわめて好都合なものだった。自供がこれほど後になって出てきたことや、その間にアージャが、イタリア秘密警察の人間や判事や教皇特使など、それぞれに政治的もくろみを持った人々の訪問を何度も受けたこと、また過激なイデオロギーと、平気で証拠を改竄することで悪名高い諜報機関の存在を勘案すれば、この自供はきわめて疑わしいものだった。(54)

けれども主流メディアは、この話を驚くべき迂闊さで真に受けた。アージャがKGBとブルガリア人の名を共犯として挙げるよう指導され、圧力を受けていた可能性は、イタリアのメディアではかなり論じられていたのだが、アメリカのメディアでは、理論的な可能性としてさえ、ほぼ一度も言及されなかった。そして、ソヴィエトの動機とされるものの薄弱さ、もしソ連から出たとするならあまりに愚かな計画、確たる証拠のほぼ完全な欠如などは、ほとんど完全にメディアから無視された（第四章に詳述した）。

この訴えは一九八六年、イタリア政府の甚大な努力と投資にもかかわらず、同国の裁判所により退けられた。だがアメリカの主流メディアにとって、それはただイタリアの司法制度の奇習によるものだった。動かしがたい証拠は相変わらず存在しないので、この主張の見直しや、自分たちが果たした役割への反省は、なにもなされなかった。

その後、この事件にいくばくかの解明をもたらす二つのできごとがあった。ひとつは、ソヴィエトとブルガリアの公式文書が開示されたことだ。「民主主義と技術のためのセンター」（CDT）所長のアレン・ウェインスタインは、一九九一年、彼の調査委員会のメンバーがブルガリア内務省の秘密警察のファイルを閲覧する許可を、ブルガリア当局から与えられた。ブルガリアで一仕事した後、ウェインスタインは、ブルガリア人やKGBの関与を示す確たる証拠が何もみつからないまま帰国した。『ロサンゼルス・タイムズ』、『ニューヨーク・タイムズ』、『ワシントン・ポスト』、『ニューズウィーク』、『タイム』は、それぞれにウェインスタインの自発的な行動や、ブルガリア行きの予定を一九九一年に報道していたが、彼の調査結果が否定的だったことは、読者に知らせなかった。[55]

その後、同じ年のうちに、ロバート・ゲイツのCIA長官就任を承認する上院公聴会において、二人の元CIA局員メルヴィン・グッドマンとハロルド・フォードが、ブルガリアン・コネクションについてのCIAの分析は、レーガン時代の反ソ宣伝キャンペーンを支援するために大きくゆがめられ、政治的にあつかわれていたと証言した。グッドマンによれば、CIAは、ソヴィエトやブルガリアが教皇狙撃計画にかかわった証拠を見つけられなかったばかりでなく、「ブルガリア情報部への深い潜入」によって得た情報により、CIAの専門家は、ブルガリアン・コネクションは存在しなかったと結論していた。[56]

ブルガリアン・コネクション説に容赦ないとどめをさしたこの証言は、メディアを窮地に追いやった。陰謀説を熱心に支持したことによって、メディアは読者や聴衆を手ひどく欺き、政府のプロパガンダの要求には十分に応えたものの、ニュースの供給や分析の役割においてははなはだしく不出来だったことは、もはや明確だった。

けれども一九八六年に、イタリアの裁判所がブルガリア人に対する起訴を証拠不充分で却下した直後にみられたのと同じように、メディアはどこも、自分たちの失敗を説明し、受け手にわびる責任など感じなかったようだ。彼らはCIAによる暴露を簡潔に伝えただけであり、なかには依然として、コネクションの存在は証明されなかったが、不在も証明されていないと（無いことを証明するのは、往々にして不可能だということを無視して）主張するものもあった。(57)だが全体として、主流メディアは自分たちの行動を再点検したり、自分たちや他のメディア業者がプロパガンダの手先として働いた事実を反省することはなく、さっさと次の話題に移っていった。

ニュースと論説の両方で、これまで首尾一貫してコネクション説を支持してきた『ニューヨーク・タイムズ』は、ウェインスタインがブルガリアの公文書を調査して発表した否定的な結果を報道しなかったばかりか、グッドマンの証言については、ブルガリア情報部にＣＩＡが浸透していたという陳述の部分を除外して、証言の抜粋を伝えた。同紙が長らく主張してきたのは、ＣＩＡとレーガン政権は、「ブルガリアのエージェントは、モスクワからの合図があってはじめて行動することになっていたという、衝撃的な暗示にたじろいだ」という説だった。(58)けれどもグッドマンやフォードの証言によれば、真実はその逆である。ＣＩＡ長官ウィリアム・ケイシーとロバート・ゲイツが、ＣＩＡの専門家の意見を握りつぶし、ソヴィエトとの関連性を裏づけるような証拠を捏造したのである。

『ニューヨーク・タイムズ』だけが、読者を惑わせる翼賛路線に走ったわけではないのだが、この高級紙がいまだに、この件についてのみずからの異常な迂闊さやプロパガンダへの協力を認めていないのは、注目に値する。

六　インドシナ戦争の真実

アメリカは被害者か侵略者か

第五章から七章〔第Ⅱ巻〕までは、インドシナ戦争についてのメディア報道が、プロパガンダ・モデルにきわめてよくあてはまることを示している。

アメリカのインドシナ介入は、第二次世界大戦直後のフランスによる再植民地化の企てを支援したことに端を発する。その後二十一年間（一九五四〜七五年）にわたって、アメリカの支援する政府を、ヴェトナムの南半分にむりやり押しつけようという試みが続けられた。その政府が現地の住民からほとんど支持されておらず、現地に民衆基盤を持つと理解されていたナショナリスト勢力（共産主義者だったが）と対立していたことは、アメリカの政府高官もアナリストも、一貫して認めていたというのに。アメリカの指導者たちの行動を支えていた信念は、圧倒的な軍事力を背景に、アメリカは、自分が選んだ少数派政権への服従を現地人に強要することが、できるばかりでなく、する資格があるというものだった。

ふつうの語法では、これによってアメリカがヴェトナムでやったことは、「侵略」行為であるということになるだろう。しかし、主流メディアにとって、アメリカのヴェトナム政策は、きわめて道徳的で善意にあふれたものとしてとらえる以外は考えられず、問題があったとすれば、そのための代償を低く見積もりすぎたことだけだった——わたしたちが支払う代償である（第五章参照）。わたしたちは「南ヴェトナム」（アメリカから直輸入された独裁者が支配する、アメリカのつくり物だ）を、ほかの誰かの侵略から守っているのだという説明を、メディアはためらいなく受け入れた。侵略者の正体は一定せず、北ヴェトナム、ソ連、中国、あるいは南ヴェトナムのレジスタンス勢力による「内部侵略」（！）、などのあいだをぐらぐらと揺れ動いた。

主流メディアがプロパガンダに奉仕している動かしがたい証拠として、戦争中ずっと、彼らは戦争推進のためのプロパガンダの基本的な前提を受け入れていた。その当時から現在に至るまで、主流メディアの社説やニュース報道の中で、アメリカがヴェトナムで戦い、後にインドシナ全域に拡大した戦争を、侵略戦争として位置づけるものには、一度たりともお目にかからない。

アメリカは、一九七五年にこの戦争の軍事的な段階を終了させたが、ほとんど破壊し尽くしたこの国に対し、その後も十八年におよぶボイコット政策を継続させた。ヴェトナム側の推定では、この戦争で受けた被害は死者三百万、行方不明者三十万、負傷者四百四十万、有毒化学物質による被害者二百万である。国土は爆撃とジャングル伐採、化学兵器によって荒廃しきっていた。アメリカ側の戦死者五万八千という数字は、全人口の〇・一パーセントにもとどかない。ヴェトナム側の死者数は全人口の一七パーセントだ。また化学兵器で攻撃され、国土が荒廃してしまったのは、ヴェトナムの側だけである。

にもかかわらず、アメリカの官僚や主流のメディアはいまも、アメリカが戦争で果たした役割は立派なものであり、アメリカが被害者であるという見方のままだ。一九九二年にジョージ・ブッシュ大統領は「今日ヴェトナム政府は、わたしたちが求めているのは回答だけであって、過去にしでかしたことへの報復は恐れなくてよいということを、承知している」と述べた。[59] これが意味するところは、ヴェトナム人がわたしたちにしたことは、わたしたちが報復して当然のものかもしれないが、わたしたちが現在求めているのは、戦争中に行方不明になったアメリカ人のゆくえについての情報だけだ、ということだ。[60]『ニューヨーク・タイムズ』の外交問題解説者レズリー・ゲルブは、ヴェトナムを「無法者」の部類に入れ、それを正当化する根拠として、「彼らはアメリカ人を殺した」と述べている。[61] これは、先のブッシュのコメントにも暗示されていた、アメリカで一般認識として確立された見方を反映している——なんぴともわたしたちの国に対して自衛権を行使することはゆるされない。たとえ、アメリカが海の向こうの国に干渉し、現地の人々が拒絶する政府を武力で押しつけているのだとしても。

化学兵器使用と「黄色い雨」キャンペーン

ヴェトナム戦争中に大量の化学物質が使用され、犠牲となった国に恐ろしい影響を残したことをメディアがどうあつかったかも、重要な問題だ。一九六一年から六二年にかけて、ケネディ政権は、南ヴェトナムの稲作を壊滅させるために化学物質を使用することを承認した。これはアメリカのそれまでの伝統に背くものであり、国際法にも違反するものだった（ウィリアム・リーイ提督は一九四四年、日本の稲作を破壊しようという提案への回答として、そのような行為は「これまでに聞いたことのあるキリスト教倫理のすべてに背き、戦争法規のすべてに違反する」であろうと述べた）。[62]

だが、アメリカ空軍は一九六一年から一九七一年の間に、濃縮されたヒ素ベースのダイオキシン化合物の枯葉剤（主にエージェント・オレンジ）二〇〇〇万ガロンを、六〇〇万エーカーの農作物や森林に散布した。加えて、「スーパー催涙弾」CSや、ナパームおよびリン酸系爆弾も大量に使用した。[63]南ヴェトナムの国土全体の推定一三パーセントが、化学兵器による攻撃の対象となった。その中にはゴム・プランテーションの三〇パーセント、マングローヴ森林の三六パーセントが含まれており、これらは広大な森林地帯ともども、有毒化学薬品によって壊滅させられた。

この作戦には、これと併行して「焼夷弾によって人工的に山火事を起こし、南ヴェトナムの森林を大規模に破壊する」という複数回の試みが組み合わされていた。[64]日本学術会議農学部門がまとめた一九六七年の調査結果では、アメリカによる農作物破壊戦争は、この時点ですでに三八〇万エーカーにおよぶ南ヴェトナムの耕地を破壊し、一千人近い農民と一万三千頭以上の家畜を殺していた。[65]このように食糧供給を破壊することによって敵側の降伏を迫るという政策は、戦争法規に反するだけでなく、[66]「その影響が真っ先に、そして圧倒的に幼児に及ぶ」点で悪名が高かった。[67]

ラオスも一九六六年から六九年にかけて化学兵器の攻撃を受け、農作物と、兵站《へいたん》ルートに沿った植生の両方が、破壊の対象になった。カンボディアでは一九六九年の春、約一七万三〇〇〇エーカーにおよぶゴム・プランテーション、農作物、森林に、エージェント・オレンジが大量に散布された。(68) カンボディア政府は、自国の中立がこのように非人道的で非合法な作戦によって侵害されたことを、激しく告発したが、その声を聞きとどけさせ、法的措置などの防衛手段を動員するには、カンボディアはあまりにも小さく、非力だった。たしかに国連総会は一九六九年に、この化学物質の使用を国際法に反するとして強く非難する決議を、賛成八十三、反対三で可決したが、(69) アメリカに逆らって行動する力はなく、カンボディアやインドシナの他地域でのアメリカによる化学兵器の使用を止めさせるため、「国際社会」が動員されることはなかった。

ヴェトナム戦争中、化学物質の使用が最初に明らかになった一九六六年には、アメリカのメディアもそれを報道し、批判したが、この問題はやがてすぐに捨て去られた。化学兵器の使用や飢餓政策の不法性や、犠牲者の住民に及ぼした効果などは、ほとんど報道されなかった。一九七一年にオーヴィル・シェル・ジュニアが雑誌『ルック』に載せた「沈黙のヴェトナム――われわれはいかに生態系の破壊を発明し、一つの国を滅ぼしたか」という例外はあったが、そんな記事は、ほんとうに例外だった。

戦争の後、アメリカ兵にエージェント・オレンジの影響が出たため、この化学兵器を使用した作戦についても若干の報道がなされた。だが、この化学兵器の直接の標的となった南ヴェトナムの、はるかに甚大な影響については、不可視に近いままだった。『ニューヨーク・タイムズ』、『ワシントン・ポスト』、『ロサンゼルス・タイムズ』、『ニューズウィーク』、『タイム』が一九九〇年代に掲載した記事で、エージェント・オレンジとヴェトナムの両方にふれているものは五百二十二本だが、その大部分はアメリカ兵への身体的影響に注目したものだった。食用作物が標的とされていたことを認めた記事は、たった九本だけだった（三十九本は、敵の隠れ家となる森林だけを標的として語っている）。ヴェトナムの人々や自然環境に与えた影響を、少しでも詳細に論じているのは十一本のみだった。エージェント・オレンジの使用を「化学兵器」あるいは「化学兵器戦争」として説明している記事は三本のみ、その使用が戦争犯罪となる可能性があると示唆するものはたった二本だった。

『ウォールストリート・ジャーナル』はたしかに、一九九七年二月にこの話題をトップ記事であつかった。五十万人もの子供たちがダイオキシン関連の奇形を持って生まれた可能性があり、南ヴェトナムでの先天性欠損の発生率は、北ヴェトナムの四倍に達すると報告している。[70] この記事は、この惨状に対するアメリカの責任を認めてはいるのだが、その一方で、「アメリカは、戦争に敗北して感情的に消耗し尽くしたため、なんの注意も払わなかった」と主張している。しかしアメリカは、「ボートピープル」の脱出には注意を払ったし、みずからが侵略の標的にした国に対し、厳格なボイコットが実施できないほどには消耗していなかった――被害者の窮状にはなんの責任もとらなかったとはいえ。

ヴェトナムでの化学兵器とナパーム弾の大規模な使用は、南ヴェトナムに限定されていた。その理由のひとつは、北ヴェトナムは他の国とつながりのある政府を持っており、それゆえ、このような野蛮で非合法な兵器をそこで使用すれば、そのことが大々的に公表される恐れがあったからだ。一方、南ヴェトナムは、アメリカとその傀儡によって占拠されており、虐待された南の住民たちには意見を表明する手段がなく、それゆえ無制限の蛮行の対象となりえたのだ。

もちろんこれは、わたしたちが彼らを侵略から守っていたという主張とは矛盾する。だがメディアは蛮行をひかえめに伝えたばかりでなく、この矛盾とそれが意味することの重要性に、注意を喚起することを怠った。『ニューヨーク・タイムズ』の記者バーバラ・クロセットは、アメリカがヴェトナムにおける化学兵器の使用の影響について、研究に関与するのを怠っていることは残念だと述べた。アメリカによる化学兵器の使用は南ヴェトナムに集中しており、北ヴェトナムには用いられなかった。そのため、ダイオキシンが人体に与える影響について対照実験を行なうにはヴェトナムが格好の事例となっており、そこから知ることのできる知識はわたしたち自身にとっても大きな利益をもたらすであろう、というのがその理由だ。[71]

だがクロセットも他の主流メディアの記者たちも、アメリカがダイオキシンを使った相手が、アメリカが侵略から守ってやっていたはずの人々に限られていたという事実について、何も言おうとしない。これが重大な戦争犯罪にあたることや、自分たちが虐待した人々に援助の手を差し伸べる義務が、アメリカにはあるだろうという示唆もなかった。

一九八〇年代を通じて、レーガン政権は、カンボディアとラオスで「黄色い雨」（イエロー・レイン）の被害者とされる人々について、大々的なプロパガンダ・キャンペーンを繰り広げ、ソ連がヴェトナムの代理政権を通じて、この地で化学兵器を使ったという主張を広めようとした。だがこのプロパガンダの試みは、結局のところ頓挫してしまった。そのような戦争があったことを米軍自身が立証できず、もっと困ったことには、「黄色い雨」と呼ばれるものはミツバチの糞便であって化学物質ではない、という調査結果が出たからだ。[72]

それにもかかわらずこのキャンペーンは、アメリカがインドシナで遂行した本物の大規模な化学戦争よりも、ずっと広い範囲に伝達された。『ウォールストリート・ジャーナル』は「黄色い雨」を大々的に取り上げ、共産主義のたちの悪さを示すこの事件にもっとも激しく憤りを表明していたが、この地域でアメリカが科学兵器を用いたことについては、「黄色い雨」キャンペーンの期間を通して一度も言及しなかった。『ウォールストリート・ジャーナル』の発行人ピーター・カンは、「汚染されたラオスの土地」（彼が使う「黄色い雨」の婉曲表現）が決定的に示すように、ヴェトナムの戦争履歴は「誰が善人で、誰が悪党だったか」をはっきりさせた、と最終的に書いた。[73] 要するにカンは、現実世界でおこったアメリカによる化学兵器の大量使用は、オーウェル流のブラックホールに投げ込み、すでに疑問視されているのに彼の新聞はまだ詐欺と認めない「黄色い雨」説を前面に押し出すことによって、共産主義の悪徳を実証しようとしているのだ。

だがもっと重要なのは次の事実だ。メディアの支援のもと、虚偽の証拠にもとづいて、ソ連は事実上、この悪質な武器の使用に関連づけられてしまった。インドシナでのアメリカによる現実の大規模な科学兵器の使用を、今日に至るまできわめて控えめに報道することによって、メディアは、アメリカがこの問題に道徳的な立場をとり、そうした残虐な兵器の使用には反対している、という印象をつくり出すのに一役買った。アメリカの指導者は化学兵器の使用には反対したが、それは敵国が使用したときの話であって、自分たちがそれを使うことにしたときや、従属国がそうしたときには、話はまた別なのだ。(74)

ヴェトナム戦争史を書き換える

ヴェトナム戦争については何千という書物が書かれており、(75)一九七五年の終結以来、あの戦争はアメリカ文化の至るところに陰鬱な影を落としている。有力エリート層にとって、この戦争が象徴するのはひとつの時代、国の政策への抵抗と、従来は無気力だった社会層がそのために立ち上がったことが、「民主主義の危機」を引き起こした時代である。(76)この不従順な社会層や反体制分子は、文化や政治の枠組みに打撃を与え、武力の行使に不当な障害を設けたとみなされた。後者の問題は、「ヴェトナム症候群」と呼ばれた。不従順な社会層や反体制分子のあいだでは、もちろん、「六〇年代」は解放の時代であり、文化や倫理が前進した時代、民主主義が一時的な高揚をみせた時代とみなされている。

プロパガンダ・モデルに従えば、主流メディアがこの戦争を回顧するとき、そこに投影されるのはエリート層の見解であるはずだ。一九六〇年代は暗い時代として描かれ、この戦争におけるアメリカの役割は、最悪の場合でも、善意ではじめたことがまちがった方向に行ってしまった一例、として説明されるだろう。メディアが過去十年にこの戦争をどうあつかってきたかに注目してみると、すでに戦争が終わる頃には確立していたいくつかの弁明的なテーマを復唱し、練り上げることが、その主な仕事であったことがわかる。

そうしたテーマのひとつが、アメリカの干渉は、「共産主義の躍進」という事実によって正当化された、というものだ（『ワシントン・ポスト』、二〇〇〇年四月三十日の社説）。当初から論じられていたのは、ヴェトナムにおける共産主義の拡大は、世界的な共産主義者の陰謀の一環だったという説だ。だがこれは、中国とソ連が袂を分かち敵対していたことや、中国と北ヴェトナムのあいだの緊張、北ヴェトナム政府が他国に操られていた証拠が完全に欠如していることなどを、まったく無視した説だった。

ロバート・マクナマラ元国防長官は、ヴェトナム戦争回顧録〔『マクナマラ回顧録 ベトナムの悲劇と教訓』仲晃訳、共同通信社、一九九七年〕の中で、[77]自分や同僚はこの点において重大なまちがいを犯していた、と認めている。けれどもマクナマラをはじめ、この主張をする体制側の権威たちは、そもそもアメリカには、「共産主義の躍進」に歯止めをかけるために、共産主義者が民族主義革命を率いている国に武力干渉する権利があったのか、ということを一度も疑ってみようとしない。遠く離れたその国では、共産主義者が国民の大半の支持を得ており、そのことは政府や民間のあらゆる権威から認知されており、この共産主義者を倒すには、公然とした侵略と大量殺戮、事実上の社会全体の破壊が必要であったというのに。

これに密接に関連したテーマは、わたしたちは「南ヴェトナム」と「南ヴェトナム人」を守っていたのであり、彼らが「アメリカ人に戦いを引き受けさせた」のだという主張である（『ワシントン・ポスト』、一九九五年四月三十日の論説）。この主張の副次的なテーマは、わたしたちは南ヴェトナム人を「失望させた」というものだ。

けれども先に述べたように、南ヴェトナムという独立政治体はアメリカがでっちあげたものであり、アメリカの戦争遂行者たちは、南の住民の大半が支持していたのはアメリカが戦っていた相手であることを、認めていた。このことが、アメリカの暴力の鉾先が、おもに南に向いていた理由を説明する。そこではナパーム弾、B-52による空爆、化学兵器戦争などの投入、慣習化した非戦闘員の殺戮、焦土作戦の遂行などによって、民衆運動の基盤が徹底的に破壊された。(78) 同じく先に述べたが、このすさまじいアメリカの南への攻撃（わたしたちが南ヴェトナムを防衛していたという主張とは矛盾するものだ）は、アメリカのメディアでは見えないままだ。

主流メディアにおける今ひとつの長年にわたる重要テーマは、アメリカがヴェトナム戦争の被害者であって、ヴェトナム人は残酷な悪党だという観念だ。この驚くべき現実の逆転は、二つのプロセスによって達成された。第一は、この戦争がヴェトナム人に与えた被害の実態を大がかりに隠蔽すること、第二は被害者を悪者にしたてあげることである。特に大きく貢献したのは「戦争捕虜を国民的英雄にまつり上げ、今もヴェトナムに苦しめられている殉教者として彼らを神話化すること」だった。(79)

メディアの中で控えめながらも関心が払われる唯一のヴェトナム人は、アメリカの戦争に動員されて闘い、「失望させられた」人々だけだ。(80) アメリカの攻撃によって殺され、身体障害を負わされた膨大な数の人々は、「価値なき被害者」としてあつかわれた。政府高官、ジャーナリスト、識者、メディアを利用できる知識人などが圧倒的に心を奪われていたのは、アメリカの被害者と、戦争がこの国に与えた影響だった。

ロバート・マクナマラの広く知られた回顧録は、過失を自認した道徳的な本と考えられているが、彼の、戦争の「高価な代償」という観念や、過失や罪の意識が及ぶ範囲は、もっぱらアメリカ人の生命と、「わたしたちの社会の政治的一体感」に戦争が及ぼした影響だけにとどまっている。(81) 自分の国が、手前勝手な政治目的のために遠方の小さな農民社会を侵略し、無慈悲な爆撃を行ない、土地を荒廃させ、何百万もの罪のない人々を殺傷したことに対しては、マクナマラはなんら遺憾の念を示さず、道徳的な省察も、謝罪もない。

また、驚くべき文化的プロセスによっても、被害者が悪者にされていった。第五章で詳述したように、戦争を長引かせようとしたリチャード・ニクソン大統領は、アメリカ人戦争捕虜や戦闘中の行方不明者についてヴェトナム側がじゅうぶんな報告をしたのか、という問題に飛びついた。これによって彼は、戦争の継続に成功し、その結果およそ一万六千人のアメリカ兵と、数知れぬヴェトナム人が、行方不明の戦争捕虜のためというふれこみで継続された戦いのなかで、不必要に死んでいった。北ヴェトナムに隠された戦争捕虜が一人でもいるという、信頼できる証拠は一度たりとも示されなかったにもかかわらず、この主張はその後何年ものあいだ、アメリカのヴェトナム政策に君臨する金科玉条ないしはカルトになった。(82)

この神話は、映画のような大衆文化による叙述の基礎にもなった。たとえば、『ディア・ハンター』、『地獄の七人』、『P・O・W　地獄からの脱出』、『地獄のヒーロー』のような作品では、ランボーのような英雄が、邪悪なヴェトナム人を殺戮して、裏切られ苦しめられている戦争捕虜を救い出す。こうした映画は、史実を逆さまに転倒させたものだ。ヴェトナム戦争の歴史家H・ブルース・フランクリンが指摘するように、「戦争についてのアメリカ人のヴィジョンは変容させられた。実際の写真やテレビ画面に映った村民の虐殺、ナパーム弾をあびた子供たち、拷問され殺されるヴェトナム人捕虜、苦痛の叫びを上げる負傷兵、何十と積み上げられて帰還を待つ遺体袋などの映像は、野蛮なアジア人共産主義者の手中に落ちたアメリカ人戦争捕虜という、まがい物のイメージに置きかえられていった(83)」。

ヴェトナム戦争の中心的な主題としての虐待された戦争捕虜という、強力な文化的神話は、単に戦争の引き延ばしを可能にしたばかりではなかった。アメリカが終戦時の約束にしたがって被害者に援助を与えることを怠ったことを正当化し、被害を受けた国にさらに十八年にわたる経済戦争をしかける根拠を提供した。それはまた、国内の軍国化を促進し、「ヴェトナム症候群」を弱める力としても、有効に作用した。

戦争捕虜と行方不明者に関する神話の、虚偽とカルト的特質をあばいてみせたH・ブルース・フランクリンは、最近の著作、『ヴェトナムをはじめとするアメリカの白日夢』（*Vietnam and Other American Fantasies*）の中でこの問題をふたたび取り上げ、他の空想物語（たとえば反戦活動家たちが、しばしば帰還兵たちにつばを吐きかけたという主張のような）とあわせて考察している。[84] フランクリンの本は『ロサンゼルス・タイムズ』に書評が掲載されたが、それを除けばアメリカの主流報道機関ではわずか二度ほど、話のついでに言及されただけだった。

これに対してマイケル・リンドの『ヴェトナム　必要な戦争』（*Vietnam ; The Necessary War*）[85] という本の扱いは違っていた。共産主義が台頭し、アメリカの「信頼性」が危機に瀕し、ヴェトナムの共産主義者は残酷で無情だった——その証拠に、彼らは降伏を拒み、その結果アメリカの爆撃で殺されることになった人々に責任がある（！）——という理由で、この戦争は正当だったと主張する同書には、四十四本の書評が掲載され、他にも二十七回の異なる場面において主流メディアがとりあげた。リンドには、『ニューヨーク・タイムズ』と『ワシントン・ポスト』両紙の論説欄をはじめ、さまざまな発表の場が与えられた。

リンドの本を書評して、ヴェトナム戦争の歴史家ロイド・ガードナーは、ヴェトナム戦争との関連で生じたアメリカの「信頼性」の問題は、すべて戦争遂行者たちがつくり出したものであり、彼ら自身の決定が招いたものである、と指摘した。ガードナーはまた、リンドの一連の戦争擁護論を分析した後、「これらの証拠によって、彼の足場は、海辺に築いた砂の城のように、あとかたもなく波にさらわれる」とコメントしている。[86] それでもリンドの主張はエリートが望むものであり、フランクリンの主張はそうでなかったため、主流のメディアのあつかいは、それに応じたものとなった。

ラオスの人為的大災害

ラオスのジャール平原は、民間人を標的としたものでは史上もっとも激しい爆撃にさらされた。特に激しくなったのは、一九六八年以降のことだ。この年、アメリカ政府は国内の圧力から北ヴェトナムとの和平交渉を余儀なくされ、そのために北爆を停止する必要に迫られていた。アメリカはそこでラオスに鉾先を転じた。この小さな農民の国は、この戦争に重要性はなかったのだが、ニクソン大統領とキッシンジャー補佐官は、アメリカの爆撃機を稼動させずに放置するわけにはいかなかったのだ。

全部でおよそ二〇〇万トンの爆弾が、ラオスに落とされた。この空爆は、三百五十三カ所の村を全滅させ、何千人もの民間人を殺した。そして今なお殺しつづけている。ジャール平原には何億という〔クラスター爆弾の〕「子爆弾」（超小型の対人兵器で、相手を殺したり、障害者にすることを狙ったもの）が、そこら中に埋まっているからだ。その二〇パーセントから三〇パーセントが不発弾であるため、それらは潜在的な殺人兵器でありつづける。現在も殺傷率は高く、犠牲者の数は年間に数百人から二万人以上までの幅で推定されている。その半分が死亡しており、また犠牲者の半数は子供たちである。[87]

この人為的な大災害には、対処の取り組みもなされている。イギリスに本拠を置く地雷撤去団体MAGは、この危険きわまる物体の除去につとめてきた。英国の報道機関によれば、アメリカは、「MAGにつづいて誕生した少数の欧米団体の中に、入っていないことが目立つ」。とはいえ最終的にはアメリカも、ラオスの民間人に地雷撤去の訓練を施すことに同意した。[88]

英国の報道機関はまた、多少の苛立ちをこめて、アメリカがMAGの専門家に「害のない撤去処理の仕方を教える」のを拒んでいると報じている。三十年前の武器を、いまだに国家機密あつかいしているのだ。[89]アメリカの主流メディアは、今もラオスでは村人の殺傷被害が続いていることを、非常に控えめにしか報道しておらず、この危機的な状況を緩和する努力に、アメリカが非協力的な態度をとっていることには、完全な沈黙を守っている。その危機は、そもそもラオスに対するアメリカの「秘密戦争」に端を発するものだが、それが「秘密」だったのも、主流メディアがプロパガンダに無言で協力したおかげだった（第六章参照）。

カンボディアと東ティモールのダブルスタンダード

一九八八年以降、カンボディアでは重要な変化が起こっている。ヴェトナムが撤退し、国連の監視のもとに選挙が行なわれ、ポル・ポトは死亡した。

第七章で指摘したように、一九七八年十二月にヴェトナム人によってポル・ポトが追放されてからは、アメリカとその協力者たちは、かつてはポル・ポトをジェノサイド（集団殺戮）を推進する「ヒトラーの再来」と非難していたにもかかわらず、急速に彼の支援者となり、彼が国連におけるカンボディア代表の地位を維持することを許し、タイに亡命した彼に援助を与え、保護した。

ヴェトナムはひどく懲らしめられた（アメリカは、厳格な制裁措置を実施し、中国によるヴェトナム侵略を援助した）――ポル・ポトの残虐行為を終わらせたという罪で！　カーター大統領の国家安全保障担当補佐官スピグニェフ・ブレジンスキーは一九七九年に次のように述べている。「わたしは中国に、ポル・ポトを支持するよう勧めた。タイにも民主カンプチア［ポル・ポト派］に手を貸すよう勧めた。ポル・ポトは憎悪の的だった。わたしたちが彼を支持するわけにはいかない。だが中国にはできた[90]」。

一九八〇年代後半から一九九〇年代前半にかけて、ヴェトナムは孤立解消をもとめてカンボディアから撤退しようとしたが、その条件として、ポル・ポトとクメール・ルージュが政権に復帰するのを禁ずるよう、強く要求した。アメリカはこれに反対し、占領終了後の体制を協議する政党には、クメール・ルージュも含まれるべきだと主張し、最終的にその意見を通した。[91]

アメリカの政策を支配し、ポル・ポト支持へと導いたのは、「敵（ヴェトナム）の敵は味方」という古典的な法則だった。たぶん、それに加えて、ヴェトナムへの敵意を共にする中国への接近という要素もあった。だがポル・ポトへの支持は、以前に彼の政策を非難していた立場上、ぐあいの悪いことだった。

しかし、主流メディアは落ち着いてこれを処理し、おかげでアメリカの民衆は、この男が同盟者として支持されるようになっていようとは、ほぼ確実に気がついていなかった（先に引用したブレジンスキーによる支持の表明は、『ニューヨーク・タイムズ』でも『ワシントン・ポスト』でも『ニューズウィーク』でも、まったく言及されず、『ロサンゼルス・タイムズ』と『タイム』に、それぞれ一度きり引用されただけだった）。だが、一九九〇年代後期になって、ヴェトナムがカンボディアから撤退し、アメリカ政府高官のヴェトナムに対する激しい憎悪が薄らいでからは、ポル・ポトはもはや反ヴェトナム政策の有用な道具ではなくなった。そこで、アメリカ政府の高官や識者たちは、ポル・ポトとクメール・ルージュの悪事をふたたび発見し、戦争犯罪人として告発する可能性を認めるようになった。

それ以前のポル・ポトへの「肩入れ」について、メディアは、おもに回避という手段で対処した。一九七九年から九五年までのことに関しては、基本的に報道管制をしくか、さもなければアメリカが彼を支援したのは「現実主義」的な理由からだと漠然とほのめかすだけで、支援の性格についても規模についても詳述を避け、「ヒットラーの再来」を支援することの道徳性を省察することは、いっさいしなかった。『ニューヨーク・タイムズ』は、「ポル・ポトの興亡」（一九九八年四月十七日）という要約の中で、「一九七九―一九九〇年：ポル・

ポトとクメール・ルージュはタイ国境地帯にかくまわれ、ヴェトナム人への抵抗を継続した」と記している。だが、「かくまわれた」というのは語弊がある。彼らはアメリカとその同盟者によって、経済軍事援助と政治的支援を与えられていたのだ。一九九八年前半、『ニューヨーク・タイムズ』のカンボディア関連の主力記者セス・マイダンスは、アメリカの支援への言及をいつも回避し、ポル・ポト追放「後の十年に及ぶ内戦」(四月十三日)とか、十九年にわたって「ゲリラ反乱がつづく、カンボディア西部と北部のジャングル地帯」(四月十七日)などと記述していた。

『ボストングローブ』、『ニューヨーク・タイムズ』、『ワシントン・ポスト』、『ロサンゼルス・タイムズ』は、一九九八年四月十七日のポル・ポトの死去について社説で論じた。各紙とも一様に彼の犯罪に憤慨し、彼が法の裁きをまぬがれたことに遺憾の意を示していたが、いずれもまた、アメリカがこの犯罪人を長年支援してきたことについては語るのを避けた。同様に、「ジェノサイドの十年」の第一段階にアメリカが貢献したことも、なにも語られない。[92]『ワシントン・ポスト』は、ポル・ポトを支持した不都合な十五年間を、次のような要約によって意識から抹消した。「クメール・ルージュの支配とジェノサイドの悪夢の後、アメリカとその同盟国は、カンボディアに再建と選挙の実施を支援するため、数百万ドルを注ぎ込んだ[93]」。

メディアによるポル・ポトのあつかいを、同時期のインドネシアの指導者スハルトのあつかいに比べてみると、よく見えてくるものがある。スハルトも一九九八年にはよくメディアに登場した。インドネシアが金融危機にみまわれ、独裁体制に抗議する大衆運動の盛り上がりもあって、最終的に退陣に追い込まれたからだ。ポル・ポトは一九九八年四月の社説やニュースコラムの中で、「狂人」、「人殺し」、「戦争犯罪人」、「血まみれ」、「大量殺人者」などと形容され、「恐怖政治」と「ジェノサイド」の立案者と記述された。だが一九九八年から一九九九年にかけての記事では、それ以前と同様に、スハルトが「専制政権」を率いる「独裁者」と呼ばれることはまれであり、「人殺し」とか「大量殺人者」と呼ばれたり、「集団虐殺《ジェノサイド》」に責任があると言われることはけっしてなかった。この用語上のダブルスタンダードは、主流メディア全体を通じてきわめて正確に維持されている。(94)

そこまではっきりしてはいないが、同じように興味ぶかいのは、ポル・ポトとスハルトの殺戮に責任があるのは誰なのかをはっきりさせようという気持ちの相違だ。ポル・ポトの場合には、不確かさも複雑さもまったくない——論説欄やニュース記事は判で押したように、ポル・ポトやクメール・ルージュの指導体制が、カンボディアで一九七五年から七八年にかけて起こったすべての死に責任があると明言し、曖昧なところはいっさいない。ポル・ポトは「二百万人を殺戮した男」（『USAトゥデイ』）であり、「死刑執行人」（『ボストングローブ』）であり、犠牲者たちの「殺戮の上に君臨した」（『ワシントン・ポスト』）、「カンボディアを壊滅させた男」（『ニューヨーク・タイムズ』）だった。

だがスハルトの場合、責任の所在はあいまいになり、結局はいっさい不問にされる。たとえば『ニューヨーク・タイムズ』には、「一九六五年のクーデターは、共産主義者とされた何十万もの人々の大虐殺をもたらした」（一九九六年八月二十三日の社説）とあり、殺戮を実行した主体は書かれていない。あるいは「最大五十万人もの命を奪った暴力の嵐は、スハルトが軍事クーデターによってスカルノから政権を奪うことにつながった」（一九九六年八月七日、セス・マイダンス）という記事では、大虐殺は、実行者が不在であるばかりか、スハルトが政権を奪取する「前」に起こったという、誤った時系列に置かれている。マイダンスは後の記事で、「五十万以上のインドネシア人が一九六五年に左派粛清の嵐の中で死亡したと推定される。この年にスハルト氏は政権についた」（一九九七年四月八日）と述べている。ポル・ポトに関してはけっして使われなかった受動態が使われ、「殺戮」とか「大虐殺」の代わりに「粛清」という言葉が用いられ、あいかわらず実行者を特定していないことに注意してほしい。

東ティモールの場合も、『ニューヨーク・タイムズ』は、殺戮をもたらしたものが不確かだ――「ここは世界でも特に悲惨な場所のひとつである。一九七四年以降、残虐な内戦と、それが招いた侵略のなかで、十万から二十万の人々が、戦闘や、処刑や、病気や、飢餓によって命を失った」(一九九〇年十月二十一日、スティーヴン・アーランガー)。はっきりした下手人が欠けていることに加え、この文章は事実をひどく歪めて伝えている。内戦は短期間で終わり、少数の死者を出しただけであったし、侵略は残虐な内戦が「招いた」ものではなかった――そう主張するのはインドネシアのプロパガンダだけだ。

「価値ある」ポル・ポトの犠牲者と、「価値なき」スハルトの犠牲者に対する取りあつかいの比較で、いまひとつ重要な相違点は、殺戮の背後にある事情を解明しようとする積極的な意志の有無である。ポル・ポトに関しては、第七章で論じたように、ジェノサイドの第一段階の背景は、主流メディアの記述から完全に締め出されていた。当時、ポル・ポトの軍隊はひどい損害を受けており、自分たちを苦しめた犯罪への復讐を求めていたことは、ポル・ポトの殺人者としての責任に一定の留保をつけるかもしれないし、またポル・ポト統治時代の死者の中には、一九七五年四月までに蔓延していた飢餓と病気によって説明できるものも含まれていただろう。だがそういう事情は、いっさい伏せられ、唯一語られる背景は、ポル・ポトがパリで教育を受けた熱狂的な共産主義者だということだけだ。

だがスハルトに関しては、これとはまったく質の異なる前後関係をもちいた弁明の世界がひろがっている。長年にわたり、弁明のための決まり文句となってきたのは、一九六五年から六六年にかけての殺戮は、「失敗したクーデターが原因」で「暴力の嵐に火がついた」、あるいは「左派からの猛攻撃」に続いて起こったというものだ。(95) くりかえし持ち出されるこの定式は、大量殺人は挑発されて起こったものであり、その前に起こった

「猛攻撃」によって正当化できるかもしれない、と示唆している。クーデターの失敗が、いったいどうして大規模な殺戮を正当化しうるというのか。書き手はけっして説明しないが、ヒントは掲げている。

ここ数年の傾向では、独裁体制がつづいていることに合理的な説明を与えるためもあって、メディアはいつも、政治的な弾圧を、「安定性」や「成長」と並べて語る。「彼（スハルト）の成功のしるしは、いたるところに見受けられる」が、こうした進歩も、彼が「権力をしっかり掌握しつづけ、民衆の批判や政敵を弾圧したことによって」もたらされたのだ。[96] この記述は『ニューヨーク・タイムズ』から引用したものだが、そこで説明されるものごとのつながりは、同紙がカストロに対しては――ポル・ポトにはもとより――けっして認めないたぐいのものであり、根深い弁明的態度をあらわしている。

この弁明は、スハルトによる東ティモールの侵略と占領にも及んでいる。長年にわたって『ニューヨーク・タイムズ』の記者たちは、インドネシアが内戦の最中に侵略したと主張してきたが、[97] 実際には侵略が起こるかなり前に内戦は終結していた。東ティモールについての同紙のニュース報道は、一九七七年から七八年にかけて、皆無にまで落ち込んだ。その時期には、インドネシアによる東ティモールの攻撃と殺害が最悪の水準に達し、他のところでなら「ジェノサイド」と呼ばれたに違いない大量殺人が起こっていたのだ。インドネシアは、国連の決議に違反して東ティモールの不法占領を継続し、一九九九年にようやく促されて撤退するまで居座りつづけた。にもかかわらず、『ニューヨーク・タイムズ』の記者たちは、東ティモールを「係争中の州（プロヴィンス）」と呼び、東ティモールのレジスタンスを「分離主義者」と呼ぶことをくりかえした。それによって、侵略と占領を、あたかも国内問題であるかのように見せかけ、はっきりと正当化したのである。[98]

スハルトとインドネシア政府に対するメディアの偏向と寛容なあつかいは、またもやアメリカの政策的な支援と相関している。アメリカの支援は一九六五年の軍事クーデターと大虐殺にさかのぼるものだ。アメリカ政府の高官たちはこれをおおいに歓迎した――当時の国防長官ロバート・マクナマラは、このできごとはインドネシア軍をアメリカが支援してきたことに対する「配当」の一つだと述べた。「荒れ狂う流血の嵐」（『タイム』）や「ショッキングな大量虐殺」（『ニューヨーク・タイムズ』）と呼ばれたものも、メディアの中ではまた、「かすかな光明」とみられることもあったのだ（『ニューヨーク・タイムズ』のジェイムズ・レストンの記事）[99]。アメリカの軍事・経済援助や外交的な保護は、スハルト独裁時代の全体を通じて継続した。そこでメディアもそれにしたがい、彼を善良なジェノサイド推進者と判断してきた。

『ニューヨーク・タイムズ』の記者デイビッド・サンガーは、スハルトと一九九〇年以降の（それ以前はアメリカの同盟者だったので）サダム・フセインに区別を設けて、「スハルト氏は、炭素菌を秘蔵したり、オーストラリアに侵略の脅威をあたえたりはしない」と述べている[100]。これはすなわち、スハルトが東ティモールを侵略し、大量殺人を行ない、長期にわたって不法占領したことには、なんの重要性もないということであり、その数年前にはインドネシア国内で五十万から二百万のあいだと推定される大勢の人々を殺戮したことも、無視されている。欧米のプロパガンダ・システムにおいて、ジェノサイド推進者たちが、いかにうまくやったり、やらなかったりするかを知るには、これだけでもうじゅうぶんだろう。

メディアが選択肢を制限する

政治学者トーマス・ファーガスンは『ゴールデン・ルール』という著作の中で、政党や選挙に資金を出す主要な投資家たちのあいだで、ある問題について合意が成立していれば、民衆がどれほど強く別の選択肢を望んでいようが、政党がその問題をめぐって競うことはない、と論じている。一般の有権者が選挙における選択肢に影響を与えるためには、自分たちが「民衆の討議と表現を直接にうながすことのできる、強力な伝達手段」

を持っていなければならないと、ファーガスンは力説する。[101] たとえば組合などの中間的な組織がそれにあたり、それらは集合的な力を通じて、一般有権者の利害が、政治システムの中でより重視されるようにしている。プロパガンダ・モデルや、そこに反映されているメディアの制度設計から推測されるのは、主要な投資家のあいだに合意が成立した問題を、政党間の争点から排除するときに働いたのと同じ力が、メディアをも支配しており、それがメディアの選択を決定し、すでに合意された問題について「民衆の討議や表現」を認めないようにさせているということだ。

たとえば世論調査の結果がいつも決まって示すのは、戦争中に猛烈な戦争プロパガンダが行なわれている時期を除けば、民衆は防衛予算の縮小を望み、予算配分を軍事費から教育などの民生支出へと移行することを望んでいるということだ。[102] けれども主要な投資家たちは大型防衛予算が望ましいということで合意しているため、二大政党の争点はただ、どちらか一方が軍事支出に慎重かどうかということにすぎず、予算拡大そのものについては、どちらも約束しているのだ（ジョージ・W・ブッシュとアル・ゴアが、二〇〇〇年の大統領選挙で、ともに公約していたように）。そして主流メディアも同じような動きをする。討論の範囲を二つの政党が規定した条項に限定し、大幅な軍事予算削減が望ましいという立場からの討論や表現は、排除するのだ。オルターナティヴな選択肢として大統領選に出馬したラルフ・ネーダー[六]は、そのような削減を提唱した。だがメディアはこの問題について彼に発言させず、中には候補者の公開討論から彼を排除することを、はっきり擁護する意見もあった。二大政党が提示する選択肢だけで、じゅうぶんだというのだ。[103]

アメリカの企業社会は、巨大な防衛予算を歓迎してきた――その規模はいま、着実に弱体化している第二位のロシアにくらべ、五倍以上に達している――。軍事支出が彼らのあいだに大きな利益をもたらすからだ。たとえば、兵器やその他の請負事業、直接あるいは間接の研究開発助成金、[104] アメリカの多国籍企業の多くが積極的に関与し、受益している、グローバル経済の拡大を支えるために、軍事力がはたす役割などが、そこに含まれる。

企業はまた、貿易協定による市場解放や、WTO、世界銀行、IMFの支援的活動からも、利益を得ている。けれども、こうした貿易協定や国際金融機関の活動は、論争の種となり、政治闘争を生み出した。なぜなら、それらが企業に利益を与えているのは明らかだが、その代償は、グローバルな労働市場で競争することを強いられた労働者の肩に、重くのしかかっているからだ。

さらにグローバリゼーションと貿易協定は、企業社会の力を経済ばかりでなく政治の面でも強めている。その理由のひとつは、意志決定の権威が、民主主義的な政治組織から、銀行家や専門技術者という多国籍企業の利益にもっと忠実に奉仕する人々へと、移行するようになったからである。予算配分の重点は防衛か民生かという問題と同じように、ここでもまた世論調査の結果は、企業優先か公共優先かで鋭い二項対立を示している。民衆は一般に、企業社会が歓迎するような協定や制度設計には、敵対的である。[105]

プロパガンダ・モデルは、メディアがこの種の問題をどうあつかうかにも、きわめてよくあてはまる。たとえば北米自由貿易協定（NAFTA）の成立と、その結果として生じた一九九四年から九五年にかけてのメキシコの金融危機と株式市場暴落について、メディアの報道を考えてみよう。NAFTAが立法化される以前に実施された世論調査では、一貫して大多数の人々がこの協定に反対していたし、メキシコ危機の後では、メキシコ株に投資した人々を救済するのにも反対していた。だが、エリート層はそれに賛成だった。メディアの社説やニュース報道、論説欄の「専門家」の選択は、エリート層が優先するものに大きく偏っていた。彼らの判断は、NAFTAによる恩恵は明らかであり、ちゃんとした権威はみなそれに賛成しており、反対しているのは大衆扇動家や「特殊利益団体」だけだ、というものだった。[106]この協定で「損失をこうむる」かもしれない

「特殊利益団体」に含まれていたのは、女性、マイノリティ集団、および大多数の労働者だった。[107]

世論調査ではつねに大多数が協定に反対しているという都合の悪い事実に対処するため、メディアがとった手段は、おもにそれらを無視することだった。だがときには、民衆はじゅうぶんな知識を与えられておらず、自分たちの利益を理解していない、と示唆することもあった。[108] NAFTAをめぐる議論のゆくえに、影響を与えようとする労働者の努力は、『ニューヨーク・タイムズ』と『ワシントン・ポスト』の両方から激しい攻撃を受けた。その一方で、企業や政府（アメリカとメキシコの）が行なったロビー活動やプロパガンダに関しては、同じような批判は見られなかった。労働者がこの問題についての彼らの立場とされるものを攻撃されているときに、報道機関は、彼らが実際にその立場を表明する機会を与えなかった。[109]

一九九四年十二月、NAFTAが効力を持ちはじめてからわずか十一カ月後に、メキシコは大規模な金融危機にみまわれ、大規模な資本の逃避、通貨の切り下げ、その結果としてIMFによる救済措置の受け入れ、などを経験した。IMFはその見返りにメキシコ政府に苦痛を伴うデフレ政策の実施を迫った。この金融危機がNAFTA発足から一年以内に起こったにもかかわらず、NAFTAを、これからの経済発展の黄金時代の先駆けと描いていたメディアは、異口同音にNAFTAには責任がないと主張した。そしてほぼ完全な同一歩調をとりながら、メディアは、メキシコ（への投資家）の救済を支持した。世論調査の結果は、アメリカの一般民衆がそれに反対していることを示していたというのに。

専門家やメディアに出る識者や論説委員が、NAFTAの大きなメリットのひとつとしてくりかえし説明したのは、これが「メキシコに縛りをかけ」、今後は全面的な政策転換や、ひどいデフレや失業に対して自衛のための強制措置を取れなくさせるということだった。この縛りがきわめて非民主的な性格のものであり、しかも交渉を行なったメキシコ政府は不正な選挙で政権についたものだったことを勘案すれば、いっそういかがわしいものであることに、メディアは気づこうとしない[110]。

もっと最近では、WTO、IMF、世界銀行の政策への世界的な反対が拡大し、一九九九年十一月から十二月にかけてシアトルで行なわれたWTO会議や、二〇〇〇年四月にワシントンDCで行なわれたIMFと世界銀行の年次総会に向けて、大衆的な抗議行動が行なわれた。そのときも、これらのできごとについてのメディアの報道は、抗議者に対して嘲笑的で敵意に満ちたものであり、人々を抗議に駆り立てた実質的な問題については、いずこも同じように取り上げることを怠った。メディアはシアトルで抗議した人々を、「なんにでも反対の扇動屋」（『USニュース&ワールド・レポート』）、「病的な不満分子」（『フィラデルフィア・インクワイヤラー』）、「世界貿易に反対している」だけで（ABCニュース）、「大げさな空騒ぎ」をする（CNN）などと描写したが、彼らの不満がいったい何に由来するのかは、ほとんど究明されなかった[111]。

同様に、ワシントンDCの抗議行動の場合は、メディアは活動家の服装、顔つき、体臭、流行かぶれ、などについてくりかえし報告し、彼らには「主義主張と呼べるような、筋の通ったものがなにもない」と主張した（マイケル・ケリー、『ワシントン・ポスト』）。ひき続き、いったい何が問題なのか論じるのを拒絶した[112]。

シアトルやワシントンの抗議行動には、豊富な知識があり、筋の通った主張を持つ人々が大勢参加していた——世評の高い経済学者、社会理論家、老練な組織家などが、世界各地から集まっていた[113]——が、メディアは彼らを探し出そうとはせず、それよりも反グローバリゼーション活動家は無知なトラブルメーカーだ、というステレオタイプを押しつけようとした。投稿論説欄には、抗議する人々への敵意に満ちた、大きなアンバランスがあった。テレビの偏向ぶりも、それに勝るとも劣らずはなはだしいもので、しばしば事実の誤認があった。一九九九年十一月二十九日、ダン・ラザーはWTOについての背景説明の中で、WTOは多くの環境問題に裁定を下してきたと説明し、あたかもそれらの裁定が、環境保全のためになされたかのような響きをもたせた。

だが実際には、それらは一般的に、環境保護より交易の権利を優先するものだった。

シアトルとワシントンDCの抗議行動について、メディア報道のもうひとつの目立った特徴は、ヴェトナム戦争時代（一九六五〜七五年）の反戦運動の偏った報道に逆戻りしたように、[114]抗議する人々の暴力を誇張して伝え、その一方で、警察による挑発と暴力は控えめにあつかったことだ。抗議者のあらゆる行動を、穏やかなものもそうでないものも、すべて制限しようとする警察の非合法な戦略に、メディアは従順に従った。[115]シアトル警察が武力に訴え、非暴力で抗議していた大勢の人々に化学物質を使用したのは、少数の人々が窓ガラスを壊し始めたのよりずいぶん前のことだった。だがその当時も、後になっても、メディアはできごとの順序を逆転させ、警察の暴力は抗議者の暴力への反応だったと述べた。実際には、破壊行為をしていた者たちは、ほとんど警察から無視されていた。警察が標的にしたのは、おとなしく抗議していた人々であり、彼らに乱打や、催涙ガスや、ペッパースプレーを浴びせ、逮捕したのだ。[116]

『ニューヨーク・タイムズ』のある記事に至っては、シアトルの抗議者たちは、糞便や小石や火炎瓶を、代表団や警官に投げつけたとまで主張している。同紙は後に、こうした主張はまちがいであったと認める訂正記事を公表した。[117]ダン・ラザーは、抗議者たちが「今日の取り締まりの原因をつくった」と、シアトルの事件について誤った主張を行なっていたが、その後ワシントンの抗議運動について、彼らは「昨年のシアトルでの暴力沙汰の再演を望んで」おり、「平和を維持する任務にあたる」「思想の異なる」人たちを、挑発しようとしていた可能性があると示唆した。[118]

アメリカ自由人権協会（ACLU）の『アウト・オブ・コントロール——反WTO抗議行動へのシアトルの不備な反応』という八十七ページにおよぶ報告書によれば、「［シアトルの］デモ参加者は、圧倒的多数がおとなしい人々であった。だが警察は、そうではなかった」。抗議者へのシアトル警察の反応は、「おだやかに抗議している人々や、傍観していただけの人々に対して、化学兵器、ゴム弾、警棒を」大々的に使用するような、「過剰に」市民的自由を侵害するものであった。けれども、NBC、ABC、CBS、CNN、『ニューヨーク・タイムズ』、『ワシントン・ポスト』はすべて、ACLUによる調査結果の公表を無視した。自分たちが採用している「警察支持、反抗議者」の方針と、まっこうから衝突するからだ。

　メディアができごとの順番を逆転させ、活動家の暴力の脅威を誇張して伝えたことや、おだやかに抗議しようとする人々に恐怖を植え付けるべく警察側がしかけた、無数の非合法な行動を、メディアが控えめに報じたことによって、[119]警察による暴力と、言論の自由の大幅な制限を、ともに可能にする土壌がつくりあげられた。これらはシアトルからワシントンに至るまでに範囲を拡大し、精度を高め、やがて二〇〇〇年の七月と八月にフィラデルフィアとロサンゼルスでそれぞれ行なわれた共和党と民主党の大会において、抗議運動を押しつぶすために応用された。[120]

　抗議がめざすものに企業メディアが抱く敵意は、他の大企業が抱く敵意とぴったり一致しており、憲法修正一条（言論の自由）の権利に対するメディアの忠誠は萎んでいった。みずからの権利や特権が問題になるときには、けっしてないことだ。

　メディアによるNAFTAのあつかいと労働側が論争に参加する権利のあつかいが示唆するように、あるいはウォーターゲート、COINTELPRO〔六〇年代にFBIが国内反体制派にしかけた敵対情報活動作戦〕、労使対立の初期の歴史における主要なできごと（ヘイマーケット事件[七]、ホームステッド・ストライキ[八]、第一次世界大戦後の「赤の恐怖《レッド・スケア》」[121][九]）などについての、メディア報道が示唆するように、プロパガンダ・モデルは国内問題にも、外交政策問題と同じくらいよく当てはまるのだ。

　ここ数十年にわたって、アメリカの労働者は新たな試練の時を迎えている。一九八〇年代初期のデフレ政策、企業のダウンサイジング、グローバリゼーション、組合つぶしのための活発なキャンペーン、組合と労働者の打撃への政府の支持、または無関心、などが労働条件に悪い影響を及ぼしてきた。レーガン時代の最初から、組合員の数は大幅に減少し、組織率は一九八〇年の二五パーセントから、一九九六年には一四・五パーセント(民間セクターのみではたったの一〇・二パーセント)へと低下した。これは労働者の交渉力が弱まったことを表わしており、賃金や手当てに大幅な譲歩を強いられ、労働条件は悪化し、労働者の安定性はさらに後退した。

一九八一年、レーガン大統領はストライキ中の航空管制官一万一千人を解雇し、「スト破りに政府のお墨付きを与え、労使関係に新たな時代を切り開いた」[122]。けれども主流メディアを通じては、こうしたことはほとんど知らされない。『ビジネスウィーク』が一九九四年に掲載した例外的な記事は、次のように指摘している。「過去十数年の間に……アメリカの産業界が進めてきた組合との戦争は、これまでにもっとも成功したもののひとつだ」。それを助けたのが、「団結権を行使したという理由による、何千人もの労働者の非合法な解雇」であり、「八〇年代後半におこなわれた代表権承認投票の三分の一で」不当な解雇が起こった[123][十]。

だが、この大成功をおさめた戦争は、こっそりと遂行された。メディアが協力したからだ。組合の認可取り消し、代替労働者の使用、キャタピラー社で起こったような長期にわたる消耗戦ストライキなどは、メディアでは非常に控えめにあつかわれた。プロパガンダ・モデルがこれに応用できることを顕著に証明しているのは、一九八九年四月に始まった、九カ月に及ぶピッツトンの炭坑ストに寄せられたメディアの関心が、同じ年の夏のソヴィエトの炭坑ストよりも、はるかに少なく、好意的でもなかったという事実だ[124]。

一九七七年から九九年にかけての所得の推移を見ると、トップの一パーセントの世帯では八四・八パーセント上昇し、上位一〇パーセントでは四四・六パーセント上昇したが、下から六〇パーセントの世帯は所得が減少し、最下位の二〇パーセントでは一二・五パーセントも減少した。[125]時間あたりの実質賃金は、生産労働者や非管理職労働者（すなわち労働者階級の職種につく人々の八〇パーセント）にとっては、一九七三年から一九九九年までのあいだに四・八パーセント下落した。[126]これは、同じ時期の社会指標が後ろ向きの傾向を示していたことと並んで、[127]この時期の高い雇用率や「新経済」、目をみはるような株式市場の急上昇にもかかわらず、大多数の人々の暮らし向きは悪化していたことを示唆している。

この至福感の時代は、一九九九年から二〇〇〇年にかけて突然にドット・コム市場が暴落したことで幕を閉じたが、そこで恩恵を受けていたのは一握りの少数派だけだったことを、主流メディアはほとんど認めなかった。[128]メディアがこの問題を一時的に発見したのは、一九九六年の大統領選挙で、パット・ブキャナンの右翼ポピュリスト的な抗議の声に強く刺激されたときだけだった。二〇〇〇年の大統領選挙では、ふたたび、二大政党の候補者たちは、だれもが恩恵を受けるはずの「上昇気運」のなかで、大多数の人々が浮かび損ねたことについては、なにも語らなかった。それを問題にしたのは、ラルフ・ネーダーのような重要視されない候補だけだった。そして、先に記したように、主要メディアは、大政党の政治課題だけが取り上げるにふさわしいものであると判断した。

「沈黙の春」を推進する

プロパガンダ・モデルの印象的な応用例をもうひとつ挙げれば、化学業界とその規制に関するメディアのあつかいがある。この業界の力と、産業界の要求に応えるメディアの感度のよさのおかげで、「故意にわたしたちに毒を盛っておきながら、その結果を取り締まる」[129]と、レイチェル・カーソンが『沈黙の春』の中で描写したようなシステムが、常態にされてしまっている。企業は、化学物質を（そして一九九〇年代からはバイオエンジニアリングを経た食物も）、安全性について独立機関による事前の証明がなくても、生産し、販売することが許され、環境保護局（ＥＰＡ）による「取り締まり」は、資金不足と並んで、法の執行と試験の両面にわたる政治的な制限のために、大幅に譲歩させられた。(130)

全米学術研究会議による一九八四年の大型研究では、商品化されている化学物質の七八パーセントには、健康への有害性についてのデータがないと報告された。環境防衛基金による追跡報告によれば、その後十年以上たっても状況はほとんど変化していない。連邦政府の全国毒物学プログラムは、年間に十種から二十種の化学物質について、発ガン性検査を行なっている（だが、その他の無数の有害性については検査されない）。しかし、それと同時に毎年五百種から一千種の新しい化学物質が市場に現われるのが現状であり、わたしたちが把握している割合はどんどん縮小していることになる。(131)

だがこの制度は産業界には都合がよい。企業は干渉されることなく販売することを望んでおり、安全性に関する調査や検査はほとんどみな自分の手で握り、その結果を環境保護局に報告する価値があるかないかは身内が決めるという、典型的な「キツネにニワトリを見張らせる」式の取り決めになっているからだ。

この制度は大衆には役に立たず、業界が環境保護局に影響を与え、ときには支配するほどの力を持っていることによって、その欠陥はさらに拡大している。(132)それなのに業界は、化学物質の安全性は、環境保護局、あるいは食品医薬品局（ＦＤＡ）の規制によって保障されていると、しばしば主張する。(133)だがその規制は、彼らが全力をつくして骨抜きにしようとしているものであり、またそもそもが、市場に出回っている薬品の大多数を取りあつかわない代物であることは、先に指摘した通りである。

メディアの助けを借りて、化学業界は、化学物質は個人に与える危険性と、個人の耐性に基づいて、それぞれ個別に評価されるべきであるという自分たちの意見を、広く浸透させることに成功した。けれども、そのような危険や耐性を測定することはきわめて難しい。人体を使った比較実験はできないし、被害が発現するのは何年も後かもしれない。どのようなかたちの被害かを前もって知ることは難しく、化学物質は環境の中で、他のものと化学反応を起こすだろうし、生物の体内に蓄積される可能性もある。また化学物質が分解してできる物質が、危険性を持っている可能性もある。もし何千という化学物質が環境に入り込み、その多くは寿命が長く、生物に蓄積され、他の化学物質に反応するというのであれば、添加物や相乗作用が人体や環境に与える影響を無視するような公共政策は、はなはだしく欠陥があり、無責任なものだ。

化学業界が猛烈に反発し、アメリカ政府もそれを後押ししている[134]「予防原則」に基づく政策は、化学物質が完全な検査をしないで環境に入り込むことを許さず、人体に蓄積されるようなものや、分解によって危険物資あるいは未知の物質を発生させるようなものは禁止し、未試験のリスクのある化学物質よりも、それに代わりうる危険性のない物質を（それが存在し、妥当なコストで開発できるならば）使用するように強要する。[135]

予防原則の適用をうまく免れるため、業界の代弁者たちは、既存のシステムは「健全な科学」に基づいていると論じる。けれども、どんなリスクが容認できるかを勝手に決めるのはもとより、そもそも少しでもリスクがある化学物質を環境に持ち込むような権利が、企業にあるなどということを、科学が命じるわけではない——それは政治が決めることだ。

さらに、もし環境中の化学物質の影響が、社会の選択にかかわるすべての変数、たとえば、発ガン性と並んで、免疫機能や生殖機能への長期的な影響などについても試され、またそれらが分解してできる派生物質の環境に与える影響が試験されたのでないというのなら——そんなものは、いまのところ皆無だが——「健全な科学」が、科学ではなく政治に基づいているのは明らかだ。

化学業界がこれまでに製造し、どのような害もないと長いあいだ主張してきた製品のなかには、ガソリン中のテトラエチル鉛(TEL)や、バッテリーに使われるPCBをはじめ、アスベスト、DDT、エージェント・オレンジなど、今ではきわめて有毒であることがじゅうぶんに証明されているものが、数え切れないほどある。しかも、これらのものを市場から撤収させるには(国内市場のみの場合が多いが)、法律と規制による圧倒的な圧力が必要だった。

彼らが売りたがっている製品には、それが無害であると証言してくれる(あるいは、有害だという主張は科学的に証明されていないと主張する)ような科学者が、いつも見つかった。業界が資金を出す科学研究の結果と、同じ分野をあつかっている独立した研究者が出す結果のあいだには、つねに一貫して深刻な相違があった。[136]企業内の試験における詐欺行為、製品が許容できることを示すためにデータを操作する研究機関の利用、規制基準を緩和させるための政治操作などの例は、枚挙にいとまがない。[137]

このような産業界による科学の濫用にもかかわらず、メディアはおおむね業界の主張を受け入れ、企業が支援するのは「健全な科学」であって、批評家の言うような「ジャンク・サイエンス」ではないとする。一九九六年から一九九八年九月までのあいだに、主流の新聞に載った二百五十八本の記事が「ジャンク・サイエンス」という言葉を使った。だが、それを企業による科学の濫用に対して用いたのは、そのうち二十一本(八パーセント)だけであり、それに対して百六十本(六二パーセント)は、その言葉を環境保護論者や企業批評家、企業訴訟の弁護士などが使用する科学に対して用いている。七十七本(三〇パーセント)は、どちらのカテゴリーにも入らない。[138]要するに、メディアは、業界の自己正当化の用語法を自分のものにしてしまったのであり、また安全性第一ではなく、「買い手の危険負担」の現状を、普通の状態にしてしまったのだ。

メディアはまた、化学薬品への恐れを根拠のない「不安」だとして切り捨てるような態度にも、つねに同調している。たとえばダイオキシンの恐怖といわれるものや、リンゴに塗られるエイラー〔保存料〕の危険などが槍玉にあがる。しかしながら、これらをはじめとする不安の種は、実際の健康障害に基づいていると判明することが多い[139]。一方、ひんぱんに発覚する規制や検査のいたらなさや、化学物質の環境投入のほんとうのコストについて、メディアが掘り下げて追及し、報道することは、めったにない[140]。

たとえば、国際共同委員会（IJC）という、一九七八年に創設されたカナダとアメリカの合弁事業は、五大湖への有毒化学薬品の流入を阻止するという、たいへんな仕事を請け負った。この団体は毎年、この目標の失敗を報告し、そして一九九二年以降は任務の達成に不可欠な要素として、塩素の製造を停止することを要求している。全国メディアはこの要請をほとんど無視しており、国際共同委員会のアメリカ側の共同議長ゴードン・ダーニルは、「これにいかに対処するかはひとつの社会問題ですが、住民の九〇パーセントが、憂慮すべき問題があることさえ知らないのです」と述べた[141]。なぜこの知識が欠けているのかを理解するには、プロパガンダ・モデルが役立つはずだ。

一九九二年から九三年にかけての健康保険制度をめぐる論争で、メディアは国民健康保険への一本化（民間健康保険の廃止）という選択肢を、まじめにあつかうことを拒んだ。これが明らかに民衆の広い支持を得ており、カナダでは実際に有効に機能しているシステムであったにもかかわらず、メディアが奉仕したのは保険事業と医療サービスにかかわる複合企業体の利益であった[142]。一九九二年から九六年にかけて主張された歳出抑制と均衡予算の緊急な必要性という説を、メディアが無批判に報道し、論説であつかったことは、社会予算を削減し、規制を弱めたいという産業界の願望に一致するものだった[143]。

社会保障制度が危機に瀕しているという主張――保守的な推定が正しいと仮定し、微調整を何度も加える可能性を排除するならば、いま行動しなければ三十七年後に破綻する――を、メディアはうかうかと信じ込んでいるが、その主張が奉仕するのは、きわめて順調な政府のプログラムを弱体化するのにけんめいな保守派の思想や、社会保障制度の部分的あるいは全体的な民営化で利益を得ようとする保険会社の利益である。[144] こうした事例や、「医薬品戦争」に関するメディアのあつかいなどの他の事例についても、プロパガンダ・モデルが応用できるのは明らかだろう。[145]

七　何が民主主義を前進させるか

プロパガンダ・モデルはいまも、主流メディアの働きを分析し、理解するための有益な枠組みであり、その有効性は、おそらく一九八八年当時より増大している。先に述べたように、このモデルの基礎となる構造的な条件――メディアの行動やパフォーマンスに強く影響し、決定的な役割を果たすことも多いと思われるもの――の変化は、このモデルの重要性を高める傾向にある。初版の序文、および第二章と第三章で、一九八〇年代の中央アメリカにおける戦争と選挙についてのメディア報道に関連して述べたように、メディアの実際の反応は、政府のプロパガンダの要請に奉仕するだろうというわたしたちの推測を、しばしば凌駕するほどのものだった。一九九一年のイラク戦争や、一九九九年のNATOによるユーゴ空爆の報道でメディアがみせた反応にも、少なくとも同じ程度のことは言える。すでにユーゴについては手短に、他のところについては詳細に論じた通りである。[146]

初版の結論で強調したのは、メディアのパフォーマンスのネガティブな効果は、主にその構造と目的に由来するものであるため、そのパフォーマンスに真の変化をもたらすためには、その根底にあるメディアの組織と目的に、本質的な変化を起こさせることが必要だということだった。一九八八年以降の年月に起こった構造的な変化は、メディアの反応を改善させるには好ましくないものだった。それでもなお、民主主義の政治には、情報の供給源を民主化することと、より民主的なメディアが不可欠だということが、いまも核心的な真実であるのに変わりはない。

主流メディアの集中化の傾向に歯止めをかけ、逆転させる努力と併行して、多数の一般市民を代表する民衆ベースの運動や中間団体が、自分たち自身のメディアをつくり上げ、支えるために、もっと多くの精力と資金を投入すべきだろう。その好例は、一九九九年と二〇〇〇年のシアトルとワシントンＤＣにおける抗議行動のあいだに、インディペンデント・メディア・センター（ＩＭＣ）が誕生したことだ。こうしたものだけでなく、地域コミュニティを基盤とする非営利目的の放送局やＴＶネットワーク、パブリック・アクセス・チャンネルの高度な利用、インターネット、独立系の出版メディアなどが、社会や政治における民主主義の大きな前進を達成するために、不可欠となるだろう。

初版の序

本書の目的は、「プロパガンダ・モデル」について概要を説明し、それを合衆国のマスメディアのパフォーマンスに応用することだ。この企ての根底にあるのは、メディアの働きについて長年研究してきた結果、わたしたちが到達した次のような考えだ——メディアは国家や民間の活動に支配的な影響力をもつ特定利益集団のために、一般の人々の支持をとりつける役割をはたしており[1]、メディアが何を選択し、強調し、省略するかは、このような観点から分析するといちばんうまく説明でき、時には目をみはるような明瞭さと洞察をもたらしてくれる。

こんなことは今さら指摘するまでもないのかもしれないが、民主主義が当然のこととして想定しているのは、メディアは独立した主体であり、真実をつきとめ、報道することを使命としており、たんに有力集団の望み通りに世界を映し出すだけの存在ではないということだ。メディア業界の第一人者たちは、自分たちのニュース選択は偏見のない、職業的で客観的な基準に基づいていると主張する。[2] 彼らのこのような主張は、知識人社会からも支持される。

しかし、もし有力な人々が言説の前提となるものを固定し、一般の人々が見たり、聞いたり、考えたりすることが許されるものを決定し、定期的なプロパガンダ・キャンペーンによって世論を「管理」できるとすれば、システムがどのように働いているかについての標準的な理解は、現実と深刻な齟齬をきたすことになる。[3]

ウォルター・リップマンが[一]「合意の捏造」（マニュファクチャー・オブ・コンセント）と呼んだものに、プロパガンダが特別な重要性をもつことは、世論やプロパガンダ、社会秩序の政治的な必要条件などを論じる人々のあいだでは、昔から認識されていた。[4] リップマン自身が、一九二〇年代初期の著作で、プロパガンダはすでに「民衆を基盤とする政府の常設機関」になっており、着実に高度化し、重要性を増し続けていると主張していた。[5] なにもそれだけがマスメディアの仕事だと主張するつもりはないが、プロパガンダ機能はメディアが提供するサービス全体の中で、非常に重要な側面だとわたしたちは考えている。

第一章では、プロパガンダ・モデルについてくわしく説明した。これはマスメディアにプロパガンダの役割を演じさせる力、偏見を高めさせるプロセス、その結果として起こるニュース選択のパターン、などを説明するものである。それに続く各章では、具体的な事例に照らして、このプロパガンダ・モデルがメディアの実際の反応にあてはまることを証明している。本書で展開したような体制批判は、体制派の評論家からは一般に「陰謀説」として退けられることが多い。だが、それはただの言い逃れだ。わたしたちはマスメディアのパフォーマンスを説明するために、いかなる「陰謀」仮説も使っていない。実際、わたしたちの処理の仕方は「自由市場」分析の方にずっと近く、得られる結果はおおむね市場要因の働きによって決定されている。メディアに偏った選択が起こってくる原因は、ふさわしい思想の持ち主をあらかじめ選んでいることや、先入観を身につけてしまうこと、そこで働く人々が、オーナーや組織や市場や政治権力によって課される制約に、慣れてしまったことなどにある。

検閲はおもに自粛のかたちでなされており、それを遂行するのは、メディアの組織上の必要や情報提供者の現実に適応した記者や解説者たち、あるいはメディア組織の上層部にいる管理者たちである。後者は、オーナーや市場や政府中枢の権力がおしつける（しばしば自分でもそれを信じているが）制約を実行に移すために、その地位に選ばれた人々である。

ニュースを定義し、方向づけ、メディアが一定の線を踏み外さぬよう保つことに、率先して力を発揮する重要な役者たちがいる。本書で描いているのは「誘導市場システム」であり、それを誘導するのは政府や企業社会のリーダー、メディア企業の大株主や役員、彼らが選別した個人やグループであり、建設的な提言を行なうよう任されている、あるいは許されている人々だ。(6) これらの提唱者は数が少ないので、機会あるたびに共同歩調をとることができる。ライバルが少ない市場で売り手にできることと同じだ。とはいえ、たいていの場合、メディアのリーダーたちの行動は、どのみち同じようなものだ。彼らは同じレンズを通して世界を見ており、似たような制約と誘因を与えられているのだから。その結果、あるテーマは大きく報道し、他のものについては一斉に沈黙するという、暗黙のうちの共同行動と、独走者のない競争におちいってしまうのだ。

マスメディアは、あらゆる問題に一枚岩で反応するわけではない。有力な人々のあいだで意見が分かれているような場合には、メディアの議論にもそれが反映されるだろう。ただし、そこに見られる多様性は戦術的なレベルでの判断の相違にすぎず、それを通じて達成される目的はおおむね共有されている。根本的な大前提の正当性に疑問をはさむような見解や、国家権力の実際の行使はシステムの要因に基づいていると示唆するような議論は、たとえエリートのあいだで戦術論争が白熱していたとしても、マスメディアからは排除されるだろう。

本書では、そうしたケースをいくつも検討していくことになるが、じっさい、このパターンは広く浸透している。たまたま今これを書いている時点でニュースを独占しているものを例にとると、ニカラグアが挙げられる。アメリカから攻撃を受けているニカラグアが、どのように描き出されているかを考えてみよう。この場合、エリートのあいだの意見の相違がある程度大きいため、テロリストである軍部を支援することが、ニカラグアを「より民主的に」して「隣国への脅威を弱める」ために、有効な手段なのかと問うことが可能になっている。だが、マスメディアはほとんど意見らしいものを示さないし、ニュースコラムの中に、ニカラグアは、エルサルバドルやグアテマラよりも民主的である（オーウェル語法以外では、どこからみても）と示唆する記事[7]が登場することもない。また、ニカラグアでは、エルサルバドルやグアテマラのように、政府が一般市民を毎日のように殺しているわけではないし[8]、エルサルバドルやグアテマラとは異なり、ニカラグアの政府は国民の大多数にとって重要な社会経済改革を実施したということ[9]、ニカラグアは隣国に軍事的な脅威など与えておらず、実際にはむしろアメリカとその従属者や代理人からの継続的な攻撃にさらされていること、またアメリカがニカラグアを恐れるのは、その長所のためであって、短所とされるもののためではないこと[10]、などが示唆されることもめったにない。

マスメディアはまた、背景にある事情を論じるのを避けており、また非常に類似した事件として、アメリカが一九五四年、グアテマラに「民主主義」を持ち込むために、ＣＩＡの後ろ盾による侵略を企てたことを紹介し、その結果について語ることも避けている。この侵略によって途絶えたグアテマラの民主主義は、いまだに復活していない。アメリカは、数十年にわたってグアテマラの（他の多くの国々でも）少数特権階級による統治を支持して、国家テロの組織化を助けてきたし、ブラジルやチリやフィリピンでは（これも、他の多くの国々においてと同様に）民主主義体制の転覆を承認したり、実際に転覆させたりしており、世界中のテロ政権と「建設的につきあい」、ニカラグアでも、残虐なソモサ体制が揺るがなかったうちは、同国の民主主義になんの関心も持たなかった。それにもかかわらず、メディアは、ニカラグアの「民主主義」について懸念しているというアメリカ政府の主張を、額面通りに受けとっている。[11]

ニカラグアにどう対処するかという、エリート層のあいだでの戦術的な意見の相違は、一般の論議にも反映されている。だが、マスメディアはエリート層が重視することをそのまま受け入れ、彼らと癒着したニュースづくりによって、アメリカの政策を意味をもつ前後関係の中で説明することを怠り、アメリカが行使する暴力と侵略の証拠をシステマティックに隠蔽し、サンディニスタの印象を極端に悪く描いた。[12] その逆に、エルサルバドルやグアテマラは、ずっとひどい経歴を持つにもかかわらず、「穏健派」の指導者のもとで民主主義に向けて苦闘していると描かれ、それゆえ同情的に承認されるにふさわしいとされる。こうしたやり方は、中央アメリカの現実についての一般大衆の理解を歪めており、そればかりかアメリカの政策目標についても、重大な虚偽を伝えている。これは、ジャック・エリュールが次のように強調する、プロパガンダの本質的な特徴である。

——プロパガンダを行なう者は、当然ながら、自分が奉仕しているおおもとの真意を明かすことはできない……そんなことをすれば、計画を公開の議論の組上にのせてしまい、世論の詮索を許すことになり、結果として目的の達成を妨げることになるだろう……プロパガンダの使命はまさにその逆で、そのような計画の隠れ蓑となり、真の意図を隠すことにある。[13]

理論の枠組みや議題を決定し、不都合な事実を民衆による点検の対象から排除する政府の力は、本書の第三章で論じた中央アメリカ諸国の選挙に関するメディア報道の中で、みごとに実証されているし、それ以降の章であつかった個々の事例のいずれにおいても、はっきりと示されている。

政府の政策にエリートの側からは異議がほとんどないときでも、マスメディアには、手違いによって若干の異論が入り込む余地はあるし、政府の主張の信憑性を損なうような事実（きちんと理解されればの話だが）が見つかることもある。通常は、三面記事の中だ。これが、アメリカのシステムの優れたところの一つだ。不都合な事実の報道量が増大することもないわけではない。ヴェトナム戦争中に、批判的な勢力の拡大（一九六八年からはエリート層の中にも広がった）に伴って、実際にそういうことが起こった。しかし、この例外的なケースにおいても、ニュースや時事評論が公認のドグマ（情け深いアメリカの目的とか、アメリカは侵略やテロに対処しているという思い込みを、自明の前提とする）に準拠していない場合は、マスメディアに登場するのはきわめて稀だった。それについては、第五章〔第II巻〕で論じている。

ヴェトナム戦争中も、戦後にも、国家の政策を弁護する側にまわった人々の共通した手法は、不都合な事実の報道、メディアの識者たちの周期的な「悲観論」、戦術をめぐる論争、などをとりあげて、メディアが体制に「敵対的」であり、あげくには「負け戦」に導いたことの証拠であると主張することだった。そんな主張がばかげているのは、本書の第五章および補遺3で詳述した通りだが、それでも、こういう主張をすることには、二つの利点があった。マスメディアのほんとうの役割を隠蔽することと、メディアに圧力をかけて国策プロパガンダの前提にいっそう頑強に固着させることである。

長年わたしたちが主張してきたのは、このプロセスの「自然さ」――不都合な事実も、ごく控えめに、また適切な前提の枠内にとどまるかぎりは、容認されるが、根本的な異議の申し立ては、事実上マスメディアから除外される（だが、重要視されない印刷物には許される）――が、当局による検閲制度よりもずっと効果的に、かつ信頼されるかたちで、愛国的な優先課題を伝達するプロパガンダ・システムを支えているということだ。

メディアの優先事項や偏向を批評するために、本書では、少なくとも若干の事実については、しばしばメディアそのものから引用した。このことは、典型的な「不合理な推論」におちいる可能性を招いている。すなわち、マスメディアを批評する者が、主流マスメディアから事実を引用していることは、それ自体が決定的な「証拠」として、その批評がみずからの主張を裏切るものであり、また係争中の問題についてのメディアの報道は、じっさい妥当なものであることを証明している、という矛盾である。

だが、メディアがある問題について一部の事実を提供していることは、その報道の適切さや正確さについて、なにひとつ証明するものではない。実際、マスメディアは、この後の各章で詳述するように、多くのことを文字通り隠蔽している。

だが、ここでもっと重要なのは、ある事実に向けられる注目のしかたの問題だ――その位置づけ、論調、反復頻度、それが提示される分析の枠組み、それに付随して意味を与える（あるいは理解を妨げる）関連事実などである。ある特定の事実を探している注意ぶかい読者が、熱意と鑑別力によってそれを突きとめることはあるだろう。だがそのことからは、その「事実」に、ふさわしい注目と前後関係が与えられていたのかどうか、読者に理解できるかたちで提供されていたのか、それとも実質的に歪められ、隠蔽されていたのかは、なにひとつわからない。どの程度の注目がふさわしいかについては議論の余地があるだろうが、ある特定の事実が、熱心で懐疑的な研究者によってメディアの中に発見されたからといって、それをもって、極端な偏向や、事実上の弾圧が存在しないと実証されたかのように言うのは、意味がない。(14)

本書の中心テーマの一つは、義憤キャンペーンと隠蔽、ぼかしと強調、前後関係や前提や問題設定の取捨選択などにみられる明瞭なパターンは、支配権力にはきわめて有用であり、政府や主な権力集団が必要とするものに敏感に対応しているということだ。共産主義の被害者への不断の注目が、敵の邪悪さを民衆に確信させるのに役立ち、ひいては干渉や破壊活動やテロリスト国家への支援、はてしない軍拡競争、軍事衝突への道を開く——すべては、気高い目的のためなのだ。また同時に、この限られた一連の被害者に対して、わたしたちの指導者やメディアが示す熱意あふれる献身は、国や国民の本質的な人間らしさを証明するものとして、民衆の自尊心と愛国心を向上させる。

民衆は、アメリカの庇護する国による被害者については、沈黙が守られていることに気づかない。自国の政策に奉仕するうえで、これは、敵国による被害者に関心を振り向けるのと同じ程度に重要なものだ。グアテマラ政府は、過去十年間に何万人もの殺害を実施したが、もしそれに対してアメリカのマスコミが、アンドレイ・サハロフの苦境やポーランドの神父イエジ・ポピエウシュコ（第二章参照）に与えたような種類の報道を行なっていたならば、その実施は難しかっただろう。南ヴェトナムに対して、またインドシナの他地域に対して残忍な戦争をしかけ、けっして回復できないかもしれない惨状を後に遺したことは、もしもメディアがお国の大義にはせ参じ、凶悪な侵略をあたかも自由の防衛であるかのように描いてみせ、予想収益に比してコストがあまりに高くなってようやく、戦術的な意見の不一致に対してのみ反論の扉を開くようなことをしなかったならば、とうてい実行不可能だっただろう。

本書で論じた他のケースにおいても、また論じることのできなかった他のあまりに多くのケースにおいても、同様のことがあてはまる。

本書の出版に際して、次の方々の援助を賜ったことに、感謝を申し上げたい。James Aronson, Phillip Herryman, Larry Birns, Frank Brodhead, Holly Burkhalter, Donna Cooper, Carol Fouke, Eva Gold, Carol

Goslant, Roy Head, Mary Herman, Rob Kirsch, Robert Krinsky, Alfred McClung Lee, Kent MacDougall, Nejat Ozyegin, Nancy Peters, Ellen Ray, William Schaap, Karin Wilkins, Warren Witte, Jamie Young. なお、本書の内容についての責任は、すべて著者たちが負う。

第一章　プロパガンダ・モデル

マスメディアは、メッセージとシンボルを一般庶民に伝達するシステムとして働いている。その役割は、なぐさみや娯楽や情報を与え、それと同時に個人に一定の価値観や信条、行動規範を教え込み、それによって、より大きな社会の仕組みに彼らを溶け込ませることである。富の集中が進み、階級の利害が大きく対立するような世界においては、この役割をはたすために組織的なプロパガンダが必要となる。(1)

権力行使の手段が官僚機構の手に握られている国々では、メディアの独占的な支配や、それを補完することの多い当局による検閲のおかげで、メディアが支配的なエリート集団の目的に奉仕するものだということは明らかである。だがメディアが民営化され、正式な検閲制度が存在しないような国々では、プロパガンダ・システムが働いているのを見抜くのは、はるかに難しい。それが特にはなはだしいのは、メディアがさかんに競争し、間欠的に企業や政府の不正行為を糾弾し、あばきたて、言論の自由と一般的な社会の利益の代弁者として、みずからを描いている場合である。はっきり見えてこないのは（そしてメディアの俎上にのぼらないのは）、そのような批判が限定的なものであること、また資金や手段を行使する力には巨大な不平等があり、その違いが民間のメディア・システムを利用する力に反映され、その行動やパフォーマンスに影響を及ぼしていることである。

プロパガンダ・モデルは、このような富と権力の不平等と、それがマスメディアの利害と選択に与える重層的な影響に焦点をあてる。いかにして資金と権力が、ニュースをフィルター（濾過装置）にかけて活字にするにふさわしいものだけを残し、反対意見を故意に小さく見せ、政府や大手民間企業のメッセージを一般民衆に浸透させることを可能にするか、という流れを追跡するのである。わたしたちの考案したプロパガンダ・モデル（一揃いのニュース「フィルター」と言ってもよい）の基本的な構成要素は、次のような項目に分類される。（1）マスメディアの有力企業の規模、所有権の集中、オーナーの富、利益志向性、（2）広告というマスメディアの主要収入源、（3）政府や企業からの情報、またこうした権力の源泉や代理人が資金と承認を与える「専門家」からの情報への、メディアの依存、（4）メディアを統制する手段としての「集中砲火《フラック》」、（5）国家宗教と化し、統制手段となっている「反共産主義」。

これらの要素は互いに影響し、補強し合う。なまのニュース素材は、一連のフィルターをくぐらせて、活字にするにふさわしいものだけを残して浄化されなくてはならない。これが会話や解釈の前提条件を定め、そもそも何に報道価値があるかということを規定する。これらにもとづいて作成、運用されているものが、つまるところプロパガンダ・キャンペーンとなるのである。

このような濾過装置の働きによる、エリート層のメディア支配と、反体制派の存在の軽視は、あまりに自然に起こるので、メディア報道にたずさわる人々（多くの場合まったくの誠実さと善意に基づいて動いている）は、自分たちは「客観的に」、プロの目で見た報道価値を基準として、ニュースを選別し、解釈しているのだと思い込むことができる。この濾過装置による制約の枠内であれば、たしかに彼らは客観的であることも多い。この制約はとても強力で、きわめて基本的なところでシステムに埋め込まれているため、ニュースの選択には他の基準もありうるということが、ほとんど想像できなくなっているのだ。

たとえば一九八四年十一月五日に、ニカラグアに向けてミグ戦闘機が出荷されたというアメリカ政府の緊急声明があったとき、メディアはその報道価値を査定するに際して、政府が提供するニュース材料に優先的なあつかいがなされることに内在する偏向や、政府がニュースを操作して、(2) みずからの優先課題を押しつけ、意図的に他の材料から目をそらせようとはかっているかもしれない、(3) という可能性を熟考してみようとはしなかった。系統的な偏向やごまかしのパターンを見抜くには、メディアの働きについて、ミクロ的（個別のニュースごとの）視点と同時に、マクロ的な視点も必要となる。

それではここで、「プロパガンダ・モデル」の主要な構成要素をひとつひとつ詳細に説明していくことにしよう。このモデルが、この後の各章で具体的な事例に応用され、検証されることになる。

一　マスメディアの規模、所有者、利益志向　―第一フィルター―

イギリスにおけるメディアの発達の歴史を研究したジェイムズ・カランとジーン・シートンは、十九世紀前半に全国各地の労働者階級のあいだで読まれるようになった急進的な新聞の出現を、次のように描いている。このオルターナティヴな新聞は、階級意識の高まりにおおいに貢献した。

この新聞が労働者を結束させたのは、オルターナティヴな価値観や世界認識のための枠組みをはぐくみ、「労働者が〝団結〟と組織化された行動を通じて社会変革をもたらす、潜在的な力をくりかえし強調することにより、彼らが集団的な自信を深めることをうながした」ためだった。[4]

エリート支配層の目には、これは大きな脅威と映った。ある国会議員のみるところでは、労働者階級の新聞は「情念に火をつけて利己主義を呼びさまし、彼らが現在置かれている状況と、将来はこうあるべきだと彼らが主張するものを、対比させる。彼らが夢想するような状況は、人間の本質とは相容れないし、市民社会を管理するために神がお定めになった不変の法則とも、相容れぬものだ」。[5] そこで、労働者階級のメディアを潰すために、さまざまな手段が用いられることになった――名誉毀損法による告訴、出版の条件として高額の保証債権を要求する、コストをつり上げて急進派メディアを駆逐することを目的とした各種の課税措置。だが、こうした弾圧的な手段では効果があがらず、十九世紀半ばには、市場原理によって責任をとらせよという自由主義的な考え方が台頭したため、こうしたやり方は放棄された。

じっさい、国家の介入では成し遂げられなかったことが、たしかに市場によって達成された。カランとシートンがそのことを明らかにしている。一八五三年から一八六九年までのあいだに新聞に課された、きびしい諸税が撤廃された後、新しい日刊の地方新聞が一紙創刊された。しかし新しい労働者階級の日刊地方新聞は、それ以降、十九世紀の終わりまで一紙も登場しなかった。カランとシートンは次のように記している。

たしかに、急進的な全国紙は完全に衰退してしまい、二十世紀初頭に労働者階級の運動から労働党が誕生したときには、同党だけを支持してくれるような新聞は、日刊の全国紙にも、日曜紙にも、ひとつもなかった。[6]

そうなった重要な理由の一つは、新聞事業の規模の拡大と、それにともなう資本コストの増大だった。十九世紀中ごろから始まったこの現象は、技術革新とならんで、事業主が購読者層の拡大に力を入れはじめたことが、背景になっている。自由市場の拡大は「新聞の産業主義化」を伴った。一八三七年には、週刊の全国紙を創刊して黒字化するまでにかかる総コストは一〇〇〇ポンド以下、採算ラインの発行部数は六千二百部だった。一八六七年には、ロンドンで新しい日刊紙を立ち上げるための推定コストは五万ポンドだった。一九一八年に創刊された『サンデー・エクスプレス』は、発行部数二十五万部を超えて収支均衡に達するまでに、二〇〇万ポンド以上を必要とした。(7)

似たようなプロセスはアメリカでも進行し、一八五一年にはニューヨーク市で新しい新聞を立ち上げるための費用は六万九〇〇〇ドルだったが、一八七二年に『セントルイス・デモクラット』が競売にかけられたときには四五万六〇〇〇ドルが回収された。一九二〇年代には、都市新聞は六〇〇万ドルから一八〇〇万ドルのあいだで取引された。機械設備費用だけでも、ごく小さな新聞社でさえ、この何十年かのあいだに数十万ドルもかかるようになった。(8)一九四五年には、「たとえ小新聞の発行であっても大きな商売であり……相当な資金力があってもおいそれとは手が出せない事業、資金がなければまったく手の出ない事業になってしまった」といえよう。(9)

したがって、この第一のフィルター（少しでも影響力のあるような規模のメディアを所有するには、大規模な投資が必要という制約がかかる）は、一世紀以上も前から適用されており、その効果は時とともにますます増大している。(10)一九八六年の時点で、アメリカには、日刊紙が約千五百、雑誌が約一万一千、ラジオ局とテレビ局がそれぞれ九千と千五百、書籍出版社二千四百、映画制作会社七と、総計二万五千社を超えるメディア事業体が存在していた。けれども、これらのニュース供給者のうち、かなりの部分は零細な地域事業で、ローカル・ニュース以外はすべて全国規模の大手企業や通信社からの配給に頼っている。業態の異なる異種メディアから資本を受け入れているものはさらに多く、このような資本の系列化が、ときには事実上すべてのメディア業態に広がっていることもある。(11)

ベン・バグディキアンは、多数のメディアが存在するにもかかわらず、実際には二十九社の最大手メディア系列だけで新聞発行部数の半分以上、雑誌、放送、書籍、映画については売上や視聴者の大部分を占めているという事実を強調する。これらの最大手が新しい「民間情報文化省」となり、全国ニュースに取り上げる話題をとりしきっていると、バグディキアンは主張する。(12)

実のところは、バグディキアンでさえも、ニュース製造における事実上の寡占の実態を控えめに述べているのかもしれない。企業や政府の権力からのメディアの自主独立という、構造的な事実とは相容れないとわたしたちには思われる（以下に説明するように）ことを示唆しているからだ。メディアには階層があり、最上層（名望、資源、浸透力などによって測られる）は十〜二十四の企業系列で構成されている。(13) この最上層が、政府や通信社とならんで、何がニュースとして取り上げられるかを決定し、全国ニュースや国際ニュースの大半を下位のメディアに配信し、それを通じて一般大衆に流通させている。(14) この最上層のなかでも集中化の傾向は著しいが、その要因は第二次世界大戦後のテレビジョンの台頭と、この重要メディアの全国ネットワーク化である。テレビ以前の報道市場は、たとえ全国ニュースや国際ニュースが上層メディアや狭い情報源に大きく依存していたとしても、基本的には地域的なものだった。しかしテレビのネットワークは、全国ニュースや国際ニュースを三つの全国ソースから配信しており、いまやテレビが大衆にとっての主要なニュース供給源となっている。(15) とはいえ、ケーブル放送の成熟とともにテレビ視聴者の細分化がおこり、三大ネットワークの市場シェアと威信には、次第にかげりが出てきた。

表1-1〔八三〜八二頁〕は、アメリカのメディア業界の最上層を構成する二十四の巨大メディア企業（あ

るいは、それらを支配する親会社）についての、基本的な財務データを示したものである。[16] この集計に含まれているのは以下のような企業である。（1）三大テレビネットワーク――ABC（親会社キャピタル・シティーズ）、CBS、NBC（最終的な親会社はゼネラル・エレクトリック［GE］）、（2）大手新聞帝国――『ニューヨーク・タイムズ』、『ワシントン・ポスト』、『ロサンゼルス・タイムズ』（タイムズミラー）、『ウォールストリート・ジャーナル』（ダウ・ジョーンズ）、ナイト・リッダー、ガネット、ハースト、スクリップス・ハワード、ニューハウス（アドヴァンス・パブリケーションズ）、トリビューン・カンパニー、（3）主要ニュース雑誌・総合雑誌――『タイム』、『ニューズウィーク』（『ワシントン・ポスト』傘下）、『リーダーズ・ダイジェスト』、『TVガイド』（トライアングル）、『USニュース＆ワールド・レポート』、（4）大手出版社（マグロウヒル）、（5）重要性を増しつつあるその他の巨大ケーブルテレビ・システム――マードック、ターナー、コックス、ゼネラル・コーポレーション、タフト、ストーラー、[17] グループW（ウェスティングハウス）。

これらのメディア集団の多くは二つ以上の分野で突出しているため、特定のカテゴリーに振り分けるには独断によるしかない（タイム社は雑誌と同様にケーブルTVでも重要であるし、マグロウヒルは雑誌版元としても大手である。トリビューン社は新聞だけでなくテレビでも一大勢力となっているし、ハーストも新聞と同様に雑誌でも重要な位置を占める。マードックはテレビや映画の持ち株だけでなく新聞にも大きな投資をしている）。

これら二十四社は利潤追求のための大企業であり、それを所有し支配しているのはかなりの富裕層だ。表1‐1が示すように、これらのトップ企業はデータが公表されていない一社を除いて、すべてが一〇億ドル以上の総資産を持ち、その中央値（総資産順位で中間に位置する企業の総資産の値）は二六億ドルである。また、この表によれば、巨大メディア企業のおよそ四分の三が、税引後で一億ドルを超える利益を計上しており、中

2. コックス・コミュミケーションズは1985年まで株式を公開していたが、この年に同族企業コックス・エンタープライズに買収された。ここに掲載したデータは、重要な財務情報が開示された最後の年である1984年12月期決算の数字。
3. データの出所は、William Barrett, " Citizens Rich," *Forbes*, Dec.14, 1987.
4. オーストラリア・ドルから換算（1986年６月30日現在のレートで0.68米ドル）。
5. 1985年のデータ。『ニューヨーク・タイムズ』1986年２月９日に掲載されたもの。
6. 総収入は、メディア関連事業のみの総売上高。『アドヴァタイジング・エイジ』1987年６月29日号に掲載されたもの。
7. ストーラーは1985年にウォール街の企業 Kohlberg Kravis Roberts＆Co. の支配下に入った。掲載した数字は、ストーラーが独立しており、情報が開示されていた最後の年、1984年12月期のもの。
8. 総収入は、メディア関連事業のみの総売上高。『アドヴァタイジング・エイジ』1987年６月29日号に掲載されたもの。
9. 総資産は、『フォーチュン』1985年10月14日号「モート・ズーカーマンの新メディア帝国」に掲載された1984〜85年の数字。総収入は、『アドヴァタイジング・エイジ』1987年６月29日号に掲載された、メディア関連事業のみの総売上高。

央値は一億八三〇〇万ドルである。

　このようなメディア大企業の多くは完全に市場経済に組み込まれており、そうでない企業にとっても、株主や役員や銀行家からの利益拡大に専念せよという圧力は強大だ。近年、メディア株に市場の人気が集まるにつれ、このような圧力は高まってきた。同時に、新聞やテレビの（現在あるいは将来の）所有者は、視聴者の増加と広告収入の増大をもとに数倍の価値を持つメディア・フランチャイズをつくりあげ、巨富を得ることが可能であることに気づいた[18]。これが投機家の参入をうながし、収益性の重視に拍車をかけるような圧力と誘惑を増大させた。オーナー一族のあいだには、この新しい機会を積極的に利用しようという意見と、同族支配を継続したいという意見が次第に対立するようになり、彼らの分裂が突然の危機に発展し、一族の持ち株を手放す結果になることも多い[19]。

　市場システムへのメディアの統合の進展という、このような傾向を加速しているのが、メディアの集中や株式持ち合い、異業種企業による支配を制限する諸規制の緩和だ[20]。同時にまた、ラジオやテレビのコマーシャル、娯楽番組の暴力シーン、「公正の原則」〔すべての立場が代表されねばならないとする〕などに

表1-1　大手メディア企業（またはその親会社）24社の財務指標（1986年12月期）　（単位：百万ドル）

企業名	総資産	税引前利益	税引後利益	総収入
アドヴァンス・パブリケーションズ（ニューハウス）*1	2500	不明	不明	2200
キャピタル・シティーズ/ABC	5191	688	448	4124
CBS	3370	470	370	4754
コックス・コミュニケーションズ*2	1111	170	87	743
ダウ・ジョーンズ	1236	331	183	1135
ガネット	3365	540	276	2801
ゼネラル・エレクトリック（NBC）	34591	3689	2492	36725
ハースト*3	4040	不明	215(1983)	2100(1983)
ナイト・リッダー	1947	267	140	1911
マグロウヒル	1463	296	154	1577
ニュース・コーポレーション（マードック）*4	8460	377	170	3822
ニューヨーク・タイムズ	1405	256	132	1565
リーダーズ・ダイジェスト*5	不明	75〜110(1985)	不明	1400(1985)
スクリップス・ハワード*6	不明	不明	不明	1062
ストーラー*7	1242	68	-17	537
タフト	1257	-11	-53	500
タイム	4230	626	376	3762
タイムズミラー	2929	680	408	2948
トライアングル*8	不明	不明	不明	730
トリビューン・カンパニー	2589	523	293	2030
ターナー・ブロードキャスティング	1904	-185	-187	570
USニュース&ワールド・レポート*9	200＋	不明	不明	140
ワシントン・ポスト	1145	205	100	1215
ウェスティングハウス	8482	801	670	10731

1．総資産は、『フォーブス』誌が掲載した1985年のニューハウス一族の資産総額から引用、総収入は『アドヴァタイジング・エイジ』1987年6月29日号に記載されたメディア関連売上のみの数字。

ついての規制が（どのみちきびしいものではなかったのだが）放棄され、放送波を無制限に商業利用する道を開いた。[21]

規制緩和された環境のなかでメディアの収益性が増大したことは、企業の乗っ取りと、それに対する懸念を増大させ、CBSやタイムのような巨大企業でさえも、直接攻撃されたり脅かされたりするようになった。このため巨大メディアの経営者は否応なく負債を拡大し、これまで以上に積極的かつ明瞭に、収益性の重視を打ち出すことを余儀なくされた。それによってオーナーをなだめ、同時に外部に対しては、資産としての魅力を減少させるためである。[22] 彼らは、銀行家や機関投資家や大口個人投資家に対する、（もとより限られていた）自立性の一部を失った。乗っ取り攻撃を受けた際には、「救済主」となってくれるよう嘆願しなければならないからだ。[23]

大手メディア企業の株式の大半は証券市場で取引されているが、これらの企業の約三分の二は、相当数の株式を保持している創業者一族によって、閉鎖的に所有されている、ないしは支配権を握られている。相続人の数が増えるにつれ、一族の所有する株式が分散し、同時にメディア株売却の市場環境も改善しつづけているため、この状況は変化しつつある。それでもなお同族支配が根強く続いていることは、表1－2〔八七～八六頁〕に示すとおりである。

この表はまた、メディア系トップ企業の支配一族が所有する巨大な富の実態も明らかにしている。二十四社のうち七社は、支配一族の所有するメディア事業資産の市場価値が一九八〇年代半ばに一〇億ドルを超えており、二十四社の中央値は五億ドルに近かった。[24] こうした支配集団にとっては、自分たちの財産や、社会の重要機構の一つに占める戦略的な位置を維持するために、現状の維持が特に望ましいのは明らかだ。そして彼らは、そのためにこの戦略的な立場の持つ力を行使する――たとえそれが、会社全体の目標を定め、経営責任者を選ぶだけのことだとしても。[25]

メディア大手の支配集団は、役員会や社交関係のつながりによって企業社会のメインストリームと親密な関係を持っている。NBCとグループW（テレビおよびケーブル・システム）の場合、それぞれの親会社であるGEとウェスティングハウスは、ともにそれ自身がメインストリームの巨大企業であり、役員会には実業界や金融界の経営者たちが顔を連ねている。他のメディア大手の多くは役員の圧倒的多数が内部出身者であり、比較的小さなオーナー中心企業の一般的な特徴を示している。会社が大きくなればなるほど、株式は広範囲に流通し、外部役員の数や比率が上昇する。巨大メディア企業の外部役員の構成は、他業種の大企業のものと非常に似ている。表1－3〔八八頁〕によれば、巨大メディア企業十社においては、現役の企業の経営者と銀行家が合計で外部役員全体の約半分を占めている。法律家と退職した企業経営者、銀行家（「退職者」欄の十三人のうち九人がこれに相当する）を加えると、企業出身者の比率は外部役員総数の三分の二に達する。

これらの九十五人の外部役員たちは、この他にも三十六の銀行と二百五十五の企業（メディア企業と彼ら自身が本来所属している企業を除く）の役員を務めていた。[26]

このような幅広いつながりに加え、大手メディア企業はみな市中銀行や投資銀行との取引を行なっており、様々なクレジットや融資を受け、株式売却や債券発行に関する助言やサービス、また企業買収の機会や乗っ取りの危険に対処するための、助言やサービスを受けている。銀行や他の機関投資家もまた、メディア株の大口所有者である。一九八〇年代初期には、このような組織の持ち株は、株式を公開している新聞社の四四パーセント、株式を公開している放送局の三五パーセントに達していた。[27]

このような投資家はまた、個別企業の筆頭株主であることが多い。たとえば、一九八〇年から八一年にかけて、投資企業のキャピタル・グループは、ABCの七・一パーセント、ナイト・リッダーの六・六パーセント、

ターナー・ブロードキャスティング	ターナー	80	222P
USニュース&ワールド・レポート	ズーカーマン	非公開	176*2
ワシントン・ポスト	グラハム一族	50+	350F
ウェスティングハウス	幹部社員および役員	1.00以下	42P

出典：Pは委任勧誘状の数字をもとに1986年2月現在の株式価値から計算、Fは『フォーブス』誌が毎年発表する大富豪の資産推定から

1．この数字には、ウィリアム・パーリー所有の8.1%と、ローレンス・ティッシュがロウズ・コーポレーションを通じて所有する12.2%が含まれる。この年のうちに、ロウズは持ち株を24.9%に増やし、じきにローレンス・ティッシュがCEOに就任した。

2．ズーカーマンが1984年にU.S.ニュースを買収したときの価格。Gwen Kinkead, "Media's New Mogul," *Fortune*, Octber 14, 1985, p.196.

タイム社の六パーセント、ウェスティングハウスの二・八パーセントを保有していた。(28) この程度の持ち株では、個別にも集合的にも、支配権を行使することはできないが、大口投資家としての彼らの意見は重視され、彼らの行動は当該企業の繁栄や、その経営者に影響を与えうる。(29) もし経営者が株主への利益還元を軽視すれば、機関投資家はその株式を売却したり（株価に下げ圧力がかかる）、乗っ取りを企んでいる部外者の相談に、好意的に耳を傾けようとするだろう。このような投資家が、メディア企業を厳格な市場（収益性）志向に走らせる一つの要因となっているのだ。

巨大メディア企業の事業多角化と地理的な拡散も、同じような作用をしている。かれらの多くは、特定のメディア分野から出発して成長が期待される分野へと業容を広げてきた。新聞を基盤とするメディア企業の多くは、テレビジョンの威力とその広告収入への影響を恐れて、全力をあげて放送事業やケーブルTVへの進出を図っている。タイム社もまた、ケーブルTV事業進出へと大きく舵を切り、現在では収益の半分以上をもたらす主要事業へと成長させた。メディア最大手二十四社のうち、メディア・セクターのなかの一部門だけにとどまっているものはごく少数である。(30)

メディア大手はメディア以外の事業分野へも進出しており、同様

表1-2　メディア大手24社（またはその親会社）を支配する企業グループの資産（1986年2月）

企業名	支配株主（一族またはグループ）	支配株主の議決権ベース持ち株比率（％）	支配株主の所有株式の価値（単位：百万ドル）
アドヴァンス・パブリケーションズ（ニューハウス）	ニューハウス一族	非公開	2200F
キャピタル・シティーズ/ABC	幹部社員および役員	20.7（ウォレン・バフェット17.8）	711P
CBS	幹部社員および役員	20.6*[1]	551P
コックス・コミュニケーションズ	コックス一族	36	1900F
ダウ・ジョーンズ	バンクロフト＝コックス一族	54	1500P
ガネット	幹部社員および役員	1.9	95P
ゼネラル・エレクトリック（NBC）	幹部社員および役員	1.00以下	171P
ハースト	ハースト一族	33	1500F
ナイト・リッダー	ナイトおよびリッダー一族	18	447P
マグロウヒル	マグロウ一族	約20	450F
ニュース・コーポレーション（マードック）	マードック一族	49	300F
ニューヨーク・タイムズ	サルズバーガー一族	80	450F
リーダーズ・ダイジェスト	ウォレス財団（理事会が管理運営し、個人としての受益者はいない）	不明	不明
スクリップス・ハワード	スクリップスの相続人	不明	1400F
ストーラー	幹部社員および役員	8.4	143P
タフト	幹部社員および役員	4.8	37P
タイム	幹部社員および役員	10.7（ルス4.6、テンプル3.2）	406P
タイムズミラー	チャンドラー家	35	1200P
トライアングル	アンネンバーグ家	非公開	1600F
トリビューン・カンパニー	マコーミックの相続人	16.6	273P

表1－3　メディア大手10社[*1]（親会社を含む）の外部役員の所属　（1986年現在）

主要な所属	人数	比率%
企業重役	39	41.1
法律家	8	8.4
退職者（元企業重役や銀行家）	13(9)	13.7(9.5)
銀行家	8	8.4
顧問	4	4.2
非営利団体	15	15.8
その他	8	8.4
合計	95	100.0
その他の役職		
他企業の役員など（銀行役員）	255(36)	
元官僚	15	
国際関係の評議会メンバー	20	

1．ダウ・ジョーンズ社、ワシントン・ポスト、ニューヨーク・タイムズ、タイム、CBS、タイムズミラー、キャピタル・シティーズ、ゼネラル・エレクトリック、ガネット、ナイト・リッダー

にメディア業界の外からマスメディア市場に進出して大きな位置を占めるようになった企業もある。後者のもっとも重要な例は、ＧＥである。同社は支配下のＲＣＡを通じてＮＢＣネットワークを所有している。またウェスティングハウスは、主要テレビ放送局、ケーブル・ネットワーク、ラジオ放送局ネットワークを所有している。ＧＥとウェスティングハウスはともに巨大で多角化した多国籍企業であり、武器製造や原子力という、論争のまとになる領域に深く関わっている。

ここで思い出すべきは、一九六五年から一九六七年にかけてＡＢＣを買収しようと企てていた国際電信電話会社（ＩＴＴ）が、計画の断念に追い込まれた事件だろう。国内に多大な投資と事業活動を展開している巨大な多国籍企業に、国内の主要メディア局の支配を許すことへの危惧を指摘する、大きな抗議の声が沸き起こったためだ[31]。その危惧は、ＩＴ

Tによる支配によって、「ABCのニュース報道が、ITTの投資している国々での政治事件をあつかう際に、独立性が脅かされる」というものだった。[32] この買収を認めないという決定が健全なものであったことは、後にITTがチリ政権の転覆の企てに荷担して、政治献金を行なったことが発覚したことで証明されたと思われる。ITTの企てが拒絶された理由の一部は、RCAとウェスティングハウスにも当てはまると思われるのだが、この二社はITT事件のずっと前から、メディア企業の支配を許可されていた。

GEはITTよりずっと強力な企業である。世界各国に広く事業を展開し、原子力事業に深く関わり、防衛産業ではITTよりはるかに重要な存在だ。同社は中央集権化されたきわめて秘密主義の組織であるが、「政治」決定に大きな利害関係を持っている。[33] GEは、財界のメッセージを浸透させる知識人を支援する「アメリカン・エンタープライズ・インスティテュート」[二]という、右翼シンクタンクに資金を提供している。ABCの買収により、GEはこれまでよりもずっと確実に、「健全な見解が、ふさわしい注目を浴びるよう」計らえる立場になったはずだ。[34] GEによるRCAとNBCの買収に抗議の声があがらなかったのは、ひとつには、RCAによるNBC支配が、すでに「分離」原則を破っていたという事実のためだったが、同時にまた、レーガン時代に強まったビジネス促進と無干渉主義という環境を反映していた。

たいていの巨大メディア企業では、非メディア事業への投資はそれほど大きくなく、GEとウェスティングハウス以外では、非メディア事業が全収入に占める割合はきわめて小さなものにとどまっている。しかし多国籍化にかけては、これらの企業はずっと進んでいる。TVネットワーク、TVシンジケート、主要ニュース雑誌、映画制作所などはみな、大々的に海外における事業展開を行なっている。海外販売や海外子会社の事業収入は、彼らの収入の大きな部分を占めている。『リーダーズ・ダイジェスト』は十七カ国語で出版され、百六十以上の国で販売されている。マードック帝国の元来の本拠地はオーストラリアであり、持ち株会社はいまもオーストラリア企業である。アメリカでの事業拡大は、オーストラリアと英国の関連企業からの収益が資金源になっている。[35]

いまひとつの重要な構造的関係は、メディア企業の、政府への依存と結託である。ラジオやテレビの放送局やネットワークは、すべて政府の認可を必要としているため、潜在的に政府の管理といやがらせの対象となる。この純粋に法に規定された依存状態は、メディアを統制するための棍棒として使われてきたのであり、体制の指導を踏みはずしがちなメディアの行動が、この脅威の現実化を誘発する。[36] そのような不測の事態を避けるために、メディアはロビー活動などの政治支出を行ない、政界に人脈を広げ、行動に気をつける。メディアの政界とのつながりは、相当なものである。表1 - 3は、巨大メディア企業十社の九十五人の外部役員のうち、十五人が官僚出身であることを示している。大手新聞について調査したピーター・ドレイヤーも、同じような天下りの割合をあげている。[37] テレビ業界では、マスメディアの寡占構造が進展した時期に、規制当局と規制対象企業のあいだに、おびただしい人材の出入りがあった。[38]

巨大メディアはまた、政府の一般政策による支援にも依存している。すべての事業会社は、事業税、金利、労働政策、独占禁止法の適用・非適用に利害関係を持つ。GEとウェスティングハウスは、原子力および軍事部門の研究開発について政府の助成金に依存しており、またこれらの製品の海外販売に有利な環境を作り出すためにも、政府をあてにしている。『リーダーズ・ダイジェスト』や『タイム』、『ニューズウィーク』、また映画やテレビのシンディケート番組販売業者も、外交的な支援のもとに、アメリカの商業や価値観のメッセージならびに時事問題解釈を、外国文化のなかに浸透させる権利を行使している。メディア大手と広告代理店と巨大多国籍企業は、第三世界への投資に好都合な環境を維持することに、共通の密着した利害関係を持っており、こうした政策の推進における彼らと政府の相互関係は、共生的なものである。[39]

要約すると、主要メディア企業は巨大事業であり、きわめて裕福な人々に支配されているか、さもなければ株主をはじめとする市場志向・利益重視の圧力の、強い束縛のもとにある経営者によって支配されている[40]。巨大メディア企業は、他の大手企業や銀行や政府と密接に連動しており、重要な共通利害を持っている。これがニュースの選別に影響する、第一の強力なフィルターである。

二　広告という営業認可装置 ──第二フィルター──

十九世紀中ごろ、イギリス自由党の財務大臣ジョージ・ルイス卿は、反体制的な意見を抑え込む手段としての自由市場の利点を強く主張し、市場原理が、「一般広告主の支持を集める」ような新聞の成長をうながすであろうと指摘した[41]。じっさい、広告は、労働者階級新聞を弱体化させるための、強力なメカニズムとして作用した。カランとシートンは、国が課税や嫌がらせでやろうとして失敗したことを市場が達成した要因として、資本コストの増大と比肩する重要性を、広告の成長に与えた。「広告主が事実上の認可権限を獲得したのである。なぜならば、彼らの支持がなければ、新聞は経済的に立ち行かないからである」と彼らは記している[42]。

広告が大きな位置を占めるようになる以前は、新聞の購読価格は事業コストを賄うものでなければならなかった。だが広告の拡大につれて、広告の集まる新聞は、生産コストを大幅に下回る価格で新聞を販売することが可能になった。これは広告のない新聞を、きわめて不利な立場に置くことになった。相対的に高価格になるため販売が落ち、売れ行きを改善するための投資（特集記事や魅力的な紙面づくり、販促活動など）にまわせる余剰金も、少なくなるためだ。このため、広告を基盤にしたシステムは、販売収入だけに依存するメディア企業やメディアのタイプを、廃業に追い込むか、とるに足らぬものにしてしまう傾向がある。

広告によって自由市場が生み出すのは、最終購入者の選択が決定権を持つような、中立的システムではない。広告主の選択がメディアの浮沈に影響するのである。[43] 広告に基づいたメディアは、広告収入による補助のおかげで、価格やマーケティング、品質面での競争力を増大させ、それによって広告を取らない（または広告に恵まれない）ライバルをさらに追い込むことができるようになる。[44] たとえ広告を基盤にしたメディアが、裕福な（「高級市場」の）購読者のニーズを満たそうとするものであったとしても、彼らは容易に「大衆」市場の購読者の大きな部分を獲得することができる。競争相手は市場シェアを低下させ、やがては撤退するか、存在感を失う。

じっさい、広告は寡占化を進行させる強力な原動力となっており、寡占化は、広告収入の拡大に同じような熱意を燃やすライバル同士のあいだでも進んでいる。市場シェアや広告競争力のある新聞社やテレビ局は、そこから生じる付加的な収入を使って、競争力を一段と伸張させる――売れ筋の特集記事や、番組の購入を増やし、積極的な販売促進活動を行なう――ことができるため、不利な立場にあるライバルは、市場（および収益）シェアの退潮が積み重なるのに歯止めをかけるべく、予算を超えた追加支出を迫られることになる。資金繰りの失敗が致命傷となることも多く、そのことが大部数の新聞や雑誌が多数消滅したことや、新聞紙の総数が漸減していることの一因となっている。[45]

したがって、新聞広告というものが導入されたときから、労働者階級の新聞や急進的な新聞には深刻なハンディキャップが課されてきたのである。その読者はあまり裕福ではない者が多く、そのことがつねにこれらの新聞への広告主の関心に影響する。ある広告主企業の重役による一八五六年の発言によれば、一部の新聞は「読者が購買層ではないため、そんなところに金をかけてもまったくの浪費」で、広告媒体としての価値は乏しい。[46]

同様の力が、第二次大戦後のイギリスの社会民主主義系の新聞に大きな打撃を与えた。一九六〇年から一九六七年までのあいだに、『デイリー・ヘラルド』、『ニュース・クロニクル』、『サンデー・シティズン』が、倒産や、既存システムへの吸収合併という運命を辿った。三紙合計の購読数が一日平均九百三十万部に達していたにもかかわらずである。ジェームズ・カランが指摘するように、最後の一年に平均四百七十万人の購読者を獲得していた「『デイリー・ヘラルド』は、実際、『タイムズ』、『ファイナンシャル・タイムズ』、『ガーディアン』をあわせた数の、二倍近くの購読者を持っていた」ことになる。おまけに、同紙の購読者は、「他のどの大衆紙の固定読者より高い忠誠心を持っていた」ことや、「圧倒的に労働者階級が多かったものの、他の大衆紙の購読者に比べて新聞の内容をよく読んでいた」ことを示す調査結果もある。(47)『ヘラルド』の退場は、『ニュース・クロニクル』や『サンデー・シティズン』の消滅と同様に、広告収入によるところが大きい。『ヘラルド』は、全国の日刊紙による支えを欠いたため、徐々に首が回らなくなったことによるところが大きい。『ヘラルド』は、全国の日刊発行部数の八・一パーセントを占めていたにもかかわらず、純広告収入では三・五パーセントを占めるにとどまっていた。『サンデー・シティズン』の純広告収入は、『サンデー・タイムズ』の一〇分の一、『オブザーヴァー』の七分の一に過ぎなかった（一千部部単位の比較）。これらの三紙を失ったことが、労働党の党勢衰退に重要な役割を果たしたと、カランは説得力のある主張を展開し、特に『ヘラルド』については、「放送と主流新聞における支配的な提示システムに異を唱え、オルターナティヴな分析と理解の枠組み」を与えてくれる、大量部数発行の伝達機関の消滅を意味したと論じている。(48)大きなメディアの支持基盤を持たない大衆運動が、マスコミの積極的な敵意の標的になれば、それによって大きく力を殺がれ、ほとんど勝ち目のない戦いを強いられる。

今日成功しているメディアは、視聴者の「質」の決定的な重要性に完全に対応している。ＣＢＳは株主に向かって、「ひき続き、視聴者への配信の最大化につとめる」一方で、広告主に接近するための新しい「販売ツール」を開発したと誇らしげに告げる。「CAP（クライアント視聴者プロファイル）は、広告主がネットワーク放送時間枠の投資効率を最大化できるように、各視聴者層を広告主の製品やサービスの使用頻度に応じて評価したものです」(49)。要するに、マスメディアが惹きつけたいのは購買力のある視聴者であって、視聴者そのものではないということだ。今日の広告主の関心を引くのは、十九世紀と同じように、裕福な視聴者である。多くの視聴者を獲得しようとする努力がマスメディアを「民主的」にする、という考えが最初から躓くのは、この制度を政治的にたとえれば、所得水準に応じて軽重をつけた加重投票制度になるためだ。

広告主がテレビ番組に及ぼす力は、彼らが番組を買い、費用を賄うという簡単な事実に由来する。彼らはメディアに資金援助をする「パトロン」なのだ。そんなわけで、メディアは彼らのひいきを求めて競争し、広告主を勧誘する専門スタッフを育成し、自分たちの番組がどのように広告主のニーズをサポートするかを説明しなければならなくなる。このようなパトロンによる選択は、メディアの繁栄に大きな影響を与えるため、パトロンたちはウィリアム・エバンが呼ぶところの「規範設定規準」となり(50)、その条件や要求を満たすことが、メディアにとって成功の条件となる(51)。

TVネットワークでは、ニールセン調査による視聴率が一ポイント上下するだけで、年間広告収入に八〇〇〇万から一億ドル程度の影響が出る。番組視聴者層の「質」の評価によっても若干のばらつきが生じる。それゆえ、視聴者の規模と裕福度にかかっている利害は非常に大きく、市場システムにおいては、それに対する配慮がポリシーを大きく左右する傾向がきわめて強い。それは、一部は利益重視への制度的な圧力という問題であり、また一部は、メディア組織がパトロンという収入源とのあいだに不断の相互作用を持っているという問題である。グラント・ティンカーがNBCテレビのトップだった時代に述べたように、テレビは「広告が支える媒体であり、支持の減少に応じて番組編成は変化する」[52]。

労働者階級のメディアや急進的なメディアは、広告主の政治的な差別にも苦しむ。政治差別は、購買力のある人々を重視する広告の配分にも構造的に組み込まれている。けれども多くの企業は、イデオロギー上の敵対者や自分たちの利害を損ねると判断される者たちには、顧客となるのをつねに拒絶するだろう。このような公然の差別が、所得水準に応じた加重投票制の影響を助長する。

公共テレビ放送局WNETは、一九八五年、第三世界における多国籍企業の活動に批判的な資料を含むドキュメンタリー番組『利益の渇望』の放映後、ガルフ・アンド・ウエスタン社からの資金提供を失った。すでに番組の放映前から、企業の反発を予期した局職員は、「番組から不適切な部分を削除することに全力をつくした」（局関係者の証言）[53]。ガルフ・アンド・ウエスタン社の最高経営責任者は、同放送局に抗議して、この番組は「企業活動に激しい反感を示しており、反米的でさえある」と述べ、このような番組を放映したことは、同社の「友人」のする行動ではないと述べた。ロンドンの『エコノミスト』誌は「WNETは同じあやまちをくりかえすことはない、というのが大方の見方だ」と述べている[54]。

友好的でないメディア組織を差別することに加え、広告主はみずからの主義に基づいて番組を選別する。わずかな例外を除いて、選ばれる番組は、文化的にも政治的にも保守的である[55]。企業活動に真剣な批判を加えるようなテレビ番組、すなわち環境破壊、軍産複合体の作用、第三世界の圧政を支援し受益する企業、などのような問題をあつかう番組に、大企業の広告主がつくことはめったにない。エリック・バーナウは、環境問題への関心が高まった時期にNBCが提案した、この問題をめぐるドキュメンタリー・シリーズのたどった軌跡を詳述している。バーナウによれば、当時は多数の大企業が、環境問題に関するコマーシャルやその他の広告に資金を投じていたのだが、それにもかかわらず、このドキュメンタリー・シリーズの企画はスポンサー不足のため失敗した。問題だったのは、同シリーズが採用した極端な客観主義であり、たとえば、企業のメッセージは「安心を訴えるものである」が、その一方で企業あるいは制度上の不備があるのではないかと、暗示したりしていたことだった。(56)

長いあいだにはTVネットワークも、このような番組には買い手がつかず、財政的な犠牲を覚悟しなければ放映できないこと、おまけに、有力広告主の機嫌を損ねる可能性さえあることを学ぶ。(57) スポット広告価格の上昇に伴い、予定収入は増加する。財務を重視せよという市場圧力の増大と、規制緩和による制約の縮小に伴い、広告に基づくメディア・システムは次第に広告時間を増加させ、重要な社会問題をあつかった番組を軽視、あるいは完全に排除してしまうことになる。(58)

より一般的な話として、広告主としては、「買いたい気分」に水をさすような深刻で複雑な議論や、不安をかきたてるような論争のある番組は、避けたいところだろう。彼らが求めるのは、気楽に楽しめる番組だ。番組のスポンサーとなった本来の目的――セールス・メッセージの普及――にかなうような気分をかもし出す番組である。したがって長いあいだには、「国防総省の裏切り」というような番組に代わって、スポンサーの資金を追い求める市場の自然な進化の結果として、次のような番組が提供されるようになる――「スコットランドの鳥観図」、「バリー・ゴールドウォーターのアリゾナ」、「ホテルについてのエッセイ」、「ルーニー氏、ディナーに行く」(「アメリカ人はどのように外食するか――彼らの行き先とその理由」というCBSの番組)。(59)

例外的には、企業が積極的に真面目な番組のスポンサーになろうとすることもある。何か不祥事をしでかしたため、それを棒引きにするような広報活動が必要となったような場合だ。(60) しかし、たとえそのような場合でも、企業は通常、デリケートな問題や対立をあおるような問題を、詳細に検討するような番組のスポンサーにはなりたがらない。彼らには、ギリシャの古代遺跡とか、バレエとか、文化や国民の歴史と郷愁に関する番組の方が好ましい。バーナウはおもしろい対比を指摘している。商業放送局のテレビドラマは「広告収入で作成されているので、ほとんど例外なく現在の、この場をあつかっている」のに対し、公共放送では、文化といえば「〝よその文化〟を意味するようになっている……現在この場におけるアメリカの文化、というカテゴリーは、考慮の対象から外されている」[61]。

テレビ局やネットワークはまた、視聴者の「流れ」の維持にも気をつかっている。すなわち、視聴率などに基づく広告レーティングを維持し、売上を確保するために、ある番組から次の番組へと切り替わるあいだも、視聴者をつなぎとめておくことが大切なのである。番組の合い間にドキュメンタリーや文化的な番組を流すことは、他局への切り替えをうながしがちなため、犠牲が大きい。そのため長い間には、「無料の」（すなわち広告で維持された）商業システムが、そういう番組を削り落としてしまうことになる。そのようなドキュメンタリーや文化的な素材、批判的な素材は、二流のメディア企業からも同じようにしめ出される。なぜなら、こういう企業は広告主の利益にかなうものになろうと懸命だからだ。それでもなお、主流メディアの周辺では、文化的・政治的な番組がつねに生み出され、生き残っている。

三　マスメディアの情報源　―第三フィルター―

経済的な要請と互恵的な利害関係によって、マスメディアは有力な情報源との共生関係に引きずり込まれる。メディアは、ニュースの素材が着実に安定して供給されることを必要とする。日々のニュース需要があり、絶対に守らねばならないニュース提供の時間割があるからだ。重要な事件が起こるかも知れないすべての場所に、報道記者とカメラを配置しておくような余裕は彼らにはない。そこで経済原則にしたがって、彼らは重大ニュースが特に起こりやすいところ、重要なうわさやリークが豊富なところ、定期的に記者会見が開催されるところに、リソースを集中させることになる。首都ワシントンでは、ホワイトハウス、国防総省、国務省が、そうした取材活動の中心地となる。地域ベースでは、市役所と警察局が報道記者の通常の「巡回区域」だ。事業法人や業界団体もまた、ニュース価値があるとされるネタを常時供給してくれる信頼のおける仕入れ先だ。このような役所的な諸機構が大量の素材を供給してくれるおかげで、報道機関が必要とする安定的で計画性のあるニュースの流れが可能になる。

マーク・フィッシュマンはこれを「ビューロクラシー親和の原則」と呼び、「報道機関の役人《ビューロクラシー》たちが求めるニュース投入の需要を満足させられるのは、他の機関にいる同類たちだけなのだ」と述べている。(62) 政府や企業の情報提供者も、彼らの地位や威信によって、認知度が高く信頼できるという大きな利点を持つ。これはマスメディアにとって重要なことだ。フィッシュマンが指摘するように、

> 報道関係者は、係官の説明を事実に基づくとしてあつかいがちになる。社会における権威ある事情通による規範秩序を守ろうとする側に、報道関係者は立っているからだ。記者たちは、係官はそれが仕事なのだから事情を知っているはずだ、という前提に基づいて行動する。……とりわけ報道関係者は、事情を把握しているという当局者の主張を、ただの主張ではなく、ほんとうに信用のおける、じゅうぶんな知識があるものとして認知しようとする。これは要するに精神的な分業に等しい——係官が真実を掌握しており、それを提供する。記者はだまってそれを受けとるだけ。(63)

当局者が情報源として重視される今ひとつの理由は、マスメディアが「客観的な」ニュース配信を行なって

いると主張していることだ。客観性のイメージを維持するためにも、また偏向しているという批判や、名誉毀損で訴えられる恐れから身を守るためにも、彼らは「正しいと推定するに足る根拠がある」といえる素材が必要なのだ。[64]

また、ある程度はコストの問題でもある。信用できると仮定してよいソースから情報を得ることは、調査費の節約になる。これに対し、情報源が一見して信用できるとはいえない素材や、批判や脅迫を招きそうな素材は、慎重な照合と金のかかる調査を必要とする。

ニュースの主な出所である、政府や企業の巨大な官僚機構の広報活動は、膨大な規模を持ち、メディアに特別なアクセスを保証している。たとえば、国防総省の広報部門は数千人を雇用し、毎年何億ドルも使っている。これによって相対的に、反体制的な個人や団体が広報にあてるリソースは、個別レベルではもちろんのこと、総体としても矮小化されてしまう。合衆国空軍は、一九七九年と一九八〇年の、わりと開放的だった短い時期（以後ふたたび閉鎖的になった）に、広報活動にふくまれる内容として次のものを明らかにした。

百四十種の新聞、週あたりの発行部数　六十九万部
雑誌『エアマン』、月間の発行部数　十二万五千部
三十四のラジオ局と十七のテレビ局の、おもに海外での運営
本部および部隊のニュースリリース　四万五千件
タウン紙へのニュースリリース　六十一万五千件
報道機関からのインタヴュー　六千六百回
記者会見　三千二百回

報道機関向け入門飛行訓練　五百回
編集部との会合　五十回
演説　一万一千回[65]

ここには、空軍の膨大な広報活動が入っていない。これを遡る一九七〇年に書かれたJ・W・フルブライト上院議員の報告によれば、空軍の広報活動には、一九六八年の時点で一千三百五人の専従職員がたずさわっており、それに加えて数千人の職員が、「他の職務に付随して広報機能を担っていた」[66]。その当時、空軍はテレビ向けのフィルム・クリップ・サービスを週一回、また一千百三十九カ所のラジオ局に、週三回の特別番組テープを提供していた。また、百四十八本の映画を制作し、うち二十四本は一般向けに公開された[67]。一九六〇年代以降に、空軍の広報活動が低下したと考える理由はない[68]。

これが空軍だけの話であることに注意しよう。国防総省では、この他にも三つの部門が巨大なプログラムを遂行しており、それとはまた別に、国防長官の広報担当補佐官の統括する広報プログラムも存在する。『アームド・フォーセズ・ジャーナル』の調査によれば、一九七一年に国防総省は年間五七〇〇万ドルを投入して総数三百七十一の雑誌を発行していた。これはアメリカ最大の出版社の活動の十六倍にあたる。これをアップデートした一九八二年の『エアフォース・ジャーナル・インターナショナル』の記事は、国防総省の定期刊行物は一千二百三誌にのぼったと指摘している[69]。

この規模を全体との釣り合いで見るために、国防総省の見解に一貫して疑問の声をあげる非営利団体のうち最大の二つ、合衆国フレンズ奉仕団（ＡＦＳＣ）とキリスト教会全国協議会（ＮＣＣ）の広報活動の規模を記しておこう。ＡＦＳＣの本部情報サービス予算は一九八四〜八五年には五〇万ドル以下、スタッフは十一人だった。[70]組織全体の新聞発表は年間およそ二百件の割合で、記者会見は年間三十回、映画制作は年間およそ一本、加えてスライド・ショーが二本か三本である。同団体はメディア向けのフィルム・クリップや写真、あるいはラジオ番組用テープのようなものは提供していない。NCCの広報室は年間予算およそ三五万ドルで、年間に約百本の新聞発表を行なっている。記者会見は年に四回である。[71]空軍の新聞発表と、AFSCとNCCを合わせた新聞発表の比率は、一五〇対一である（タウン紙への空軍リリースを含めれば、二二〇〇対一）。記者会見の比率は九四対一だ。他のサービスもあわせれば、この格差は一段と大きく跳ね上がるだろう。

国防総省や他の政府機関に匹敵するような規模で広報やプロパガンダを生み出すことのできるリソースを持つのは、企業セクターだけである。AFSCやNCCには、モービル石油会社のように、数百万ドルを投じて新聞紙面を買い取ったり、その他の企業投資によって自社の見解を広く知らせるようなやり方を、まねることはできない。[72]広報やロビー活動の予算が、AFSCとNCCの合計をたった一社で上回る企業の数は、数百を下らず、おそらくは数千の単位に達する。

連邦商工会議所のような、企業による一共同体が、一九八三年度の研究・情報伝達・政治活動予算として六五〇〇万ドルを組んでいた。[73]一九八〇年には、同団体は発行部数百三十万部のビジネス誌（『ネイションズ・ビジネス』）と、購読者数七十四万人の週刊新聞を発行し、同時にまた四百のラジオ放送局に配信される週一回のパネルショーや、民放テレビ百二十八局で毎週放映される独自のパネル・ディスカッション番組を制作していた。[74]

連邦商工会議所のほかにも、数千にのぼる州や市町村の商工会議所や業界団体が、同じように広報活動やロビー活動にいそしんでいる。企業や業界団体のロビー活動ネットワークは「十五万人以上の専門家による共同体」であり、[75]その財源を左右するのは、企業の収入と利益、ならびに広報やロビー活動支出の防衛的な価値である。企業の税引前利益は、一九八五年に二九五五億ドルだった。政治環境が動揺したときには、企業の共同体は、一九七〇年代にしたように、感知された脅威に見合う対抗手段をとる充分な資金を持っている。企業や産業団体の、イメージや意見広告による宣伝は、一九七五年の三億五〇〇〇万ドルから一九八〇年には六億五〇〇〇万ドルまで増加した。(76) それと並んで、配当情報などの記事をつめこんだダイレクトメール攻勢、教育映画の配給、小冊子やパンフレット、イニシアティブやレファレンダムに関する出費、ロビー活動、政治家やシンクタンクへの献金なども増加した。企業や産業団体総計の政治広告費および草の根活動の支出は、一九七八年までに年間一〇億ドルの大台にとどき、一九八四年には一六億ドルに拡大したと推定される。(77)

ニュースの出所としての卓越した地位を強化するため、政府や産業界のニュース・プロモーターたちは、報道機関の便宜のためにおおいに骨を折る。プレスルームを設置し、ジャーナリストにスピーチの原稿やこれから出る報告書の見本を送り、記者会見の予定をニュースの締め切り時間にうまく合わせ、(78) そのまま使えるような新聞発表を提出し、記者会見や「撮影チャンス」の設定にじゅうぶんな配慮を払う。(79) 報道担当者の仕事は、「所轄機関が自分のペースでつくりだしたニュース素材を、報道機関の定期需要にマッチさせる」ことなのだ。(80)

これは事実上、権力者に仕える巨大なお役所型の機構がマスメディアに助成金を出しているに等しく、彼らは取材コストとニュース生産コストの引き下げに貢献することによって、メディアへの特別なアクセスを確保しているのである。このような助成を行なう巨大組織は「定番」のニュースソースとなり、メディアの門戸が特権的に開かれる。定番外の情報提供者はアクセスを求めて努力せねばならず、門番の気まぐれ次第で無視されることもある。国防総省や国務省外交広報局による気前のよい援助については、(81) これが納税者の支出であることを指摘しておくべきだろう。つまり、一般市民は自分の払った金で、軍事産業をはじめ、国家テロを支援する有力グループを利する宣伝を、聞かされているということになる。

サービスの提供、巡回取材でのたえまない接触、相互依存などのおかげで、有力者は、人間関係、脅迫、報酬などを使ってメディアへの影響力と強制力をさらに強化することができる。メディアは情報源の機嫌を損ねたり、親密な関係にひびが入ることを避けるため、かなり疑わしい材料を掲載したり、批評を封じたりするのも仕方がないと感じることもあるだろう。(82) 日々のニュースを供給してくれる権威者をうそつき呼ばわりするのは、たとえ彼らが大ぼらを吹いていたとしても、非常に難しい。批判的な情報源が、敬遠されることもあるだろう。相対的に入手しにくく、信憑性を証明するコストが高いというだけでなく、彼らを使うことで主力の情報源の不興を買い、今後の利用を危うくするリスクがあるからである。

有力な情報提供者はまた、彼らの威信とメディアに対する強い立場を利用して、批判者のメディアへのアクセスを拒むこともできる。たとえば国防総省は、ナショナル・パブリック・ラジオ（ＮＰＲ）の防衛問題討論会に、国防情報センターの専門家が参加するのなら、自分たちは参加しないと宣言したし、エリオット・エイブラムス〔二〕は、ハーヴァード大学のケネディ政治学大学院で開催された中央アメリカの人権問題に関するプログラムに参加する条件として、前中南米大使ロバート・ホワイト〔エルサルバドル大使時代に軍の恣意的な殺人を糾弾して八一年に国務省を解雇された、後出〕が参加しないことを挙げた。(83) またクレア・スターリング〔三〕は、「ブルガリアン・コネクション」についてのＴＶ番組に、自分の批判者が登場するという理由で参加を拒否した。(84) このうち後の二つのケースでは、当局者や著名なエキスパートが、高圧的な脅しをかけてメディアへのアクセスを独占することに成功している。

おそらくもっと重要なのは、力を持つ情報源が、メディアのルーティーン〔決まった手順〕と依存につけこんで、メディアを「管理」し、特別の話題や枠組みに従うように操縦していることだろう（それについては、以降の各章で詳細に検証する）。(85) この管理プロセスの一端を担うのは、メディアに大量のニュース材料を送りつける戦術で、ときにはこれが、メディアに特定の路線や枠組みを強要したり（たとえば、ニカラグアがエルサルバドルの反政府勢力に、違法に武器を供給したというような）、あるいは望ましくないネタを第一面から追放し、さらにはメディア全体からしめ出すような操作に役立つ（一九八四年、ニカラグアの選挙が行なわれた週に、同国へのミグ戦闘機の運び込みが大きく取り沙汰されたように）。

この戦略の源流は、少なくとも第一次世界大戦中にプロパガンダ活動の調整のためにつくられた「広報委員会」まで遡ることができる。同委員会が「一九一七年から一九一八年にかけて発見したのは、報道を支配する最高の手段は、ニュース・チャンネルにおびただしい〝事実〟を流すこと、すなわち政府発表で溢れかえるようにさせることだった」。[86]

権力と情報源の関係は、政府や企業による毎日のニュース供給にとどまらず、「専門家」の供給にもおよんでいる。公認の情報源の優位性も、強い権威をもって反対意見を述べる非公認のしっかりした情報源が存在するならば、薄められてしまうだろう。この問題を軽減するのが「専門家の取り込み」だ。[87]すなわち、彼らを顧問に採用して手当てを支払ったり、研究資金を提供したり、シンクタンクを組織して直接に雇用し、彼らのメッセージの流布を助けたりすることである。これによって、偏向が構造化されることもあるだろうし、専門家の供給が、政府と「市場」の望む方向にゆがめられることもあるだろう。[88]ヘンリー・キッシンジャーが指摘したように、この「エキスパートの時代」においては、エキスパートたちの「顧客層」は、「一般に受け入れられたものの見方に既得権を持つ人々だ。彼らのあいだのコンセンサスを磨き上げ、高度なレベルで明確化することが、要するにエキスパートの役割なのだ」。[89]したがって広く認められた見解（つまりエリート層の利害に役立つ見方）が、ずっと主流でありつづけるようにするため、この再編が起きたことは、じゅうぶんにうなずける。

必要とされる専門家の団体を創造するこのプロセスは、意識的に、かつ大規模に実行された。これをさかのぼる一九七二年、ルイス・パウェル判事（後に最高裁判所判事に昇進）は連邦商工会議所に宛てたメモで、実業界が「国の最高の学問的名声を買い取って、企業研究の信頼性を高め、キャンパスにおける実業界の影響力を強める」よう強くうながした。[90] こういう人々を買い上げることによって——ヘリテージ財団のエドウィン・フルナー博士の言葉によれば——公共政策の分野が、適切な結論を持つ「綿密な学問研究であふれかえる」のを確実にするのだ。フルナーは、プロクター・アンド・ギャンブル社が練歯磨きを売るのにたとえて、「製品が消費者の心につねに新鮮に映るようにして、毎日それを売りつづける」と説明している。ふさわしい考えを「何千紙もの新聞」に流すような、たゆまぬ営業努力によって、論争を「適切な視野の枠内に」とどめておくことが可能なのだ。[91]

この公式にしたがって、一九七〇年代から八〇年代初期にかけて、財界の見方を宣伝する目的で一連の研究機関が創出され、古いものが再生された。何百人という知識人がこれらの機関に招聘され、彼らの研究には資金が与えられ、その成果は、洗練されたプロパガンダ活動によってメディアに流された。[92] 企業による資金提供や、その裏にある明白な思想的な意図も、こうして動員された知識人の信用に、それとわかる影響は及ぼさなかった。それどころか、資金供給と推薦を受けたことで、彼らは一気にマスコミで売り出されることになった。

資金供給を受けた専門家たちが、どれほどマスコミから優先的にスペースを与えられているかを明らかにするため、表1-4〔次頁〕に、「マクニール&レーラー・ニューズ・アワー」に一九八〇年代なかばの一年間に登場した、テロリズム問題と防衛関連の「専門家」を挙げた。ジャーナリストを除けば、登場者の過半（五四パーセント）は現役ないし元官僚であり、次に大きなグループ（一五・七パーセント）は保守系シンクタンクに所属していたことがわかる。後者のカテゴリーで最も多数を出演させたのは、ジョージタウン戦略国際問題研究所

表1-4「マクニール&レーラー・ニューズ・アワー」に出演したテロと防衛問題のエキスパート：1985年1月14日〜1986年1月27日*1				
エキスパートのカテゴリー	人数	比率(%)	ジャーナリストを除外した場合：人数	比率(%)
政府高官	24	20.0	24	27.0
元政府高官	24	20.0	24	27.0
保守派シンクタンク	14	11.7	14	15.7
学者	12	10.0	12	13.5
ジャーナリスト	31	25.8	—	—
コンサルタント	3	2.5	3	3.4
外国政府高官	5	4.2	5	5.6
その他	7	5.8	7	7.8
合計	120	100	89	100

1. 1985年1月14日から1986年1月27日までの期間に、次のトピックでこの番組に登場したすべての人数の合計である。ブルガリアン・コネクション(3回)、大韓航空機KAL007の撃墜事件(5回)、テロリズム、防衛、軍縮(33回)。

（CSIS）である。この組織は保守系の財団や会社によって資金を供給されており、国務省やCIAと、この名ばかりの民間組織とのあいだには、活発な人材の出入りがある。[93] テロリズムやブルガリアン・コネクションのような問題に関しては、CSISはメディアにおいて、本来は独立系の人々が占めたはずのスペースを占拠している。[94]

マスメディア自体も「専門家」を供給しており、この人たちがつねに公式見解を忠実に復唱する。ジョン・バロンとクレア・スターリングは、KGBとテロリズムに関する権威としておなじみの名前であるが、それは『リーダーズ・ダイジェスト』が彼らの研究に資金を提供し、出版し、宣伝した結果である。ソ連から亡命したアカーディ・シェフチェンコ[四]がソヴィエトの軍備や諜報活動の専門家になったのは、『タイム』、ABCテレビ、『ニューヨーク・タイムズ』が、彼を（その資格がおおいに疑われるにもかかわらず）大きく取り上げることに決めたからだ。[95] このような御用評論家に多くの出演機会を与えることによって、メディアは彼らに地位を授け、意見や分析を求めるに際して、当然候補にあげるべき存在に仕立てあげる。

権力への奉仕をおもな役割として重要な位置を占める専門家の、いま一つのカテゴリーは、「宗旨替えした」かつての急進主義者である。この人々が、崇拝する神をスターリン（あるいは毛沢東）からレーガンと自由企業体制へ切り替えたのは、さまざまな理由によるが、体制側メディアにとってはその理由はただひとつ、このような元急進主義者もようやく自分たちのあやまちを悟った、ということでしかない。罪を認めて懺悔することに一般市民が高い価値を置く国では、変節者は「悔いあらためた罪人」という重要な階級なのだ。

このような元罪人が、その前歴はマスメディアにとって興味に乏しいあざけりの対象でしかなかったにもかかわらず、突然に重要な地位にまつりあげられ、本物の専門家になっていく過程を観察するのは面白い。マッカーシーのアカ狩りの時代に、転向者や元共産主義者たちが、たがいに競い合うように、差し迫ったソヴィエトによる侵略をはじめとするショッキングな「お話」を盛り上げたのを、思い出してもよいだろう。[96]彼らは、ニュース報道とは、自分たちの説明を一般の要求に合わせてうまく整えてくれる機能だと、気づいたのだ。世間の片隅から一躍メディアの寵児に躍り出る元急進主義者たちが、次々とたえまなく登場することは、それが体制の望み通りの発言をする専門家を供給するのに、いつまでも使える手法であることを示している。[97]

四　「集中砲火《フラック》」とその仕掛け人　―第四フィルター―

「集中砲火《フラック》」とは、メディアにおけるある発言や番組に対する、否定的な反応をさしている。その形式はさまざまで、手紙、電信、電話、請願、訴訟、議会での演説や法案、その他、苦情、脅迫、懲罰的な行為がありうる。それは中央で組織されることもあれば、地域的に組織されることもあり、完全に独立した個人の行動で成り立つこともある。

「集中砲火」が大規模に行なわれたり、相当なリソースをもつ個人や団体によってしかけられたときには、メディアは居心地がわるく大きな痛手を受けかねない。組織の内部に対しても、外部に対しても、立場を弁解する必要が起こり、時には議会や、場合によっては法廷にさえも出頭するはめになりかねない。広告主は撤退するかもしれない。テレビ広告は消費財が主力であり、これらはいつでも組織的なボイコットの対象となるからだ。マッカーシー時代には、強硬な「アカ狩り」推進者たちが製品ボイコットの脅しをかけたため、実質的に多くの広告主が、ラジオ局やテレビ局ともども息をひそめ、従業員のブラックリストを作成することを強要された。今日でも広告主は、「集中砲火」を起こしかねない顧客に対しては、機嫌を損ねることのないよう心を砕いており、そうした広告主による「適切な」番組編成への要求が、メディアの置かれた環境の持続的な特徴のひとつになっている。(98) 特定のタイプの事実や立場や番組に「集中砲火」を誘発するリスクが高いと考えられた場合には、その見通しが抑止効果として働くこともあるだろう。

「集中砲火」をしかける能力、特にダメージが大きく脅迫力の強いものをしかける能力は、権力に結びついている。一九七〇年代から八〇年代にかけて、実業界がメディアからの批判に恨みをつのらせ、企業側の反撃を開始したことと密接に関連して、深刻な「集中砲火」が増加した。有力者による「集中砲火」は、直接的でも、間接的でもありうる。直接攻撃としては、たとえばホワイトハウスからダン・ラザー〔CBSキャスター〕やウィリアム・ペイリーに、またはFCC（連邦通信委員会）からTVニュース・ネットワークに電話がかかり、ある番組の編集材料となった資料の提出を求めたり、あるいは広告代理店やスポンサー企業の憤慨した担当者からメディア側の担当者に電話がかかり、反論の機会を要求したり、報復の脅しをかけたりするような場合が挙げられる。[99]間接的な働きかけとしては、有力者は自身の支持基盤（株主や従業員）にメディアについての不満を訴えたり、そのような主旨の企業広告を発信したり、メディアを攻撃する意図でつくられた右翼のメディア監視機関の活動やシンクタンクの活動に資金を提供したりする。彼らはまた政治キャンペーンに資金を供給して、個人的な権力の利害に直接奉仕するためにメディアのいっさいの逸脱を抑制させるような、保守的政治家を権力の座につけることもあるだろう。

一九七〇年代と八〇年代の他の政治投資とならんで、企業共同体は、アメリカン・リーガル・ファンデーション、キャピタル・リーガル・ファンデーション、メディア研究所、センター・フォア・メディア・アンド・パブリック・アフェアーズ、アキュラシー・イン・メディア（ＡＩＭ）のような団体の成長を、資金的に支援した。これらは、「集中砲火」をしかけるという特定の目的のために組織された団体と考えてよいだろう。これより古く、より広い目的でつくられた「集中砲火」製造マシンに、フリーダムハウスがある。アメリカン・リーガル・ファンデーションは一九八〇年に組織され、メディアの「公正の原則」にかかわる苦情と、「メディアの被害者」を支援するための名誉毀損訴訟を、専門にあつかってきた。一九七七年に結成されたキャピタル・リーガル・ファンデーションは、ＣＢＳに対するウエストモーランド将軍[五]の、一億二〇〇〇万ドルの名誉毀損訴訟を支援する道具として、Ｒ・Ｍ・スケイフ[六]がつくったものだ。[100]

「メディア研究所」は一九七二年に企業や富裕層による資金提供で組織され、メディアについての監視プロジェクトや会議や研究を後援する。この研究所は、外交政策方面でのメディアの不手際に注目するよりも、むしろ経済問題や企業共同体に関するメディアの報道の仕方に大きな比重をおいているが、関心の幅は広い。ここが後援する研究や会議の主要テーマは、メディアが実業界を正確に描かず、業界の視点にじゅうぶんな重要性を与えていないというものだ。[101]彼らはまた、ジョン・コリーによるマスメディアの「左寄りの偏向」の暴露といったような研究も援助する。[102] 一九八五年の同研究所の理事長はスティーブン・V・シーキンズというアメリカ医師会の広報主任で、全国諮問委員会の会長は、モービル石油株式会社のハーバート・シュマーツだった。リンダ・リヒターとロバート・リヒターが運営するセンター・フォア・メディア・アンド・パブリック・アフェアーズは、一九八〇年代半ばに「非営利、無党派」の研究機関として発足した。パトリック・ブキャナン、フェイス・ウィテルシー、さらにロナルド・レーガン本人などから、客観的で公正な新聞の必要性を認めた、好意的な賛辞が寄せられた。同研究所の『メディア・モニター』と調査研究は、マスメディアの「リベラル」寄りの偏向と実業界を敵視する傾向を証明しようという努力を、早い時点から継続している。[103]

アキュラシー・イン・メディア（ＡＩＭ）は一九六九年に組織され、一九七〇年代にめざましい急成長を遂げた。主に大企業、企業系の財団や資産家たちからの資金提供により、年間収入は一九七一年の五〇〇〇ドルから一九八〇年代初期には一五〇万ドルに達した。一九八〇年代初期には少なくとも八社の石油企業がＡＩＭに献金していたが、企業共同体における資金援助者の広がりは見事なほどの広範囲に及んでいる。[104] ＡＩＭの機能はメディアを執拗に攻撃して、企業側の優先課題や右派強硬路線の外交政策を取り上げるよう圧力をかけることである。「アカ狩り」的な風潮を、もっと熱を入れて推進するようメディアに迫り、メディアが外交政策についての彼らの指針を踏み外せば、かならず欠陥をでっちあげて攻撃する。このようにして、右翼の偏向規準に違反すれば必ず問題が（そしてコスト増が）起こることを予想するような条件反射を、メディアに植えつけたのである。[105]

フリーダムハウスは一九四〇年代初期から続いており、ＡＩＭ、世界反共連盟、レジスタンス・インターナショナルなどの団体、また自由欧州放送やＣＩＡのようなアメリカ政府機関と連動して活動してきた団体で、事実上、アメリカ政府と国際的な右翼勢力のプロパガンダ部門である。この団体は、イアン・スミス〔七〕〔元首相〕が演出した一九七九年のローデシアの選挙に監視団を派遣し、選挙は「公明正大に」行なわれたと査定したが、その一方で英国の監督のもとに実施され、ムガベ〔八〕が勝利した一九八〇年の選挙については、疑惑が残ると報告した。[106] 同団体の選挙監視団は、一九八二年のエルサルバドルの選挙についても称賛にあたいすると報告した。

フリーダムハウスは、メディアがアメリカの冒険的な外交政策にじゅうぶんな理解を示さないとか、アメリカの庇護国家に過度にきびしい批判をあびせるといって非難するために、相当な資金をつぎ込んできた。同団体のこのジャンルで最も著名な出版物は、ピーター・ブレストラップの『ビッグ・ストーリー』で、テト攻勢をメディアが否定的に描いたことが、ヴェトナム戦争を敗北にみちびいたと論じたものである。この著作は学問をよそおった茶番だが、興味をひくのはそこに採用されている前提だ――マスメディアは、海外で自国がとりくむ冒険的な企てに対しては、どんなものでも支持するべきであるし、それればかりでなく、熱意をこめて支持すべきである。なぜなら、そのような企ては、崇高なものであるに決まっているのだから（本書の第五章および補遺3の、フリーダムハウスの研究についての詳細なレヴューを参照されたい）。レーガン政権が一九八二年、エルサルバドル軍による民間人の組織的な殺害についてのメディア報道をおさえ込むのに手を焼いていたとき、フリーダムハウスが馳せ参じ、エルサルバドルについてのメディア報道の「偏り」を公然と非難した。[107]

「集中砲火」マシンはたえずマスメディアを攻撃するが、メディアは彼らを優遇する。彼らには丁重な配慮が向けられ、より大きな産業界の思惑に結びついてプロパガンダを遂行する彼らの役割は、めったに言及されたり、分析されることはない。ＡＩＭ所長リード・アーヴィン〔九〕の痛烈な批評は頻繁に出版されており、「リベラルなメディア」をつねに攻撃するマイケル・レディーン[108]のような右翼のテレビ批評家にも寄稿論説のコラムが与えられ、好意的なレヴューが載せられ、トークショーでは常連のエキスパートとしてあつかわれる。これはスポンサーの力の反映であり、また右派勢力がマスメディアにゆるぎない地位を築いていることのあらわれだ。[109]「集中砲火」の仕掛け人たちは、おたがいの力を強め合い、政治権力のニュース管理能力を側面から支えている。政府は「集中砲火」の主要なプロデューサーであり、メディアが既定ラインから少しでも逸脱することのないよう、日常的にメディアを襲撃し、脅迫し、「矯正」している。ニュース管理そのものが、「集中砲火」を作り出すようにできているのだ。レーガン政権時代、ロナルド・レーガンはテレビに出演して何百万人もを魅了した。視聴者の多くは、メディアがこの「偉大なコミュニケーター」をあえて批判しようものなら、轟々の非難を浴びせた。[110]

五　制御メカニズムとしての反共思想　―第五フィルター―

最後のフィルターは反共思想だ。資産家の階級的地位と身分の優越を根幹から脅かす共産主義は、究極の悪としてつねに彼らにつきまとう妖怪であった。ソヴィエトや中国やキューバの社会主義革命は、欧米エリートにとってトラウマとなり、いまなお継続する対立や、共産主義国家の権力濫用についての周知徹底もあいまって、共産主義への反感は、西洋の思想と政治における第一原則の地位に祭り上げられた。

この思想は、ある敵に対抗して民衆を動員するのに役立つうえに、その概念がファジーなことから、資産の所有権を脅かしたり、共産主義国や急進主義との和解を支持する政策を唱えるような者には、誰に対してもぶつけることができる。したがって、この思想は左派や労働運動を粉砕するのに役立ち、政治的な制御メカニズムとして機能する。もしも共産主義の勝利が、それよりひどいものは考えられない最悪の結末だというのなら、国外のファシズムを支援することさえ、相対的に小さな弊害として正当化される。社会民主主義者への敵対も、彼らは共産主義者に対して弱腰にすぎ、「その術中にはまって利用されている」という理由から、同じような言葉で合理化される。

国内のリベラル派も、共産主義者寄り、あるいは反共姿勢が足りないという理由でしばしば非難され、反共が支配宗教となっている文化環境において、たえまない防御姿勢を迫られる。共産主義、ないしは共産主義のレッテルを貼れるようなものが地方で台頭するようなことが、リベラル派が政権を担当している時期に起ころうものなら、それを許したことに彼らは大きな政治コストを支払うことになる。どのみちリベラル派のほとんどは、この支配宗教を完全に自分のものにしているのだが、それにもかかわらずだれもが、反共主義者としての資格を証明せよという大きなプレッシャーの下にある。このため、彼らはほとんど反動主義者と変わらない行動をする結果になる。リベラル派がときおり社会民主主義者を支持することもあるが、それも結局は、社会民主主義者が、身内から出た急進派や、社会から取り残されがちなセクターを組織した民衆運動に対し、きびしい態度を取りきれないという理由で、もの別れになることが多い。

フアン・ボッシュ[十]は、ドミニカ共和国における短い政権担当期間中に、軍隊と政府の汚職に取り組み、土地改革プログラムを開始し、国民の一般教育のための大型プロジェクトに着手して、おどろくほど開かれた政府と、市民的自由に基づいた効率的なシステムを機能させた。これらの政策は、国内の強力な既得権益をおびやかした。アメリカも、彼が独立の立場をとったことや、共産主義者や急進論者にも市民的自由を拡大したことに憤慨した。民主主義と多元主義の推進が、行き過ぎたとされた。ケネディは、ボッシュの統治に「非常に失望し」、国務省は、「三十数年ぶりに民主的な手続きで選ばれたドミニカ大統領に、急速に敵意を抱くようになった」[11]。ボッシュ政権は九カ月続いた後、軍部によって倒されたが、その背景にはアメリカの少なくとも暗黙の支持があった。二年後、ジョンソン政権はドミニカ共和国を侵略し、ボッシュの政権復活の芽を確実に潰した。

ケネディ時代のリベラルたちは、一九六四年にブラジルで起こった軍事クーデターや、ポピュリスト政権の転覆の熱心な支持者だった[112]。ネオ・ファシストの国防国家群の大躍進は、ケネディとジョンソンの両政権のもとで起こったものだ。アメリカによるグアテマラの破壊工作（一九四七〜五四年）や、ニカラグアへの軍事攻撃（一九八一〜八七年）の場合は、共産主義者とのつながりや共産主義の脅威という、じゅうぶんな根拠を欠いた主張によって、リベラルたちの多くがアメリカによる反革命の干渉を支持する方向に走り、そうでない人々も、国家宗教への背信という汚名を着せられることを恐れて縮み上がり、完全に口を閉ざしてしまった。

注意すべきは、反共熱が高まると、「共産主義の」悪弊という主張を裏づける厳密な証拠の要求は、どこかにたな上げされてしまい、山師のような人々が証拠の提供者として活躍するようになることだ。亡命者や、情報提供者や、さまざまな日和見主義者たちが、「専門家」にまつり上げられて表舞台に登場し、まったくの嘘つきとは言わぬまでも、非常にうさんくさい存在であることが暴露された後でさえ、その地位にとどまることになる[113]。

パスカル・デルヴィットとジャン＝ミシェル・ドゥヴァエルは、フランスでも同じように、反共イデオローグは「言いたい放題、やりたい放題」だということを指摘している[114]。以前は熱心なスターリン主義者だったが、今ではフランスで大勢の無批判な顧客を獲得しているアニー・クリエジェル〔十二〕とピエール・デックス[115]の二人を取り上げて、デルヴィットとドゥヴァエルは彼らの新しい地位を次のように分析している。

彼らの作品を分析すると、そこには失恋した人間のしめす典型的な反応がすべてあらわれている。だが、彼らに永久の痕跡を残しているにもかかわらず、この過去について彼らを批判しようというものは誰もいない。彼らは宗旨変えをしたかも知れないが、本人は変わっていない……変わらないところは歴然としているにもかかわらず、誰もそれに気づかない。彼らのベストセラーは、これ以上は望めないほど寛大で不精な批評家たちの支持のおかげで、大衆はいくらでも愚弄できるということの証明となっている。昨日の誉めそやしが今日のこきおろしという傲慢さも、誰ひとりそれを非難しないどころか、それに気づくようなふうもない。何の証明もなされていないことや、分析の代わりに悪口雑言が使われているだけだということを、気にする者もいない。彼らの裏返しになった超スターリン主義——例によって完全な善悪二元論の形式を取っている——も、それが共産主義に向けられているというそれだけの理由によって、免罪されている。ヒステリー症も相変わらずなのだが、現在の装いのもとでは、ずっと暖かく受け入れてもらえる[116]。

反共という制御メカニズムはシステム全体に浸透していて、マスメディアに深い影響を与えている。「アカの脅威」が叫ばれた時代にも、そうでない普通の時代にも、ものごとは共産勢力と反共勢力に二分された世界という枠組にそって議論される傾向があり、得点と失点が、この対峙する両サイドに振り分けられ、報道が「こちらの側」を応援することは、完全に正当な行動であると考えられてきた。ジョー・マッカーシーやアカーディ・シェフチェンコやクレア・スターリングやロバート・ライケンのような人々、あるいはアニー・クリエジェルやピエール・デックスのような人々を見つけ出し、つくりあげ、脚光を浴びるように仕立て上げたのは、マスメディアに他ならない。反共のイデオロギーと宗教は、強力なフィルターである。

六　二分法によるプロパガンダ・キャンペーン

これまで見てきた五つのフィルターによって、メディアの門をくぐるニュースの範囲は狭められてきたが、そのうえに、何が「重大ニュース」として持続的な報道キャンペーンの対象となりうるかということが、さらにいっそうの絞り込みを加える。体制側の主要情報源からのニュースは、そうであることによってすでにフィルターの大きな必要条件を満たしており、いつでもマスメディアに受け入れられる。これに対して、国内外の反体制派や弱者、未組織の個人やグループが情報源であったり主題であったりするメッセージは、入手コストや信頼性の面ではじめから不利な立場に置かれている。おまけにそれらは、メディアの門番やフィルタリングの過程に大きな影響力をもつ強力な諸集団の思想や利害とは、調和しないことが多い[117]。

そこで、たとえばトルコにおける政治犯の拷問と、労働組合の弾圧については、政治的な影響力のほとんどない人権擁護の活動家やグループだけが、メディアに報道を要求することになる。アメリカ政府はトルコの軍事政権を一九八〇年の誕生以来ずっと支援しており、アメリカの実業界は、この政権が熱心な反共を公言し、海外からの投資を奨励し、労働組合を弾圧し、アメリカの外交政策を支援している（これらの美徳は、密接に絡んだセットを成していることが多い）ことを、好意的に受けとめている。トルコの自国民に対する暴力を特集しようと決めたメディアは、情報源を探し出し、信憑性を審査するための余分の出費を覚悟しなければならない。彼らは、政府や実業界、組織的な右翼の「集中砲火」マシンなどから攻撃を受けるかもしれないし、そのような騎士道的な関心と擁護運動にかまけているとして、企業社会（広告主を含む）から冷たい目を向けられる可能性もある。アメリカの支配的な国益という見地からは価値のない被害者に、注意を向けることによって、彼らは孤立無援に陥りやすい[118]。

これと顕著な対比をなすのは、ポーランドの政治犯のあつかいや、労働組合の権利の侵害についての抗議が、一九八一年のレーガン政権と財界エリートたちの目には崇高な運動と映り、そしてまた、政治得点を稼ぐチャンスだとも映ったことだ。メディアの指導者やシンジケート・コラムニスト〔シンジケート方式で同時に多数の新聞社に記事を配信する独立コラムニスト〕も、多くが同じように感じた。したがって、ポーランドにおける人権侵害に関する情報や強い意見が、ワシントンの政府筋から得られるであろうし、ポーランドの反体制派の情報に依存していることも、アメリカ政府や攻撃装置からの「集中砲火」を誘発することはないだろう。このような被害者は価値があると、「フィルター」の管理人たちは一般に認めるだろう。

なにゆえアンドレイ・サハロフは報道される価値があるのに、ウルグアイのホセ・ルイス・マッセラにはその価値がないのか、マスメディアはけっして説明しない――注目や一般的な二分法は、フィルター装置の働きで「自然に」起こるのだ。だが結果においては、共産主義国の政治委員がメディアに対し、「敵国の被害者に専念して、友好国の被害者のことは忘れろ」と指示した場合と、なんら変わるところはない[119]。

価値のある被害者が虐待されたニュースは、単に「フィルター」を潜り抜けるだけではない――持続的なプロパガンダ・キャンペーンの原因になる可能性もある。政府や企業社会やメディアが、あるニュース種を有用であると同時に劇的なものであると判断した場合、彼らはそこに注意を集中させて、民衆の教化に利用する。その実例が、一九八三年九月初旬に大韓航空機ＫＡＬ〇〇七がソ連に撃墜された事件である。この事件は公敵に対する中傷キャンペーンに拡大し、レーガン政権の軍備計画の推進に大きく貢献した。バーナード・ガーズマンが、一九八四年八月三十一日付けの『ニューヨーク・タイムズ』で悦に入って書いたように、アメリカ政府高官は「この危機へのソヴィエト側の対応に世界的な批判が集まったことで、ソ連政府に対するアメリカ政府の立場が強化されたと述べた」。

これと鋭い対照をなすのは、一九七三年二月にリビアの民間航空機がイスラエルに撃墜されたという事件が、西側ではなんの抗議も引き起こさず、「冷酷な殺人」に対する非難も、ボイコットも、まったく起こらなかったことである。[120] この待遇の相違は、『ニューヨーク・タイムズ』によって、まさに有益性の見地から説明されている――「先週のシナイ半島におけるリビア機の撃墜については、その責任の所在をめぐって苦々しい議論を戦わしたところで、なんの有意義な目的も果たされない」。[121] ソヴィエトの行為に注目することや、それに続いた大規模なプロパガンダ・キャンペーンには、きわめて「有意義な目的」があったのだ。[122]

プロパガンダ・キャンペーンは、一般的にエリート層の利害に密接に合致してきた。一九一九～二〇年の「アカ狩り」は、第一次大戦を受けて鉄鋼などの諸産業で盛んになった労働者の組織化の動きを、頓挫させるのに大きく役立った。トルーマンとマッカーシーが推進した「アカ狩り」は、冷戦と恒常的な戦争経済の開始を助け、それと同時に、ニューディール時代の革新連合を弱体化させるのにも役立った。ソヴィエトの反体制分子の苦境、カンボディアにおける虐殺、ブルガリアン・コネクションなどへの慢性的な注目が奉仕したのは、膨大な軍備拡張と、より攻撃的な外交政策への転換を正当化し、レーガン政権の国内経済計画の核心であった金持ち優遇の所得の再分配から、民衆の注意をそらすことだ。[123] 最近のニカラグアに対するプロパガンダと意図的な誤情報に基づく攻撃は、エルサルバドルの戦争の野蛮さから民衆の目をそらし、アメリカが中米の反革命勢力への投資を拡大させていることを、正当化するために必要とされている。

これとは逆に、たとえ迫害が大規模で持続的、劇的であったとしても、それがエリート層の利害への有用性テストに合格しなければ、プロパガンダ・キャンペーンが動員されることはない。したがって、カンボディアのポル・ポト時代（とそれ以降）に注目することは非常に有用であったが（カンボディアが共産主義者の手に落ちたため、その被害者に注意を向けることは有意義な教訓となるであろうから)、その一方で、共産主義者が政権を掌握するより前の、アメリカの空爆による無数の被害者については、アメリカのエリート紙から慎重に排除されることになった。ポル・ポトがヴェトナム人によって追放された後、アメリカはこの「ヒットラーよりひどい」悪党にこっそり支援を与えはじめたが、マスコミはほとんどこれに関心を向けず、またもや国家の方針への恭順を示した[124]。

インドネシアの一九六五年から六六年にかけての大虐殺や、一九七五年以降の東ティモール侵略の被害者に注目することも、メディア・キャンペーンの根拠としてはきわめて有用性に乏しかったであろう。なぜなら、インドネシアは西側の投資に門戸を解放しつづけているアメリカの同盟国かつクライアントだからであり、また東ティモールに限って言えば、アメリカがこの大虐殺に大きな責任を負っているからである。同じことは、チリやグアテマラの国家テロの被害者についてもあてはまる。アメリカに依存するこれらの国々は、その基本的な制度機構(国家テロシステムを含めた)の建設と維持を、アメリカの力で、あるいはその決定的な支援のもとに達成したのであり、いまもアメリカに依存しつづけている。彼らの被害者のためにプロパガンダ・キャンペーンをはることは、政府＝産業界＝軍の利害と衝突することになるであろうし、わたしたちのプロパガンダ・モデルに従えば、フィルターをくぐりぬけることができない[125]。

プロパガンダ・キャンペーンは、政府によって開始されるか、またはメディアの最大手が単独あるいは合同で開始する。ニカラグア政府の信用を失墜させたり、エルサルバドルの選挙を民主主義の正当化として持ち上げたり、ソ連による大韓航空機ＫＡＬ〇〇七の撃墜を、アメリカの軍拡政策に国民の支持をとりつける手段に利用するなどのキャンペーンは、政府によって開始され、推進されたものである。ポル・ポトの犯罪や、ローマ教皇暗殺未遂事件のＫＧＢ陰謀説を喧伝するキャンペーンは、『リーダーズ・ダイジェスト』によって開始され、NBCテレビや『ニューヨーク・タイムズ』のような他の大手メディア各社が、これに強力に追従したものである。[126] プロパガンダ・キャンペーンには政府とメディアが共同で先導するものもあるが、それらはすべてマスメディアの協力を必要とする。メディアのプロパガンダ・キャンペーンのポリティクスが一方向である秘密は、これまで論じてきたような多数のフィルターを通じたシステムの働きにある。マスメディアは、大企業に有害なニュースの素材はすみやかに消滅させる――そもそも、もし表に出るようなことがあったとしての話だが。[127]

有益な素材の場合は、政府筋による一連のリーク、記者会見、白書などによってキャンペーンが始動するか、あるいはマスメディア企業が単独あるいは合同で、たとえばバロンとポールの「優しい国の殺人」（カンボディア）や、クレア・スターリングの「教皇暗殺の陰謀」のような記事（ともに『リーダーズ・ダイジェスト』に掲載された）を使って、上手に口火を切ることから始まる。もし他のメディア大手がこの素材を気に入れば、今度は彼ら独自のバージョンでさらにそれを追跡するだろう。よく目に入るという理由で、その問題は急速に報道価値を獲得する。記事がしっかりした説得力のあるスタイルで書かれており、マスメディアの世界で批判を受けたり別解釈にさらされたりせず、権威者の支持を受けることができれば、そのプロパガンダのテーマは、たとえほんとうの証拠がなくとも、真実として定着する。それによって、反対意見にはいっそう包括的な引導が渡される。なぜなら、それらはいまやすでに世間一般の通念として確立したものに、逆らうことになるからだ。

このことはさらに、一段と誇張した主張をくり広げる機会の拡大にもつながる。なぜなら、それをしても重大な反発を招く恐れがもはやないからだ。そんな乱暴な断定が、もしも政府見解に反するかたちで主張されたならば、強烈な「集中砲火」を誘発したことだろう。そんな放漫の昂進《インフレ》は、政府やマーケットによって制御されねばならないからである。だがそうした保護は、体制が支持する主張に関しては存在しない。「集中砲火」をしかけたところで、メディアは敵の悪意に直面していっそうヒステリックになるだけだろう。メディアは単に批判的な判断と探求心を一時停止するだけでなく、新たに確立された真実を裏づける報道の方法を、競って探そうとするだろう。いまや画一化されたテーマに矛盾するようなテーマや事実は——たとえ慎重でじゅうぶんな資料的裏づけのある分析であろうとも——抑圧されるか、無視されることになる。もしもそのテーマがみずからのつくり話の負荷に耐えられず瓦解した場合には、マスメディアは黙って売り場をたたみ、次の話題に移行していくだろう。[128]

わたしたちはプロパガンダ・モデルを使って、有用性に基づいた価値の定義や、同様の基準による注目の二分化がなされると予測するばかりでなく、報道価値のある被害者とない被害者（あるいは敵国と友好国）に関するニュース記事が、質的に異なっていることも予測する。すなわち、自国や友好国における虐待に関する報道においては、アメリカとその庇護する政権の公式情報源が大量に——かつ無批判に——活用されるが、敵方の行為をあつかうときには、亡命者や反体制側の情報源が使われる。[129]自国や友好国をあつかうときには、無批判に一定の前提が受け入れられるが——自国やその指導者たちは平和と民主主義を希求し、テロリズムには反対し、真実を告げている、といったような——そのような前提は、敵国をあつかうときにはけっして応用されない。事実評価の基準も異なるものが採用され、敵国の場合は悪事であるようなことも、自国や友好国で起こった場合には付随的な背景事情として提示されるだろう。[130]ある事例をあつかうときには話題に入っていたことが、別の事例を論じるときには話題から外されるということもあるだろう。[131]敵の悪事や敵国の虐待事件について高官の責任を追及する場合には、捜索に大きな熱意がこもるが、自国や友好国に関する同様の事件を調査する時には、意欲が減退することが観察されるだろう。

報道の質の差はまた、記事の配置や表題のつけ方、言葉の使い方、興味や怒りを煽るその他のモードのなかに、より直接的に、露骨に示されるはずだ。論説コラムでは、表明を許される意見の範囲に明瞭な限定が設けられるだろう。わたしたちは次のような仮説を立てている。価値のある被害者たちは印象的なかたちで大々的に特集され、またその描写も人間らしく、物語的な構成によって彼らの受難に具体性と背景が与えられ、それによって読者の興味と同情がひき出されるだろう。それとは対照的に、価値のない被害者に対しては、ほんのわずかな具体的事実と、最低限の人間あつかいしか与えられず、怒りをかき立てるような背景の説明はほとんどないだろう。

その一方で、体制側の情報提供者の力や「集中砲火」マシン、反共思想の活躍によって、価値のある被害者たちは完全に無視されているとか、価値のない被害者たちは無批判に行きすぎた寛大さであつかわれているとか[132]、リベラルで政府に敵対的な（転覆を狙うとまではいかなくても）メディアのおかげで、反革命干渉という国家的な冒険にじゅうぶんな支持が集まらないという、非難の声が上がることが予想される。

以上をまとめると、マスコミ報道をプロパガンダというアプローチで分析すると、ニュース報道には、重要な国内権力の利害に役立つかどうかによって、系統的で高度に政治的な、二分法的な分類が行なわれていることが示唆される。二分化されたニュース素材の選択や、報道の量と質の違いのなかに、それがはっきりとあらわれている。以下の各章では、マスメディアにおけるこのような二分法が、大規模かつ系統的に実践されていることを検証する。公表するか隠蔽するかの選択基準が、体制側にとっての有用性という観点に立てばよく理解できるばかりでなく、好まれる素材と敬遠される素材のあつかい（配置、論調、文脈、完全性など）も、政治的な目的に役立つように使い分けられているのである。

第二章　価値ある被害者と価値なき被害者

プロパガンダ・システムの一貫した習性は、敵国で虐待された人々は、尊重すべき価値ある被害者として描きながら、自国の政府やその影響下の国《クライアント》から、同じほど、あるいはもっとひどいあつかいを受けた者については、取るに足らぬ価値なき被害者として描き出す。被害者の価値を読み取る指標は、メディアが示す関心や義憤の度合いと性格である。本章では、アメリカのマスメディアによる「価値」の実際的な規定が、はなはだしく政治的なものであり、プロパガンダ・モデルから期待されるものにぴたりと一致することを示したい。このような差別的な取りあつかいは大がかりに行なわれているのだが、メディアも知識人も大衆も、いっこうにそれに気づこうとはせず、道徳ぶった独善的な態度を維持している。すさまじく効果的なプロパガンダ・システムが働いているしるしだ。

一　ポーランドの一神父とラテンアメリカの百人の聖職者

ここで比較してみるのが有意義と思われるのが、一九八四年十月にポーランド人神父イエジ・ポピエウシュコがポーランド警察によって殺された事件と、アメリカの勢力圏にある国々で殺された聖職者たちについての、マスメディアの報道姿勢の違いである。プロパガンダ・モデルに従えば、敵国で殺害されたポピエウシュコは、価値ある被害者とされるはずであるし、ラテンアメリカの従属国家で殺された神父たちは、価値なきものとされるはずだ。前者はマスメディアによる大々的なプロパガンダの誘発が期待されるが、後者が継続的に報道されることはまずないだろう。

報道の数量的比較

表2-1の一段目は、ポピエウシュコ神父殺害事件と犯人たちの裁判に関する報道の本数を、『ニューヨーク・タイムズ』、『タイム』、『ニューズウィーク』、CBSニュースの、四つの報道機関について計上したものである。二段目から五段目までは、これらの報道機関が、ラテンアメリカの対米従属国家の手先によって殺害された教会関係者たちについて報道した記事の数をまとめている。[1] 二段目は、ペニー・レーヌーが『民衆の叫

…の比較

CBSニュース			
ニュース番組*1		イブニング・ニュース番組	
本数	最上段比(%)	本数	最上段比(%)
46	100.0	23	100.0
—*3	—	—	—
2	4.3	2	8.7
13	28.3	4	17.4
22	47.8	10	43.5
37	80.4	16	69.6

あいだに報じられたもの。
に合流していた7人の殉教
はほど遠いと、著者は注意

があった可能性はある。
いる『グアテマラにおける
らとったもので、あくまで

表２－１　マスメディアが報道する価値ある被害者と価値なき被害者（1

ポーランドの一神父の殺害と、ラテンアメリカにおける百人の教会関係者の殺害

	『ニューヨーク・タイムズ』								『タイム』と『ニューズウィーク』			
	記事*1		コラムの長さ		第一面記事		社説*1		記事*1		コラムの長さ	
被害者	本数	最上段比(%)	インチ	最上段比(%)	本数	最上段比(%)	本数	最上段比(%)	本数	最上段比(%)	インチ	最上段比(%)
イエジ・ポピエウシュコ(1984年10月9日に殺害)	78	100.0	1183.0	100.0	10	100.0	3	100.0	16	100.0	313.0	100.0
ラテンアメリカの72人の宗教迫害の犠牲者(1964～78年*2)	8	10.3	117.5	9.9	1	10.0	—	—	—	—	16.0	5.1
グアテマラで殺された23人の聖職者(1980年1月～85年2月*4)	7	9.0	66.5	5.6	—	—	—	—	2	12.5	34.0	10.9
オスカル・ロメロ(1980年3月18日に殺害)	16	20.5	219.0	18.5	4	40.0	—	—	3	18.8	86.5	27.6
4人の米人女性教会信徒(1980年12月2日エルサルバドルで殺害)	26	33.3	201.5	17.0	3	30.0	—	—	5	31.2	111.0	35.5
〔2～5段を〕総合した記事の長さ	57	73.1	604.5	51.1	8	80.0	—	—	10	62.5	247.5	79.1

1．集計の対象としたマスメディア報道は、被害者の失踪または殺害が最初に報道されてから18カ月の

2．Penny Lernoux, *Cry of the People* (New York : Doubleday, 1980), pp. 464-465. すでにゲリラ者の名前は除いた。このリストには比較的よく知られた被害者しか入っておらず、完全なリストにを喚起している。

3．CBSニュースの索引は1975年からはじまっている。この欄の数字は空白にしたが、75年以前のもの

4．ここに示した数字は、CONFREGUA（*Conferencia de Religiosos de Guatemala*）が定期刊行して教会関係者の殺害や「失踪」』（“Religious Killed or ‘Disappeared’ in Guatemala”）の一覧表かも部分的なリストにすぎない。

び』（*Cry of the People*）という著作で、ラテンアメリカの「殉教者たち」として取りあげた七十二人に関する報道。三段目は、一九八〇年一月から八五年二月までのあいだにグアテマラで殺された聖職者や宣教師など、教会関係者二十三人についての報道である。四段目は、一九八〇年三月に暗殺者によって射殺された、エルサルバドルの大司教オスカル・ロメロについての報道。五段目は、一九八〇年十二月にエルサルバドルで殺された、アメリカ人の女性教会職員四人についての、メディア報道の水準を示している。

ポピエウシュコ殺害事件の報道は、価値なき被害者についての報道が貧弱に見えるほどの圧倒的な数量差を示しているが、そればかりでなくニュースの管理とプロパガンダという観点からも、重要なエピソードの一つである。自由主義世界における被害者に関する報道で、これに匹敵するようなものは見つからない。[2]『ニューヨーク・タイムズ』はポピエウシュコ事件について、第一面に特集記事を、十回も組んでいる。このように集中的な報道によって、ポピエウシュコとは何者かということ、彼が殺害されたこと、この下劣な暴力行為が共産主義国でおこったことを、読者は確実に知らされることになる。

これとは対照的に、グアテマラで一九八三年十一月に殺害された、フランシスコ修道会の神父アウグスト・ラミレス・モナステリオや、ポピエウシュコがポーランドで殺害されたのと同じ月に失踪したグアテマラのミゲル・アンヘル・モントゥファル神父、あるいはそのほかにラテンアメリカで殺害された、文字通り何十人もの宗教迫害の犠牲者たちについては、彼らの名前がアメリカの大衆の目に触れることは、まずないと考えられる。殺人が起こった当事国の新聞には、これらの人々について大きく報道されることもあるのだが。

実際、ロメロ大司教や四人のアメリカ人女性信徒をはじめ、ラテンアメリカではたいへんに有名な被害者たちも、アメリカではだれひとり、ポピエウシュコに比肩するような注目を集めることはなかった。メディアによるあつかいの「質」も、価値ある被害者と価値なき被害者では著しく異なっていることを、以下に示そう。

価値ある被害者についての報道では、血なまぐさい詳細の描写や、義憤の声や、裁きの要求が、気前よく提供されるが、価値なき被害者についての報道では、ひかえめな論調によって感情の表出が抑制され、哲学的な一般論を持ち出して、暴力の遍在と人間の生につきものの悲劇性について遺憾の念が表明される。この質的な違いは、記事の配置と論調にすでにはっきりと見てとれる。ポピエウシュコについて十本もの記事が第一面に掲載されたことは、その重要性の表明である。また、ポーランドを公然と非難する論説記事が三本もあるのに、価値なき被害者を殺した者たちを非難する論説記事は一本もないという事実も、同様のことを示している。

表2－1の一段目と六段目を比較すれば、四種のメディアのいずれにおいても、価値ある被害者ポピエウシュコについての報道が、総勢百人にのぼる価値なき被害者についての報道を合計したより、数が多いことがわかる。ポピエウシュコ事件の報道は、第二次世界大戦以降にラテンアメリカで殺害された何百人もの宗教者弾圧の犠牲者（ここに挙げた百人は、そのうちで最も有名な人たちにすぎない）についての報道を、すべて合計した数字さえ上回るだろうと、わたしたちは考えている。この表から、アメリカのマスメディアが付与した重要性をもとに、世界の被害者の相対的な値打ちをはじき出すことさえできる。被害者ポピエウシュコの価値は、アメリカに従属する国家の被害者の価値の、一三七倍から一七九倍のあいだにある。[3] 逆にみれば、ラテンアメリカで殺された神父の価値は、ポーランドで殺された神父の一〇〇分の一にも満たないということだ。

価値なき被害者がアメリカのメディアからこのようにあつかわれるのは、殺害が起こったのが遠く離れた場所であり、わたしたちとはあまりにもかけ離れた存在であるため、彼らは無視されやすいのだという主張もある。[4] しかし、ポーランドは中央アメリカよりも遠くにあり、アメリカとの文化や商業のつながりは、ラテンアメリカ諸国で一般的にみられるほど大きくない。

グアテマラ（三段目）で殺された二十三人の教会関係者のうち、三人はアメリカ市民であったが、そのことはメディアに火をつける材料とはならなかった。エルサルバドルで、四人のアメリカ人女性教会員が国家警備隊の隊員によってレイプされ、殺害された事件でさえ、ポピエウシュコに与えられた注目に匹敵するものを喚起することはできなかった。『ニューヨーク・タイムズ』が彼女たちに与えた相対的な評価は、ポーランド神父の一〇分の一以下であったし、後に示すように、これらのアメリカ人被害者に関する報道にあらわれた義憤や熱意は、ポピエウシュコの報道に比べてかなり控えめなものだった(5)。

ポピエウシュコについての報道は、彼を殺害した犯人がすみやかに裁判にかけられ、公判の一部始終をアメリカ人記者が自由に報道できたという事情のために、やや誇大になったところもある。ラテンアメリカの被害者たちは、ほぼ全員が、正規軍か民間の武装組織によって殺害されており、司法による捜査も起訴も行なわれず、政府が積極的に隠蔽工作を行なうことさえあった（それについては後段で、ロメロ大司教と四人の女性教会員に関連して詳しく述べる）。

エルサルバドルで殺害された四人のアメリカ人女性の場合に限っては、なんらかの捜査と司法手続きがとられるよう圧力が働いた。だが後述するように、この司法手続きに、アメリカのマスメディアはほとんど関心を向けなかった（ポピエウシュコ裁判に強烈な関心を示したのと対照的だ）。また、「全体主義」のポーランドでは比較的厳格な裁判が行なわれたというのに、アメリカの勢力圏にあって「駆け出しの民主主義」と呼ばれる国々の多くでは、国家による殺人が毎日のように起こりながら、犯人捜査も裁判もなされないという事実について、報道機関がコメントしたり、ことの重要性を掘り下げようとすることもなかった。

ポピエウシュコ事件の報道

イエジ・ポピエウシュコ神父は、ポーランドの反体制運動「連帯」[一]を熱心に支持する活動家だった。彼を排除または脅す目的で、ポーランド秘密警察の職員が一九八四年十月十九日、彼を誘拐した。彼は殴打され、縛り上げられ、猿ぐつわを嚙まされ、あげくの果てに貯水池に投げ込まれた。遺体は数日後に発見された。これがひき起こした騒擾のなかで、殺害に直接関与した警察官たちはすみやかにつきとめられ、裁判にかけられ、きびしい判決を受けた。すでに見たように、この事件についてのアメリカでの注目度は、きわめて高いものだった。報道の質においても、政治的な得点をかせぐための周到な配慮がされており、価値なき被害者についての報道とは、鋭い対照をなしていた。

(a)　殺害の詳細と被害者の損傷

ポピエウシュコ殺害事件の報道で目につくのは、警察官が彼をどうあつかったか、発見された遺体の状態はどうだったかなどについて、具体的な描写がことこまかに、たっぷりと提供されていることだ。おまけに、そうした詳細はことあるごとにくりかえされた。遺体の状態についての説明は、発見されたときだけでなく、法廷で医学的所見が提出されたときも、加害者たちが証言したときにも、逐一くりかえされた。[6]

公判に際しては、警察官たちが表明した心理的な負担や罪悪感がくりかえし説明され、ポピエウシュコがどのように命乞いしたかとか、行為の残虐性を示す証拠などが、ときどき挟みこまれて変化をつけた。裁判にかけられた警察官たちの、見ばえの悪い写真が多数掲載され、悪らつな警官というイメージを助長する、印象的な具体描写が付記された。法廷では、罪を犯した警察官たちが（そのうち一人は、右側の顔面麻痺のため、黒っぽい口髭がひくひく痙攣するのを止められない）「涙ながらの証言をおこない、同裁判のなかでもとりわけ感動的な場面をつくった」（『タイム』一九八五年二月十八日）。警察官たちは人目もはばからず涙を流し、陰惨な証拠を突きつけられて、深くうなだれた。

ポピエウシュコ本人については人間らしい描き方がなされ、身体の特徴や性格の描写によって、ただの遠く離れたところの被害者ではないものに仕立てられた(7)。要するに、暴力行為とそれがポピエウシュコに与えた影響が、読者の感情を最大に刺激するかたちで提示されたのである。もちろん、それは悪らつな行為であり、そのように表現されるにふさわしかった。ただ、価値なき被害者に加えられた行為も、同じように悪らつだったのだが、それらについてのあつかいはかなり違っていたのである。

(b) 義憤、ショック、裁きの要求

ポピエウシュコ殺害事件についての記事のかなりのものが、怒りや憤り、強いショック、哀悼、裁きの要求などを、引用したり主張したりしている。もっぱら同情的な注目を集めたのは、デモをする人々、葬儀参列者、泣いている人々、ストライキ、被害者に捧げられたミサ、怒りの表現など、おもに政府関係ではないところから提供された情報だった。国民は「ひきつづき死者を悼み」、「大衆の憤怒が徐々に膨れ上がり」、ローマ教皇は大きな衝撃を受け、ヤルゼルスキーさえもこの行為を非難する。このように明けても暮れてもくりかえされる怒りと義憤の声が累積的にもたらした効果は、ひどい不正行為に対して強制的に注目をうながし、ポーランド政府を防衛的な立場に追いやり、たぶん、何らかの救済措置がとられることに貢献した。

(c) 上層部の責任の追及

どの記事をみても、アメリカのメディアがかならず問いかけているのは、上層部のどこまでが、この行動について掌握し、承認していたのかという疑問だ。わたしたちの集計によれば、『ニューヨーク・タイムズ』で

は、合計十八本の記事が上層部の責任問題を強調しており、その点をつく攻撃的な見出しのついているものが多い。[8]多くの記事がソヴィエト連邦との関連性を持ち出しており（「弁護士、神父の虐殺にソ連の関与をほのめかす」〔一九八五年一月三十一日〕）、同紙に寄稿するマイケル・カウフマンに至っては、「教皇暗殺の陰謀」という関係のない話まで持ち出すことを、二度もやってのけた。この陰謀ネタは当時、『ニューヨーク・タイムズ』を筆頭にアメリカのマスコミが、ソ連人やブルガリア人と関連づけようと努めていたものだ。[9]そうしたソ連やブルガリアン・コネクションとの関連づけは、記者や新聞社が探り出したいことを証言してくれる人物が見つかっただけで、事実として確立された――裏づけを取ろうという努力がなされた形跡はない。

『タイム』や『ニューズウィーク』やCBSニュースも、こぞって「上層部からの依頼の手がかり」（『タイム』）とか、「殺害の隠蔽」（『ニューズウィーク』）などの疑惑を強引に煽ることに貢献し、『タイム』は、ソヴィエトの関与やブルガリアン・コネクションが関与している可能性を問いかけた。

（d）対比の欠如

『ニューヨーク・タイムズ』は、ポピエウシュコ事件について三本の社説を掲載した。そのいずれにおいても、上層部の責任や「警察国家は特別に警察官の行動に責任がある」ということが、話題の中心に据えられていた（「殺人国家ポーランド」一九八四年十月三十日）。ポーランドという国家に対し、「凶悪な行為」とか「破廉恥」、「粗暴」などという表現が好き放題に使われている。警官たちが迅速につきとめられ、裁かれ、有罪宣告を受けたという事実については、国内外の世論が喚起されたために、卑劣な行為に歯止めがかかったのだと説明されている。

これは大切なポイントであり、本書の全体を通じてわたしたちが強調していることだ――徹、底、し、て、あ、ば、き、立、てることによって、卑劣な行為に歯止めをかけられるかもしれない。だがそれと並んで強調したいのは、それに等しい重要性が、公表を拒むことにも認められるということだ。それによって、残虐な従属国家が、公表されたならば大きな反響を呼ぶにちがいない行為を、アメリカの政府やメディアの保護のもとに平然とやりおおせていることだ[10]。

『ニューヨーク・タイムズ』はまた、殺人国家ポーランドと殺人国家エルサルバドルの対照的な点を指摘することも、怠っている。エルサルバドルでは、治安部隊やその傘下の「死の部隊」による自国民の殺害が、ひとつとして裁判にかけられたためしがないのだ。このような対比の欠如や、『ニューヨーク・タイムズ』に「殺人国家エルサルバドル」などという表題の社説が載らないことは、役に立つテロリズムが、プロパガンダ流儀においていかに手厚く保護されているかを明らかにしている[11]。

二　ルティリオ・グランデの殺害と価値なき七十二人

表2-1（一二五～一二四頁）が示すように、ペニー・レーヌーの殉教者リストに挙げられた七十二人の価値なき被害者たちに関する報道は、全部あわせても『ニューヨーク・タイムズ』に八回、『ニューズウィーク』に一回載っただけで、『タイム』誌ではまったく取り上げられず、ＣＢＳニュースでも、検索可能な期間（一九七五～七八年）には一度も言及されなかった。レーヌーのリストのうち、『ニューヨーク・タイムズ』の八本の記事で名前が挙がったのは、全部で七人だ。これとは異なる二人の名前が『ニューズウィーク』で取り上げられている。つまり、これらの殺人事件のうち六十三件は、これらの重要なメディア機関で完全に黙殺されたことになる。『ニューヨーク・タイムズ』の八本の記事のうち、同情を喚起するような具体的な詳細やドラマ

性のある記述がなされているものは一つもない。これらの記事では、殺人事件は、遠く離れた世界の、縁の薄いできごととして描かれた（表2‐2〔一三五〜一三四頁〕に掲げたマイケル・ジェローム・サイファー殺人事件についての『ニューヨーク・タイムズ』の記述を参照されたい）。だが、それは編集者の選択によるものだ。求めさえすれば、ドラマはそこにある。欠けているのは報道機関の関心だけだ[12]。

この七十二人のうちの一人、ルティリオ・グランデ神父の殺害は、エルサルバドルにおける暴力のエスカレートに大きな進展をもたらす事件となった。同時にまた、新たにサンサルバドル大司教に任命された保守派のオスカル・ロメロに与えた影響という点でも重要だった。ルティリオ・グランデは、アギラレス〔エルサルバドル西部の都市〕の司祭をつとめるイエズス会士で、小作農たちの自助組織づくりを支援する革新派だった。現地の地主や警察や軍司令官たちからは猛反発を受けたが、エルサルバドル教会では全国的に名の知れた人物であり、ロメロ大司教の友人だった。ルティリオ・グランデは一九七七年三月十二日、ミサに赴く途中で射殺された。十代の若者と七十二歳の農民がいっしょに殺された。教会側の検死報告によれば、神父を蜂の巣にした銃弾は、エルサルバドル警察が使用する拳銃と同じ口径のものだった。「〝偶然〟にも、三人の暗殺から一時間もしないうちに、この地域のすべての電話が不通になった。通常はこの地域を巡回しているはずのパトロール警官も、奇妙なことに姿を消していた[13]」。

ロメロ大司教は、エルサルバドル大統領アルトゥーロ・アルマンド・モリーナに徹底捜査を切望する手紙を送り、実施するとの約束をとりつけた。一週間後、三人を殺害したのはおそらく警察の銃弾だったという教会側の立証を受けて、ロメロはモリーナにもっと強硬な書簡を送り、約束された公式調査の報告がいまだ出ていないことを示し、すでに出されたコメントには「貴政府に不利な内容のものが多い」と指摘した。それでも動かない政府に、ロメロは業を煮やし、この殺人事件が調査されて下手人が法廷に引き出されるまでは、教会は

マリア・ロザリオ・ゴドイ・ド・クエバス：1985年4月4日にグアテマラで殺されたGAM（相互援助団グループ）の書記 「グアテマラにおける拘留・失踪者の家族のための相互援助団の広報担当者は、同団体の書記の遺体が、金曜日にグアテマラ市の9マイル南にある峡谷で発見されたと伝えた。乗用車の中から、彼女の弟と、幼い息子の遺体も見つかった」（1985年4月7日）。 注：逮捕者も裁判もなし。
ジーン・ドノヴァン、アイタ・フォード、ドロシー・カゼル、モーラ・クラーク：1980年12月4日エルサルバドルで殺された4人のアメリカ人女性 (1) 遺体発見時の説明：「発見者の証言では、墓はおよそ5フィートの深さだった。ひとりは顔面を撃たれ、もうひとりは胸を撃たれていた。女たちのうち二人は、血痕のついた下着が足首にからまった状態で発見された」*（1980年12月5日）。 (2) 殺人犯の公判における状況説明：医師による所見が裁判所に提出されているにもかかわらず、状況説明はなかった。これについては本文を参照のこと。 ＊ここに記されていない詳細については本文の当該事項を参照されたい。

政府の公式行事にいっさい参加しないと脅した。ロメロの伝記作家は、こう書いている。

六週間後、この事件の担当としてロメロが選任した弁護士は、「事件の調査に対して、国家機関の側は、当惑するほど明白に無関心だ」と報告した。判事が逮捕命令を出した容疑者は、エルパイスナルでのうのうと暮らしていたし、遺体を掘り出して検査するよう命令するものも誰もいなかった。銃弾はいまだに墓の中だ。(14)

ルティリオ・グランデ殺害に続いて、モリーナ政権は、外国人聖職者をつぎつぎに国外へ強制退去させた。初期の教会職員の殺害事件も何件か発生した。ロメロをはじめ聖職者たちは、自分たちに向けられた暴力のエスカレートに対処するため、どのような行動方針をとるかについて長い時間をかけて検討した。彼らは自分たちの懸念を伝えるメッセージを発表しようとしたが、新聞の検閲によって人々の耳には届かなかった。そこでついに、彼らは派手な行動に出ることを決意した。一時的に学校を閉鎖し、公式行事で政府や他の権力機構に協力することを拒絶するという、従

表2-2　『ニューヨーク・タイムズ』が描く価値ある被害者と価値なき被害者への暴行

価値ある被害者

イエジ・ポピエウシュコ：1984年10月19日に殺害されたポーランドの神父

(1) 遺体発見時の説明：「火曜日に発見された神父の遺体を目撃した人々は、遺体は痣だらけだったと証言している。ということは、神父はトルンの町に近い街道で拉致された後、殴打されたようだ。検死の結果、ポピエウシュコ神父は猿ぐつわを噛まされ、おそらく首から足までロープで縛られて、暴れると首が絞まるようなしかけになっていたらしいと判明した。惨殺された神父の家族が、遺体のあごと頭蓋骨に損傷があったと証言したのを引用する記事があったが、その裏づけは取れなかったと、関係者は語っている」(1984年12月29日)。

(2) 殺人犯の裁判についての記述：「神父の足は折り曲げられて、首に巻かれた縄に結わえつけられており、足を伸ばせば首が絞まる仕組みになっていたことが、映像にはっきり示されている。彼の手を縛っていた縄は、水につかって緩んだらしい。口の詰め物もいくつかは外れて流れ出し、法衣の立て襟や前掛けに垂れ下がっていた。両足には石を詰めた袋がくくりつけられていた。この石袋は、三人の襲撃者が、神父を追跡した一週間のあいだポーランド中を持ち歩いたと証言していたものだ。カメラが神父の顔に向けられると、「殴打された跡がはっきりしている」と、貯水池で状況を解説していた警官が断言した。そのことは、木曜日に発表された病理学者マリア・バーディ医師の所見によって再確認された。ポピエウシュコ神父は棍棒で十回以上殴られていると、同医師は証言した」(1985年1月26日)。

価値なき被害者たち

マイケル・ジェローム・サイファー：ホンジュラスで殺害されたアメリカ人宣教師

「遺体は、ホンジュラス東部の広大な私有地にある、爆破された井戸の中から発見された」(1975年7月19日)。

注：逮捕者も裁判もなし。

ハイメ・アルシナ：カトリック・アクション・ワーカーズ運動のスペイン人神父。チリで逮捕された後のできごと

「数日後、背中に十カ所の弾痕がある死体が、マポチョ川で発見された。スペイン領事によって、アルシナ神父の遺体であることが確認された」(1973年10月1日)。

注：逮捕者も裁判もなし。

大司教オスカル・アルヌルフォ・ロメロ：1980年3月24日にエルサルバドルで殺害された

「ロメロ大司教は、赤い乗用車で乗りつけた狙撃手によって射殺された。狙撃手は、ラ・ディビネ・プロビデンシア病院の礼拝堂で、扉のすぐ内側に潜み、大司教に向けて一発発射した後、逃走したものと思われる。銃弾は大司教の心臓に命中したと、運び込まれた病院の医師は語った」(1980年3月25日)。

注：逮捕者も裁判もなし。

来からの警告を実行に移したのである。

殺人事件と教会側の対応という一連のできごとの展開に、ドラマ性やニュース価値が欠けていたとはとてもいえない。にもかかわらず、殺人事件も、国家の弾圧に死にもの狂いで立ちむかう教会も、自衛のために支持を結集しようと実行に移された教会の派手な行動も、アメリカのマスメディアからは、事実上の報道管制によってはじかれた。ルティリオ・グランデの殺害は、『ニューズウィーク』では言及されたものの（「危険にさらされる神父たち」一九七七年八月一日）、『ニューヨーク・タイムズ』や『タイム』の読者、CBSニュースの視聴者のもとには、一度たりとも届かなかった。テロが邪魔されることなく続行されるのを許したという点で、これは重要なことだ。「殺人国家ポーランド」についての『ニューヨーク・タイムズ』の社説を、別の言い方で表現すれば、「暴露され扇動されることがなければ、テロの封じ込めもできない」のである。

三　大司教オスカル・ロメロの殺害

エルサルバドルにおけるカトリック教会の最高権威、オスカル・ロメロ大司教が殺害されたことは、「ビッグ・ニュース」であり、その政治的な影響ははかり知れなかった。殺害された当時、ロメロはもっとも重要な、歯に衣着せぬ批判者として、アメリカが後押しする軍事政権が推進する、殺害による弾圧という政策に対抗していた。最後のものとなった説教で、ロメロ大司教は、軍と治安部隊のメンバーに向けて、同じエルサルバドル人の同胞たちを殺すような任務を拒否するよう嘆願した。この呼びかけは、下層階級を使って平気で人を殺すような軍隊を組織しようとしていた士官たちを激怒させた。ロメロはすでに右派による暗殺リストに名前を連ね、彼らから脅迫を受けていた。右派はもともと、軍や諜報機関と密接につながっていた。[15]

殺害されるほんの数週間前、大司教はジミー・カーター大統領宛てに力づよい親書を送り、アメリカが軍民評議会（一九七九年のクーデターで成立した暫定政府）に与えようとしている援助は、エルサルバドル人の利益を損なうものであるとして、反対を表明している。カーター政権は、自国の政策にロメロが反対していることにひどく動揺し、この大司教を抑え込むようローマ教皇にひそかに圧力をかけていた。[16]

端的に言って、ロメロは「価値のない」被害者だったばかりではなく、現地における軍と少数支配階級の同盟、ならびにアメリカのエルサルバドル政策に反対する、重要な活動家でもあったのだ。大司教の殺害事件の報道と、その後の追跡調査におけるアメリカのメディアの態度には、大司教が脅威を与える存在であったことが色濃く反映されていた。不誠実とプロパガンダへの奉仕は、この事件や関連したできごとの報道において、それ以前には見られなかったような水準に達した。

図式にはめ込む

アメリカのマスメディアが伝えたロメロ殺害事件の詳細は、簡潔なものだった（表2-2参照）。ショックや苦悩は表現されたものの、ロメロの支持者たちによる怒りの表現は、ほんのわずかしか引用されなかった。この殺害が許しがたいものであること、かならずや犯人をつきとめて法廷に引き渡さねばならぬという主張が、表明されたり引用されたりすることはなかった。『ニューヨーク・タイムズ』の社説には、この殺害を断罪する記事はおろか、殺害への言及さえ掲載されなかった。この事件はすみやかに、より大きな構図、すなわち左派と右派の殺し合いとされる図式の中にはめ込まれ、そのような状況については、エルサルバドル政府もアメリカ政府も、おおいに遺憾であるということにされた。

暫定政権擁護の方針

ロメロが殺されたとき、エルサルバドル政府とアメリカ政府は、エルサルバドルで続いている殺戮は、軍やその手先によるものではなく、右派と左派の急進主義者たちが行なっているのだと強弁した。政府はそうした殺戮を抑え込みつつ、改革の実施に全力をつくしているというのである。アメリカ国務省のジョン・ブッシュネルは下院歳出委員会の席上で、「新聞を読んでいると、エルサルバドルでは政府そのものが抑圧的だという誤認に陥りやすいが」、実際には「極右と極左」が暴力を行使しているのであって、軍や治安部隊がかかわっている殺人は、「ごく小さな部分」を占めるにすぎない、と述べた。[17]

これは、嘘を承知の発言だった。[18] エルサルバドルから発信された独立系の情報による証拠とはことごとく矛盾していたうえに、ロメロ大司教によっても、ほぼ毎日のように反駁されていた。[19] 一九八〇年二月十七日に送られたカーター大統領宛ての親書で、大司教は、軍民評議会への支援が、結果的に政府による弾圧のための暴力の拡大につながっており、「その前の軍事政権を遥かに超える数の死傷者を出すことになっている」と指摘した。軍民評議会を改革派とする考えは誤った通念であり、「軍民評議会もキリスト教民主党も、国を統治しておらず」、実際に権力を握っているのは軍であり、彼らはみずからの組織と少数支配層の利益に奉仕しているだけだと、[20] ロメロ大司教はカーターに説明した。

ブッシュネルの発言になにがしかの信憑性を与えたのは、エルサルバドルでは一九七九年十月に、青年将校による「改革派クーデター」が起こっており、初期の暫定政権（軍民評議会《フンタ》）には、リベラルや革新主義者が参加していたという事実である。しかし、レイモンド・ボナーが指摘するように、

> 慎重にクーデター計画を立てた革新派将校たちは、それを実行に移すやいなや、たちまち制御する力を失

った。彼らの理想と目標は、より保守的な上級の将校たちによって潰されてしまった。後者の背後には、エルサルバドルのアメリカ大使館とデヴァイン〔アメリカ大使〕、ワシントンのカーター政権の高官が控えていたのだ。[21]

軍民評議会の革新主義者たちは、自分たちがまったく無力な状態に置かれていることに気づき、徐々に身を引くか、さもなければ追放されていった。内閣や行政府内でも、多数の改革派が同じ運命をたどった。ホセ・ナポレオン・ドゥアルテ[二]〔キリスト教民主党の党首〕が三月に軍民評議会に加わったのは、都合の悪い部分を覆い隠し、軍の広報担当の役割をはたすためだった。その役割に不満なものたちは、みな離脱していった。[22]

一九七九年十月、軍の保守派が革新派将校たちから権力を奪取してしまうと、エルサルバドルのすべての革新派や組織を根絶やしにするための、全面的な絶滅戦争が開始された。教会筋の情報では、一九八〇年五月末までに民間人の死者は一千八百四十四人に達し、年の終わりには、その数は一万人に膨れ上がった。ほとんどが政府の手による殺人である。カーター政権の支援する政府が、無条件に暴力を適用する政策をとったため、中道派と左派はゲリラ戦に追いやられた。

政府は穏健派でもなければ改革派でもなかった。それは右派の軍事政権だったのであり、テロ組織ORDEN〔民族民主機構〕や「死の部隊」と緊密に連携し、これらの組織に代行させて目的を達成するのを、常套手段としていた。このような民間の武装組織は、抑えのきかない状態にあったのではない。彼らは軍がやってほしいと望んだことを実行していたのだ。エルサルバドルの民間武装組織や「死の部隊」は、正規軍や治安部隊、およびアメリカの類似組織と、広範囲にわたる連携を保っていた。これらの組織のあいだには相互に人材の出入りがあり、情報の共有や、正規軍から民間武装組織への資金供与、分業体制の確立などにおいて、密接に協力していたのである。正規軍が責任を認めたくない仕事を引き受けるのが民間武装組織だった[23]。

民間武装組織ORDENは、一九七九年十月のクーデターで公式には廃止された。だが、実はひそかに維持されていたのであり、正規の軍事機構と親密な関係を保っていた。それについては次のような詳細な説明がある。

> 改革派は、従来の情報ネットワークであったORDENを、公式に廃止した。しかし……若手の改革派を信頼しない軍の将校たちは、かつての情報システムの大部分をすくいあげてひそかに拡大再建し、破壊分子と疑われる者の名前を軍や「死の部隊」に通報する、草の根レベルの情報ネットワークをつくりあげた。クーデターの四日後、ダビュイッソン[三]はインタヴューに応えて、最高司令部から、ANSESAL［情報伝達ネットワーク］の再編成を支援する役目に任ぜられたと語った。この組織は、基地内の参謀総長室のもとに設置されており、したがって新たに発足した軍民評議会の民間人代表には、手が出せないところにあった[24]。

ダビュイッソンに与えられた秘密の特務は、軍民評議会に参加していたハイメ・アブドゥル・グティエレス大佐[四]によって承認され、さらに国防次官のニコラス・カランサ大佐によって追認された[25]。

しかしアメリカのマスメディアは、ブッシュネルによる型どおりの図式を、ほとんど外すことなく復唱した――「極右グループと極左グループのあいだの内戦」があった（『ニューヨーク・タイムズ』一九八〇年二月二十五日）、「こころざしはよくとも、いかんせん力のない軍民評議会」が改革に取り組んだが、テロを抑えこむことはできなかった（『タイム』一九八〇年四月七日）。アメリカのマスメディアは、革命評議会の改革派という性格を大きくとりあげたが、その一方で、革新派の無力や挫折について、また彼らは早々に政権を去ってしまい、後釜には国家テロの隠れみのになることを辞さない民間人がおさまったという事実については、各社とも申し合わせたように報道しなかった。

クーデターを企てた当初のメンバーが満場一致で信任していた、エンジニアで大学教授のロマン・マヨルガは、一九八〇年一月三日に辞任し、同じくギジェルモ・マヌエル・ウンゴなど「すべての政府機関の長官を含む、少なくとも三十七人の政府高官が辞任した」[26]。しかしメディアでは、こうしたできごとは一度も起こっていない。軍民評議会は、依然として「激しく確執する左右両極の急進派に挟まれた、ひ弱な中道政権」(『ニューヨーク・タイムズ』社説、一九八〇年四月二十八日）なのであって、大量虐殺を行なう右派政権ではなかったのだ。ロビン・K・アンダスンは次のように指摘する。

軍民評議会の代表が最終的に辞職してしまったことを、どの放送局も報道しなかった。ロマン・マヨルガの評議会入りを詳細に報道したCBSでさえも、彼の辞任を報道することを怠り、他の代表たちの辞職についてもまったく報道しなかった。テレビ・ニュースの視聴者にとって、そのような政治劇はけっして起こっていなかったのだ。このきわめて重要な政界の権力闘争は、虐殺が続いている理由を説明したかもしれないのだが、テレビのニュース報道は、それに関する言及をことごとく省略した。民間人の代表たちには支配する力がなかったこと、さらには彼らが辞任してしまったことさえも、ニュース報道における軍民評議会の性格づけには、何の影響も与えなかった。軍民評議会は、ひきつづき穏健派というレッテルを貼られていた。[27]

エルサルバドル政府はその後もずっと、今日にいたるまで、「穏健派」の「中道路線」ということになっている。

他の報道抑制も、極右と極左にはさまれた中道派の暫定政権という神話を、補強する役割をはたした。『ニューヨーク・タイムズ』は一九八〇年三月二十九日、三人のエルサルバドル政府高官が辞任したことを知らせるロイター電を掲載した。三人は「軍民評議会が、左派と右派の暴力を阻止できないことに抗議して、昨夜辞職した」と、同記事は報じている。(28) その前日、AP電は同じ辞任劇について報道したが、辞任の理由についてはなにも説明していない。辞任した高官の一人、ホルヘ・アルベルト・ビヤコルタ農業次官は、次のような公式声明を発表した。

私が辞職した理由は、暴力を終わらせることができないばかりか、弾圧によってみずから政治暴力を生み出しているような政府の中に、これ以上とどまってもしかたがないと考えるからだ……最近、農業改革で没収された大規模私有地のひとつに、治安部隊の制服を着た者たちが、一人の仮面をつけた人物を同伴して現われ、この人物がゆびさして教えた自主運営グループのリーダーたちを、同僚たちの目の前で射殺したという事件があった。(29)

この声明からすると、ロイター電による「暫定政府が左派と右派の暴力を阻止できないことに抗議して」という説明は、事実のひどい歪曲だったようだ。だがビヤコルタの声明を正直に伝えたならば、明らかにプロパガンダの路線に矛盾をきたすことになっただろう。

一九八〇年三月三十日に行なわれたロメロ大司教の葬儀には、何千もの人々が弔意を表わすために集まった。

だが会場で爆弾が炸裂し、銃撃が起こったため、およそ四十人が殺され、数百人が負傷した。この事件の説明として、ロバート・ホワイト合衆国大使やエルサルバドル政府は、「極左派の武装テロリストたちが、群集のあいだにパニックをまき散らし、ありとあらゆる手段を使って、治安部隊が銃砲で反撃するのを挑発しようとした。それでも軍の規律は守られていた[30]」と述べている。

『ニューヨーク・タイムズ』のジョセフ・トリースター記者による説明は、暴力は左派がしかけたものだというドゥアルテの言葉を引用している。さらに、軍は兵舎にとどまるよう厳重に命じられていたという軍民評議会の声明も引用したうえで、トリースターは「銃撃の前にも、銃撃のあいだも、政府軍の制服を着た者たちがいた様子はない」と述べている。事件についてそれ以外の解釈は、まったく言及されていない。

しかしながら、葬儀に出席した二十二人の教会指導者たちが署名入りで発表した、三月三十日付けのガリ版刷りの声明文によれば、パニックが起こるきっかけとなったのは、国立宮殿から投げ込まれた爆弾であり、それに続いて同じ建物の二階から、マシンガンなどの銃砲が浴びせられたことだった[31]。この説明をトリースターは握りつぶし、『ニューヨーク・タイムズ』では一度も言及されなかった。

一九八〇年四月七日付けの続報で、トリースターは、三月三十日に軍民評議会がすべての軍人に兵舎にとどまるよう命令したこと、また軍人たちは「武装した左派が中央広場になだれ込んでいるのを知りながらも」命令に従った、という記述をくりかえしている。トリースターは、政府のこの主張を事実であると断定し、この政府の申し立てと矛盾する情報や証拠は、ひきつづき報道をさし控えた。また、なにゆえ左派が、大司教に弔意を表している同胞たちを無差別に銃撃しなければならないのかについても、彼は説明していない[32]。

トリースターの一九八〇年四月七日の記事は「エルサルバドルの惨殺は、反政府勢力には裏目に」という表題になっている。内容は次のとおりだ。

二週間前のオスカル・アルヌルフォ・ロメロ大司教の暗殺と、彼の葬儀で三十人が殺害された事件は、政権を握る軍民評議会に痛手を与えるどころか、むしろ助け舟を出す結果になったかもしれないと、多くの外交官や実業家、政府高官は見ている。

極右は大司教を殺害したと非難され、極左は銃撃と爆破によって、ロメロ神父の追悼に集まった中央広場の群集を大混乱におとしいれた責任を追及されている。

エルサルバドル駐在のアメリカ大使ロバート・E・ホワイトによれば、「軍民評議会が力を伸ばしたということではない。むしろ、それに敵対する極右や極左の勢力が信望を失ったということだ。それがひいては軍民評議会の信望を高めることになった」。

記事の表題が、反政府勢力の指導者の殺害（と、葬儀に参列した信徒の殺害）事件を、憤慨すべき道徳問題から、政治的な損得の問題にすりかえ、それを反政府勢力の失点としていることに注意を喚起しておこう。『ニューヨーク・タイムズ』が、ポピエウシュコ事件について「ポーランドの惨殺は、「連帯」運動には裏目に」という表題の記事を掲載し、デモ参加者の攻撃性や暴力をおおげさに伝える政府系新聞を特ダネにするというようなことは、想像しにくいだろう。また、注意してもらいたいのは、ロメロ殺害の犯人は誰だったのかということや、それを裁く政府の責任という問題が、背後に押しやられていることだ。

最後に、広場での死傷事件で「極左は責任を追及されている」、という記述の問題がある。受動態を使うことによって、トリースターは、誰がじっさいに極左派の責任を追求しているのかを、特定せずにすませている。彼はこの記事の情報源として、「多くの外交官、実業家、政府高官」を挙げているが（サンサルバドルの一般市民や教会代表者には、話を聞いたふりさえしていない）、じっさいに「極左の責任が追及されている」という記述の近くで引用されているのは、アメリカ大使ロバート・ホワイトだけである。政府の配布資料だけに依存し、いくらでも手に入る反証材料や別の見解には意図的に目をつぶることによって、『ニューヨーク・タイムズ』はまたもや、極右の暴虐が極左の暴虐によって相殺されるという、おなじみの公式をあてはめて、アメリカ政府の愛顧を受ける軍民評議会をふたたび中道の位置に据え、おまけに声望が上がったとまで言ってのけたのだ。

ロメロ大司教の見解とその歪曲

先に記したように、ロメロ大司教はいささかも口をにごすところなく、エルサルバドルの暴力は軍と治安部隊の責任であると主張していた。左派や民衆を基盤とした組織は、ふりかかる暴力と不正に対し、自衛手段をとらざるをえなかった被害者であると、ロメロはみていた。民衆組織は「自分たちのもっとも基本的な人権を守るために闘っている」のであり、それをおびやかす軍事組織は、「民衆を抑圧してエルサルバドルの少数支配層の利益を守ることしか考えない」存在だと、大司教はカーター米大統領に告げている。ロメロは日記の中で、治安部隊は他の勢力が行使する暴力に対処しているだけだという主張を、完全に否定している。治安部隊は、「左派を殲滅するという全般的な計画」の道具にほかならず、「左派は、彼らが排除すべきだと考える社会的不正さえ存在しなければ、みずから進んで暴力に訴えたり、あおったりすることはない」と彼は記している。(33)

したがって、ロメロが「エルサルバドルで横行する殺人と拷問に責任があるとして、極右と極左の両方を非難した」という、ジョセフ・トリースターによる『ニューヨーク・タイムズ』の一面記事（一九八〇年三月三十一日）の記述は、あからさまな虚言である。ロメロは、拷問や殺人が蔓延する責任を左派に負わせたことは一度もなかったし、右派と左派を同列に並べたこともなかった。殺人のおもな主体が政府（右派の手先だ）であるということについて、彼の立場はきわめてはっきりしていた。この観点からすれば、アメリカ政府が非公式にマスコミに伝えたものと本質的に同じだったロメロの認識は、アメリカ政府とマスコミによって公然とひどい歪曲が加えられたのである。(34)

おもしろいのはこの一年後、『ニューヨーク・タイムズ』のエドワード・シューマッハがロメロ大司教暗殺一周忌の特集記事の中で、ロメロの後継者リベラ・イ・ダマス大司教のもとで、「教会は、政府とゲリラの内戦において、より中道寄りの位置へとシフトした」と指摘していることだ。(35) もし教会がロメロ大司教のもとでとっていた位置に比較して今はもっと中道寄りになっているというのであれば、むろんそのこと自体、一年前にトリースターや『ニューヨーク・タイムズ』が打ち出した「中道的なロメロ大司教」という主題そのものが、嘘であったと（その通りなのだが）認めることになる。『ニューヨーク・タイムズ』は、いつでも教会は中道的であると報道することに決めているのであり、一年後の今回もまた嘘をついているということはないのだろうか？　ロメロの後継者は彼よりもずっと慎重な態度をとっているため、この問いは未解決のままだ。ロメロのような人物は殺してもかまわないという、右派や軍の態度が、リベラ・イ・ダマス大司教が心の内をどこまで忌憚なく口に出せるかに影響し、国民に慎重な態度をとらせている可能性もある。だがこの点は、シューマッハや『ニューヨーク・タイムズ』では問題とされていない。(36)

上層部の責任追及はしない

ポピエウシュコに関しては、メディアは、ポーランド政府上層部がこの犯罪を把握しており、責任もあったと証明しようと躍起になった。ソヴィエト連邦の利害や関与の可能性も、定期的に持ち出される話題だった。それとは対照的に、ロメロ大司教については、そのような疑問は持ち出されることも、追究されることもなかった。

アメリカによるエルサルバドル暫定政府への援助に、ロメロ大司教が反対したこと（どのみちカーター大統領は供与したが）は、メディアもたしかに指摘した。しかし、アメリカの政策に大司教がどれほど敵対的だったか、反対派としての彼の役割がどれほど重要なものであったか（アメリカの政策に与えた脅威は、ポピエウシュコがソ連に与えた脅威よりずっと大きかった）については、きちんと伝えていなかった。ロメロを戦列に戻そうとして、カーター大統領が教皇に送った特使のことや、おそらくそのようなアメリカの圧力に対する処置として、中央アメリカにおけるイエズス会の最高責任者がローマに召喚された事実などにも、報道機関は口をつぐんでいた。(37)

メディアはまた、殺人を拒否せよとロメロが軍隊に向けて訴えたことも握りつぶした。この事実が伝えられていれば、大司教が政府の政策にどれほど激しく反対していたかということや、彼が殺されたことが、エルサルバドルの統治者にどれほど都合のよいことだったかが、ずっと明白になっていたであろう。

民衆運動に同調した体制側の人物としては、ロメロはとびぬけて大物だった。それにもかかわらずメディアは最初のうち、彼を殺害した犯人たちの背後関係は、まったくの謎だというふりをしていた。『ワシントン・ポスト』は、左派か右派かは五分五分などと推測していたし、『マイアミ・ヘラルド』は三月二十七日付けの記事で「左右の両派とも、彼の死によって大混乱が起これば得をする立場にあった」と指摘した（ポピエウシュコが、ポーランド政府の信用失墜を狙った「連帯」シンパによって殺されたかもしれない、などと示唆するようなアメリカの新聞は皆無だった）。

とはいえ、そこまでの愚劣ぶりは、さすがに少数だった。たいていの新聞は、殺人犯はおそらく右翼系だろうが、人脈はきわめて不透明だと述べている。あてにできるドゥアルテは、「あまりにプロフェッショナルな殺害の手口からして、これは内部のしわざではなく、外部から雇われた者がやったに違いない」と推測した。この見解は、『ニューヨーク・タイムズ』、『タイム』、『ニューズウィーク』、CBSニュースなどによって、忠実に反復された。[38]

もしもエルサルバドルの右派かその雇われ人が犯人だったとしたら（その可能性は高い）、その人物は軍や治安部隊とどのような関係でありえたのだろうか。先にみたように、「死の部隊」と軍は緊密なつながりを持っていた——少なくとも、ある程度は共通の指令系統、作戦の共有、相互防衛などの協力関係があった。殺人犯が軍の一員ということはないのだろうか。民間武装組織とのつながりからみて、軍は、ロメロ大司教を殺した犯人を知っていた可能性が高いのではないだろうか。

しかしアメリカのマスメディアは、このような疑問を追究はおろか、提示さえしなかった。ダビュイッソンがこの殺人に関与していることが、おおやけに知られるようになったときでさえも、メディアはそれを大きく取り上げようとはせず、彼が政府軍とのあいだに築いていた親密な関係は、追及されることも議論にのぼることもなかった。プロパガンダ・システムが働いていることの証である。

この犯罪にアメリカが関与していた可能性は、もちろん「奇抜すぎる」考えとされ、アメリカのメディアが取り上げることはありえない。われわれは、そんなたぐいのことはしないというのが、愛国的な報道機関のイデオロギー的な前提であり、その点に関しては、近年の歴史における事実がなにを物語っていようと、問題ではないのだ。[39]

だが、たとえそうだとしても、次のような問いかけぐらいはあってもよいのではないだろうか——エルサルバドルにこのような環境をつくるのに一役買ったことで（アメリカが訓練し援助した残忍な軍隊が、その暴虐ぶりによってロメロ大司教を猛烈な反対派へと変えてしまった）、アメリカは、この殺人事件に間接的な責任があるとは言えないだろうか。だが、この点についても報道機関は沈黙を保っていた。

『ニューヨーク・タイムズ』は、この殺人事件について、サイラス・ヴァンス国務長官の発言を引用している。「二週間前、わたしは大司教に手紙を書き、次のように伝えました。左右両派の急進主義者たちがひき起こした暴力が、罪のない人々の生命を奪っていることには、わたしたちも同じように嫌悪を感じています。理性と中庸を説く声を、爆弾や脅迫や殺害によって沈黙させようとする人々の行為には、遺憾を禁じ得ません[40]」。

　同紙は、ヴァンスのこの書簡が、武器供与の停止を求めるロメロ大司教の陳情への回答であったことを指摘している。だがこの記事にはロメロの主張の要点が盛り込まれておらず、ヴァンスが書簡で大司教の嘆願を拒絶したくだりも引用されていない。また、ヴァンスが大司教の立場をひどく歪曲して描いていることにも、この記事は注意を促していない。「左右両派の急進主義者たち……には、わたしたちも同じように嫌悪を感じています」とヴァンスは書いているが、ロメロは、殺人を行なっているのは軍と右翼であると主張しているのであり、「左右両派の急進主義たち」だなどとは言っていない。

　さらに指摘しておくと、ロメロを殺したのは、まさにヴァンスが支援した勢力であり、ロメロの予言は、彼自身が殺害されたことによって正しさが証明されたと思われるのだが、この記事には、ヴァンス国務長官と彼の仲間たちへの批判もアイロニーのほのめかしもない。知らなかったなどという言い逃れは、ここでは許されない。後にみずから認めたように、メディアは治安部隊が暴力の源であったことを、よく承知していたのだから。

でっちあげの神話を採用する

ロメロ大司教の暗殺者たちが、「公式に」発見されたり、起訴されたりすることはなく、何万という他のエルサルバドル人の場合と同じように、大司教の殺害もまた、裁きのないままになっている。だがポピエウシュコの事件とは対照的に、誰が犯人かということにも、公正な懲罰を要求することにも、アメリカのマスメディアはまったく関心がなかったようだ。

後になって、ロベルト・ダビュイッソンがロメロ殺害の陰謀の中心人物だったことを示す、多数の証拠が噴出した。調査報道ジャーナリストのクレイグ・パイズとローリー・ベックランドは、アレーナ党の活動家やアメリカ高官の多数にインタヴューを行ない、また国務省の電信記録を分析した結果に基づいて、一九八三年に次のように主張した――ダビュイッソンは軍の現役将校の一団と共謀して暗殺を計画し、くじ引きで暗殺実行の栄誉に浴する者を決定した。(41)

在任中に国務省の電信記録や他の内部情報を利用できた前大使ロバート・ホワイトも、一九八四年二月に議会の委員会において、ダビュイッソンがロメロ大司教の「暗殺を計画し、実行を命令した」ことについては、「合理的な疑いの余地がない」と証言し、謀議のための会合や、後に口封じのために実行犯を処刑したことなどについて、詳細に報告した。(42)

ダビュイッソンが暗殺に関与していたことを示すさらなる証拠が、エルサルバドル軍諜報機関の元高官ロベルト・サンティバネスの告白によって明るみに出た。サンティバネスによれば、ロメロ大司教の殺害は、ソサの元国家警備隊員たちの援助を受けて、ダビュイッソンが計画、実行したものであるが、「その後ろ盾になっていたのは、ガルシア将軍とカランサ大佐だった」。(43) またパイズとベックランドの情報源も、ダビュイッソンがカランサに従属する政治的な同盟者であったことを指摘している。ニコラス・カランサ大佐は一九八〇年十二月にアメリカの圧力で排除されるまでは、エルサルバドル軍のナンバー・ツーだった男である。カランサはその後、財務警察[五]の長官に据えられた。

ダビュイッソンはまた、国家警備隊のG－2中央情報局とも協力関係にあった。当時の国家警備隊の指揮官は、エウヒニオ・ビデス・カサノバだった。パイズとベックランドによれば、「ビデスが国家警備隊を指揮していた時代、G－2と連携していた現役軍将校たちは、国務省の電信システムを介して、一九八〇年三月のオスカル・アルヌルフォ・ロメロ大司教の暗殺に関与していた」(44)。ちなみにビデス・カサノバは、その後ドゥアルテ政権の国防大臣に就任し、現在もそのポストについている。

要するに、ロメロを殺した犯人の正体や、エルサルバドルの軍事機構の最高幹部たちによる、この殺人への深い関与については、かなりの証拠があがっていたのである。実際、アティリオ・ラミレス判事が担当したエルサルバドルでの司法捜査は、すみやかに、ダビュイッソンと、アメリカの息のかかったメドラーノ将軍（ORDEN創設者）の名前を挙げた。だがラミレスはじきに、脅迫や暗殺未遂によって国外に逃亡し、エルサルバドルにおけるこの事件の積極的な追求には、終止符が打たれた。亡命の身となったラミレス判事は、警察の犯罪捜査班が現場に現われたのは、犯行から四日もたってからだったことや、警察も検事総長も、法廷に何の証拠も提供しなかったことを訴え、「明らかに」はじめから、「殺人事件を覆い隠そうとする一種の陰謀」が働いていたと結論している(45)。

言うまでもなく、ラミレス判事の証言がアメリカのメディアに取り上げられることはなく、ダビュイッソンが関与した証拠の堆積にも、なんの重要性も与えられなかった。せいぜいが三面記事の材料として、そっけなく事務的にあつかわれた程度で、感情的な表現を用いたり、証拠についてのコメントをロメロ大司教の仲間に求めて、怒りや義憤をあおる構図にはめ込むことも、裁きを要求する強い声を誘い出すこともなかった。この

「駆け出し民主主義国家」の実質的な支配者は、ダビュイッソンの一味と密接につながる軍将校たちであり、彼らが暗殺に荷担していた可能性がきわめて高いことは、今日にいたるまでまったく言及されていない。

ダビュイッソンは一九八〇年五月八日に手入れを受け、彼がクーデターを計画していたことを示す書類や、ロメロ殺害に加担していたことを示す証拠が押収された。彼は逮捕され、裁判と投獄の危機に直面した。ただちに、エルサルバドル軍のすべての将校（総勢七百人）による会議が召集され、ダビュイッソンの釈放を要求した。国防相の同意を得て、彼はほどなく釈放された。(46) 彼の屋敷で発見された書類は、どこかに雲隠れしてしまった。治安部隊はまた、大司教管轄下の法律相談所を急襲し、ロメロ暗殺に関係する書類をすべて持ち去った。

先述のエルサルバドル軍の全国将校会議では、一九七九年の「改革派」軍民評議会に残った最後の改革派、アドルフォ・マハノ大佐が糾弾された。マハノはすみやかに軍民評議会を辞し、彼に代わって強硬派がまたひとり、軍民評議会に加わった。軍は、強硬路線をとる右派の「死の部隊」との連帯を表明しており、軍民評議会は、「改革派」政府というイメージに生じた新たな危機を乗り切るため、内部調整を行なった。ドゥアルテが大統領に昇進して、アメリカ議会やメディア向けの表看板となり、この人殺したちに武器が流れつづけることを約束した。

この極右派の権力の重要な誇示と強化にも、ロメロ大司教の殺害者たちへの政府ぐるみの擁護にも、アメリカのマスメディアはほとんど注意を向けなかった。だがそれは、エルサルバドルにおける権力の性格がどういうものかをよく物語っており、政府が中道派だとか改革派だとかいう主張の虚構性を、明らかにするものだ。偏りのないメディアならば、この情報を大きく取り上げ、その意味するところを説明したであろう。

けれども、これらの事実はカーターやレーガンのつくりあげた神話に矛盾していたため、メディアは案の定これらのできごとを黙殺し、それによって神話を持続させたのである。『ニューヨーク・タイムズ』は一九八〇年十一月二十九日、サンサルバドル市で反対派の指導者たちが大量に虐殺された事件を受けて、政府の「信頼性が大きく揺らいでいる」とほのめかす記事を載せた。それでも同紙は、この政府は「弱体な中道派」であるとする一九八〇年四月二十八日の見解を、五月の反乱によって変化させた様子はない。

メディアはまた、ロメロ大司教を殺害した嫌疑のある人物が、名誉を回復し、やがては公権力に復帰していった過程に、きわめて巧みに順応した。ダビュイッソンは高い地位を求め、最終的には、エルサルバドル立法府の長官にまでのぼりつめた。だがアメリカのマスメディアは、ロメロ大司教暗殺の首謀者である可能性が高く、「死の部隊」の指揮官として広く知られた大量殺人者という彼の過去に、注意を向けようとしなかった。このファシストの公然たる反ユダヤ主義さえもが、ずっと伏せられてきたのだ。[47] もしもポーランドにおいて、ポピエウシュコ殺害を計画した疑いのある反ユダヤ主義の暗殺専門家が、公職を求めてポーランド議会の長に就任するようなことが起こっていたならば、とんでもない話として、アメリカのメディアが一度や二度は取り上げてもおかしくないだろう。

この時期を通じて、メディアの報道は、自国政府がでっちあげた通説を採用し、報道も解釈も、その基本的な前提に合致するものだけに限定されていた。すなわち、われわれの支持する「穏健派の政府」は、左右両派の急進主義者たちによるテロリズムに悩まされており、それを鎮圧することができずにいるという神話である。この暴力について圧倒的に大きな責任があるのは、アメリカに支援された治安部隊（国の実権を握りつづけている）と、住民を恐怖によって支配するために治安部隊が創設した民間武装組織のネットワークの両方であることは、アメリカ政府もメディアも重々承知していた。けれども、その真実を言葉にするわけにはいかなかった。

メディアは今日でも、初期の頃の神話をたてまえとしては堅持しているが、それが完全なつくり話であることは、ずいぶん昔に目立たぬかたちで認めているのだ。エルサルバドルに平和が戻る見通しについての報道で、リンジー・グルソンは、「今日では、左右両派の「死の部隊」が、住民を恐怖に陥れて服従と沈黙を強要することはなくなったが」、それはドゥアルテ大統領と彼を支持するアメリカ人たちが、民主化に向けてこの国を動かすことに成功したおかげである、などと述べている。まさしく、プロパガンダ・モデルから期待される通りのコメントだ。(48)

四　エルサルバドルで殺された四人のアメリカ人女性信徒

一九八〇年十二月二日、エルサルバドルに勤務する四人のアメリカ人女性信徒――モーラ・クラーク、ジーン・ドノヴァン、アイタ・フォード、ドロシー・カゼル――が、エルサルバドル国家警備隊員によって捕らえられ、レイプされ、殺害された。エルサルバドルの軍民評議会を、「改革派」政府というふれ込みで支援し、この政府が援助にふさわしいことを、アメリカの一般国民と議会に納得させようと努力していたカーター政権にとって、この犯罪はまことに都合の悪いできごとだった。エルサルバドルへの軍事援助を一時的に見合わせることにしながら、カーター政権は、この事件をすみやかに目立たぬよう解決する道を探った。やがて反政府勢力が攻撃を発表すると、援助は早々に再開され、公約に反してエルサルバドル政府からの捜査報告を待つこともなかった。

さっそくウィリアム・P・ロジャーズ[六]率いる委員会がエルサルバドルに派遣され、事実調査を行なって現地の捜査に協力することになった。委員会は、「エルサルバドル政府高官がこの殺人事件に関与している証拠はない」と報告しているが、そう断定する根拠として、当局者に関与の有無を尋ねる以外のことをした形跡はない。委員会は、エルサルバドルでは公正な裁きが保障されていないことを認めているが、[49]だからといって独自に捜査を行なうと提案するわけでもなく、ただエルサルバドルの軍民評議会に対し、全力をあげてこの事件を調査するよう、強く促しただけである。委員会は、軍民評議会が、真実の究明は「たとえそれが国家のいかなる部分、いかなる階層への嫌疑に導くことになったとしても、かならずや遂行されるであろう」と約束したと記している。[50]ロジャーズは後に、エルサルバドルの軍民評議会がこの事件を真剣に追求すると期待したのは、やや楽観的すぎたかもしれないと認めている。[51]

すでにひどく怪しいものになっていた犯人追及への関心は、レーガン政権の発足によって一段と後退し、エルサルバドルの従属政権を守ろうとする勢力の優勢が決定的になった。じきに明らかになったのは、この厄介な事件そのものを、すでに殺害された何千ものエルサルバドル人ともども、まるごと忘れ去ることもできるということだった。ただ広報さえしっかり気配りすればよいのだ。

使えそうな隠蔽工作は手当たりしだい支持しよう、という方針も明白だった。アレグザンダー・ヘイグ国務長官は、下院外務委員会で、四人の女性たちはバリケードを通り抜けようとして殺されたのだと「信じるに足る」証拠があると述べた。これは恥知らずな嘘であり、国務省もすぐにそれを認めた。[52]レーガン政権の国連大使ジーン・カークパトリックは、ヘイグよりも役者が上だった。四人の女性は「フレンテ」(解放戦線)を支持する政治活動家だったと、彼女はほのめかした。彼女たちは標的にされても仕方がなかったと、きわめて露骨に示唆するものだったが、ヘイグの発言と同様、これもまっかな嘘であった。[53]

カークパトリックはまた、エルサルバドル政府は「疑いなく」、この殺人に「責任がない」とも断言した。だが、国家警備隊の隊員がこの四人の女性を殺害した証拠が、ほどなく出現した。そこでレーガン政権は立場をあらため、地元の警備隊員が「単独で行動した」ことは明らかだと主張するようになった。裏づけ捜査もなされぬままに、それが事実であると断定され、追認された。その逆を示唆する重要な手がかりは、無視された。プロパガンダ・モデルにあてはめてみれば、政府に好ましいこの説明は、マスメディアにも尊重されるはずであるし、上層部に黒幕を探すことが得点稼ぎになったポピエウシュコ事件とは逆に、自国政府が避けたがっている追求に、マスメディアが熱を入れることはないはずだ。

この四人の女性の事件が、エルサルバドルで起こった他の何千もの捜査されない未解決の殺人事件と異なっていたのは、彼女たちの遺族がアメリカ人であり、この事件を告発し、最終的にはアメリカ議会に、この殺人事件をひとつの先例となる政治的な象徴として、重視させるのに成功したことだ。これによって、この殺人事件は政治課題のひとつに押し上げられた。裁判の実施と有罪の確定が、エルサルバドルの軍事政権にアメリカが承認と援助を与えるための、基本的条件として要求された。レーガン政権もエルサルバドル軍も、「裁きが下されるよう取り計らう」ことを、この件に限っては余儀なくされた。

このたった一つの事件に判決が下されるのに、三年半もの年月がついやされた。しかもトップレベルにある人々の関与については、依然として覆い隠されたままだ。マスメディアにつきつけられた難題は、この殺人事件と、ずるずると遅延され結局は放棄された最終結果を伝えるに際して、義憤をあおらぬよう抑制し、この政権の性格——女たちを殺害したうえ、圧力をかけられてようやく下っ端の下手人たちを探し出してきたような(それにさえ何年もかかった)——をできるだけ控えめに描くことだった。だがメディアは、この難局もみごとに乗り切ってみせた。

凶行はどう描写されたか

ポピエウシュコの遺体発見のニュースは、『ニューヨーク・タイムズ』の第一面を飾り――実際は、はじめに死体が見つけられなかったことが第一面の記事だった――本書で分析しているすべてのメディア機関において、この神父が捕えられ、遺体が遺棄されたこと、遺体損傷の性格などについて、露骨な好奇心とともに長たらしい説明がなされた（表２－２参照）。こうした詳細は、機会あるごとにくりかえされた（とくに裁判ではそれが目立った）。

これとは対照的に、四人の女性の遺体発見は、『ニューヨーク・タイムズ』では三面記事のあつかいだった。わたしたちがサンプルにした四つのメディア機関のすべてにおいて、殺された四人の女性に加えられた暴行の記述は、多くの詳細が省略されたきわめて簡素なもので、最初に公表された後は、二度と反復されなかった。殺人の現場が、被害者の苦しみや残忍な暴力を描くように再現されることはなく、ポピエウシュコ殺害の状況報告にあったようなドラマ性は、完全に欠落していた。四人の女性信徒の殺害は、遠く離れた、人間味のないものにされた。

たとえば、『タイム』の報道は、被害者の氏名を明らかにした後、「二人は強姦され、後頭部を銃で撃たれた」と記述している。『ニューヨーク・タイムズ』の記事も、表２－２に示したとおり、きわめて簡潔なものだ。ロジャーズ委員会の報告は、被害者の一人は後頭部から頭を撃ち抜かれ、「顔面は射出口となって破壊された」と記している。ロジャーズ報告はまた、遺体の発掘に立ち会った人々が、「広範囲にわたる」傷跡や、「遺体に打撲傷があるのを」発見したと記している。レイモンド・ボナーは『脆さと欺瞞』（*Weakness and Deceit*）で、次のように書いている。

ぞんざいに掘った墓のなかに、積み重ねられた四人の女の遺体があった。最初に穴から引き出された遺体は、ジーン・ドノヴァンのものだった。クリーブランド出身の平信徒の宣教師で、二十七歳だった。後頭部から撃ち込まれた口径の大きな銃弾によって、顔面が吹き飛ばされていた。ズボンはチャックが開いており、下着は足首に絡まっていた。地元の農民が発見したとき、彼女の腰から下は裸だった。農民たちは、埋葬する前に、衣服をもとにもどしてやろうとしたのだ。次に出てきたのはドロシー・カゼルという、同じくクリーブランド出身の四十歳のウルスラ会修道女だった。穴の一番下には、ニューヨーク出身の二人のメリノール会修道女、アイタ・フォード（四十歳）とモーラ・クラーク（四十九歳）の遺体があった。女たちはみな至近距離から射殺されていた。発見した農民たちの証言では、彼女たちの一人は下着を口に詰め込まれ、もう一人は目を覆われていた。全員がレイプされていた。

『タイム』と『ニューヨーク・タイムズ』は、打撲による痣に触れていないことを（ポピエウシュコに関しては、どちらもくり返し言及していたのに）指摘しておこう。どちらの記事でも、ジーン・ドノヴァンの顔面が吹き飛ばされていたことや、尼僧たちの品格を貶めるような下着の使われ方は伏せられ、[54]遺体を発見した農民の陳述もそえられなかった。こうしたことや、そのほかにもボナーが紹介しているのに、『タイム』や『ニューヨーク・タイムズ』では（『ニューズウィーク』やＣＢＳニュースでも）握りつぶされた詳細は、殺害のシーンに、痛ましさと感情に訴える力を付与するものだ。そのような詳細はポピエウシュコには採用されたが、アメリカの従属国家に殺された四人のアメリカ人女性には採用されなかった。

ロジャーズ報告はまた、ロバート・ホワイト大使の要請により軍民評議会が犯行現場に派遣した法医学者が、外科用マスクが手に入らないという理由で、検死の実施を拒否したことも指摘している。軍民評議会やその捜査員の印象を悪くみせるこのくだりも、アメリカの報道記述では省略された。

ポピエウシュコについては、遺体発見時のみならず公判においても、殺人行為と遺体の状態について、積極的に詳細な状況が描かれた。四人の女の遺体が発見されたとき、マスメディアはそのような具体描写に消極的で、裁判においては、さらにその傾向が強まった。裁判を傍聴した『ニューヨーク・タイムズ』紙のリディア・チャベス記者は、この女性たちがエルサルバドルでしていた仕事と「拉致と殺害についての詳細」に的をしぼった証言が八時間、そしてさらに弁論が七時間続いたと記している。にもかかわらず彼女の記事には、医学的な所見らしいものはなにひとつ出てこない。

怒りと裁きの要求の欠如

ポピエウシュコ事件で、マスメディアの報道が伝えた印象は、これは許しがたい犯罪であり、即刻不正を糺さねばならないというものだった。しかし四人のアメリカ人女性の殺害事件では、メディアは政府高官の発言を引用して、残忍で恐ろしい行為とは認めたものの、許しがたいものとは断定せず、裁きを要求する（あるいは要求する発言を引用する）こともなかった。メディアに登場したのはアメリカやエルサルバドル政府の「高級官僚」が中心だったが、この人々は状況について諦観に満ちた見方を示し、事件の解決を、エルサルバドルの司法制度に委ねるのをよしとした。メディアはまた、哲学的な調子に移ったりもした——この女たちは、エルサルバドルの「無分別な暴力の拡大の被害者」であると、『タイム』が主張したように（一九八〇年十二月十五日）。ポピエウシュコのときには、犯罪をおかしたのは生身の政府高官であって、無分別な力などではなかった（そんなものの責任を問うのは難しい）。

アメリカでおこなわれた彼女たちの葬儀や追悼集会さえも、怒りや裁きの要求を盛りあげる機会となることは許されなかった。これらのイベントは、たいていは無視され、握りつぶされた。『ニューヨーク・タイムズ』

の一九八一年十二月八日号は、修道女ドロシー・カゼルのための追悼集会について、ＵＰＩ提供の小さな三面記事を載せた。そこに引用されたのは、アンソニー・Ｍ・パイラ司教の、政治色のない発言だった――「宣教師の人生は、けっして安逸でも魅力的でもない」。

被害者みずからが招いた災難ではないのかという、カークパトリック大使が指摘した可能性も、検討してみなければならない。『ニューズウィーク』が一九八〇年十二月十五日号で述べたように、「エルサルバドルにおける暴力は、しだいに好戦性を高めながらローマカトリック教会に集中することになるだろう。多くの神父や尼僧たちが改革を唱えており、その一部は戦闘的な左翼だ。そのような意見を持つことは、困った事態を招く。穏健派の聖職者にとってさえもだ」（ここでも同じく、「暴力」という非人格的な表現が使われていることに注意しよう。この記事のどこを探しても、殺人に先鞭をつけ、また大部分を担ってきたのは、アメリカが支援する現地政府である、と示唆するような記述はない）。

ポピエウシュコの場合はこの逆で、彼が国家と反体制勢力の対立（あるいは東西陣営の対立）の激化のはざまで、遺憾ながらも犠牲になったというふうに、メディアが示唆したことは、一度もなかった。状況はエルサルバドルに比べてずっと単純だった――ポピエウシュコは国家当局によって殺されたのであり、それは許しがたいことであった。複雑さや、責任の所在がない「暴力」についての哲学的な空論への逃避は、帝国の属州で起こった殺人事件のためにとっておかれるのだ。

もみ消し工作に加担する

先に見たように、ポピエウシュコのケースでは、マスメディアは上層部が殺人に関与していた証拠を、熱心かつ積極的に捜し求め、毎日のように提示していた。四人の女性の殺害には、これとまったく異なるアプローチが見られる。ここでは、証拠が面前につきつけられているにもかかわらず、メディアは、エルサルバドル政府が殺人に関与したことをつきとめるのに、おそろしく苦労している。メディアの調査への情熱は控えめであり、事件が展開する中、ドゥアルテやアメリカ政府高官の誘導（「任せておきなさい」）に喜んで従った。メディアは、とぼけ通した。エルサルバドル軍と治安部隊は、もう何カ月も前から、四人の女を殺したのと同じやりかたで、エルサルバドル人を殺していたのだ。おまけに、彼女たちが関係していた教会は、事件の少し前から、軍の脅迫を受けていた。より直接的な証拠は、地元の農民たちが、地元の軍隊によって死体の埋葬を強要されたことだ。それでもメディアは、この殺人の責任の所在をつきとめるのに、こうした情報を役立てようとはしなかった。

アメリカとエルサルバドル当局の最初の説明方針は、軍が死体を隠匿したことは不適切だったとはいえ、軍が関与したことを示す証拠は何もないというものだった。十二月八日の軍民評議会の声明は、殺人犯は「極右のテロリストだ」と主張していた。[55] ドゥアルテも同様の見解を報道機関に向けて復唱し、その内容はそのまま報道された。

殺人から二十日たっても、『ニューヨーク・タイムズ』は、政府の主張に沿って、「犯人は不明」としか書かなかった。だが、国家警備隊の関与を匂わせる手がかりはすでにふんだんに出ていたし、遺体発見後に治安部隊が「殺害の隠蔽」を図ったかもしれないというロジャーズの調査報告を、同紙はそのまま掲載していたのだ。[56]

しかしその後、この女たちが国家警備隊のメンバーによって殺されたことを示す、あまりにも多くの証拠がじわじわと漏れ出してきたので、政府軍の関与はもはやごまかしきれなくなった。そのため、二段構えの「ダメージ・コントロール」が登場し、エルサルバドルとアメリカの役人によって詳しく講釈され、メディアはそれを忠実に反映した。ひとつは、政府と国家警備隊を区別することだった。ポピエウシュコのケースでは、殺人を犯した警察官がポーランド政府に属していることを読者は忘れさせてもらえなかった。四人のアメリカ人女性のケースでは、殺人者がエルサルバドル政府と関係があったことは、マスメディアを通じてはほとんど見えなかった。これは、メディアが一貫して奉じてきたもうひとつの基本的な神話にも合致していた――エルサルバドル政府は改革派で中道派であり、左右両派の急進勢力による殺人をなんとか押さえ込もうと努力しているという神話だ。[57]

このでっちあげによって、一方では軍とその傘下の組織が大規模な殺害をくりひろげながら、それと併行して、改革派の政府が急進派を抑えきれないことに遺憾を表明するという、二本立てのシステムが可能になった。これは、アルゼンチンで大量殺戮が頂点に達していた頃の状況を髣髴とさせる。『ニューヨーク・タイムズ』はその当時、アルゼンチンの暫定政府《フンタ》や最近になって有罪宣告されたビデラ将軍のような人々を、民衆を殺戮している「右翼急進派を抑えられない」穏健主義者として描くのを常としていた。[58]

当面のダメージ・コントロールの最大目標は、エルサルバドル政府高官の責任を追及する本格的な捜査を、すべて圧殺することだった。エルサルバドル側の戦略は、初めから終わりまでのらりくらりと対応することだった。軍人が誰かを殺したからといって有罪を宣告するのは、エルサルバドルの慣習に反するものであったし、おまけにこの犯罪の責任が上層部にまで及ぶことは、ほぼまちがいなかったからだ。国家警備隊に殺害の責任があったことが明確になると、アメリカ政府は、下っぱの下手人たちを裁判にかけて有罪宣告するという戦略をとりはじめた。それによって、少なくともアメリカ議会に資金援助の続行を承認させる程度には、エルサルバドルの司法制度を正当化し、それでも上層部の「改革派」には罪が及ばぬようにしようという工夫だった。

一九八一年九月三十日、ディーン・ヒントン大使は、地元の国家警備隊員たちは「独自の裁量で行動していた」と自信をこめて明言した。だが、当時の国務省の内部書類は、エルサルバドル側の捜査はお話にならないお粗末なものだと認めており、首脳クラスの関与を示唆する証拠は、ほかにも存在していた[59]。それにもかかわらず、政府の公式の立場は明白だった。政府の路線に合わせるには、マスメディアは上層部の関与の調査をとりやめる必要があり、他の情報源からの証拠を隠蔽することさえも要求される。まさにその方向に、メディアは進んでいった。

二カ月におよぶ調査ののち、ジョン・ディングス記者は、『パシフィック・ニュース・サービス』への配信記事で、殺害が前もって計画されていたことを詳細に論じた[60]。第一に、この女性たちの空港到着について軍が議論していたことが、無線の傍受によって明らかになっており、また彼女たちの飛行計画がこまかく監視されていたことを示す、別の証拠もあがっている。これらはみな、組織的で大規模な軍事作戦の存在を示唆している。第二に、計画省の元次官がディングスに話したところでは、エルサルバドル国防相ギジェルモ・ガルシアは、国立宮殿で行なった三十分ほどの発表のなかで、殺害事件が起こったまさにその地区の尼僧や僧侶たちを非難し、何らかの処置を講じねばならないと述べていた。殺害事件のわずか二週前のことである。

驚くべき自主規制の芸当によって、たいていのマスメディアは、ディングスの調査結果を完全に無視してのけた。ディングスの報告は、『ワシントン・ポスト』や『ロサンゼルス・タイムズ』のほか、十五の新聞に掲載された。しかし『ニューヨーク・タイムズ』、『タイム』、『ニューズウィーク』、CBSニュースの四つのメディアではまったく言及されなかったし、同報告書が提示した手がかりを追究しようとするメディアはひとつもなかった。そうする代わりにメディアは、殺人事件の捜査は地元の国家警備隊員までで十分であり、事件は適切な司法経路を通じて入念に追及されるであろうという、ドゥアルテとアメリカ高官の約束を復唱し続けた。

一九八四年三月、エルサルバドル情報部高官のロベルト・サンティバネス大佐が、エルサルバドルにおける「死の部隊」のネットワークについて「話す」ことを承諾した。彼の証言はCBSニュースで放送され、『ニューヨーク・タイムズ』の一面を飾った。(61) サンティバネスは、四人の女性の殺害についてきわめて信憑性のある詳細を明かし、この行為は、殺人が起こった地区の司令官オスカル・エドゥガルド・カサノバ大佐の特命に基づいて実行されたことを明らかにした。カサノバ大佐は、当局による隠蔽工作の一環として、殺害の二週間後に別の任務にまわされた。彼のいとこエウヒニオ・ヒデス・カサノバは、ドゥアルテと国家警備隊の長官に選ばれて一九八〇年十二月に国防大臣に就任していたが、ドゥアルテと同様、いとこが殺人命令を出したことを承知していた。

この衝撃的な証言は、一人の高級将校が殺人事件に関与し、現職の国防大臣とドゥアルテが隠蔽工作に関与したことを示唆している。それにもかかわらず、この報道の後には何の追跡記事も書かれず、また高官たちのあいだで、聖職者たちに対策を講じる必要があるという話し合いがもたれたという、先述のディンゲスによる報告との関連づけも、なされなかった。社説も、義憤の表明もなく、何らかの措置をとれという要求も出されなかった。

要約すると、ディンゲスが提供した手がかりや、サンティバネスによる証言は、女たちの殺害が上層部の決定に基づいていたことを、強く示唆している。政府の中級官僚が殺害を指令したことや、その後の継続的で組織的なもみ消し工作に高級官僚が携わったことについては、証拠はさらに明瞭だ。ポーランドのケースでは、最高首脳陣の関与を示す証拠は、けっして手近にあったわけではなかったが、アメリカのマスメディアはこの問題を容赦なく追及した。四人の女性信徒のケースでは、最高首脳陣の関与を示す証拠は豊富にあったのだが、アメリカのマスメディアは問題の追及を怠り、それどころか、はっきり示された調査の手がかりさえも、追及せずにすませたのである。

エルサルバドルの司法手続きの怠慢を、ここで一部始終説明することはできないが、それはアメリカからの圧力と脅しを受けない限り、一歩も前進しなかった。[62] マスメディアはある時点で、エルサルバドル政府が捜査の「妨害工作」をしていると激しく非難した。[63] だがメディアは、妨害工作の根の深さや広がりを把握することも、それがこの「駆け出しの民主主義国家」において持つ重要性を指摘することも、完全に怠った。メディアは概して、進捗状況についてのエルサルバドル政府やアメリカ政府の主張を、皮肉も怒りもこめずに、そのまま伝達していた。

もしメディアがすべての詳細を明らかにしていたならば、エルサルバドル政府は完全に信用を失っていただろう。それゆえにこそ、エルサルバドル政府が処置を講じたり、関連証人を尋問するのを拒んだことや、証人や弁護士、判事に脅迫が加えられたことに関する膨大な証拠は、（ポーランド当局の捜査にあてはまるのなら、嬉々として報道されたであろうが）無視されたのである。ここでは、エルサルバドルにおける司法手続きの実態をいくつか紹介すれば十分だろう。たとえば、犯罪が起こってから二年後、

検察官たちは、元国家警備隊員セザール・バイエ・エスピノザのガードマンによる、一九八二年八月九日の［法廷記録の］証言を、認識していないことを明らかにした。この証言では、女たちを捕拿せよとの「上からの命令」があったという、コリンドレス・アレマン軍曹の一九八〇年十二月二日の証言が引用されている。彼らはまた、カリフォルニア州ロサンジェルスでＦＢＩが聴取した、元国家警備隊軍曹ダゴベルト・マルティネスの陳述のことも知らなかった。この証言は、犯罪のもみ消しが図られたことを、早くも一九八〇年十二月に明らかにしたものである。[64]

二つ目の例は、この事件を担当した三人の判事のうち二人が、生命の危険を感じて辞職したことだ。ロメロ

大司教の殺害を捜査していたラミレス判事が、同じ理由から亡命したのは、前述のとおりだ。この手の証拠は集積によって重みが増すのだが、報道機関はけっして一まとめにしてあつかおうとしなかった（三面記事のネタとして、個別に言及されるのがせいぜいだった）。

三つ目の例は、ロバート・ホワイト前大使の報告にあるように、より上層の幹部たちが女性たちの殺害に関与していたことを、立証できた可能性のある二人の国家警備隊員が、軍の「死の部隊」によって殺害され、戦闘中の行方不明者のリストに加えられたことだ。(65)

最後の例は、次のとおりだ。エルサルバドル人の殺し屋たちに、ようやく弁護士がつけられたとき、指名された三人の弁護士のうちサルバドール・アントニオ・イバラは、本気で彼らを弁護するつもりだった。他の弁護士たちは、「もみ消しの可能性はすでに徹底的に調査され」、そのうえで却下されたという主張を、黙って受け入れるようイバラに強く求めた。イバラはこの要請に従うことを拒絶したが、その結果、一九八三年十月三十日、国家警備隊に拉致され、警備隊本部で虐待された。(66) アメリカの圧力によってようやく釈放されたイバラは、国を逃れ、上層部の関与についてはすでに「徹底的な調査」が行なわれているという考えを受け入れる弁護士が、彼の後を継ぐことになった。

最後の事例だけは米国のマスメディアにも登場することができたが、それは他の問題と切り離された、一時的な取り上げ方でしかなかった。他の事例や、全体を包括したようなものは、出版報道の自由を保障されたアメリカのマスメディアに取り上げられることはなかった。

アメリカ政府もまた、組織的なもみ消しを行なった。事件の真相と、エルサルバドル政府によるもみ消しを、ともに隠蔽しようとしたのである。アメリカのマスメディアは、エルサルバドル政府の意図的な妨害については簡単な指摘をしていたが、自分たちの政府による、同じくらい重要な虚言や隠蔽工作については、注意を喚起しなかった。すでに指摘したように、カーター政権もレーガン政権も、庇護下の政権を守ることの方を、その政権が殺害した四人のアメリカ市民のために正当な裁きが下されることよりも、優先したのである。

アメリカ政府が、庇護下の政権を守るために行なった妨害工作は、さまざまな形をとった。その一つは、エルサルバドル側のもみ消しに積極的に協力することだった。国家警備隊の元軍曹ダゴベルト・マルティネスは、一九八〇年十二月にアメリカへの移住を許された。その後のＦＢＩによる面談で、マルティネスは、自分がこの事件の犯人を知っていることや、その情報を通報するのを怠った（エルサルバドルの法律には違反する）ことを認めたが、彼にはどのような処罰もなかった。アメリカの高官も、上層部がこの犯罪について知っていたとか、加担したと考える理由はないという主張をくりかえしたが、そう言いながらも彼らは、エルサルバドル政府のもみ消し工作や捜査の拒否について、はっきりと承知していたのだ。[67]国務省もまた、捜査がどの程度徹底したものだったかについて、つねに嘘をついていた。ヒントン大使は、国家警備隊員ペレス・ニエトは「徹底的に尋問されたが、この女たちを見張るように上司から命令されたことは、くりかえし否定した」と、公衆の前で明言した。しかし国務省の電信記録では、ニエトの証言は「不完全で、あいまいで、非協力的」と表現されている。[68]

もみ消し工作にアメリカ政府が加担した二番目の形態は、エルサルバドル側の捜査やアメリカ自身によって発見された証拠について、情報開示を拒絶することだった。ロジャーズ報告は遅まきに発表され、エルサルバドルの司法制度の嘆かわしい状態について語った部分は削除されていた。遅延にたいする批判の声が高まるのを受けて、アメリカ政府はハロルド・Ｒ・タイラー判事を任命し、さらなる調査を実施させた。彼の報告は長いあいだ秘密にされていたが、どうやらその理由は、今度もまた、エルサルバドルの司法手続きに対する厳しい批判が含まれていたためのようだ。それは、聞かれればいつでも「進捗している」と主張するという、レーガン政権の方針の邪魔になりそうだと判断されたのである。[69]

被害者の遺族や弁護士は、アメリカ政府が事件についての情報開示に消極的だといつも感じていた。その理由として政府が示したのは、そういう情報は機密性が高いとか、公表すればエルサルバドルでの司法手続きに支障があるかもしれない、という言い訳だった。エルサルバドル側の手続きはまったくお話にならぬ代物で、アメリカから脅されてやっと一歩進むようなものだったので、政府のあげた根拠は明らかなでっちあげだった。おまけにドゥアルテも、逮捕された警備隊員はまちがいなく有罪であり、上層部の関与はいっさいないという、露骨に判決を前もって決めてかかるような発言をいつもくりかえしていた。

アメリカがもみ消し工作をした動機として唯一もっともらしいのは、庇護下にある血に飢えた政権の行状に、悪い評判が立つのをできるだけ抑えたいという願望だ。ほんとうに起こっていること、アメリカ政府内部にあがってくる当該事件についての分析や、エルサルバドルの司法手続きについての評価などの情報は、この従属政権の印象を悪くしただろう。アメリカ政府はこの事件が「消え失せる」ことを願ったが、それまでのあいだは、情報の流れを管理したいと思っていた。

管理したい理由のひとつは、この軍事政権が資金援助の追加を必要とするときにはいつでも、同事件の捜査はじゅうぶんに進捗していると主張できるようにしておくためだった。庇護下にある他の右派政権の場合と同じように、彼らの資金繰りが苦しくなった時期には、きまって「改善」が認められるのだ。一九八二年七月の認可報告で、国務省は、この事件について「かなりの進捗」が認められるとし、一九八二年の秋には公判が開かれるだろうと予測した。一九八三年はじめには、認可報告はこの事件について、「大きな前進」があったと記している。エルサルバドル政府への武器と資金の流れを保証するための、こうしたごまかしは、完全な情報開示のもとでは、あるいは誠実で批判的な報道機関が存在していたならば、そう簡単ではなかったであろう。

エルサルバドルの司法手続きに関するもみ消しは、四人のアメリカ人女性の殺害がからんでいたにもかかわらず、マスコミの義憤や風刺をあおることはなく、捜査の実態について、最低限の報告以上のものを促すこともなかった。

不条理裁判と資金援助

四人の女性を殺害した実行犯五人の裁判は、カフカの不条理小説のような演出で描かれるのがふさわしかったのだが、アメリカのメディアはきわめてそっけないあつかいをした。殺し屋たちは事件後すぐに特定され、またアメリカからの大きな圧力があったにもかかわらず、裁判が開かれたのは、殺人が起こった三年半も後のことだった。事件を担当した三人の判事のうち、二人は生命の危険を感じて辞職した。被告側弁護人のうち、ひとりだけ政府から独立していた人物は、国家警備隊本部で拷問された後、亡命した。

このような事件では、被告側は、「上からの指令」を根拠に弁明を展開するのが一般的であるが、この裁判で被告側弁護士たちは、そのような努力をいっさいしなかった。そういう主張の裏付けに使おうと思えば使える証拠はじゅうぶんにあったのに。マスメディアはこの点を指摘することを怠った――脅迫や取引の存在が示唆されているにもかかわらず、またポピエウシュコのケースに見られたように、メディアは時にはもみ消しに強い警戒心を持っているにもかかわらず、である。警備隊員は、「カサノバの名を出さなければ、できるだけ早期に出獄させてもらえる」ことを知っていたと、元情報局員サンティバネスは一九八四年三月に述べた。[70] この証言は、裁判では言及されず、メディアも知らぬふりをした。

エルサルバドルで行なわれた一九八二年と一九八四年の選挙と同じように、この裁判は、演出も動機づけも完全にアメリカ製だった。アナ・ケリガンはそれについて次のように書いている。

法廷での身の安全を保障している司法保護部隊は、アラバマ州のグレンコーで組織・訓練された特別部隊である。陪審員たちは、アメリカ大使館の防弾自動車によって午前中に法廷に運ばれ、評決の後に家に送り届けられた。陪審員と法廷職員が、必要とあらば警備された裁判所内で安全に夜を明かすことができるように、食事と簡易ベッドがアメリカ大使館によって用意された。検察発表がはじまろうとしたちょうどその時、停電になったが、大使館職員が送り届けたハリケーンランプで明かりが戻った。(71)

懸かっていたのはアメリカの資金援助だった。議会は、納得のいく裁判結果が出るまでは、一九四〇万ドルの援助を凍結すると決定した。この決定から二十四時間のうちに、国務省は、公正な裁きがなされたと発表して、この資金をエルサルバドル国防大臣ビデス・カサノバのもとにとどけた。カサノバは、この殺人事件が起こった一九八〇年十二月四日当時、国家警備隊長官の職にあった人物である。彼のいとこは、サンティバネス大佐の証言によれば、直接に殺人の指令を出しているが、カサノバは強力にいとこを防衛し、配下にある検察局の活動を三年半にわたって足踏みさせていた。

プロパガンダ・モデルが予測する通り、マスメディアはこの状況を伝えるのを完全に怠った――どこにでもつきまとうアメリカの影、法廷における安全の問題、上層部の責任の追及を怠る被告弁護士、ビデス・カサノバの役割、このたった一件の審理がなされるのと引き換えに支払われた金、三年半にも及ぶ長期裁判。『ニューズウィーク』は、「〝死の部隊〟の敗北」という表題の記事（一九八四年六月四日）で、裁判の結果は「注目に値する成功」だったと述べている。

女たちを殺したのは「死の部隊」ではなく国家警備隊である。たしかにこの記事は、この事件を裁判にかけ、勝訴に持ち込むことがいかに難しいかということや、上層部の関与のもみけしがあった可能性を強調してはいるが、そのような情報をもとに、アメリカが支援している現体制の性格を指摘することはしていない。この記事はまた、タイラー報告が上層部の関与を織り込んでいることについての議論を打ち切り、同報告が「上層部の関与を裏づける若干の証拠」を認めているのを引用せず、情報の不足を認めている点にも言及しない。サンティバネスやディンゲスの報告には、まったく触れていない。『ニューズウィーク』は当局筋の情報だけに専念し、しかもそれを曲解しているのだ。

五　グアテマラで殺された二十三人の聖職者

永続的な国家テロ

グアテマラの現代史の性格を決定づけたのは、民主的に選出されたハコボ・アルベンス政権が、一九五四年六月、アメリカが仕組んだ侵略によって倒された事件である。その時以来、グアテマラはアメリカの勢力圏に安定してとどまり続けたが、大いに必要とされた経済・社会改革は永久に先延ばしされ、政治的な民主主義は押しつぶされ、国家テロが慣習化し、一九七〇年代後半から一九八〇年代前半には、破局的なレベルに達した。

アメリカの従属国家というグアテマラの地位や、民主主義的に反対する反革命が支配層の重要な利害に貢献したことからすると、プロパガンダ・モデルに従えば、その被害者は「価値がない」と判断されるはずであり、メディアの関心の質と量に、それが反映されるであろう。それに加えて、ポーランドやチェコスロバキアのようなソヴィエトの従属国家で被害者が出た場合には、ソヴィエトの占領にその遠因が求められるのが常であるが、プロパガンダ・モデルの予想では、現代のグアテマラに蔓延する国家テロを、一九五四年の（またそれ以降の）アメリカによる干渉の当然の帰結であるという説明を、アメリカのメディアに期待することはまずできない。それどころか、アメリカは、深い関心を寄せる温情に満ちた傍観者として、右派や左派の急進勢力による虐待を阻止すべく最善をつくしているかのように描かれるだろう。

グアテマラについてのメディアのあつかいを見る前に、一九四五〜五四年という決定的に重要な時期のできごとと、その影響について簡単にふり返り、一九八〇年代におけるメディアの役割を分析するための基礎を整えておこう。アルベンスと彼の前任者フアン・アレバロは、グアテマラの歴史における最初の民主的な体制の指揮者だった。彼らが統治した十年間は、新聞も、社会団体も、組合も、農民も、政党も、弾圧や殺害を恐れることなく、組織化をすすめることができた。[72]しかし、この脆弱な民主主義は、土地所有の集中と、外国人が土地や戦略部門を支配する体制の上になりたっており、この要素が国の独立と政治的自由をつねに脅かし、大惨事をひき起こす危険性をはらんでいた。

民主主義の十年のあいだに進んだ労働者の組織化と土地改革の努力には、民主主義を組織的に支える大衆的な支持基盤を築き上げたいという狙いも反映されていた。[73]アルベンスとアレバロが進めた革新的な動きは、ことごとく、現地の少数権力者、多国籍企業の集団、アメリカ政府によるすさまじい敵意によって迎えられた。[74]一九四七年に労働組合が合法化されたときから、「共産主義者」が実権を握っている、あるいは握ろうとしているとみなされ、アルベンスが、控えめだが効果的な土地改革を実施したことが、反対派の忍耐の限度をこえる最後の一撃となった。[75]アメリカによる指導と組織化、資金提供を受け、また心理戦やテロ活動による直接の援護を受けた小規模な傭兵軍が、アルベンスを政権から追放し、「反共産主義」政権を樹立した。

一九五四年から現在にいたるまで、グアテマラでは、急進的な変革はもちろん、多少の改革も民主主義もまったく実現されなかった。その主な理由は、アメリカが一九五四年にこの国をゆだねた勢力が、「自分たちの既得権に、いささかでも影響しかねない改革には、強硬に反対してきたから」である。[76] 彼らは、一九四五〜五四年の教訓から、民主主義というものは容赦なく改革に突き進むものであり、極端な不平等体制に基づく特権が脅かされるのは、必至であると学んでいたのだ。

一九五四年以降のつかの間の実験的な開放政策の時期には、さっそく都市の労働者と小作人の自衛組織が出現し、ストライキが発生し、改革派や急進派の政党が組織された。ピエロ・グレイヘセスが指摘するように、「アラナ大統領時代［一九七〇〜七四年］の最後の数カ月には、弾圧は選択的な性格を増しており、ラウグード［アラナの後継者、大統領在職一九七四〜七八年］時代にも、ストライキを力づくで「解決する」のは思いとどまる場面がたびかさなった」。[77] それでも、改革派のおよび腰に加え、よび覚まされた期待と膨れあがる圧力が、一歩進んだ選択を迫ることになった。「体制の性格からして」、グアテマラの支配階級にとって「唯一の論理的な選択」として、テロの波が押し寄せることになった。[78]

改革と民主主義がどちらも進まなかったもうひとつの理由は、いまも続いているアメリカによる干渉である。アメリカの支配層は、一九四五年から五四年にかけてのグアテマラの多元主義と民主主義を容認しがたいものとみなし、最終的にそのような改革の試みを潰した。[79] それに続く三十二年間のアメリカの指導のもとで、グアテマラは次第に民間人の殺害の規模において、まれにみるテロリスト国家になっていった。おまけに、そうしたテロリズムの性癖は、アメリカの干渉が増大した戦略的な時期にかぎって、とくに顕著になったのである。

第一の時期は一九五四年の侵略と反革命であり、これが民主主義の十年を経たグアテマラに、ふたたび政治的な理由による殺害と大規模な弾圧を導入した。第二は、一九六〇年代初期の小規模なゲリラ活動の出現に続くもので、アメリカはグアテマラ軍に対ゲリラ戦＝反乱鎮圧（ＣＩ）訓練を本格的に施しはじめた。小規模ゲリラ活動がさらに続いたため、一九六六年にグリーンベレーが投入され、大規模な対ゲリラ戦争が起こり、三百人から四百人とされるゲリラを討伐する過程で、一万人がまきぞえになって殺された。「死の部隊」と「失踪」がグアテマラ史に登場するようになるのは、このときからだった。アメリカは一九七〇年代に警察訓練を導入し、これによって暴力の制度化が一段と進むことになった。

グアテマラにおける社会問題、とくに一九五四年のアメリカの介入と、それ以降の援助のありかたに起因する諸問題への「解決」は、永続的な国家テロだった。グアテマラにおいて、アメリカは「反乱鎮圧国家」なるものを発明したのである。

反乱鎮圧国家における特別な役割から、軍は次第にその地位と力を増進し、最終的にはグアテマラを支配する機構としての力を獲得した。アメリカの従属国家の例にもれず、軍はその権力を使って利殖の機会をつくり出し、直接または間接的に、国の富を盗み取った。[80] グアテマラ軍のテロリズム、窃盗、独立性は、ルーカス・ガルシア政権（一九七八〜八二年）のもとで一つの頂点に達した（後のリオスモント政権の時代は、それを凌駕するものとなった）。これはカーター政権の人権外交という短い幕間劇と重なっている。この時期には、グアテマラ政府に公然と非難が加えられ、議会の圧力によってアメリカの武器供与も——短期的かつ部分的ながらも——打ち切られた。[81]

しかし、カーター時代でさえも、グアテマラとの関係が敵対的になったわけではなかった。それはまるで、家族のなかで、子供がいたずらをしたので、一時的に隅に追いやられたようなものだった。カーター政権が新たな武器供与の停止を辞さなかったのは、ひとつにはこの腕白坊主が、格別な危険に瀕してはいなかったという事情がある。これとは対照的に、一九八〇年のエルサルバドルでは、カーター政権は左派が勝利する可能性があると見たので、右派テロ政権に迅速な支援を用意した。

レーガン時代には、グアテマラで殺された民間人の数は数万人の規模に達し、失踪と、切断された死体の発見が、毎日のように発生した。[82] アムネスティ・インターナショナル（ＡＩ）やアメリカズ・ウォッチ（ＡＷ）などの人権監視団体の調査によって、軍事機構が暴走し、農民の無差別な（膨大な数の女性や子供たちを含む）殺害、何十万という農民や村民の強制連行と事実上の強制収容、何十万もの人々の市民パトロールへの徴用などを行なったことが立証されている。[83]

しかし、レーガン大統領は一九八二年十二月のグアテマラ訪問で、国家元首リオスモントは「民主主義を心から信奉しており」、人権侵害の「ぬれぎぬ」を着せられていると述べた。その二カ月前に、アムネスティ・インターナショナルは、六十カ所にのぼるインディオの村で民間人の大虐殺が起こり、三カ月のあいだに累計で二千五百人以上が殺された、という報告を発表している。[84]

レーガンのグァテマラ政策は、南アフリカに対する政策と同様、「建設的な関与」だった。[85] 同政権ははじめから軍事政権を熱心に支援し、武器を供与した。大量殺人が続いていることは、たんに不都合な事情にすぎなかった。グアテマラ政権との関係を修復するためにレーガン政権がとった方策の一つは、彼らの人権侵害の記録（その規準を定めたのはレーガン本人だ）について、継続的に嘘をつくことだった。国務省のスティーヴン・ボスワースは、一九八一年七月に開かれた下院委員会で、ルーカス・ガルシアの政府が「罪のない人々をまきぞえにしないよう気を配りながら」、ゲリラの攻撃に成果をあげていると保証した。[86]

国務省の一九八一年版の各国人権状況報告では、グアテマラの殺人を実行しているのは誰なのかを特定するのは不可能とされ、失踪は「右派」や「左派」のせいであって、政府の責任ではないとされていた。これとは対照的に、アムネスティ・インターナショナルが一九八一年二月に発表した詳細な証拠は、何千という殺人は、「死の部隊」によるものも含め、ほとんどすべて政府がしかけたものであり、グアテマラの国立宮殿の別館においてルーカス・ガルシア大統領じきじきの指揮の下に、標的となる被害者が決められたことを示している。[87]
ルーカス・ガルシアが失脚したとたん、レーガン政権のプロパガンダ路線は魔法のように変化し、スティーヴン・ボスワースは「現在の人権状況が、昨年十二月にくらべてどれほど好転したかは、どんなに強調してもしすぎることはない」と述べるようになった。メルヴィン・ルヴィツキー人権担当国務次官補は、別の下院委員会で、ルーカス・ガルシア政権のように「自国民に暴力を行使するような政権とは、アメリカは容易に関係を維持することができない」と述べた。[88]だが、ルーカス・ガルシアが政権を握っていたときには、ボスワースは、それが無実の人々を保護する思いやりのある政権だと見ていたし、国務省は、政府が殺人に手を染めていたことをつきとめられなかった。ルーカス・ガルシアが権力の座を追われると、ようやく国務省は、彼が無差別な殺人犯であったことを発見し、彼の行動について道徳的な態度をとり始めた。すなわち、国務省は、マスコミがそのことを指摘しないだろうとあてこんで、以前は嘘をついていたことを、暗黙のうちに認めたのだ。
もちろん、この転換の理由は、ルーカス・ガルシアの後継者リオスモントをよくみせるためだった。国務省報道官ジョン・ヒューズの一九八三年一月の発言によれば、リオスモント政権の下で、人権侵害は「劇的に減少」した。リオスモントは不当な非難を受けていると、レーガンは考えていた。だが、先に記したように、アムネスティ・インターナショナルは、リオスモントもまた第一級の人殺しであり、民間人の大虐殺では前任者を凌駕したようだと考えている。
今度はリオスモントが権力の座を追われる番になると、国務省はふたたび宣伝方針を変更した。リオスモント統治下の一九八二年には、ひどい状態だったことが認められ、しかし今では劇的に改善し、政府は「人権問題にもっと敏感な」態度をとり始めた、ということになった。[89]ここには明らかに、法則に近いような一貫したパターンがある。アメリカ政府が「建設的な関係」を築きたいと考えるテロリスト国家の場合、物事はいつでもうまくいっており、改善しつつあるとされる。けれども、いったん政権が崩壊すると、その記録は過去にさかのぼって悪辣なものに書き改められ、新たに権力を握った人物の人道的で思いやりのある性格に比べれば、極悪なものに映るように変形される。

テロリストの代替わりごとに、後継者へのそっくり同じ弁護と、失脚者への遡及的な中傷がくりかえされる、この滑稽なパターンは、西側のマスコミが全体主義国家のものと考えているジョージ・オーウェルまがいのプロセスだが、それはこのアメリカという国で起こっているのだ。そして、そんなことが起こりうるのは、マスメディアが協力的な場合だけだ。第一に、グアテマラで起こっている大規模な殺戮をひかえめにあつかう、あるいは無視することを、メディアがすすんでひきうける必要がある。このような文脈では、一連の弁明、それぞれの殺人犯を弁護するための嘘、たじろぐような偽善などに、ニュース価値などあろうはずがない。

ジェノサイド政権はどう報道されたか

グアテマラの反乱鎮圧国家の創造と維持にアメリカがはたした役割や、この反乱鎮圧国家の目的が民衆組織の成長を阻止すること（オーウェル流のレトリックでは「反共産主義」である）にあるという事実、アメリカ企業の大規模な進出などを斟酌すれば、メディアは「価値なき」被害者に関心をもたず、アメリカがそのような事態の進展や展開にはたした役割をごまかそうとするだろうと、プロパガンダ・モデルは予想する。アムネスティ・インターナショナルをはじめ、各種人権擁護団体が発表するグアテマラについての報告は、目を奪うようなデータとおぞましい逸話の満載にもかかわらず、軽視あるいは無視されることになるだろう。

これはプロパガンダ・モデルの妥当性をはかる重要な試金石となる。なぜなら一九七八年から一九八五年のあいだに殺害された民間人の数は、十万人に達した可能性があり、その殺害の流儀はポル・ポト政権に酷似していたからだ。それを指摘した一九八一年のアムネスティの記述は次のとおりである。

被害者の遺体は、峡谷に積み上げられたり、路傍に投げ捨てられたり、共同墓地に合葬されているのが発見された。何千もの遺体に拷問の傷跡が認められ、たいていは鉄環で首を絞められたり、ゴム製のフードで窒息させられたり、頭部を撃たれたりして殺されていた。(90)

プロパガンダ・モデルによる予想は、このケースについては完全に当たっていた。グアテマラで殺された二十三人の聖職者についてのメディアのあつかいを、ポピエウシュコ神父に対するあつかいと比較した表2-1をみると、ここで抽出したメディア・サンプルで名前が報じられたのは、二十三人中のたった四人であり、『ニューヨーク・タイムズ』の紙面占有率は、二十三人を全部あわせても、ポピエウシュコ一人に割かれた紙面の二〇分の一程度にすぎなかった。

アメリカ人神父スタンリー・ローサー師が、グアテマラで殺された事件については、『ニューヨーク・タイムズ』は一九八一年八月五日の小さな三面記事で、三人の男性が、銃撃についての尋問のために逮捕されたと報じた。逮捕の結果はどうなったか、逮捕された人々は裁判にかけられたのか、『ニューヨーク・タイムズ』の読者にはけっしてわからない。グアテマラ政府がまずい立場に追い込まれることはなかったし、この事件について、あるいは残りの二十二件について、報道機関から疑惑を向けられて苦しむこともなかった。

ほとんど注意を向けられなかったグアテマラ人聖職者の殺害事件と同様、殺人の詳細についての描写は短く、義憤をさそったり、煽ったりするようなものは皆無だった。(91) 長めの記事は数本しかないが、そこでは一九五四年のクーデターの役割や、アメリカが長年にわたってグアテマラ警察や軍に訓練と援助を施してきた関係が論じられることは、けっしてなかった。[92]むしろ、これらの記事はほぼ例外なく、左右両派の急進主義者たちによる、説明のつかない残虐行為という内戦の図式に、これらの殺人をはめ込んでいた（「大司教オスカル・ロメロの殺害」一三六頁を参照されたい）。

一九八一年五月十六日の『ニューヨーク・タイムズ』に掲載されたAP通信の記事は、「左右両派の対立のなかで犠牲になった四人のグアテマラ人」という表題がつけられていた。この記事は、ここで取り上げた二十三人の神父のひとり、カルロス・ガルベス・ガリンド師の殺害について、「この襲撃は、左派と右派の長年にわたる権力抗争に関係していたようだ」と報じている。同じように、一九八一年七月二十九日の『ニューヨーク・タイムズ』に載ったUPI通信の記事も、スタンリー・ローサー師の殺害を、「右派の急進主義者」に関係づけていた――グアテマラ政府にではなく。

『タイム』は、ローサー師とグアテマラの村人たちが「宣戦布告のない内戦に巻き込まれ……[93]」と記している。同誌は、その内戦の原因がどこにあるのかも、アメリカが穏健な社会改革の実施を許さず、永遠に反革命的な制度が導入されるのに決定的な役割を果たしたことについても、けっして説明しない。それでも『タイム』は、きわめてめずらしいことに、政府が殺害の「圧倒的多数」に責任があることを指摘しており、またさらに例外的なことだが、民間武装組織である「死の部隊」は政府の手先である、というアムネスティ・インターナショナルの証拠も引用している。にもかかわらず、この記事は、殺害の範囲や性格を解き明かすのを怠り、先述のような「内戦」理論による説明へと退却している。

もっとふがいないのは、アメリカの外交政策をめぐる議論の立て方だ。『タイム』によれば、「それでもグアテマラは、レーガン政権に大きな外交上の難問を突きつけている。同国は、キューバが資金援助する反乱の被害者という側面はあるものの、同時にまた、政府による人権侵害の事実も明らかだからだ」。だが『タイム』

が提示する二分法は、つり合いがとれていない。キューバの反乱支援という説は、何の根拠もない「冷戦」のしかけであり、大量殺人者を支援する国務省が、関心を逸らすために愛用する、お手軽なプロパガンダの定石である。『タイム』はそんなものを、本物のきわめて重大な犯罪と同等に持ち上げている。しかもそこにはなんの引証もなく、金で動く政治家の発言さえも伝えられない。

「同時にまた」という言い方は、「明らかだ」という言葉がついているにせよ、あまりにひかえめだ。レーガン政権が支持を与え、恒常的に擁護すると決めたのは、純粋に内部から起こった反乱を鎮圧するため、大量虐殺の政策を採用した集団虐殺《ジェノサイド》政権だった。レーガン政権が抱えていた「難問」とは、『タイム』の説明とは大きく異なり、大量殺人者への支援をどのように売り出すかということだった。『タイム』はそれに対するささやかな貢献として、キューバが支援する反乱が政策決定に大きなジレンマを引き起こしたという主張を、無批判に伝達したのである。

ホロコーストが遂行された一九七八〜八五年には、人権団体からのたえまない情報供給によって、グアテマラの国家テロがジェノサイドの水準に達したことを示す、劇的な証拠が提供された。これらの記録の多くは、一般大衆を教化し奮起させる大きな可能性を秘めていた。しかしプロパガンダ・モデルが予測するように、本書がサンプルとして取り上げた四つの主要メディアでは、これらの報告も、その情報価値をおとしめ、それが大衆の義憤に火をつけ、動員する力を極力おさえ込むようにあつかわれた。

アムネスティ・インターナショナルやアメリカズ・ウォッチが一九八一〜八七年に発表したグアテマラ報告から、十本の重要報告を選び出して検索した結果、本書が取り上げた四つのメディア標本で言及されているのは、そのうちたった四本しかないことがわかった。(94) その四本のどれひとつとして、第一面には登場しなかったし、論説記事の材料となることも、持続的な報道や義憤にもとづくマスコミ・キャンペーンをひき起こすこともなかった。

アムネスティ・インターナショナルが一九八一年に出した『《失踪》——記録簿』（*"Disappearances": A Workbook*）というすぐれた報告書は、ナチ流儀の国家テロが恐ろしい発展を遂げる様子を描写したものだが、本書のメディア標本では完全に無視されていた。アムネスティ・インターナショナルが一九八五年三月に発表した『《失踪》——オスカル・ウンベルト・メヒア・ビクトレス将軍の統治下で』（*"Disappearances"…under the Government of General Oscar Humberto Mejía Víctores*）という報告についても、同様だった。もしも広く喧伝されていたならば、この報告は、一九八四〜八五年のグアテマラ選挙が合法的に遂行されたというメディアの説明（次章に詳述する）と、競合することになっただろう。

アメリカズ・ウォッチが一九八五年に発表した、「相互援助団」（行方不明者の家族がつくった相互支援グループ）についての報告は無視され、また一九八七年に発表した、セレソ政権〔キリスト教民主党の大統領、在任一九八六年〜〕の初年度におけるグアテマラの人権状況についての研究も無視された。「相互援助団」については次節で詳述する。次章ではまた、セレソ大統領の選出に際して、グアテマラにおける従来の選挙の実態や、セレソの統治能力について、本人が口にした懐疑にもかかわらず、アメリカのメディアは期待と楽観主義を基調にした報道を行なったことについても詳述する。セレソの大統領就任が、実際にはどのような結果をもたらしたかを検証したアメリカズ・ウォッチの報告は、アメリカが庇護する国家の選挙結果については追跡報道をしない、というメディアの一般的な態度を反映して、無視された（それについては第三章で、エルサルバドルに関連して詳述する）。

先に触れたアメリカズ・ウォッチの重要な研究『グアテマラをふり返る——レーガン政権はどのようにグアテマラの人権「改善」を見出したか』（*Guatemala Revised: How the Reagan Administration Finds "Improve-*

ments" in Human Rights in Guatemala)において、もっとも衝撃的で重要なテーマは、国務省が、先代の軍事独裁者に与えた擁護論は誤りであったと、事後になって認めているということである。この啓発的な文書は、本書のメディア・サンプルでは一つを除いて無視されている。

唯一の例外は『ニューヨーク・タイムズ』で、同紙は「人権団体、グアテマラの状況についてアメリカを非難」というタイトルのもとに、一九八五年九月二十四日の第七面に、短い記事を載せた。この記事は、レーガン政権はグアテマラにおける大規模な人権侵害の事実を認めなかったと、アメリカズ・ウォッチの報告が主張していると伝えているが、レーガン政権が事後にこっそりと虚偽を認めたことを、同報告が強調していることは伏せている。もちろん、それに言及すれば、『ニューヨーク・タイムズ』の主要なニュースソースがまったく信用できないと示唆することになっただろう。

この記事の最後の段落(この記事に割かれた八センチメートル弱のスペースの、四分の一にあたる)は、アメリカズ・ウォッチの報告に対する国務省の反論であり、アメリカズ・ウォッチは「人権団体というよりも、政治団体だ」という主張だ。レーガン政権はグアテマラの国家テロを弁明するばかりか、あらわに不誠実だったという、アメリカズ・ウォッチがつきつける証拠が、要点だけでもこの記事に示されていたならば、この国務省の反論がいかに恥知らずな欺瞞であるかは劇的に明らかだったろうに。

国民にテロ攻撃をしかけるグアテマラの将軍たちを擁護するあまり、レーガン政権は、アムネスティ・インターナショナルやアメリカズ・ウォッチのような団体に腹を立て、一九八一年と八二年に組織的なキャンペーンをはり、政治的に偏向した左翼団体であるとして、彼らの信用を貶めようとした。トーマス・エンダース国務次官補(一九八一〜八三年、米州担当国務次官補)は、アムネスティ・インターナショナルと「ラテンアメリカに関するワシントン・オフィス」に宛てた一九八二年九月十五日付けの書簡で、これらの団体の報告は偏っており、ゲリラたちの「おそろしい」「テロ攻撃」を弁護していると非難した。エンダースは次のように書いている。

軍の一部が、国の方針に背いて、人権侵害に関与していた可能性を否定する者はいないだろう。だが、重要なのは、三月二十三日以来グアテマラ政府が新しい方針を打ち出しており、その方向でかなりの進歩を見せていることだ(95)。

何千もの民間人を虐殺しているさなかの軍隊についての、この驚くべき弁明は、アメリカの公式文書としてグアテマラ中に配布され、グアテマラの新聞に全文が掲載された。アメリカズ・ウォッチは、次のように述べている。

グアテマラのような政治情勢のもとで人権調査を行なう者がどんなリスクを背負っているかを考えれば、このような書簡の使い方は許しがたい非道といわざるをえない。それはまた、アメリカ国務省が、グアテマラ政府と同様に、グアテマラ紛争において中立の立場を認めないという証拠を追加するものだろう。この論法によれば、悪い知らせをもたらす者は敵の回し者だということになり、可能ならば、おおやけに名誉を傷つけてよいことになるのだ。

アメリカズ・ウォッチはまた、自分たちやアムネスティ・インターナショナルに対するアメリカ国務省の非難は、単に有効性がないだけでなく、より重大な問題として、グアテマラ軍の主張が真実だという前提に、大きく依存している（先に引用したエンダースの声明がはっきり示しているような、一種のだまされやすさだ）と指摘している。

第一章で論じたように、政府は情報提供者であると同時に、集中砲火《フラック》の第一の仕掛け人でもあるのだ。このグアテマラのエピソードは、競合する情報源を黙らせようとする政府の行動を示す、重要な例証である。たとえ大量殺人者を保護する外交政策の一環として実施されたのだとしても、『ニューヨーク・タイムズ』が、この悪意あるキャンペーンをけっして取り上げたり批判したりしなかったのは興味深い。『タイム』がこのキャンペーンに協力したことは、次章で論じる。同誌は、グアテマラ報道でたった一度だけアメリカズ・ウォッチを引用したが、そこには「左翼に傾きすぎると非難されがちな団体」という但し書きがついていた（『タイム』が大きく依存する国務省に、偏向を暗示するような形容詞がつけられたことは一度もない）。

『ワシントン・ポスト』は、エンダース書簡についてテリー・ショーが書いた三面記事を掲載したが（一九八二年十二月四日）、その記事には国務省側の主張が、表題の中にも（「グアテマラについての「偽情報」と大使館はみる――人権団体は利用されている」）、本文中にも紹介されていた。ショーは、「エンダースの報告は、公開を想定していなかった」という大使館の主張を無批判に受け入れ、国務省による非難の公表が人権監視団体に与えた脅威については、何も言及していない。これらの人権監視団体が、国務省は自分たちの信用を傷つけようとしたと示唆することは許されたが、「偽情報」という言葉が国務省の主張に適用されることはけっしてなく、非難の内容についてきちんとした検証が示されることもなかった。このうすっぺらな記事一本だけが、本書が標本とする四大メディアによる国務省キャンペーンについての報道のすべてである。アメリカズ・ウォッチが、同キャンペーンやエンダース書簡について論じた『グアテマラの人権状況――中立者は認められない』（*Human Rights in Guatemala: No Neutrals Allowed*）という報告書については、一度も言及されなかった。

六　失踪家族の「相互援助団」の殺害

「相互援助団」の結成

人権監視団体や人権擁護団体が、エルサルバドルやグアテマラのような「死の部隊民主主義国」のなかで活動を組織し、生き残るには多大の困難が伴った。一九八〇年十月から一九八三年三月までに、エルサルバドル人権委員会では五人の職員が治安部隊によって捕らえられ、殺害された。プロパガンダ・モデルに従えば、これらの殺人はアメリカのマスメディアにとって、ほとんど興味がないはずだ。この予想は、事実によって立証されている。わかりやすい例として、『ニューヨーク・タイムズ』が、この五件の殺人については全部で四本の記事を第三面に掲載しているだけなのに[96]、同じ期間に、ソヴィエトの人権活動家ナタン・シャランスキーについては、三十五本の記事を掲載している（すべてが三面記事というわけではない）という比較を挙げておこう。このような注目度の違いは、価値ある被害者と価値なき被害者という、わたしたちのプロパガンダ・モデルによる一般分析の結果と、ぴったり一致している。

グアテマラは、エルサルバドルに輪をかけて人権団体の活動しにくいところだ。グアテマラ大司教モンシニョール・プロスペロ・ペナドス・デル・バリオは、一九八四年に、「現状では人権関係の団体がグアテマラに事務所を持つのは不可能だ」と断定した[97]。グアテマラにおいて、「失踪」が恒例の形式になったのは、六〇年代半ばからであるが、やがてそれは、西半球では他に類をみない水準に達した。行方不明者は、累計で四万人前後と推定される[98]。失踪者についての情報と法的な救済を求める抗議団体は、国が計画する殺人によってつねに潰されてきた。学生協会（ＡＥＵ）が一九六六年、短期的に再開された司法制度を通じて、行方不明者の情報を集めようとしたことがあったが、警察が二十八名の左翼活動家を殺害したという衝撃的な事実が暴露されるに及んで、裁判は再び中止された。マクリントックが指摘するように、「続く数年間にAEUのリーダーやAEUに加盟する法科の学生が多数捕らえられ、殺された」(99)。

一九七〇年代には、AEUによって失踪者家族委員会が結成され、サン・カルロス国立大学に本部が置かれた。アメリカズ・ウォッチの指摘によれば、「一九七四年三月十日に、私服刑事が同大学の司法扶助センターに入り込み、同センター所長で、家族委員会の中心的な世話役だった弁護士エドムンド・グエラ・テイレイメルを射殺した。これによって、同委員会は解散した」(100)。一九七〇年代後半には、いまひとつの人権団体「全国人権委員会」が、心理学者でジャーナリストのイルマ・フラクエルによって創設された。彼女の息子は殺害され、彼女自身も一九八〇年十月十六日に「失踪」した。

英国議会人権委員会によれば、一九八四年だけでもグアテマラでは、月平均で百件前後の政治殺人と四十件以上の行方不明が発生した(101)。これらの数字が実態より少なく見積もられていることは、ほぼまちがいない。報告される可能性があるのは、グアテマラ市内とその近郊で起こった失踪のみだからだ。農村地域やインディオのあいだに起こった失踪や殺人の数は、これより大きかったはずだが、この人々には、それを訴え出る手段もなかったし、報復を受ける可能性も高かった。

このような殺人と恐怖の蔓延、それまでの人権団体組織の取り組みがことごとく失敗したという背景のもとに、失踪者家族の相互援助団（GAM）が一九八四年六月に結成された。これは、失踪した肉親の行方についての情報を求め、そのために大きなリスクを負うことも厭わない人々の、必死の思いから生まれたものである。彼らの多くは、行方不明者の探索が阻まれ、いっこうに成果をあげないことに、大きな苦痛を感じてきた。グアテマラでは法的な救済の道がなく、警察や司法裁判所に訴えて出ても、なにも有益な結果は得られなかった。

イチョ氏は、失踪した娘を探して死体置き場に何カ月も通い、そこで百体ほどの死体を見たが、「そのうちの七〇パーセントから七五パーセントには、拷問の跡があった」(102)と述べている。他の人々も、親族を探してさまざまなルートから困難な捜査を行なった。一九八五年初期、ある女性は、軍の士官から彼女の夫はまだ生きていると告げられ、自分と寝るならば夫を返すように取り計らってやろうといわれた。彼女はそれに従ったが、その直後に、夫は殺されたことが判明した(103)。

GAMを組織した人々の意図は、共同行動をとることで力を高め、それを通じてデータを収集し、請願と宣伝活動によって救済を求めることだった。彼らが存続と成功の希望を、部分的に託したのは、国家元首メヒア・ビクトレスが、レーガン政権によって新たな「改革者」として担ぎ出され、レーガン＝ビクトレス路線は、アメリカ議会が財布のひもを緩める気になるように、適切な「イメージ」の確立に努めていたという事実だった。GAMにはグアテマラ内部からも、ペナドス・デル・バリオ大司教をはじめとする教会関係者や、世俗の人々からの支援も集まったが、無制限の国家テロの体制の中で、声をあげられると思う者はほとんどいなかった。国際的には、革新派や人道主義的な政党、人権擁護団体などから、GAMは大きな政治的支援を受けた。

新たに組織されたGAMの三十人のメンバーは、一九八四年六月にグアテマラ市で記者会見を開き、失踪の多発を非難して、政府に対し「自分たちの肉親が発見されるよう、ただちに介入する」ことを要求した。六月の後半と、八月初旬の二回にわたって、メトロポリタン大聖堂で失踪者の安否を気遣うミサが施され、メイエル・マルドナド大学総長とペナドス大司教が、冒頭の礼拝を行なった。八月のミサには一千人が出席した。

八月一日に、GAMは初めてメヒア・ビクトレス将軍と会見し、失踪についての調査を約束させた。八月八日と九日に、主要新聞に掲載された意見広告で、GAMはビクトレスの約束を公開の記録に載せた。その後、同グループは、政府が八月一日の約束の履行を怠っていることに注意をうながし始め、次第に他の行動をとるようになっていった。一九八四年十月、彼らは失踪者のための行進と、大聖堂でのミサを催した。これは一九八〇年五月一日以来、初めての大衆行動だった（このときには、デモ参加者が路上で捕まえられ、推定百人が暗殺され、あるいは失踪した）。

GAMは拡大しつづけ、当初はほんの一握りの家族だったものが、一九八四年十一月には二百二十五家族、さらに一九八六年春には一千三百家族にまで膨れ上がった。メンバーの大半は女性で、その圧倒的多数は地方の農民だった。彼女たちは、ねばり強かった。最初の請願、要請、会合、行進を行なった後、この人々はおおっぴらに非難を表明しはじめ、「国家治安部隊の一部が、自分たちの身内の捕縛と失踪に直接の責任があると、公然と告発しはじめた」[104]。彼女たちは、捜査の実施、説明、公正な裁きを要求し、国民議会に上訴し、グアテマラ市のダウンタウンで定期的な抗議行動を始めた。鍋や釜を打ち鳴らし、時には、おだやかな建造物占拠なども行なった。

もちろん、GAMの要求に応じるような措置は、何もとられなかった。議会にはもともと権力がなかったが、GAMへの支持を決議することにさえ、恐れをなしていた。軍の支配者はGAMをもてあそんでいた。公の場では、マスコミに取り巻かれて、メヒア・ビクトレスは「責任を回避しようとは思わない。何かがなされねばならない」と言う。しかし、マスコミがいないところでは、彼は「君らは、わたしの責任を追及しているようだが、［失踪者を］こちらが預かっているわけじゃない」と言う。「いいや、あなたのところにいる」と詰め寄っても、「そんなことはない」と彼は応える[105]。

殺人事件の報道のしかた

軍事政権側はしだいにいら立ってきて、電話による脅し、脅迫状の送付、おおっぴらな監視体制が強化された。メヒア・ビクトレスとGAMが意見を交換した二日後、GAMのメンバーとつながりのある二人の失踪者の、拷問された遺体が出現した。一人は眼球をえぐりだされ、ほとんど識別できないほど顔をつぶされて、自宅の前に放置されていた。

一九八五年三月十四日のテレビ・インタヴューで、メヒア・ビクトレスは、GAMは「破壊活動に利用されている。もしほんとうに彼らが問題をかかえているのならば、解決の道があるはずで、彼らには「問題解決のための」あらゆる優遇措置が与えられてきたのだから」と述べた。[106]これに続いて、新聞には、政府の警告と、GAMが破壊分子に操られているという主張を強調する見出しが相次いだ。三月中旬、メヒア・ビクトレス将軍はテレビで、政府はGAMに対してどのような対抗措置をとるのかと聞かれた。「今にわかるさ」と彼は答えた。[107]

一九八五年三月三十日、GAMの指導者エクトル・ゴメス・カリトは捕らえられ、拷問され、殺された（彼を捕らえた六人の警官たちも、彼の死のすぐ後に暗殺された）。[108]彼は溶接用の火炎ランプで、腹部など身体のあちこちを焼かれており、強打されたため唇が腫れ上がり、歯が折れていた。舌は切り取られていた。その後、四月四日に、もう一人のGAM指導者マリア・ロザリオ・ゴドイ・ド・クエバスと、彼女の二十一歳の弟、二歳の息子が捕らえられ、拷問にかけられて殺された。彼女の胸には噛まれた跡があり、下着は血まみれだった。彼女の二歳の息子は指の爪をはがされていた。

二人のGAM幹部が殺され、そのうち一人は兄弟や子供も道連れにされたことは、ニュース価値の観点からは、優先度の高い、注目に値する素材と思われるだろう。彼らの勇敢さは並みたいていのものではなかった。彼らが立ち向かった悪は、常軌を逸したものだった。彼らの主張の正当性は動かし難いものだった。彼らに加えられた犯罪行為は、ポピエウシュコが経験したものより、いっそう残忍だった。なによりも重要なのは、これらの犯罪に、わたしたちもかなりの責任を負っていたということだ。なぜならば、これを計画したのは、わたしたちの援助に頼るアメリカの庇護政権だったので、事件を明るみに出し、圧力をかければ、人権の保障に大きな効果があったかもしれないからだ。

一方、レーガン政権はグアテマラの軍事政権との関係を暖め、協調を高めようとせわしく動いており、先述のように、同政権を好ましくみせるべく大変な努力を払おうとしていた。プロパガンダ・モデルに従えば、これほど派手でおぞましい殺人さえも、マスメディアからは控えめにあつかわれ、じきに無視されるだろうということ、ポピエウシュコ事件に払われたような持続的な注目も、大衆をあおり立てる（それにより政府の計画を妨害する）義憤も示されないということが予想される。この予想があたっていたことは、記録が証明している。

表2-3は、ポピエウシュコ事件のメディア報道を、GAM幹部殺人事件のそれと比較したものである。すぐに判明するのは、二つのケースのあつかいが極端に異なることだ。GAM指導者の殺害は、『タイム』、『ニューズウィーク』、CBSニュースでは、「ニュース」にもならなかった。『ニューヨーク・タイムズ』にしたところで、これらの殺人事件を第一面であつかったり、論説でとりあげる価値があるとは判断しなかったし、報道の頻度もきわめて低かった。この四人の殺害が最初に報道されたのは一九八五年四月七日で、同紙第五頁の小さな記事に、マリア・ロザリオ・ゴドイ・ド・クエバスの遺体が、峡谷に停められた彼女の車の中で発見され、それと一緒に彼女の弟と息子の遺体も見つかったことが語られていた。この記事でも、この後の記事でも、『ニューヨーク・タイムズ』は、発見された遺

CBSニュース			
ニュース番組*1		イブニング・ニュース番組	
本数	最上段比(%)	本数	最上段比(%)
46	100.0	23	100.0
—	—	—	—

表２－３　マスメディアが報道する価値ある被害者と価値なき被害者（2）

ポーランド神父の殺害とグアテマラの相互援助団幹部二人の殺害

	『ニューヨーク・タイムズ』								『タイム』と『ニューズウィーク』			
	記事*1		コラムの長さ		第一面記事		社説*1		記事*1		コラムの長さ	
被害者	本数	最上段比（%）	インチ	最上段比（%）	本数	最上段比（%）	本数	最上段比（%）	本数	最上段比（%）	インチ	最上段比（%）
イエジ・ポピエウシュコ（1984年10月19日に殺害）	78	100.0	1183.0	100.0	10	100.0	3	100.0	16	100.0	313.0	100.0
ヘクトル・オルランド、ゴメス&マリア・ロザリオ・ゴドイ・ド・クエバス（1985年３月30日から４月６日までの間に殺害された）。子供も一人虐待、殺害された。	5	6.4	80.0	6.8	—	—	—	—	—	—	—	—

１．メディア報道は被害者の失踪あるいは殺害が最初に報告されたときから18カ月の期間のもの

体の状態を具体的に描いてはおらず、二歳の子供の指の爪がはがされていたことも述べていない[109]。

その他の点では、『ニューヨーク・タイムズ』の記事（すべてスティーヴン・キンザー記者による）は、全体的に弁解じみた構成をとっていた。これらの記事は殺人に焦点を合わせていない——被害者はどういう人間だったのか、暴行の詳細はどうだったのか、誰が手を下したのか、どんな理由によってか、これらの事件を起こした組織的な殺人のシステムは、いかなる機構構造と起源を背景としているのか。ポピエウシュコの場合は、そういうことこそが問題だった。キンザーはＧＡＭ殺人事件の詳細はほとんど伝えず、被害者がどういう人物なのか、どんな体験が彼らをＧＡＭに参加させたのかについても、ほとんど書いていない。誰が殺

害を実行したのか、犯人を裁くためにどのような処置がとられたのか（あるいはとられなかったのか）などは、なにも考察していない。キンザーは、殺人を犯したのが国家機関であることを当然の前提としているが、そのことをはっきりとは述べておらず、背景を論じることもなければ、事件を評価する枠組みも提供していない。

キンザーは「客観的に」現場を見るために、GAMの生き残りの短い修辞的な声明を引用した後に、将軍たちの言葉を引用して、それを相殺している。将軍たちは、GAMの創設を容認し（両義的な平面の真理）、捜査委員会を任命したが、「グアテマラに秘密の拘置所が存在する証拠は発見できなかった」と述べた（捜査委員会の構成についても、この主張に対する反証も、彼らが見逃したかもしれない問題点の指摘――殺された失踪者というような――も、いっさいなかった）。そして将軍たちは、ゴドイや、彼女の弟と息子の殺害について、いっさいの責任を否定し、彼らは交通事故にあったのだと主張する。もしキンザーが被害者の外傷の詳細を伝えていたならば、そのような虚言はすぐにばれていただろうし、さらなる疑問が自然と持ち上がってきたはずだ。

キンザーは、記事を書くたびに、メヒア・ビクトレスの政府はまもなく民政に復帰すると約束していると、くりかえしている。このことが、現在続いている殺人の横行とその原因から注意を逸らし、GAM幹部の殺害から問題をずらすのに役立っている。彼はまた、「民政」への移行が、（彼も承知しているように）実質的な統治者は従来どおり軍隊であるにちがいないテロ国家において、いったいどんな意味を持つのかも教えてくれない。(110)

ポピエウシュコ事件では、いったん警官が殺害を実行したことが確定すると、メディアは多大なスペースを割いて、警察の組織や捜査手法について議論をくり広げ、この殺人についての上層部の責任にも関心を向けた。キンザーは、こうした問題はいっさい論じない。グアテマラの殺人機構の構造とメカニズムについての分析は、優れた記事になっただろうし、その活動の血なまぐさい詳細は、手に入らないものではなかった。ただ、それは政府の政治路線にも、『ニューヨーク・タイムズ』の体裁にも適していなかった。同様に、GAM幹部殺害におけるメヒア・ビクトレスの役割――殺人事件の直前に彼が警告を発したことを思い出し、市民の殺害や保護について、事実上無制限の自由裁量権を持っていたことを考えてほしい――も無視された。さきほどと同様、価値なき被害者の場合、上層部への関連づけは、プロパガンダのフォーマットに適さないのだ。

キンザーは、GAMの殺人事件が、自然な背景の一部であるかのように描くことに成功している――痛ましいが避けることのできない、問題を抱える国家が背負う複雑な遺産の一部であり、もしかしたら、新しい文民政府が権力を握ることによって、是正されるかもしれない。

文民大統領として選出されたキリスト教民主党のビニシオ・セレソが就任した後、GAMの残った二人の幹部、ニネト・ド・ガルシアとエルリンド・イデオ・ド・アキノは、外国の支持を求めて、一九八六年三月と四月にヨーロッパに赴いた。彼らのもっとも重要なメッセージの一つは、セレソ大統領の就任後三カ月も、殺人と失踪はまったく鎮まっていないこと、じっさいのところ「死の部隊」がふたたび出現し、グアテマラ市を闊歩しているということだった。

ニネト・ド・ガルシアは、健康を害したためワシントンの訪問をキャンセルし、ヨーロッパから直接シカゴへと飛んだ。ここで、彼女はハロルド・ワシントン市長から同市へのキーを受け取る予定だった。だがシカゴの通関を通り抜けようとしたとき、彼女は移民帰化局の職員に引き止められ、検査と尋問を受けた。彼らは二時間にわたって彼女に嫌がらせをし、通関職員の一人は彼女を共産党員の破壊分子と呼んだ。彼らはまた、彼女が所持していた文献を差し押さえ、彼女が有効なビザを持ち、短期の滞在を目的としていたにもかかわらず、国外追放すると脅迫した。この脅迫が奏効し、ニネト・ド・ガルシアは直接グアテマラに飛んだ。友人が彼女に代わって宴会に出席し、ワシントン市長が贈ったキーを受け取った。

この事件は示唆的だ。シャランスキー[七]やワレサが、移民帰化局からそのようなあつかいを受けることは考えにくいが、もしも何かのはずみで彼らがそんなあつかいをうけたなら、マスコミは大声をあげて抗議しただろう。[111]だがGAM支持者が、この暴挙に抗議するためシカゴで記者会見を開いたとき、主要メディアの出席はなかった。プレスリリースも、それに続くダニエル・パトリック・モイニハン上院議員が署名した議会団体による公開書簡も、沈黙を破ることはできなかった。レーガン政権のグアテマラ政策と、メディアの優先順位の融合は完璧だった（シカゴの記者会見をとりはからった二人の世話人は、このイベントに関する完全な情報を、『ニューヨーク・タイムズ』のシカゴ記者スティーヴ・グリーンハウスに送ったが、それにもかかわらず、この事件のことはいっさい新聞紙上にあらわれなかったと、証言している）。

グアテマラ軍による一九八六年九月十七日の新聞発表は、GAMを次のように非難した。

> 虚偽の告発キャンペーンをくりひろげ……言論の自由の容認や自由（の境界線）を踏み越えるような侮と暴言を、軍にぶつけている。陰険で野蛮なGAMの策略を、軍は容認できない……彼らは、民主的なグアテマラという国際イメージを、脅かそうとしているのだ。[112]

一九八五年三月と四月にGAMの二人の幹部が殺された直前にも、これに酷似した脅迫があったのだが、アメリカのマスメディアは、この新情報を完全に無視した。これを世間に知らしめようとしたGAMとグアテマラ人権委員会、および彼らの協力者たちの、粘り強い努力も空しかった。これまでと同様に、これらの被害者が価値なきものにとどまることが、グアテマラ軍がひき続き「殺人の自由」を享受するための、不可欠の条件だったからだ。

第三章　第三世界選挙の正統性と無意味さ

―エルサルバドル・グアテマラ・ニカラグア―

第三世界で行なわれる選挙は、プロパガンダ・モデルを試験するにはもってこいの材料だ。そのなかには、アメリカに友好的な従属国家《クライアント》が、統治者や体制に正統性を付与するために実施する選挙と、アメリカの気に入らない国家や敵国が、彼らの政治システムに正統性を付与するために実施する選挙がある。この自然な二項対立をさらに強めているのが、友好的な従属国家で行なわれる選挙の多くはアメリカが後援しており、選挙管理と広報活動に莫大な支援を送っているという事実である。

たとえばドミニカ共和国では、一九六六年を皮切りに、従属国家の「宣伝《デモンストレーション》選挙」とアメリカが呼ぶものが、定期的に推進されてきた。そうした選挙の第一の役割は、アメリカの干渉は善意に基づいたもので、侵略され占領された国の住民はそれを歓迎しており、彼らには民主的な選択の機会が与えられていると、アメリカ国民に確信させることである。[1]

エルサルバドルで実施された一九八二年と八四年の選挙は、正真正銘の「宣伝選挙」であったし、一九八四年と八五年のグアテマラの選挙も、アメリカの強力な支援のもとで、イメージ・チェンジをはかるため実施されたものだった。それに対して、一九八四年のニカラグアの選挙は、レーガン政権が懸命に動揺と転覆をはかっていた政府に、正統性を付与するためのものだった。それゆえアメリカ政府は、ニカラグアの選挙を、好ましくない印象のもとに描き出そうと心血を注いだ。

プロパガンダ・モデルに従えば、マスメディアは国家の見解を支持するはずである。すなわち、国家の思惑にそった選挙は、事実がどうあれ正統性を与えるものと判断され、意向にそわない選挙は――これも、事実がどうあれ――欠陥だらけの茶番劇で、正統性を与えることにはならないとみなされる。これがプロパガンダ・モデルの有効性を試す、いまひとつの試金石となる理由は、一九八二年のエルサルバドルの選挙と、一九八四年と八五年のグアテマラの選挙が、民間人に対する凄まじい国家テロのさなかに実施されたのに対し、ニカラグアの選挙はそうではなかったからだ。

エルサルバドルやグアテマラの選挙が正統性を与えるものだと判断し、ニカラグアの選挙は茶番であると判断するためには、メディアはこの二組の事例を評価するにあたって、異なる基準を用いる必要があったはずである。より具体的に言えば、エルサルバドルやグアテマラの選挙では、国家テロや他の基本的な選挙の条件について、論じるのを避ける必要があったはずだ。以下の考察で明らかになるように、メディアはこの要求に応え、見事なまでに国家の要求を満たしてみせた。

プロパガンダ・モデルが、これらの事例に適用できることを証明するために、この章では、まずアメリカ政府がメディアに押しつけようとした選挙プロパガンダの枠組みが、どんなものであったかを説明しよう。そのうえで、この三国で選挙が実施されたときの、基本的な前提条件はどうだったかをふり返り、最後に、アメリカのマスメディアが、三つの選挙をそれぞれどのようにあつかったかを検討したい。

一　選挙プロパガンダの枠組み

アメリカ政府は、みずからが支援する選挙を好ましくみせるため、数多くの工夫をこらしてきた。そこには、いつも同じひとそろいの強調したい話題があり、また同様に、無視あるいは軽視したい一定の話題があった。宣伝《デモンストレーション》選挙の運営に際して肝要なのは、応援する選挙によいイメージを与えるため、シンボルと争点を巧みに操ることだ。アメリカ政府は、みずからが後援する選挙を「民主主義」といううけっこうな文句にむすびつけ、庇護している軍事政権には、選挙推進派（ゆえに民主派）という名称を与えようとする。国内に対立を抱えるなかでは、選挙が実施できるだけでも、なんと素晴らしいことかと強調し、軍が（いやいやながらも）選挙を支援し、民衆による審判の結果を甘受することに同意したことは、道徳的な勝利である、という印象をつくろうとするのだ。

反政府勢力が選挙への参加を拒むのは、民主主義の拒絶であり、非民主主義的な傾向を持つことの証であるとされる。だが、そもそも選挙の計画そのものに、反体制派を選挙から排除することが組み込まれているのだ。(2)また、棄権を呼びかけたり、選挙を混乱させると脅迫するような反体制派の発言は、選挙を支援する政府にとっては、おあつらえ向きの材料だ。そのような発言は、選挙を、芝居じみた二つの陣営の抗争劇へと変容させるのに利用される。すなわち、一方には民主主義に「目覚めた」軍と、「平和」のために投票しようと必死の人々があり、他方には民主主義や平和や投票の権利に反対する、反政府勢力がいるというわけだ。したがって、選挙のいちばんのヤマは、「どれだけの人々が投票に出向いたか」ということになる。それが、民主主義と平和勢力（軍のことだ）が、反政府勢力の与える脅迫を、どれほど克服できたかを測る目安となるからだ。

政府の監視員が選挙の現場に派遣され、広報面の成果を確実にする。名目上の彼らの役割は、選挙が「公正」に行なわれるのを見とどけることだ。だがほんとうの役割は、公正という見かけを提供することであり、そのために彼らは政府が重視する議題のみに話題を絞り、報道機関の話題を信頼できる情報源へと誘導する。[3] 選挙の公正さを証言する彼らの根拠は、長い行列であり、人々の晴れやかな表情であり、暴力が目撃されず、アメリカと従属国家の高官が熱心に推進し、公正を保証していることである。[4] こうした皮相さは、そこに仕組まれたごまかしとぴったり一致している。選挙の公正さは、選挙を行なう基本的な前提条件が、事前にどれほど確立されていたかにかかっているが、それは、政府の監視員が、ガイド付きの短い見学旅行によって判定できるようなものではない。おまけに、政府が後援する選挙に派遣される監視員たちは、核心をつく質問などめったにしない。[5] 彼らが広報機能を果たすことができるのは、信頼できる仲間を監視員に選んだ政府が、彼らの役割を宣伝し、マスコミがそれに敬意を払って注目するからである。[6]

アメリカ政府が、みずからが後援する選挙について「議題から外す」のは、選挙が有意義になるか無意味になるかを、選挙当日のプロセスよりも先に決定する、基本的な前提条件すべてである。たとえば、(1)言論と集会の自由、(2)報道の自由、(3)結社(労働組合、小農組織、政治クラブ、学生や教師の組合など、経済・社会・政治的な中間団体)の自由、(4)政党の結成、党員の組織化、候補者の擁立、選挙運動の展開を、暴力におびえることなく行なう自由、(5)国家テロや、国民のあいだに恐怖が蔓延する状態がないこと、などだ。

選挙への参加をうながす「包括的な強制措置」があったことも、おなじく検討対象から外される。具体的には、法律による投票の義務づけや、棄権に対する直接・間接の脅し、などが含まれる。人々が投票所に足を運んだ理由を、軍の政策への心酔という説以外から説明してくれるのは、それだろう。

そのほかにも、政府プロパガンダの定石に従えば、めだたぬようにしなければならない話題として、アメリカ政府の役割があった——選挙のお膳立てと資金提供、投票をうながすための現地向けの宣伝活動、あからさまな不正、選挙を報道するジャーナリストへのしめつけや脅迫などである。

政府が議題から外す今ひとつの話題は、選挙の目的である。選挙の役割が自国民（アメリカの）に影響を与えることであるならば、それを明らかにすることは、選挙の信憑性に疑念を持たせることになりかねない。おまけに一九六七年のヴェトナム選挙や、一九八二年と八四年のエルサルバドル選挙においては、選挙実施の目的は、アメリカ国民の懐柔に加えて、彼らに最終的なねらいを誤認させることであった。どちらのケースにおいても、選挙の実施は紛争の平和的な解決につながるだろうとほのめかされたが、実際に意図されていたのは、戦局を拡大するための下地づくりだった。一九六七年のヴェトナム選挙では、和平の選択肢を提唱する人々のなかに、重要な候補者らしい者はいなかった。(7) また以下に記すように、エルサルバドルにおいては、一九八二年の選挙でも、一九八四年の選挙でも、世論調査の結果や記者たちは、和平こそが有権者の第一の関心事であると言いつづけたが、実際には和平推進派の立候補者などひとりもいなかったのだ。この事実は、これらの選挙の欺瞞性と同時に、後援者の意図を伏せることが肝要だったことをきわだたせる。

一方、気に入らない国や、敵国で実施される選挙については、アメリカ政府が重視する項目は、完全に逆転する。もはや選挙は民主主義と同等のものとはあつかわれず、逆境のなかで選挙が実施されることに、アメリカの高官たちが驚嘆することもない。軍が選挙を支持し、その結果を甘受することに同意したからといって、そういう態度が称賛されることもない。

それどころか、これらの選挙に関しては、支配的な政党が、軍をあやつり、軍の支援を受けることで得ている影響力が、公正さを損ねるものとして持ち出される。反政府勢力の妨害工作も、もはや反対派が民主主義を拒絶する証拠とされることはなく、人々が投票所に集まることが、民主的な軍と、それに反対する勢力のあいだの闘争の、劇的な結末とみなされることもない。いまや問題とされるのは、選挙推進派の隠れた意図である――彼らは「選挙」とよばれるこの巧妙なしかけを利用して、自分たちの支配を正当化しようとしている。

もっとも重大なのは、選挙の評価にかかわる一連の検討項目が入れ替わっていることだ。投票所の長蛇の列と人々の晴れやかな表情、選挙当日の投票行動の単純なしくみ、候補者の人柄などといった表層的な要素の強調に代わって、ここでの関心は、アメリカが支援する選挙では議題から外されていた、基本的な選挙の前提条件に注がれる。ジョージ・シュルツ国務長官が指摘したように、「重要なのは、選挙という手続きが踏まれるのであれば、人々が投票する瞬間のみを観察するのではなく、選挙を意味あるものにする事前のプロセス全体を、見守る必要があるということだ」。

シュルツはこれをさらに展開して、ある選挙が意味を持つためには、「対抗する政治団体」が「組織をつくり、大衆に接する手段を持ち、集会を開く権利を与えられ、メディアを利用することができるよう保障されねばならない」と明言した。(8) これらの発言は、一九八四年のニ、カ、ラ、グ、ア、の選挙に関して口にされたものである。同じ年に予定されていたエルサルバドルやグアテマラの選挙にも、これと同じ基準が適用されてもよいのではないかという疑問の声は、国会議員の中からも、メディア関係者からも、ついぞあがらなかった。

要するに、政府が使ったのは、ほぼ完璧なオーウェル流の「二重思考」システムである――評価基準は「都合がわるくなれば忘れ去られ、その後、ふたたび必要になることがあれば、忘却の淵からすくい上げられ、必要とされる期間だけとどめおかれる」。(9) 政府は、この事実を認めてさえいる――あるアメリカの高官が、ラテンアメリカ学会（ＬＡＳＡ）の会員に告げた、ニカラグア選挙についての考察では、

「アメリカは、明らかな反米政権が支配する国家については、そうでないエルサルバドルのような国と同一の判断基準を採用する義務はない。こういう人々［サンディニスタ］は、中央アメリカに、アメリカの安全を脅かすような状況をもたらす可能性がある。それゆえ、われわれが尺度を変更することは、許される」[10]。

しかし、たとえ政府があからさまなダブルスタンダードを採用したとしても、メディアが最低限の客観性を守り、プロパガンダ・システムの一部ではなかったのならば、そこでは単一の基準が採用されていたはずだ。はたしてアメリカのマスメディアは、エルサルバドル、グアテマラ、ニカラグアの選挙をあつかうとき、単一の基準にしたがっていただろうか。それとも、自国政府の広報路線を踏襲して、エルサルバドルとグアテマラの選挙は好意的に描き、ニカラグアの選挙の方は中傷したのだろうか。

二　選挙の基本的条件は満たされていたか

一九八二年から八五年にかけて選挙が実施されたこの三国は、いずれもその当時、深刻な紛争のさなかにあった。ニカラグアでは、アメリカによって組織化され、支援されたコントラ[11]〔サンディニスタ革命政府を倒そうとする反革命勢力の総称〕が定期的に国境を侵犯していた。エルサルバドルでは、国内の抗争に加えて、外部勢力〔アメリカ〕が組織し援助する、反ゲリラ闘争が進行していた。先に述べたように、グアテマラは反乱鎮圧国家になっており、国民の多数を占めるインディオや小農たちの地位向上を阻止するため、恒久的な戦争状態と武力弾圧が政治制度の中心に据えられていた。

抗争の渦中にあるという特徴は三国に共通していたが、選挙の条件においては、エルサルバドルやグアテマラに比べて、ニカラグアがはるかに良好だった。理由はいくつも挙げられる。第一に、きわめて重要なことであるが、エルサルバドルやグアテマラでは、選挙の実施中にもまだ軍隊が、一般市民の大量殺戮を続けていた。被害者の数はそれぞれの国で数万人にのぼり、殺害にはしばしば極度のサディズムが伴った。ニカラグアでは、それに少しでも似たようなことさえ起こっていない。このことは、現実について少しでも関心をもつ人々のあいだでは、異論のない事実であり、選挙を行なう環境に根本的な相違があったことを、即座に証明するものだ。外部の大国が援助あるいは運営する殺人組織が暴れまわって、人々を恐怖に陥れているような国々では、選挙を実施する条件は、あらかじめ決定的に阻害されている。もしこれが公敵の勢力圏で起こった事件だったならば、メディアは即座にこの点に気づいただろう。[11]

これに付加される（関連した）相違点は、ニカラグアのサンディニスタ政権は民衆の支持を受けた政府であり、多数者の要求に応えようとしたため、比較的おおきな言論の自由や結社の自由を認める余裕があったことだった。ニカラグアの選挙に関するラテンアメリカ研究学会（ＬＡＳＡ）[二]の報告によれば、サンディニスタの公約は、「富と公共サービスの恩恵を再分配することを意味していた。国家は、多数派住民の基本的な必要が満たされるのを確実にするために、その権力を行使する」。また、「多数派の論理は、おおぜいの人々が、自分たちの生活に影響する決定に参画する」ことを意味すると、同報告書はつづけている。[12] ニカラグア政府はこの論理に基づいていたと、適切な資格を持つ観察者たちが判定したわけだが、この事実は、自由を保障された報道機関から排除された。

開発援助のための公益法人オックスファムのディアナ・メルローズは、「国民の生活条件を改善し、開発プロセスへの積極的な参加を奨励することに、政府がどれほど積極的に指導力を発揮するかは、国によって異なる」という世界銀行の意見を引用しながら、「七十六カ国にまたがるオックスファムの活動経験をふまえたうえで、ニカラグア政府はそのような傾向がとびぬけて強いということができよう」と述べている。[13]

それに比べてエルサルバドルやグアテマラの政府は、サンディニスタが実施したような改革を、何十年にもわたって懸命に回避しようとしてきた。エルサルバドルとグアテマラでは、極端な弾圧が、国民の大多数を支配する手法として昔から使われており、アメリカはそれに対して、たゆまぬ支援を熱心につづけてきた。弾圧の目的は、民衆を無気力な状態にとどめおき、民主主義を確立する基礎となりかねない大衆組織を、破壊することだった。サンディニスタは、大衆を動員して政治に目覚めさせようと努力したが、そんなことが可能だったのは、サンディニスタの綱領が、一般国民の利益を増進するものだったからである。

選挙の条件に影響した三番目の要因は、エルサルバドルとグアテマラでは対立が国内のものであり、その内部抗争の一環として、大衆への暴力が発生したということだ。これに対し、ニカラグアでの対立は、国外からの支援を受けた侵略を背景としたものであり、この勢力への国内の支持はきわめて小さなものだった。サンディニスタは、ヤンキーが仕組んだテロリズムへの反感から火がつきやすくなっていたナショナリズムの感情に、訴えることができた。エルサルバドルやグアテマラの政府には、とてもそのようなことはできなかった。とくにエルサルバドル政府の場合、外国（すなわちアメリカ）に支配され、操られていることが明白だったため、ナショナリストからは反感しか期待できなかった。

ドゥアルテが一九八七年秋にワシントンを訪問した折、さっそくアメリカ国旗に接吻して、ラテンアメリカ中の笑いものになるにおよんで、対米追従もばかげた水準に達した。サンディニスタも、対立が激化するにつれて、次第に国内のコントラ支持者を厳しく取り締まるようになった。それでも、アメリカが通常この中米地域に適用する標準に照らせば、ニカラグアでの反体制分子たちに対するあつかいは、驚くべき寛容なものであった。[14] エルサルバドルやグアテマラでは、支配階級にそのような寛容な姿勢をとる余裕がなく、大規模なテロによる弾圧が長いあいだの慣習となっていた。

ニカラグアにおける選挙の環境を相対的に寛容なものにした四番目の要因は、逆説的なことではあるが、アメリカの敵意と、そのプロパガンダ機関の能力だった。ニカラグアでの逮捕やいやがらせは、アメリカの自由な報道機関によって逐一報告され、サンディニスタ政府の邪悪な性格をしめす証拠に変容した。その一方で、第二章で詳述したように、グアテマラとエルサルバドルの政府は、毎日のように大規模な拷問、レイプ、身体切断、殺害を好き放題にくりかえしていながら、それに釣り合うような義憤を招くこともなければ、そこから政権の性格を推測されることもまったくなかった。そのような状況から、ニカラグア政府には、規則を遵守するよう大きな圧力がかかる一方、アメリカの衛星国家には、たいした政治的代償も払わずに、好き放題に殺しまくることが許されたのである。

ここでまず、自由な選挙の条件を構成する個々の項目における実態を、エルサルバドル、グアテマラ、ニカラグアの三国について手みじかに比較考察し、そのうえでアメリカのメディアがそれらの問題をどうあつかったかを見てみよう。

言論と集会の自由はあったか

エルサルバドルでは、一九八〇年三月七日に公布された非常事態宣言のもとで、言論の自由と集会の自由が、合法的に停止された。一九八〇年十二月三日の布告五〇七号によって、司法制度は基本的に廃棄され、軍隊が国民を、罪状も証拠もなしに、百八十日にわたって拘束することができるようになった。

これらの法令のもとで、一九八二年三月の選挙と一九八四年の選挙が実施される前の三十カ月のあいだに、数千人の市民が逮捕され、投獄され、レイプされ、殺害された。その根拠とされた「破壊」活動や思想上の嫌疑について、法的な手続きはいっさい踏まれなかった。一九八二年の早い時期に、選挙に出馬する六つの政党についてのみ「非常事態」が解除され、選挙の十日前からは、すべてのエルサルバドル人を対象に全面解除された。だが残念ながら、一般市民にこの事実が告知されたのは、選挙が終わって、「非常事態」がふたたび施行された後のことだった。(15)

エルサルバドルでは、一般市民を教化する目的で、切断された身体をさらしものにすることが、一九八〇年代の初期には恒例となっていた。第二章で詳述したように、アメリカ政府が強い圧力をかけたにもかかわらず、四人のアメリカ国民を殺害した実行犯たちを投獄し、裁判にかけ、有罪を宣告させるには、おおきな困難を伴った。エルサルバドルの国民には、国家によるテロから身を守る術がまったくなく、それを免れる唯一の場所は、ゲリラの勢力下にある地域だった。エルサルバドルでは、反体制的な発言を封じるための、国家による極端な暴力を用いた脅しは、一九八二年にも一九八四年にもきわめて深刻なものであり、自由な選挙とは相容れない状況だった。

グアテマラでも同様に、一九八四年と一九八五年、またその前も長年にわたって、不穏分子とされた人々に対する軍隊の行為は、完全に法秩序の外に置かれていた。数千人が捕らえられ、拷問され、殺されたが、そこには逮捕状もなければ、公聴会や裁判を受ける権利も認められていなかった。エルサルバドルでもそうだったが、七〇年代後半から八〇年代にかけては、拷問され、切断された死体を公衆にさらすのが、ふつうになった。(16)裁判所は軍に牛耳られ、軍が承服しない裁判所命令は実行されず、従われることもなかった。裁判官は軍に依存しているため、あるいは軍を恐れているため、軍に逆らうようなことはしたがらなかった。グアテマラ政府の弁護役として悪名高い国連総会特別報告官コルビル・オブ・カルロス子爵でさえも、一九八〇年代初期に裁判官、法廷職員、法律家などが八十人以上も殺され、さらに多くが脅迫を受けるという事態には、「こんなことで悪名をはせれば、おいそれとは忘れてもらえない」と述べている。[17]

司法権の独立の欠如を示す二つの事例を、ここに示しておこう。一九八三年五月、最高裁判所長官だったリカルド・サガストゥメ・ビダウレは、軍人を司法制度のもとで裁こうと企てたという理由から、軍令によってあっさりと免職された。[18] 一九八四年七月十九日には、軍の広報責任者ジャルミ・ドミンゲス大佐が、グアテマラの主要日刊紙『プレンサ・リブレ』の取材に対し、軍は、その構成員がどのような罪状であれ、裁判に引き出されることを容認しないと述べた。[19]

一九八〇年から八三年にかけての大量殺戮と村落破壊の後、一九八〇年代前半には、大量の小農民たちが、「モデル村」に代表される軍の管理下の収容所に移住させられた。八十万人以上の男たちが、強制的に民間パトロール隊に編入され、軍の厳重な監視の下に軍事機能を担わされた。一九八四年にグアテマラを訪問した英国議員団によれば、「民間パトロール制度はテロによって導入され、テロをまき散らすためのものである……とくに変わったこともしていない人々が、いきなり嫌疑をかけられて、パトロール隊員によって軍の分遣隊に連行される。尋問は軍によって行なわれるが、容疑者の殺害に手を下したのは、民間パトロール隊員である場合が多い[20]」。

カトリック中央協議会のスコットランドとイングランド＝ウェールズ管区をそれぞれ代表するテイラー司教とオブライエン司教は、一九八四年にグアテマラを訪問した後、次のように報告した。

民間人たちは、国中に大量に配備されている軍と警察によって、ほぼ完全に支配されており、そのことは、わたしたちの目にも明らかだった。それに加えて、民間の自衛パトロール隊、軍務委員、情報提供者などの全国ネットワークがはりめぐらされており、各地に「モデル村」という、場合によっては紛争地区のインディオ住民の捕虜収容所として利用されるような施設もあった。グアテマラは多くの面で、軍事占領下の国に類似している。情報提供者のひとりは、この状況を要約して、軍が「構造的な支配」[三]のシステムを確立したのだと述べた。(21)

米州人権委員会も、一九八五年五月の現地訪問で、グアテマラには言論と集会の自由が存在していないと判定した。

集会と結社の自由（米州人権条約の十五条と十六条にうたわれている）もまた制限されている。なぜなら「開発拠点」における既存の治安手段や、民間自衛パトロール隊の厳格な監督によって、住民は、社会的、思想的、文化的、その他いかなるたぐいの集会や結社に参加することも、阻まれているからだ。そのような集会は、もし開催されるようなことがあったとしても、当局の監視、監督、管理のもとに置かれることになり、「集会・結社の自由」という権利が意味するような自由を享受することはできない。(22)

一九八四年と八五年の選挙期間中は、大衆デモも、三日前までに事前の届出を行ない、軍当局の許可が下りれば、実施することができた。しかしグアテマラの環境では、このような権利の付与に、たいした意味はなかった。国際人権法グループ〔ＩＨＲＬＧ――一九七八年に創設されたワシントンを本拠地とする人権擁護団体〕やワシントン・オフィス・オン・ラテンアメリカの代表によれば、選挙でなにが保証されたとしても、軍と民間自衛パトロール隊の存在や、恐怖に満ちた空気のもとでは、グアテマラ人の多くは、組織化も集会の開催も難しかった。現地の人によれば、何年にもわたる地域組織への弾圧とテロが続いた結果、農村部の住民全体が非組織化されてしまった。「この村だけでも、四人のCUC（統一農民委員会）メンバーが殺された。現時点では、どのような種類の団体であっても、組織化はきわめて難しいだろう」。民間パトロール隊や、警察や、軍が、公道に検問所を設け、「モデル村」の住民に移動許可証の提示を要求するので、自由な移動が阻まれている。農村地帯では、民間パトロール隊が存在するために、密告への恐怖から、人々は集会を持ちたがらなくなった。[23]

グアテマラ選挙に立ち会った人々の多くが指摘しているのは、同国がかかえる大きな課題は、土地の再分配と改革、および人権の確立であるにもかかわらず、立候補者のなかには、土地改革の実施を唱える者もなければ、軍を再編して数万人もの「行方不明者」の消息をあきらかにせよ、と訴える者もなかったことだ。あるキリスト教民主党の顧問は、国際人権法グループに対し、「わが党がそうした問題を取り上げていないのは、現在はとても、軍と対決したり民間部門と対決したりするような状況にないからです」と説明した。[24]

要するに、選挙運動期間中に起こったように「言論の自由がほんのしばらくだけ回復したからといって」、グアテマラが、自由な選挙のための第一条件を満たしているとはいえなかったのである。農村の大衆は軍の厳しい統制のもとに置かれ、大量殺戮によって心の傷を負っていた。法による支配は痕跡もとどめておらず、立候補者たちは、社会の根本的な問題を公然と取り上げることができなかった。

一九八四年のニカラグアにおいても、言論の自由と集会の権利は、社会的な抑圧と脅迫によって制約されていた。また非常事態宣言も、同年十一月実施の選挙の六カ月前から一時的に解除されたとはいえ、それに一役買っていた。とはいえ、ニカラグアにおけるこのような締めつけも、エルサルバドルやグアテマラでひろく行き渡っていた締めつけにくらべれば、大きな相違があった。とりわけ重要な点は、軍と警察が破壊分子とされる人々を捕らえ、拷問にかけて殺害するようなことは、ニカラグアでは恒常的に行なわれていたわけではない、ということだ。民衆教化システムの一環として、身体の一部を切り取られた死体が公衆にさらされることもなかった。「村全体を皆殺しにするような虐殺の証拠を、累々と積み重ねて」つくりあげた、「グアテマラにおける不断の、公然とした政治テロ」と国際人権法グループが呼ぶものや、「恐怖でちぢみあがった無抵抗」の状態と元エルサルバドル政府高官レオネル・ゴメスが呼んだようなものが支配する同国の状況などは、ニカラグアにはあてはまらない。

一九八四年のニカラグアでは、反体制分子も暗殺を恐れることなく自由にものが言えた。LASA（ラテンアメリカ研究学会）代表団は、「マナグアなどの都市を歩き回っていたとき、代表団のだれもが少なくとも一度は、憤りにかられた市民が話しかけてくるのを経験した。こうした出会いのなかには、最初に近づいてきた人物のみならず、通りすがりの人々まで巻き込んで、一大論争に発展したものもある……これらの人々は、怖気づいてはいなかった」と記している。[25]

集会の自由は、ニカラグアでもいくぶんは嫌がらせによって制限されていた。だが、これもまた、エルサルバドルやグアテマラで起こったように、国家テロによって不可能にされたわけではない。LASA代表団は、サンディニスタが反対派の集会に嫌がらせを行なったという告発を詳細に調査し、その結果、告発はおおむね根拠がないという判断を下した。競合する政党の「集会が、FSLN（サンディニスタ民族解放戦線）支持を掲げるデモによって開催を妨げられるようなことは、きわめて稀だった」としめくくっている。[26]

以上のことから、自由選挙の基本条件の第一番目は、ニカラグアでは部分的に満たされていたが、エルサルバドルやグアテマラではまったく満たされていなかったと、わたしたちは結論する。

出版と報道の自由はあったか

エルサルバドルでは、政府について批判的な有力新聞は、『ラ・クロニカ・デル・プエブロ』と『エル・インデペンディエンテ』の二紙だけだった（どちらも急進的なところはまったくなかった）が、それぞれ一九八〇年七月と一九八一年一月に廃刊に追い込まれた。前者の場合は、編集長とふたりの従業員が治安部隊によって殺害され、死体を切断されたためであり、後者は軍が従業員を逮捕して、施設を破壊したためである。教会系の新聞とラジオ局は、たびたび爆破によって閉鎖に追い込まれた。新聞もラジオも、反対派を代表するようなものは地下活動をのぞいて、いっさい活動できなかった。エルサルバドルでは、革命軍民評議会《フンタ》が政権を握って以来、三十人以上のジャーナリストが殺された。

報道機関に対する集中攻撃は、一九八二年の選挙の直前に起こった。三月十日、三十五人のジャーナリストの名前が載った暗殺リストが、「死の部隊」によって流布され、三月十八日には、四人のオランダ人記者の切断された遺体が回収された。[27]エルサルバドルでのジャーナリスト殺害事件は、一件たりとも「解決」しなかった。これらは本質的に、国家の庇護の下で実行された殺人なのである。

グアテマラでは、一九七八年から一九八五年にかけて、四十八人のジャーナリストが殺され、[28]他の多くの者たちも誘拐されたり、脅迫されたりした。こうした殺害、誘拐、脅迫が、メディアを統制するためのもっとも重要な手段だった。エルサルバドルの場合とおなじく、これらの犯罪のどれひとつについても、逮捕されたり裁判にかけられたりした者はいない。このことから、殺人は国家によって行なわれた、あるいは国家の承認のもとに行なわれたと考えるしかないだろう。

グアテマラには、反政府勢力や多数派住民のインディオたち、あるいは一般下層階級の意見を反映するようなものは、新聞社にも、ラジオ局にも、テレビ局にも存在しない。「みなおしなべて保守的であり、相違があると言っても、せいぜいが、極めて保守的な思想のなかでの微妙な差異にすぎない」[29]。極度の恐怖が支配するなかでは、定められた路線を踏みはずすことへの脅威から、保守的な新聞でさえも用心深くなり、たえまなく自己規制を行なうようになる。この恐怖にとりつかれた社会では、議論すべき肝心の話題はみな慎重に回避された[30]。

一方、ニカラグアでは、国家テロリストによるジャーナリストの死亡が報告されたことはないし、個人に対する暴力をちらつかせた脅しさえ報告されていない。一九八四年には、五十あまりのラジオ放送局の大多数が民間人の所有であり、その一部は独自のニュース番組を提供していた。これに加えて、四人の独立プロデューサーがラジオにニュース番組を提供していたが、事前に検閲を受けることはなかった。コスタリカやホンジュラスなどから放送している、民間やアメリカの宣伝活動による外国のラジオ放送やテレビ放送は、一九八四年の時点では、次第に重要性を増していた[31]。

国内三紙のうち二紙が民間企業であり、その一方は政府を支持してはいるものの、個別の政策や行動には批判的なこともあった。もう一方は、はっきり敵対的だった。後者は『ラ・プレンサ』という、きわめて小粒な、超保守的な少数派を代表する新聞で、外国の援助を受けて自国を侵略するコントラを支持していたにもかかわらず、一九八四年の選挙期間中もずっと営業を許されていた。ただし、検閲は受けていた。だが検閲といっても、同紙が反対派の宣言を掲載したり、聖職者による体制批判の手紙を掲載したりすることが許される程度のものだった。エルサルバドルやグアテマラでは、これに匹敵するような新聞が地表に顔を出すことは、たとえ短期的にでも許されていなかった。

もちろん、ニカラグアのメディアが、政府の締めつけのもとにあったことはまちがいなく、検閲制度や定期的な非常体制の発令によって、出版・報道の自由は重大な脅威を受けていた。[32]ただし、ニカラグアが外国の攻撃を受けており、深刻な戦争状態にあったことは、認識しておかなくてはならない。ジョン・S・ニコルズの指摘によれば、アメリカでも一九一七年のスパイ法のもとで、百冊以上の出版物が郵送禁止処分を受け、何百という人々が、軍の求人活動を妨害したとして投獄されたのである。まだ、続きがある。

第一次世界大戦中のアメリカには、比較的成熟した均質な政治システムがあり、国家が戦闘によって特におびやかされていたわけではなかった。このことを考えれば、ニカラグアで革命の最初の五年間に、これほど広範囲にわたる公開論議が許されていたことは注目に値する。ニカラグアのメディア制御は全体主義に近いという、レーガン大統領やＩＡＰＡ（米州新聞協会）のような人たちの主張にもかかわらず、この国に見られたメディアの所有権や意見の多様性は、第三世界では並外れたものであったし、特にこの国が戦争中であったことを考えれば、それは大きなことだった。[33]

したがって、ここでの結論は、自由な選挙の必要条件である出版と報道の自由については、エルサルバドルとグアテマラでは明らかにそれが欠けていたが、ニカラグアでは部分的に満たされていた、というものである。

結社の自由はあったか

一九八二年三月の選挙までの二年間にエルサルバドルで起こったことで、おそらくもっとも重要なのは、軍と少数支配層に少しでもたてつく可能性のある大衆組織や民間組織が、大量に解体されたことだった。第二章で指摘したように、一九七九年後半からは、これが軍民評議会《フンタ》の政策の主眼となっており、何千という活動家が殺され、多数の組織が壊滅され、さもなければ地下に潜ることを余儀なくされた。教員組合は何百人もの殺害によって弱体化され、大学は軍によって占領され、略奪され、閉鎖された。学生組織や専門職団体は、逮捕と殺害によって壊滅し、アメリカ労働総同盟産業別組合会議（すなわち現政権の支持者）の後ろだてを受けた農民組合でさえも、一九七九年十月から一九八二年三月のあいだに、中心となっていた活動家たちが百人前後も殺された。(34)

グアテマラでも、農民組合や労働組合、教師や学生の団体、専門職の団体といった中間的組織は、一九五四年以来ずっと、武装勢力の攻撃を受けてきた。少数支配集団の地位をおびやかすような機構の解体は、一九八〇年代初期に「不法な結社」は法律によって処罰の対象とする、と政府が宣言したことによって、頂点に達した。「全体主義的な思想に従う、あるいは従わされている」すべての団体は、不法とされた（グアテマラ軍や国家安全保障の思想は、もちろんここでは例外とされているらしい）。

不法性があったことを判定するのは軍隊だけだ。メヒア・ビクトレス将軍が、GAM（相互援助団）の母親たちは破壊活動の手先であると考えれば、彼女たちは殺されてもよい（第二章参照）。組合も、農民団体も、学生や専門職の組織も、グアテマラでは定期的に成長を見せたが、彼らの要求がすこしでも勢いを持ちはじめると、かならず組織的な殺人によって押しつぶされた。一九八四年と八五年の選挙の後には、グアテマラの近代史上、最大の大量殺戮の時代が続いた。ルーカス・ガルシア、リオスモント、メヒア・ビクトレスの三代にわたる政権の時代である。一九八五年の組織労働者数は、一九五〇年の水準を割り込んでおり、他の都市型集団は弱体化されるか活動を停止している。人口の大多数を占める農民たちは完全に組織を解体され、軍の厳重な支配と監視の下に置かれた。

ここでもニカラグアは、上記の二つのアメリカの従属国家とは明らかな対比を見せている。サンディニスタの管理のもとに、労働組合や農民組織がいっせいに芽を吹き出した。住民を結集して地域レベルの意思決定に参与させ、より上層の指導者たちと相互に働きかけができるようにする、意識的な試みがなされた。オックスファムは先に指摘したように、ニカラグア政府のこの努力を高く評価している。

与党FSLN（サンディニスタ民族解放戦線）の支援を受けた民衆運動やその他の組織が、どれほど独立していたといえるのか、それらもまた、国家のプロパガンダと弾圧の道具として使われていた可能性もあるのではないか、という問題をめぐる議論は正当なものである。オックスファムのアメリカ法人もロンドンの本部も、この議論を建設的なものとみている。ルイス・エクトル・セラは、ニカラグアの民衆運動団体には相対的に自律性があり、FSLNの指導部との親密な関係も、「彼らが地元レベルで自分たちの関心事を表明することには、何ら支障をもたらさなかった」という主張を展開している。[35]これらの大衆組織は、一般民衆を意思決定に参加させ、公共社会に参加できることを彼らに教えようとしていたため、「きわめて民主的であった」と、セラは論じている。[36]

FSLNの大衆組織全般をどのように評価しようとも、それをグアテマラの「開発拠点」における農民組織と比較してみれば、違いは歴然としている。後者の農民組織の本質は、きわめて公然たる軍隊のテロによる支配と、どこにも参加しないことの強制であった。

というわけで、自由な選挙のための第三番目の条件については、一九八四年から八五年にかけての期間において、エルサルバドルとグアテマラは失格、ニカラグアの方は、かなりの程度に条件を満たしていたというのが、わたしたちの結論である。[37]

選挙に出馬する自由はあったか

一九八二年と八四年のエルサルバドルの選挙では、左派政党はいずれも、候補者を立てて争うことはできなかった。ＦＤＲ（民主革命戦線）は、すぐさま地下に追いやられた。同党の幹部五人が、一九八〇年十一月に正規軍や民兵組織に捕らえられ、拷問の末に、身体を切断されて殺された。一九八二年三月の選挙の一年前、軍は百三十八人の「反逆者」リストを発表した。そこには事実上、すべての左派と中道左派の政治家の名前が含まれていた。

軍民評議会の有力者グティエレス大佐は強い口調で、ＦＤＲは選挙に参加させられない、なぜならあれはゲリラの「外向けの顔」だから、と主張した。したがって、ＦＤＲやＦＭＬＮ（ファラブンド・マルティ民族解放戦線――左派ゲリラ連合）に対し、武器を捨てて選挙で競おうという呼びかけがなされたのは、詐欺であった。それが事実だったことは、ＦＤＲがエルサルバドルでは安全に選挙運動ができなかったと、アメリカ大使館が認めたことで確認されている。おまけに同大使館は、ＦＤＲは国境の外からビデオでメッセージを送って選挙運動ができるかもしれないという、とんでもない提案をしている。[38] その後、アメリカが後押しするドゥアルテ候補でさえも、一九八二年には、サンサルバドル市の外では選挙運動をすることができなくなり、数十人のキリスト教民主党の政治家が、一九八〇年から八四年のあいだに命を落とした。[39] 要するに、これらの数年間においては、急進派ばかりか親米派であってさえも、穏健改革派の政党は、政治暗殺による大打撃を免れなかったのである。

また、これも強調しておかなければならないが、エルサルバドルにおいては、反乱軍との交渉により内乱を終結させることを優先課題に掲げるような政党は、結成することも選挙に打って出ることもできなかった。これが特に重要なのは、一九八二年の選挙で大衆が期待していたのは、何よりも平和であったことを、報道関係者もオブザーバーたちも、異口同音に認めているからだ。一九八二年に人々を投票所に行かせるためのプロパガンダの公式は、「投票か、銃弾か」というものだった。それが示唆していたのは、投票が銃弾の使用の減少につながるという可能性だ。だがもし、実際は和平推進派の候補の出馬が許されていなかったのであれば、その理由だけでもこの選挙は詐欺だったことになる。

選挙擁護派の人々は、候補者のあいだ、特にダビュイッソンとドゥアルテのあいだに相当に大きな主張の開きがあり、それゆえ投票者たちには、有意義な選択肢が与えられていたと主張してきた。[40] だが、反乱軍を戦いによって打ち負かすか、それとも交渉によって決着をつけるかという、エルサルバドル人が一番関心を持っていた問題については、ダビュイッソンとドゥアルテは対立していなかった。両者とも主戦派に属しており、戦術的な面がちがうだけだった。ドゥアルテは時々、反乱軍との対話に応じて平和をもたらすつもりだと、はったりをかますこともあったが、和平実現を具体的に提案したことはなく、「対話」をほのめかすにとどまり（「交渉」というのは、それ相当の譲歩を行なう可能性を暗示する）、また反乱軍は武器を捨てて、ドゥアルテと軍が確立した新しい「民主主義」体制に参加すべきだという立場を離れようとしなかった。

ドゥアルテが軍民評議会に参加したのは、革命政権が大きな危機を迎えた一九八〇年三月だった。進歩的な民間人はすべて軍民評議会を去り、キリスト教民主党の司法長官マリオ・ザモーラが、力を盛り返した「死の部隊」によって暗殺された直後だった。軍とその傘下の「死の部隊」が、大規模な虐殺の政策に乗り出していたのは明白だった。ドゥアルテは、軍が第二のマタンサ〔謝肉祭に豚を殺すこと。大虐殺のこと〕を実行するために必要としたイチジクの葉、弁明の道具にすぎなかった。[41] アメリカ政府やエルサルバドルの軍が目的とするところに、基本的に同調する立場をはっきり示さないかぎり、ドゥアルテはアメリカの援助と保護を受けることも、エルサルバドルで生き残ることもできなかっただろうと、わたしたちは考えている。

一九八〇年からこのかた、ドゥアルテは、軍事解決の推進と、「破壊分子」（ドゥアルテがいつも使っていた文句で、軍や「死の部隊」にならったものだ）にはいっさい妥協しないという方針を、つねに受け入れていた。レイモンド・ボナーは次のように指摘している、

一九八〇年になると、弾圧は途方もない規模に達した。それを凌ぐものは［最初の］マタンサだけであり、ロメロ将軍の統治下で起こりえた、どのような事態よりもひどいものだった……。その年の終わりまでに、［殺された人の］数字は少なくとも九千人に達していた。毎日のように、腕や頭が切り取られた死体が発見された——商店街の裏で、ほこりっぽい田舎道に置き去りにされた黄麻袋に詰め込まれて、あるいは断崖から渓谷に投げ込まれて。(42)

このすべてを通じて、ドゥアルテは「改革」という見せかけを提供したばかりか、軍の忠実な奉仕を誉めそやすのを常としていた。ドゥアルテは一九八一年十一月九日、『マイアミ・ヘラルド』に掲載された公開書簡に、次のように書いている。

軍が勇敢な戦いをくりひろげている相手は、思想的な侵略という巨大なリソースに支えられた残虐で無慈悲な敵である。これが武力侵略と同時に進行する……ソ連政府が推進を図る中米地域の征服計画に、またひとつ獲物を加えることになるだろう。それに続く最大の報酬は、北アメリカの国家だろう……

要するに、エルサルバドルの民衆には、有権者が切望しているとマスコミも認めた選択肢は、一度たりとも提示されなかったのである。

グアテマラでも、エルサルバドルと同様に、左派政党は一九八四年の立憲議会の選挙には、まったく出馬していなかったし、一九八五年の大統領選挙では、骨抜きにされた一党のみが、ためらいがちに、まったく実効性のない冒険を試みただけだった。(43) ゲリラ運動の主流派は、もちろん選挙戦の枠外に置かれていた。彼らの指導者たちは逮捕されれば殺されていたであろうが、どのみち、基本的な社会環境や選挙の条件が根本的に変わらないかぎり、彼らが選挙に参加することはありえなかったろう。(44) キリスト教民主党のような中道政党でさえ、一九八〇年から八三年にかけては、数十人の党員が殺されるという浮き目にあった。グアテマラの現職大統領、キリスト教民主党のビニシオ・セレソは、〔四〕知られているだけでも三度も暗殺されそうになった。一九八四年から八五年にかけては、先述の「不法な結社」を取り締まる法律の下で、まともな左翼政党は結成できなかったはずだ。

国民の大多数を占める農民たちは、自分たちの代表を送ることも、自分たちを代弁してくれる候補者を得ることもできなかった。グアテマラ国内では機能できなかった組織「グアテマラ人権委員会」によれば、労働者階級や先住民などの多数者を代弁する全国政党は「存在せず……その結果、これらの層は、制度的に政治システムから除外されていた」と指摘している。(45) 人権監視団体「アメリカズ・ウォッチ」によれば、民間パトロール隊システムの役割のひとつは、「地元住民を警戒し、制御することによって、いかなるかたちの独立した政治組織も出てこないようにすること」だった。(46)

このような、あらゆる政治機会からの小農民のしめ出しは、二つのかたちで一九八四年と八五年の選挙に反映されていた。第一は、選挙登録にあたって、政党員として登録した者は、選挙民のわずか三パーセントにすぎなかったということである。第二は、いっそう説得力のあるもので、土地改革はグアテマラにおける二大重要課題の一つであったにもかかわらず、それを提唱した候補者が一人もいなかったことだ（もうひとつの重要課題は、軍による野放しの殺人だったが、この問題も選挙では争点にならなかった。だれが当選することになっても、実権を握りつづけるのは軍であろうことは、すべての陣営が理解していたからである）。

エルサルバドルにおけるドゥアルテの場合と同じように、ビニシオ・セレソが候補者に名を連ね、やがて一九八五年の大統領選挙で当選したことは、左派への弾圧があったにせよ、セレソはほんとうのところ、選挙民に重要な選択肢を提供しなかったのではないか、という疑問をつきつける。セレソは、選挙におけるライバルたちを差別化するために、とりわけ選挙運動の終盤から決戦投票にかけての時期に、大衆への思いやりを示し、人権侵害や貧困の蔓延に対処する措置をとる決意を表明した。彼はときおり構造改革の必要について述べたが、具体的なことは何も言わず、まっさきに必要なのは民政への移行だと強調した。だが彼は、たとえ自分が当選したとしても、その権力は当初は名目的でしかないだろうから、任期中にそれを拡大する必要があると、はっきり述べている。

> 選挙をやったからといって、自動的に大統領に実権が移るわけではない。形式的な権力が譲渡されるだけだ。その権力を固めていける可能性が、わたしにどのくらいあるのかといえば、まあ、五分五分といったところだね。[47]

選挙運動期間を通じて、セレソはけっして土地改革の問題をまっこうから取り上げようとしなかったし、グアテマラのニュース報道によれば、地主の圧力団体に対し、土地改革は自分の政策課題には入っていないと約束していたようだ。[48]同じように、彼は、何千もの人々を殺害した犯人に法的措置をとるという公約もしなかったし、反乱鎮圧国家の体制を解体するとも言わなかった。セレソと軍のあいだには、彼が軍を告発から守り、軍の権力とある程度の独立性を温存させるという、少なくとも暗黙の了解が成立していたように思われる。実際、そうでもしなければ、彼が生き残れることはなかったであろう。[49]

大統領に就任してから一年半が経過したが、セレソは土地改革に向けて、なんら有効な動きをしていない。軍が責任を追及されないように、彼は熱心に擁護しており、民間パトロール隊や「開発拠点」をはじめとするテロの諸制度を解体するためには、指一本動かしていない。[50]グアテマラにおける人権の状況は、多少は改善されたものの（これ以上の殺人の加速は、もはや何の益ももたらさないという判断も一因だ）、「依然として最悪だった」。[51]

セレソの「改革」は、軍と少数支配層の要求を受け入れるものだったため、彼が選挙運動中にあれほど同情を表明した貧困層は、実質所得のさらなる低下に苦しむことになった。失踪者家族の相互援助団との関係も、きわめてよそよそしい。したがって、選挙後のパターンを見れば、セレソが自分を支持してくれた大衆層のためになることは、何ひとつできていないことがわかる。これは、選挙前からの申し合わせによるところもあるが、より決定的なのは構造的な制約である。一九八四年から八五年にかけての選挙で、セレソがグアテマラ国民に提供したのは、善意にあふれ誠実そうではあるが、この国の真の支配者が反対する民主化要求には応えられない男に、投票する機会であった。

ニカラグアでは、一九八四年の選挙の候補者の幅は、エルサルバドルやグアテマラよりずっと広かったし、実際この点については、アメリカよりも広かった。[52]保守民主党と独立自由党はいずれも、私有財産の尊重、政府による経済介入の縮小、新聞などの統制の排除、外交面での非同盟主義と融通性の強化を、強く提唱した。

両党とも、サンディニスタが遂行する戦争を非難することができ、軍隊を非政治化して、コントラと交渉すべきだと主張することが許された。

アルトゥロ・クルスは、政府代表たちと長々と交渉した末に、一九八四年の選挙には出馬しないと決めた。けれども、これは自発的な行動であり（アメリカから大きな圧力があったとはいえ）[53]、エルサルバドルやグアテマラで左派が置かれた状況とは、大きく異なっている。クルスは身の危険を感じていたわけではないし、一般大衆に接する機会を制限されていたわけでもなかった[54]。

ＦＳＬＮは政権与党として外国勢力の攻撃から国を守り、民衆を結集してみずからの開発プロジェクトにあたらせていたため、野党に対しては非常に有利な立場にあった。ＬＡＳＡ監視団は、現職政権としてのＦＳＬＮの優位性は、そのほとんどが、どこの国でも政府にみられる特徴であるとみなし、次のように判断している。

ＦＳＬＮが政権与党の立場をおおいに利用したのは明らかだし、ある面では濫用もしたようだ。しかしながら、政権の座にあることの濫用が、組織的に行なわれた様子はない。濫用の性格をみても、その頻度をみても、野党の選挙運動を無力にしたり、選挙手続きの根本的な正当性に疑念を抱かせるほどのものではなかった。一般的に言って、この選挙運動でＦＳＬＮが政権与党としての立場を利用して行なったことは、ほかの国の政権与党が（アメリカも含め）どこでも日常的にやっていることと、ほとんど変わらないし、ほかのラテンアメリカ諸国で、これまで政権党が行なってきたことに比べれば、相当に控えめなものである[55]。

結論として、候補者が被選挙資格を得て出馬できたかどうか、また有権者に与えられた選択肢に、いかほどの主張の幅があったのかについては、ニカラグアの選挙が、エルサルバドルやグアテマラよりずっと優れていたと判断してよかろう。さらに、エルサルバドルとグアテマラの選挙については、左派の主要な政治団体がすべて、暴力的な脅しによって候補者から外されていたことから、選挙の基本的な要件を、さらにまたひとつ満たし損ねていたといえよう。

恒常的な恐怖の有無

エルサルバドルでは、一九八〇年から八四年にかけて「死の部隊」が、軍や治安部隊との密接な提携のもとに、なんの制約も受けずに活動していた。一九八二年の選挙までの三十カ月のあいだに、民間人の殺害は、平均して一カ月およそ七百人にも達した。被害者の多くは強姦され、拷問され、身体を切り取られていた。これらの犯罪はみな、まったく処罰されず、少しでも法的な措置がとられたのは、四人のアメリカ女性たちが殺された事件だけだった（アメリカ議会の圧力のおかげだ）。

長年にわたりアメリカのエルサルバドル政策を支持してきたアメリカ自由労働開発機構（ＡＩＦＬＤ）のウィリアム・ドーアティでさえ、ある議会委員会で、エルサルバドルでは司法制度がまったく機能していないことを認めたし、そのしばらく後に同じ委員会で、元土地改革担当のエルサルバドル高官レオネル・ゴメスは、国家テロが国民を、「恐怖による消極性」に追いやったと証言した。[56]

グアテマラでも、軍による野放しの暴力が長年つづいたため、風土病のようになった恐怖が、国民生活に大きな影を落としていた。アメリカズ・ウォッチが一九八五年前半に書いた文書によれば、

拷問、殺害、失踪が、異常な頻度で起こりつづけ、何百万という小農民が、民間パトロール隊と「モデル

村」を利用した政府のきびしい監視と統制のもとに置かれつづけた。グアテマラは、端的に言って「牢獄国家」のままなのである。[57]

国際人権法グループは、一九八五年のグアテマラを、「国民の過半が恒常的な恐怖のもとに暮らしている国」と描写している。[58]

ニカラグアについては、アメリカの従属国家との違いをはっきりさせる基本的な事実を、もう一度くり返そう――一九八四年に、ニカラグア政府は自国の民間人を殺害してはいなかった。[59] ニカラグアの一般国民が抱いていた恐怖の主な対象は、コントラやアメリカの暴力であった。

結論として、自由な選挙のための五番目の条件は、ニカラグアでは満たされていたが、エルサルバドルとグアテマラでは満たされていなかったといえよう。そして全体を通じて言えることは、エルサルバドルとグアテマラでは、自由な選挙のための五つの基本的な前提条件は、どれひとつ満たされていなかったが、ニカラグアではいくつかの条件はじゅうぶんに満たされており、ほかの条件については部分的に満たされていたということだ。

三　「自由投票」の強制手段

すでに指摘したように、アメリカ政府が支援する選挙においては、有権者が投票所に行くことが、選挙とその推進者たちへの大衆の支持のあらわれと解釈されてきた。アメリカが承認しない選挙では（ここではニカラグアのことだ）、この枠組みは捨てられ、人々が投票したことは無視され、ないしは選択肢が限られているとか、当局による強圧的な脅しがかかっていたという理由で、無意味だったと宣言される。だが強圧的な脅しがあったかどうかという疑問は、潜在的にその可能性のある事例すべてに、持ち出されねばならないのは明らかだ。

つい先ほど記したように、エルサルバドルの選挙は、軍事政権下で「破壊分子」の大量殺戮が起き、人々が恐怖のなかで暮らすという風土ができあがっていたところで、実施されたものである。もし選挙の実施を政府が後押しし、地元の軍当局が人々に投票するよう強く求めるとするならば、投票のかなりの部分は構造的な強圧の結果であると考えるべきだろう。だが、プロパガンダ・モデルに従えば、アメリカのマスメディアがそのような前提を立てることはない、と推測される。そして実際、現実はそのとおりだった。

エルサルバドルでは、一九八二年と一九八四年の選挙で、投票に行くことが法律で義務づけられた。その法律は、投票を怠れば特定の罰金が科されると定めており、また地元の当局者に、有権者が実際に投票所にいったかどうかをチェックするよう求めている。チェックを可能にしたのは、投票するときに、本人の身分証明書（セドゥラ）に投票済みを認証するスタンプが押される制度である。軍や警察によって呼び止められた人物は、だれでもこの身分証明書を提示しなければならず、それを見れば愛国的な義務を果たしたかどうかが即座にわかる仕組みになっていた。

一九八二年三月の選挙の直前、ガルシア国防相はサンサルバドルの新聞各紙に、投票を怠った者は反逆罪を企てたとみなされるであろうと警告した。一九八四年の選挙では、「政府や軍による選挙前の広告は、投票する自由というよりは、投票する義務を強調していた」[60]。恐怖がしみついた風土、投票の義務、身分証明書のスタンプ、軍による警告、軍のこれまでのやり方などの諸条件を勘案すれば、エルサルバドルの選挙において人々が投票に赴いた背景には、強圧的な要因が大きな位置を占めていたことは明白である。このことは、ある独立系の監視団がエルサルバドルの人々に、投票に行った理由を聞いて回った結果によって裏づけられている。[61]

グアテマラでは、エルサルバドルと同様、投票は法律に定められた義務だった。棄権者は五ケツァル（一・二五ドル）の罰金を科された。また、エルサルバドルと同じように、軍がスポンサーの新聞広告で、投票を怠ることや、無効投票を行なうことは、反逆的な行為であると断定されていた。[62] 国際人権法グループは、「多くの」人々が、投票しなければ報復されるというおびえを表明しており、選挙の一週間前に軍が脅しをかけてからは、「投票を怠れば、法律が定める五ケツァルの罰金だけにとどまらぬ処罰がありうる、との考えが広く浸透した」と報告している。[63]

一方、ニカラグアでは、有権者の登録は義務づけられていたが、投票することに法的義務はなかった。投票時に提出された選挙人登録票は、選挙管理担当官が保管したため、投票済みの証明書類がないことで棄権が明らかになり、その結果報復を受ける、というようなことはなかった。[64] 投票者のほとんどは、ＬＡＳＡの監視員の目には、強圧的な脅迫など受けていないように映った。彼らは投票するように強く請われはしたが、投票しなければ「反逆者」だなどという脅しをかけられたりはしなかった。棄権者を特定するようなはっきりした手段は存在しなかったし、政府は、反体制分子を殺害するようなこともしなかった（エルサルバドルやグアテマラでは、それがあたりまえになっていた）。

つまり、エルサルバドルやグアテマラで、人々を投票にひっぱり出すのに効き目のあった一連の強制的な措置は、ニカラグアでは取られなかったということである。

四　「狂った殺人マシン」を初期民主主義の保護者に仕立てる

一九八二年のエルサルバドル選挙の報道に際して、アメリカのマスメディアは自国政府が重視する項目にぴったり追従していた。候補者たちの人柄、投票する人々の長蛇の列、反乱軍の破壊工作という申し立て、「投票者の数」などが、大きく報道された。[65]ジャック・スペンスが指摘したように、「すべてのメディア配信、特に放送関係の報道は、選挙当日のできごとを、ゲリラが大規模に展開する投票所での暴力行為をかいくぐって、民衆が投票する、という構図にはめ込んで伝えた」。[66]『ニューヨーク・タイムズ』のウォレン・ホーグとリチャード・マイスリンは、反政府勢力による破壊活動の恐れがあると、毎日のようにくりかえしていた。ホーグは「選挙は、結果がどうあれ、実施することそのものに重要性が移ってきた。なぜなら、左派のゲリラたちが選挙を妨害し、人々が投票所にいく気持ちを萎えさせようと、積極的に動いているからだ」と主張している。[67]これは政府のプロパガンダの構図を、そのまま述べたものに他ならない。けれどもホーグやマイスリンは、反政府勢力が選挙を妨害するとはっきり述べるのを、一度たりとも引用していないし、ほかの誰にしたところで、そんな引用はしていない。選挙当日に投票者が殺されるような事件はなかったし、投票所への襲撃もなかった。反政府軍の活動は、全体として普段より控えめだった。要するに、妨害工作という主張は、そういう計画があったことも、選挙当日にそれが起こったこともない、まったくのでっち上げだった。それなのに、愛国的な思惑にぴったりはまるというだけの理由で、彼らの発言は重視され、ひんぱんに復唱され、善玉と悪玉が対峙する構図を確立するために、利用された。[68]

投票日の終わりに、ダン・ラザー〔CBSキャスター〕は「これは勝利です！　百万人が投票しました」と叫んだ。だがラザーにとって、サンディニスタ政権のもとで、投票が義務づけられていたわけでもないのに、七十万人が選挙に行ったことは（人口比ではエルサルバドルより投票率が高い）、「勝利」ではなかった。アメリカ政府のプロパガンダの構図においては、エルサルバドルの選挙では、投票に行くこと自体に重要性が与えられるが、ニカラグア選挙では与えられないのであり、ラザーはりこうなペットのように、おとなしくそれに従ったのだ。

ラザーのみならず、ほかのどのマスコミの評論家も、エルサルバドルでは投票が法的に義務づけられていることを、一九八二年三月三十日にも、それ以前にも指摘しなかったし、国防相ギジェルモ・ガルシアによる「棄権は反逆行為だ」という警告が、サンサルバドルの各紙に載せられたことにも、だれひとり言及しなかった。[69] 基本的な要件はすべて、メディアの議題から外されたのである。選挙の質や意義を論じるにあたって、選挙前に『ラ・クロニカ』と『エル・インデペンディエンテ』が潰され、二十六人のジャーナリストが殺害されたことは、いっさい言及されなかった。[70] エルサルバドルでは、選挙の実施された一九八二年三月の何カ月も前から、軍とその仲間が大規模な民間人の殺戮を行なっていた。これが恐怖の蔓延する環境をつくりだし、非常事態が宣言されたことと相まって、自由な討論や自由な選択に、なにがしかの制約を加えることはなかっただろうか。だがこのような論点は、マスメディアでは、ほのめかされることさえめったになかった。

候補者たちは、殺されることを恐れずに自由に立候補し、選挙運動をすることができたのだろうか。反政府勢力は出馬する資格を与えられたのだろうか。これが内戦だったなら、反政府勢力は明らかに「最大野党」だったはずだ。だが、ここでもマスメディアはとぼけて見せた。メディアは反政府勢力の排除はさほど重要ではないふりをし、反政府勢力が勝手にボイコットしたのであって、自由な選挙の条件が欠けていることや、露骨な不正工作などを理由に、彼らが拒絶したのではないかのように報道した。一九八一年三月の暗殺リストも、FDRには出馬を許さないというグティエレスの発言も、わたしたちが集めたマスメディアのサンプルでは言及されていない。メディアは一度たりとも示唆しなかったが、この選挙の計画は、極端な強制と偏向に満ちた環境をつくりあげて、反政府勢力が出馬できないようにしておきながら、あたかも破壊工作がしかけられるなかで圧倒的な投票率が達成された、劇的などんでん返しであるかのように、つくり変えてしまうことだった。また、軍が選挙に同意したのは、絶対負けるはずがなかったからだということも、伏せられた。

軍の役割については、『ニューヨーク・タイムズ』のウォレン・ホーグが次のように要約している。

> 軍は選挙で何らかの役割を演じているのだろうか。軍人は投票することを許されず、軍隊は投票者を暴力から守り、選挙の結果を尊重すると誓約している。[71]

だが、選挙に先立つ三十カ月のあいだ、エルサルバドルでは軍が民間人を大量に殺害し、ほぼすべての大衆組織を系統的に解体、解散させていたのだ。シュルツ国務長官が「選挙を意味あるものにする予備的な段階」と言った、まさにその問題なのだが、ホーグ記者や『ニューヨーク・タイムズ』にとって、そういうことは軍の「役割」には入っていないらしい。ホーグは、軍の誓約を額面通りに受け入れて復唱しただけで、そんな誓約は（また選挙そのものも）、「最大野党」が選挙からしめ出され、主戦派のみが立候補できるテロ国家では、なんの意味もないことを、けっして示唆しなかった。プロパガンダの枠組みのなかでは、対米従属国家の治安部隊は「選挙を守る」ことになっており[72]、国民が強制されずに投票する自由を妨げるのは、つねに敵国の軍隊だけなのだ。

すでに述べたとおり、エルサルバドルに赴いた監視員や記者たちが一致して認めているのは、民衆がもっとも強く望んでいたのは戦争を終わらせることであり、政府のプロパガンダさえも、その目標に近づく重要な手段は投票だと強調した――民衆は「銃弾を投票に」置き換えるよう懇願された。けれどもエルサルバドルの選挙の投票用紙には、和平推進派の候補者は載っていなかった。そして選挙が終わった後も戦争は続き、「死の部隊」はひきつづきわが世の春を謳歌した。これにぴったり合致する仮説は、選挙の真の目的は、アメリカの国内世論を懐柔して、戦争とテロを拡大する資金をこころよく供給させるためだった、というものだ。だがエルサルバドルの国民が自由に選択できたという仮説には、相性が悪い。正直な新聞ならば、この選挙が「弾丸を投票に」置き換えることに失敗したと、指摘するはずだ。しかしアメリカのマスメディアは、この問題をとり上げなかった。

またアメリカのメディアにとって、この一九八二年の選挙とその結果を経験したことが、一九八四年の選挙に際してふたたび愛国路線に追従しようとする意欲に、いささかも影響したわけではない。この問題については、エルサルバドルとニカラグアの選挙に関する『ニューヨーク・タイムズ』の報道を統計的に比較した次節で、ふたたび検討しよう。

五　「グアテマラは穏健化を選択[73]」したか

一九八四年と一九八五年のグアテマラの選挙では、アメリカ政府の関与はエルサルバドルの選挙ほど深くなかった。とはいえ第二章でみたように、レーガン政権はルーカス・ガルシア、リオスモント、メヒア・ビクトレスら歴代の残虐な政権に、うわべだけの好ましいみせかけをつくろい、自由主義世界の一員として完全に復帰させようとした[74]。

アメリカは、一九八四年から八五年にかけての選挙を推進するため、選挙管理のための顧問と資金を提供し、広報活動を支援し、選挙を好ましくみせるために選挙監視団を派遣した。選挙の目的は、レーガン政府とグアテマラの支配者である軍の立場からは、アメリカの援助と借款の供与をスムーズにするためグアテマラの国際的「イメージ」を変えることにあり、彼らはその事実を隠そうという努力も、ほとんどしなかった。アメリカ政府はうわべの一新を支持してはいたものの、エルサルバドルで発揮したほどの強い意欲も、プロパガンダによる援護も伴っておらず、しかもグアテマラ国内で続行中の大量殺人について、たえまなく報告が入っていた。

　これらの条件を勘案すると、メディアの対応は、グアテマラの選挙を好意的に描きはするものの、そこには一定の保留をつけることになろう、とプロパガンダ・モデルは予測する。実際、エルサルバドルの選挙に比較すれば、報道の量はずっと少なく、内容的にはもう少し「バランスのとれた」ものだったが、依然として弁解的な構図が圧倒的にまさっていた。

　偏向を如実に語っているのは、グアテマラの選挙は有意義なものであると、メディアが即座に承認したことだ——選挙が、長年つづいた軍政と大量虐殺を背景に登場したイメージ戦略なのは明らかだったし、農村部では、大規模な住民の強制移動、「モデル村」、民間防衛パトロール隊など、自由選挙とは相容れない新しい制度が導入されていたにもかかわらずだ。敵国において、似たような条件の下で選挙が実施されたとすれば、そんなものは意味のない広報活動の一環にすぎないと報道されたことだろう。[75]だがグアテマラの場合、民間パトロール隊の存在や大量虐殺が続いていることは、ほとんど言及されなかった。そういう問題をあつかった情報源は無視され、全体的な報道口調は、楽観的で希望を抱かせるように慎重に配慮されたものだった。

　一九八四年の立憲議会は「明るい材料」であり、重要な第一歩であった、また一九八五年の大統領選挙は「三十年以上も続いた軍の支配を終わらせた［傍点は筆者］」（『ニューズウィーク』一九八六年一月十七日）ということで、コンセンサスが成立していた。CBSニュースのダン・ラザーは、セレソが、グアテマラで「三十年間ほぼ中断なく続いた軍政の後に、はじめての文民指導者」になった、と報道した（一九八五年十二月九日）。あいまいな表現だが、その意味するところは、『ニューズウィーク』じきじきの断言では、統治しているのはセレソであって、軍ではないということである。だがフリオ・メンデス・モンテネグロは、一九六六年から一九七〇年まで文民として大統領であったが、統治の実権は握っておらず、在任中に軍の暴虐が激増したことから、やがて信用を失った。こういう前例があるうえに、軍司令官たちは、文民政府は軍の「プロジェクト」であると明言していたし、[76]セレソ自身も、自分の権力について一定の留保をつけて語っていたのだから、客観的なニュース報道であれば、軍政の終わりという主張を伝えるに際して、慎重な態度をとったであろう。

エルサルバドルのときと同様、アメリカのマスメディアにとって、グアテマラの軍司令官たちによる残虐な統治も、彼らの正統性を損なうことはなく、反政府勢力の主張にも少しは正義があるかもしれない、と示唆するものではなかった。『タイム』は左派の反乱が、「体制側にとって、不断の脅威となっている」と指摘したが（一九八四年二月二十七日）、この反乱の原因を調べようとはせず、また反乱軍の指導者たちこそが「最大野党」であり、かれらが出馬できるかどうかが、選挙の正当性を試す「試金石」になる（ニカラグアの場合に言われていたように）、と示唆することもなかった。

『タイム』はまた、現体制が国民の生存を恒常的におびやかしていることも述べなかった。グアテマラの、国家による大量虐殺は、反乱の鎮圧の必要性が無条件で認められているため、なかば正当化されている。「殺人の多くは、メヒアが反乱の鎮圧に成功したことと結びついている」と『タイム』は述べている。「結びついている」という文句は、メヒアの「成功」が、文字通り何百もの村を破壊し、そこに住んでいた男や女や子供たちを大量に殺害したことに基づいている事実をぼやかすための、言い訳がましい婉曲表現である。[77]メヒアには、大量殺人と、それを相殺する「重要分野における改善」という、「善いところと悪いところの混じり合った履歴」があった（『タイム』の引用した国務省の発言）。メヒアは「権力を握ったあとも公約を守ったため、支持を獲得した」と『タイム』は述べる。メヒアが「支持を獲得した」と、なにを根拠に判断したのか、アメリカ国務省以外のだれから「獲得した」というのか、『タイム』はけっして説明しない。いったい、グアテマラの新聞が、ほんとうに自由に公言できたのか。司法システムは、存在するようになったのか。

第二章では、グアテマラの歴代テロリスト軍事政権に対し、レーガン政権は、彼らが交代するたびに、新政権を弁護するための調整を行ない、前代の政権について述べたことはウソであったと、遅ればせながら、それとなく認めるパターンをくりかえしたという、アメリカズ・ウォッチの証明を要約した。だがそれは、『タイム』が、国務省の発表を、信頼できる真実（他の主張を評価する規準となるような）としてあつかうことに、みじんも影響を与えなかった。たとえば『タイム』は、「左翼に好意的すぎると非難され、物議をかもしがちなアメリカズ・ウォッチという団体は、グアテマラを〝牢獄国家〟と呼んだ」と述べる。『タイム』が独自に情報源の質を判定しているわけではない――国務省が講釈する公式の愛国的な真実には、疑問をはさむ余地などないのだ。当局のプロパガンダに意義を申し立てる輩として、アメリカズ・ウォッチは中傷される（とはいえ、こきおろすためであってさえ、言及されることは稀だ）。『タイム』が宣伝《デモンストレーション》選挙の報道でみせた、国家の要求への卑屈な貢献ぶりには、『プラウダ』さえも見劣りする。[78]

グアテマラの選挙に関するマスメディアの情報源は、アメリカの役人と選挙監視員、グアテマラ側では最有力の立候補者と軍司令官たちだけに、ほぼ限定されていた。反政府勢力（ニカラグアであれば「最大野党」と呼ばれたであろう）や少数政党のスポークスマンたち、大衆組織や教会、人権団体、一般市民の代弁者たちは、基本的にメディアから無視された。『タイム』、『ニューズウィーク』、CBSニュースは、一般市民や反政府勢力のスポークスマンたちとはほとんど一度も話さなかった。『ニューヨーク・タイムズ』のスティーヴン・キンザー記者は、[五]選挙期間中のグアテマラについて数十本の記事を書いたが、そのなかで反政府勢力側の人物が引用されているのは、たった一回だけだ。ただし、一九八四年の選挙当日には、彼も多数の一般市民と話している（彼らは、キンザーがいつも取材していた人々より、ずっと楽観的ではない見方をしていた）。

メディアの情報源が一定範囲に限定されているのは、愛国的な話題を選択しがちなメディアの性癖に起因しており、同時にまた、その性癖を強化している。アメリカの役人と選挙監視員は、自国が支援する選挙については、つねに楽観的で希望に満ちた発言をする。出馬している有力候補たちも、そこそこに楽観的である。彼らは、少なくとも名目的な権力を獲得できる可能性が高いからだ。

とはいえ、たしかに彼らも時には、軍がほんとうに権力を移譲するだろうかという疑念を表明する。これによって、グアテマラの選挙劇は、エルサルバドルのものとはやや異なった性格を帯びることになる。エルサルバドルでは、「選挙を守る」民主的な軍が、武器を捨てて選挙に参加するのを拒む非民主的な反政府勢力に対峙する、という構図だった。グアテマラでの構図は次のようなものだ――はたして軍司令官たちは、兵舎にとどまるという約束をまもるだろうか。彼らがほんとうに兵舎にとどまり、文民の大統領が就任し、「統治」をはじめれば、選挙は勝利である。その後メディアは、この主題をさっさと捨ててしまう。したがって、軍がほんとうに文民指導者に権力を移譲したかどうかは、けっしてチェックされない（ちょうど、エルサルバドルで民衆が求めていた「平和」の実現が、ふり返って検証されることがなかったのと同じだ）。

一九四七年一月のポーランドや一九八四年のニカラグア、また敵国一般の選挙においては、メディアの関心が集中するのは権力の実体がどこにあるのかということ、またその権力が、どれほど選挙結果を前もって決定してしまうのかということであった。たとえば、国内の重要な政治集団が、出馬して選挙戦を有効に戦う能力を制限されるといったような。だが、グアテマラについては、そうではない。

もしマスメディアが情報源を拡大していれば、基本的な条件がもっと重視されていただろう。たとえば、グアテマラで実施された一九八四年七月一日と一九八五年十二月の二つの選挙では、いずれも事前にグアテマラ司教会議が、歯に衣着せずに詳細な議論を積み上げながら、国内の環境が自由選挙とは相容れぬものであると示唆する教書を公表していた。一九八四年六月八日付けの司教教書は、民間防衛パトロール隊が「あやつられがち」なことに注目し、失踪や、「飽くことを知らぬ汚職」や、社会や政治の構造によって「社会全体の福祉を増進することができない」ことなどを論じている。(79) スティーヴン・キンザーは一九八四年七月二十二日の『ニューヨーク・タイムズ』のニュース記事でこの教書にふれたが、すでに七月一日に選挙が行なわれた後のことであり、告発をもとに選挙の条件について論じ、選挙の質を評価するために使ったわけではない。さらに、この二十七ページにおよぶ教書についての彼の要約は、「拷問、選挙違反、富の集中、〝家族皆殺し〟などを非難している」というもので、選挙に影響した諸条件についての具体的な批判は、無視されている。『タイム』は、この司教教書について簡潔にふれたのみであったし、『ニューズウィーク』とCBSニュースは、言及もしなかった。

一九八五年の選挙に関連して、司教たちは、ふたたび力づよい声明文を発表し、「奴隷制度に近い絶望状態で」選挙をすることに、はたして意味があるだろうかという問いを重ねて発した。(80) 民間防衛パトロール隊、「国家保全のイデオロギー」、飢えと貧困は、本格的な選挙の実施につながるものではないと、司教たちは指摘している。

　待望の結果を得るためには、投票を行なう瞬間の自由だけではなく、社会的、政治的、経済的な一連の条件が満たされている必要がある。だが、残念ながらグアテマラにおいては、そういうものは整っていない。実際には、グアテマラでは依然として激しい暴力、人権の尊重の欠如、基本法規の違反が横行している。どのような人も、圧力を受けたり、おびえさせられたり、脅迫されたりするような状態に置かれれば、良心にしたがって投票する権利も、立候補する権利も、じゅうぶんに行使できないのが現実だ。

この教書は、主要メディアでも、他のところでも、わたしたちが把握している限りまったく言及されることがなかった。司教たちは保守的で、信頼でき、グアテマラにおいては国家テロに押しつぶされるのを免れた、数少ない組織体のひとつであったにもかかわらずである。

グアテマラには、この他にも反体制的な声があった——少数政党の政治家たち、労働組合の役員、人権擁護団体、弁護士や法律専門家——彼らは時折り、グアテマラでは自由な選挙の条件が制限されていることを、はっきりと述べた。さらに、この問題をくっきりと浮かび上がらせる印象的なできごともあったが、その多くは、アメリカのマスメディアでは報道を控えられた。たとえば[81]一九八四年七月四日に、グアテマラ人権委員会はメキシコで声明を出し、選挙の意義は、次の三つの重要な事実との関連において考慮されるべきであると述べている。すなわち、(一) 三月十四日の国連声明に明記された、有意義な選挙のための必要条件が満たされていなかった、(二) 左派は選挙に参加できる対象から外されていた、(三) 七月一日の選挙までの三十日間に、百十五人が殺されるか、または姿を消したことである。だが、この声明は、人権委員会が引用した事実ともども、アメリカの報道機関からはまったく無視された。

同様に、次の事実も考えてみてほしい。五月三日、オスカル・メヒア・ビクトレス将軍は、リカルド・サガストゥメ・ビダウレを、司法長官および最高裁判所長官の職から解任した。これに先だつ四月十一日に、司法当局が百五十七名の拉致被害者のために人身保護令状を発し、サガストゥメが、軍の権力濫用を起訴することの難しさについてメヒア・ビクトレスに抗議していたことを受けたものだ。五月四日、人民党の党首アシスコ・バヤダレス・モリーナは、サガストゥメが「ただの部下のようにクビにされた」と指摘した。五月八日、グアテマラ弁護士会は公式声明を発し、たえまない人権侵害と、自由裁量権の無制限の行使が証明しているように、グアテマラでは法の支配が存在していないと述べた。五月八日までに、最高裁判所や上訴裁判所の判事を含む、少なくとも十六名の司法官が、サガストゥメの解任に抗議して辞職した。

スティーヴン・キンザーはこのようなできごとのいずれについても、それが起こったことも、その意味についても、『ニューヨーク・タイムズ』ではまったく論じていない。他のマスメディアの記者たちも、同様だった。アメリカの庇護国で行なわれた選挙については、法による支配の成立という選挙のための根本的な条件が、争点から外されるというわたしたちの仮説に、このことはぴったり一致している。この点は、関連する他の構造的な条件にもいえることである。

たとえばキンザーは、ときおり民間防衛パトロール隊について言及はするものの、この組織がいったいどういうもので、どんな活動をしているのかを、詳細に説明することはけっしてなかったし、支配のための他の制度構造に結びつけて語ることもない。これが軍の権力とどのような関係にあるのかを、系統的に語るのも怠っている。こうした強制支配のための制度や、テロの実行に果たした役割については、アムネスティ・インターナショナルやアメリカズ・ウォッチや英国議会人権委員会が、無数の報告書を発表しているのだが、キンザーがグアテマラ選挙に関する事実を報道するにあたって、そうしたものが引用されることはない。一九八四年に選出された立憲議会は、たしかに新憲法を制定したが、それは軍の特別な役割を法制化し、出版・報道の自由に構造的な制約を加える役割を果たすものだった。キンザーはこれがどのような性格の文書であるのかを、一度も論じたことはなかった。

キンザーは、『ニューヨーク・タイムズ』の社説やアメリカ政府の思惑にふさわしいように、ニュースを伝えていた。『ニューヨーク・タイムズ』の社説が採用する枠組みは、「軍は、三十一年間のほとんどのあいだ政権を握り続けたすえに、ついに自由選挙による文民大統領の選出という約束を果たした」というものだった。[82] 同時期に書かれたキンザーの報道記事も、同じメッセージを伝えている。その一つは、「三十年ぶりに民主主義がチャンスを得るグアテマラ」（一九八五年十一月十日）という表題がつけられている。これは内容を正確に要約してはいるものの、最終的な判断は保留するというのが底意だった。

だが、その主要メッセージは誤りである――自由選挙のための基本的な条件が満たされておらず、軍の実権が無傷で温存されており、それを確定するために制定された成文憲法が、軍を法の支配の外におき、名ばかりの「民主主義」に拘束されることなく、人を殺す資格を与えているというのであれば。[83] この虚偽のメッセージを伝達するために、キンザーはサガストゥメの事件や、反乱鎮圧国家のために編み出された諸制度、殺戮の継続、恐怖の蔓延など――すなわち自由選挙の基本条件が満たされているかどうかを、無視せざるをえなかった。その代わりに彼が力点を置いたのは、希望、整然とした選挙の過程、軍の公約だった――まさに、「宣伝選挙」における、政府プロパガンダの重視項目にほかならない。

キンザーの記者としての業績の中で、最低の部類に入るにちがいないのは、一九八五年十二月二十七日付けの記事（「グアテマラの投票が、ニカラグアの諸政党を励ます」）だ。ここで彼は、グアテマラの選挙が、ニカラグアの手本となるような選挙モデルを打ち立てたとさえ、ほのめかしている。キンザーはセレソのニカラグア訪問について語り、サンディニスタの勢力も忍耐によって打ち破ることができると、セレソがニカラグアの反政府勢力をはげましたことを特筆している（そこに示唆されるのは、セレソはグアテマラで軍政を覆し、完全な統治権を握ったということだ）。同記事は、ある反体制派の人物の言葉で終わっている――「オルテガ[六]はいまや、中央アメリカで最後の軍服を着た大統領だ。対比はこれから明白になるだろう」。べつに国家元首が軍服を着ているかどうかで、軍のほんとうの力が判断できるわけではないだろうに、この記事のどこを探してもキンザーがそれを指摘している箇所はないし、グアテマラの軍政は、まだ克服されたわけではないという指摘もない。彼は、グアテマラ軍が何万という一般市民を殺害しているという事実にふれない。あるいはニカラグアで開催された選挙は、グアテマラの選挙よりずっと開かれたものだった、という事実を認める様子もまったくない。それどころか、この事実は、『ニューヨーク・タイムズ』をはじめとするメディアによって、国家の要請にあわせて、露骨に、一貫して否定されている。

エルサルバドルのケース同様、アメリカのマスメディアが、グアテマラの選挙は反政府勢力の排除によって無意味なものになったと示唆するようなことは、けっしてなかった。キンザーは大胆にも、左派が選挙からしめ出されていたことに何度もふれているが、そのことの意味について、社会を構成するさまざまな人々のための選択肢という観点から論じるよう、だれかに乞うこともしなかった。この主題についての重要な書物を共著で出版しているのだから、キンザーはその事実をじゅうぶんに認識していたはずだ。(84)

グアテマラ人の大多数はとても貧しく、この人たちは一九五四年以来、政治に参加することも、代表を送ることも完全に阻害されてきた。反乱は、このように大衆が危険な状態におかれて搾取されていたこと、彼らの不正と苦難を軽減するため民主主義的な手続きがとられる可能性が、まったく欠けていることから生じたものである。国家を牛耳る軍によって出馬を許された政党や、政府の官職につくことを許された非軍人は、貧困に苦しむ大多数の国民の最大の関心事を、すべて政治課題から遠ざけておくことに、暗黙のうちに、あるいははっきりと同意した者たちだけだった。

反政府勢力が民衆からどれほど強く支持されていたかを測定する方法はないが、彼らが一般国民の利害を最優先する政策を信奉しており、外国からのたいした支援も受けずに反政府活動を維持してきたことや、軍の対応が事実上、農村部の住民すべてに対する戦争であったことなどを勘案すると、自分たちが「最大野党」であるという反政府勢力の主張は、同じことを主張するアルトゥロ・クルスや、彼と結んだニカラグア上流階級のよりも、説得力があるように思える。もし反政府勢力が（あるいは国民の大多数に支持されるような方針を掲げて、軍や少数支配階級の立場をおびやかすようなどんな候補でもそうだが）、グアテマラの選挙に参加する資格を与えられていないなら、それは基本的に詐欺といえるのではないだろうか。それについてはグアテマラの司教会議が、一九八四年にも、一九八五年にも、強く主張していたが、この尊敬すべき情報源は、アルトゥロ・クルスやロバート・ライケンとは対照的に、アメリカのマスコミから組織的にしめ出されていた。

エルサルバドルのときと同じように、グアテマラの選挙が、自由選挙の基本的な必要条件が満たされたかどうかを基準に評価されることは、選挙の前にも、選挙の後にも、まったくなかった。アメリカ政府の認識では、反政府勢力は最大野党ではなかったし、グアテマラ政府の国家テロは、広報活動に都合の悪い事実にすぎず、選挙は公正なものだった。マスメディアによるグアテマラ選挙のあつかいは、このような政府プロパガンダの意図を、じつによく反映していた。

六　ニカラグア選挙の正統性をいかに剥奪したか

エルサルバドルやグアテマラのケースとは対照的に、ニカラグアの選挙については、レーガン政権がその信用を落とそうとやっきになっていた。選挙によってサンディニスタ政権が正統性を獲得し、テロリストの軍隊にアメリカが資金を供給する根拠が、弱まる恐れがあったからである。レーガン政権はそれまで、選挙の実施を怠っているとして、サンディニスタ政権をこきおろしていたのだが、実際に選挙をする段になると、それは都合が悪かったのである。それゆえ、ニカラグアが選挙を思いたったそのときから、レーガン政権は、その質についての疑問を表明しはじめた。二つの従属国家の選挙に肯定的なイメージを与えるために、全力をつくしたのと同様、ニカラグアの選挙をできるかぎり否定的に描くために、同政権は大きな資源をわりふった。メディアは従順に、その方針に追従した。プロパガンダ・モデルの予測どおりだ。

はじめはニカラグアが選挙の実施を怠っていると攻撃しておきながら、今はやっきになって選挙の延期をはかり、信用を傷つけようとすることのシニシズムに、マスメディアは注意をうながそうとしなかった。(85)『タイム』は、「欧米の主な民主主義国からの［選挙に立ち会うための］政府派遣団」がなかったことを引き合いに出し（一九八四年十一月十九日）、あたかもそれが選挙の信用を損なうような事実であり、アメリカの影響力の作用ではないかのように論じる報道をした。ニカラグアの選挙には、四百五十人あまりの外国人が監視員として参加した。その中には優れた資格を有する人々もはいっており、アメリカが公式にエルサルバドルやグアテマラへ派遣した監視団に比べて、ずっと自由に、長期にわたって観察を行なっていた。だが『タイム』などのマスメディアは、彼らにまったく注意を向けようとしなかった。(86)

スティーヴン・キンザーが「監視員」をどのように利用したかは注目に値する。ニカラグアのケースでは、彼は非公式の監視員たち（くり返すが、その多くは、選挙監視員として飛びぬけて優秀な資格を有していた）を完全に無視していた。それどころか、公式のオランダ政府派遣団さえも無視したのである。オランダ派遣団は中道右派を中心に構成され、エルサルバドルの虐殺については弁解がましい立場を取っていた。だが、その彼らでさえも、エルサルバドルとニカラグアの選挙を両方とも観察した結果、ニカラグアの選挙は、「より多くの人々が参加できた点で、エルサルバドルより開かれたものだった。野党は生命の危険を感じてはいなかったからだ」と述べ、「したがって、政権の正統性は、これによって確認された」という判断を下した。(87)

グアテマラについては、これとは対照的に、一九八四年の選挙でも、一九八五年の選挙でも、キンザーは政府監視団の報告を取り上げたが、それらは大きく偏向した浅薄なものであった（補遺1で論じた報告を参照されたい）。一九八四年のグアテマラ選挙については、先に引用した人権法グループという非公式の団体の報告にも、キンザーはたしかに言及しており、投票の手続きは「手続き上は妥当なものだった」という、彼らの声明を引用している。だが、この団体が「住民の過半が恒久的な恐怖のもとに暮らしており」（四頁）、そのため「手続き上の妥当性」はほとんど意味をなさなかった、という内容の記述を数限りなくくりかえしていることを、彼は注記していない。

ニカラグアでは、アメリカ政府ご指名の公式監視員がいなかったため、メディアは従来にもまして、アメリカ政府の配布物に大きく依存する結果になった。政府から情報を提供されたマスメディアのプロパガンダと、ニカラグアの現場で外国の監視団が発見したこととを比較してみると、多くのことを教えられる。その例として、後者にあたる二つの報告を用いて、ここで比較を行なってみよう。

ひとつは、アイルランド議会の超党派代表団による、一九八四年十一月のニカラグア選挙に関する報告である。代表団を構成する四人のうち、三人は右派あるいは右寄りの政党に属していた。彼らは選挙をはさんで十七日間ニカラグアに滞在した。それと並ぶもうひとつの、メディア報道検証のための比較対象は、先に引用したラテンアメリカ研究学会（ＬＡＳＡ）の報告書である。ＬＡＳＡが派遣した十五人の代表団はその半数が、ニカラグアにおける豊富な現地体験を持つ人々だった。ＬＡＳＡ代表団は選挙前の八日間をニカラグアで過ごし、貸切りバスを使って各地を回り、自分たちで決めた日程にしたがって行動し、「だれにでも、こちらから近づいていって（向こうから自発的に話しかけてきた人々はもちろんのこと）会話を交わした」(88)。

「しらけ」と「恐怖」という中傷

『タイム』誌は、アメリカ政府から手がかりをもらっている事実を、隠そうともしない。同誌は、国務省の当時の広報担当官（その前と後には『クリスチャン・サイエンス・モニター』のコラムニストをつとめていた）ジョン・ヒューズの、「それはあまり良質の選挙とはいえなかった。サンディニスタのための芝居だ」という言葉を引用している。(89)『タイム』はこれにならって、一連の中傷的な表現を使っている。「あらかじめ予想されたように、サンディニスタは勝った……ニカラグアの選挙ムードの大勢は、無関心だった……。結果は見えていた……盛り上がりに欠けるものだった」（すべて一九八四年十一月十九日号より）。これより早い時期の記事（十月二十九日）でも、『タイム』は似たような否定的な文句を、ほしいままにくりかえした。「緊張感のない選挙運動」、有権者たちは「しらけきって、投票に行く気にもならない」（これは、選挙のはるか以前から出された予想である）。また、どちらの記事でも、「恐怖」が大きくあつかわれていた。

エルサルバドルの選挙では、『タイム』の報道口調は異なっていた。「驚くべき良識が働いていた（つまり、レーガン政権はこの選挙に多大な広報投資を行なっていた）」、「何十万もの人々が……マルクス主義者が率いる［FMLN（ファラブンド・マルティ民族解放戦線）〔七〕］の脅迫を敢然としりぞけ、ときには彼らの銃撃をあびる危険さえ犯して、投票のための長蛇の列に加わり、この国の待望の大統領選挙に参加した」（一九八四年四月九日）。(90)

グアテマラでも、「およそ百八十万の人々が勇気を出して、熱帯性の暴風雨にもめげず四時間も投票所に並び、困惑するほど多岐にわたる選択肢の中から、自分の選ぶ候補に投票した。これほど開放的でごまかしのない選挙は、この国では十年以上もなかったことだ」（一九八四年七月十六日）。『タイム』が描き出す宣伝選挙には、無関心も、政府の武力行使への恐怖も、けっして登場しない。

『ニューヨーク・タイムズ』のスティーヴン・キンザーも、ニカラグアの選挙については、グアテマラの選挙にくらべてずっと冷淡な見方をしていた。アメリカの推す候補者アルトゥロ・クルスのような対抗馬に、彼は多大な関心をそそぎ(グアテマラでは、少数政党や労働組合代表、反政府勢力、人権擁護団体などの存在を完全に無視したくせに)、恐怖に駆られて投票所におもむく人々を、グアテマラでよりも数多く発見した。この二つの国の選挙を取り巻いていた環境を考えれば、おどろくべき発見である。[91]

キンザーが一貫して注目したのは、人々を投票所にかり出すためのサンディニスタの努力、選挙結果はすでにあらかじめ決まっていたのだという事実、選挙のための大集会が解散させられたという申し立て、反対派による不正の申し立てや、出馬の取り下げなどだった。『タイム』にも描かれたように、投票者たちは「思索的」で、「選挙への熱意があまねく行き渡っていたわけではなく」、「目に見えるような熱意はほとんど示されなかった」、と記されている。キンザーは選挙の環境や、選択肢の範囲、あるいは他の基本的な条件が、ニカラグアとグアテマラ(またはエルサルバドル)ではどう違っていたかを比較していない。要するに、彼はニカラグアとグアテマラの選挙を報道するに際して、プロパガンダの構図にぴったり寄りそって、別々の設問を用意していたのである。[92]

否定的な態度や無関心とされているものについては、アイルランドの代表団もLASA代表団も、ニカラグアでは投票は義務づけされていなかったし、完全に秘密投票であったと指摘している。したがって、アイルランドの代表団が指摘したように、棄権率が低かったことはひときわ大きな意味を持ち、「住民の多数が選挙に反対していたという予測を無効にした」。おまけに無効票の比率(七・四パーセント)も、国民の識字率が高いヨーロッパの国々の選挙とくらべても、遜色のない水準である(七頁)。彼らはまた、次のように記している。

農村部の投票所で列についている一人の年老いた男との会話で、代表団の一人が「これまでに投票してきた他の選挙とくらべて、今回はどこが違うと思いますか」と尋ねた。「ぜんぶさ」。「どんなふうに?」。老人は肩をすぼめて、「まるっきり違うのさ」と言った。

アメリカのメディアが、この老人のような人物を見つけることはけっしてなかった。アイルランド代表団はまた、次のように指摘している。

他国からの監視員には、投票所に赴く人々が熱心には見えなかった、と示唆する者もいる。それは無理もない。彼らは長い行列をつくって、自分の順番が来て、カーテンの陰で投票用紙に記入することができるのを、辛抱強く待っていたのだから。代表団の一人は、たまたまそのちょうど二日後に、アメリカで行なわれた選挙の投票に立ち会う機会を持ったが、そこで列をつくっている人たちのあいだに、ニカラグアの投票者たちを凌ぐ熱意が感じられたわけではない。

アメリカのマスメディアが判で押したように、アメリカ政府の庇護国の選挙では、熱意と楽観的な気分を見出し、アメリカ政府が嫌う国家の選挙では、無関心と否定的な反応を見出すという現象は、現実の選挙の実態とはなんの関係もなく、彼らに課せられたプロパガンダの方針と、それに合わない意見や情報の排除という理由によって、完全に説明がつくものだとわたしたちは考える。

選挙のメカニズムを無視する

プロパガンダの公式では、政府が擁護する国家では、選挙のメカニズムに大きな関心が注がれるが、選挙を中傷したい国家には注がれない。この公式は、いま問題にしている国々の場合にもあてはまる。『タイム』(一九八四年四月九日号)は、エルサルバドルの入念な選挙準備について、詳細に記述した。選挙プロセスにおける「改竄防止」策、透明なアクリル樹脂製の投票箱、消せないインクによる記入、IDカードへの押印などである。しかしながら、コンピュータ化されたハイテク投票手続きは、識字率が五〇パーセントを切る国民には、理解されていないことが明らかになった。『タイム』も、他のメディア企業も、選挙のための当然の準備行動として、まず読み書き能力の改善が肝要だ、という点を問題にしたことは一度もなかった。また、透明アクリル樹脂の投票箱は、投票の秘密性を損なうかもしれないとか、IDカードへの押印が投票を強制する手段として作用し、高い投票率につながったのではないかと、示唆したこともなかった。

ニカラグアは投票の秘密を守り、簡単でわかりやすい投票のしくみをつくるために、たいへんな労力を注いだ。たとえばニカラグアでは、選挙用の印刷物が一般の人々にも理解できるように、選挙前に大がかりな識字普及運動がくり広げられた。アイルランド代表団もLASA代表団も、選挙にプラスになったとして、このことに言及している。ニカラグアはまた、完全な登録リストを作成して有権者に選挙人登録をさせることに、高い優先順位を置いた。アイルランド代表団は、「エルサルバドルやグアテマラのような他の中米国家での最近の選挙では、このような手段は導入されておらず、時代遅れの人口調査や政府による不完全な人口統計の記録などに基づいた選挙人登録は、信憑性におおいに疑問の残るところであった」(五頁)と指摘している。ニカラグアはまた、透明な投票箱や、IDカードへの押印などをはじめ、だれがどう投票したかが当局にわかってしまうような手段は、すべて意識的に避けるようにしていた。LASAは次のように指摘する

投票用紙は、不透明な分厚い白紙に印刷されていた。ソモサ時代の選挙とは大きな様変わりだった。ソモ

サ家が支配した時代には、半透明の投票用紙が使われていたため、ほとんどだれもが、投票は秘密ではないと考えていた。同じ問題は、エルサルバドルの一九八四年の選挙でも存在した。そこでは薄い紙の投票用紙が、透明な投票箱に保管されたからだ。一九八四年のニカラグア選挙は、ほんとうの秘密投票であった（一四頁）。

ニカラグアではまた、比例代表制が採用されていたため、小政党にも議会で席を得るチャンスがあった。諸政党が選挙に出馬する資格をえることも、きわめて容易だった。それに比べて、グアテマラの一九八四年の選挙では、出馬する資格を得るために、四千人の署名を集める必要があった。これはかなり大きな数字であるし、毎日のように政治的な理由で人が殺されているような社会で、反体制政党がこれだけの数を集めることは、並みたいていのことではない。

スティーヴン・キンザーや彼の仲間たちは、この相違についてはけっして言及しなかった。もっと一般的に言えば、ニカラグア選挙の大きな功績が、アメリカに従属する国家の選挙手続きに対比されることは、けっしてなかった。そのような比較がなされれば、きわめて効果的に実態が暴露され、メディアの選挙報道が献身していたレーガン政権の思惑は、根底から覆ることになったであろう。先述のように、『タイム』はエルサルバドルの怪しげな選挙手続きを、あたかも評価に値するものであるかように言及する。『ニューヨーク・タイムズ』が、エルサルバドルで用いられた透明な投票箱について言及したのは一度だけで（一九八四年三月二十五日付けのリチャード・マイスリンの記事）、透けて見える箱を使うのは、ごまかしの防止が目的だという表向きの説明を、疑問をはさむこともなく、そのまま復唱しただけだった。他の可能性には、いっさいふれない。『ニューズウィーク』とCBSニュースでは、この問題そのものが無視された。

闇に葬られた妨害と、高投票率の意味

エルサルバドルの選挙については、反政府勢力による妨害が、政府プロパガンダの枠組みの中心的な話題だった。反政府勢力が選挙に反対しているため、人々が投票するという行為そのものが、反政府勢力に対する拒絶と軍への支持を証明するものだとされた。投票者の数が、民主主義の勝利と反政府勢力の敗北を示す指標だった。すでに検証したように、マスメディアは疑問をさし挟むことなくこの図式に追従した。ニカラグアのケースでは、プロパガンダの公式は裏返しになる——反政府勢力は善玉であり、悪玉が実施する選挙は、実施される前からまやかしだと宣告された。反政府勢力が選挙に反対し、妨害工作をしたにもかかわらず、たくさんの人々が投票所におもむいて投票したという事実も、反政府勢力を拒絶し、サンディニスタへの支持を証明するものとはみなされなかった。

エルサルバドルの選挙に適用した標準とは、まさしく正反対を意味したにもかかわらず、アメリカのマスメディアは、またもや政府の意図に追従したのである。コントラやその支持者は、選挙に参加せぬよう民衆に強く働きかけ、少なくともエルサルバドルの反政府勢力が行なったのと同程度の、猛烈な選挙妨害（それと、もっと多くの殺人）を行なった。さらに、投票の秘密はずっと確実に保たれていたし、市民に対する投票の義務づけはなく、投票したことを確認するためのＩＤカードへの押印もなかった。サンディニスタは、「死の部隊民主主義」国家のように、ほぼ毎日一般市民を殺害するようなことはなかった。したがってニカラグアの選挙では、エルサルバドルやグアテマラの選挙よりも、投票率の高さがずっと大きな意味を持っていた——民衆は棄権することも、反対勢力に投票することも自由だったからだ。

アメリカのマスメディアは、この問題を処理するために大規模な情報の隠蔽を行なった。脅迫や、投票所や

職員を襲撃して棄権をうながすという、コントラとアメリカが一緒になって行なったキャンペーンを、メディアは完全に無視した。また実効性のある秘密投票が確保されていたことや、棄権する権利が守られていたという事実も、闇に葬った。[93]これはちょうど、エルサルバドルの一九八二年と一九八四年の選挙においては反政府勢力の妨害や、その他の投票を妨げるような要因を誇張して伝えたことの、まさに裏返しの関係である。

一九八二年のエルサルバドルの選挙では、『ニューヨーク・タイムズ』はかなり無理をして、反政府勢力の「挑戦」と選挙妨害という根拠のない申し立てに注目し、それが投票率に、格別に大きな意味をもたせるものだと主張していた。[94]それにもかかわらず、スティーヴン・キンザー記者はニカラグア選挙の報道で、コントラが多くの投票所を襲撃し、ラジオ放送で棄権を呼びかけたという事実に、一度たりとも言及していない。[95]キンザーは、このような事実も、アメリカが選挙の信用を失墜させようと運動したことも、ニカラグアの選挙における投票行為そのものに、重要性と意義を持たせる「挑戦」であるとはみなさない。

アイルランド代表団は、「民主協調委員会（DCC）［経済界を基盤とする］の諸政党は選挙人登録に反対し、手続きのボイコットを呼びかけた」（五頁）と指摘し、反革命活動のおかげで十一カ所の投票所が閉鎖されたと記している（七頁）。民衆は「危険な目にあう可能性があったにもかかわらず」、おおぜいが投票におもむいた。アイルランド代表団は、潜在的な危険があったことが投票行為そのものを重要なものにし、「民衆がこの選挙をどれほど重要に思っていたかを示すものだろう」と述べている（六頁）。

LASAは、「最大野党」が投票者に棄権を呼びかけるために用いたさまざまな手段を指摘し、コスタリカからグアテマラに向けて流されたラジオ放送で、投票者はコントラによって殺害されると警告したことにふれている（一六頁、二八頁）。LASAはまた、「低所得者層の住む地域の方が、裕福な人々の住む地域よりも投票者の熱意が高く、投票率が高かった」と指摘している。[96]『タイム』と同様、LASAも、投票率がFSLN

幹部の期待には届かなかったと記している。だが、『タイム』とは異なり、ニカラグアの投票率は、「ラテンアメリカで最近行なわれた他の二国の選挙における投票率と比較しても、優れたものだった」(一六頁)と指摘している。(97)

要約すると、二つの監視団報告は、ニカラグア選挙における反政府勢力の妨害行為、投票率、その投票率のもつ意義について論じている。アメリカのメディアは、そういう事柄を、エルサルバドルの選挙に関しては(政府のプロパガンダ路線に迎合したため)大きく取り上げたが、ニカラグアに関しては、まったく報道価値のないものと判断した。

強制手段への感度の差

先に説明したように、アメリカ政府とマスメディアがエルサルバドルやグアテマラの選挙について論じたときには、「投票をうながす一連の強制手段」は話題から外された。大量殺人や、法の支配の不在がうみ出した恐怖という要素も、これらの対米従属国家については問題とされなかった。だがニカラグアの場合、弾圧や恐怖がふたたび話題に上るようになった。

この復活を、驚くべき不正直と偽善で示しているのが、『タイム』の報道である。同誌は五万人の民間人が殺害された後でさえ、政府による圧力と恐怖が、アメリカの支援する選挙での高い投票率を説明するのではないかという点に、けっして触れようとしなかった。なのにニカラグアについては、「好戦的な」サンディニスタが「恐るべき軍事力の独占」を達成しており、彼らの「締めつけを緩和する」ことが「自由な選挙戦を行なうためには不可欠」であるが、それを彼らが実行するかどうかは、はなはだ疑問だとされた。『タイム』の中米特派員ジョージ・ラッセルは、「個人の自由がまったくないところに民主主義は実現しない」、などと発言する「中南米の外交官」を見つけてきさえした（一九八四年五月十四日号、十月八日号）。ラッセルと『タイム』は、エルサルバドル政府が「好戦的で」、「恐るべき軍事力の独占」を実現しているとは一度も考えず、また選挙戦を行なうにはその「支配力」を緩和する必要があるとか、個人の自由が欠けている、あるいはそれがエルサルバドルの選挙に関係するとさえも、けっして言及しなかった。しかしニカラグアの選挙については、「参加への圧力が強かった。多くの市民は、たいせつな配給票が取り上げられはしないかと、びくびくしていた」と、『タイム』は伝えている。さらに、「政府は、投票を怠るのは反革命的な立場の表明に等しいとみなす、と明言していた」と記している。後には、ダニエル・オルテガの「ニカラグア人という自覚のあるニカラグア人は、みな投票に行く。行かないのは裏切り者だけだ」という言葉を引用した（一九八四年十一月十九日）。

前に指摘したとおり、グアテマラでもエルサルバドルでも、軍は、投票が法律で義務づけられており、棄権するのは反逆行為であると民衆に警告していた。オルテガの発言は侮辱ではあるが明白な脅迫ではなかったのに対し、こちらの方の声明はより厳密な警告である。オルテガ発言はこの種の発言として伝えられる唯一のものであり、棄権行為は「反革命的」であると政府が「明言した」、という『タイム』の主張は、二重の意味で不誠実である。第一に、この発言は明白な警告とは言えないし、第二に、「反革命的」という言葉は、『タイム』が勝手にはさみこんだ不当なものだからである。

法律に示された公式の政府見解は、ニカラグア人に投票の義務はないというものだった。『タイム』はこの事実を隠蔽する。投票の秘密が保たれており、投票の有無が確認できる身分証が存在しなかったため、たとえ投票するよう脅しをかけようとしても、それを実行する手段がなかったのだが、同誌はこの事実を隠蔽する。ニカラグア軍は、「反革命主義者」でさえも日常的に殺害していたわけではないこと、その一方で、エルサルバドルやグアテマラの軍隊は、「革命家」でなくともとにかく邪魔になっただけの人々を、数知れぬほど殺害していたという事実を、同誌は隠蔽する。要するに、これ以上はありえないほど、あつかましいプロパガンダなのである。

「多くの」人々が配給票を取り上げられることを恐れていたという、『タイム』が主張する「事実」は、LASAの次の発言によって反証されている。「わたしたちが複数の都市のさまざまな地区で実施したインタヴューでは、いかなる理由であれ、配給票の配布が差し止められたとか、回収された形跡はなかった」。配給票を回収すると脅迫された報告が、最高選挙管理委員会には五件入っているが、「それらの申し立てのどれひとつ、調査によって立証されたものはない」(二七頁)と、LASAは記している。『タイム』は、報道の根拠になる典拠を示しておらず、「多くの」といいながら、具体的な事例はひとつも記述していない。

スティーヴン・キンザーが、選挙に強制があったという訴えを、ニカラグアの場合において、グアテマラよりたくさん引用していることは先に記したが、この二つの国における実際の弾圧の規模や性格についての、異論のない事実にかんがみれば、これはジャーナリズムにおける、おそるべき離れわざといえよう。グアテマラの国家テロが、選挙の質にあらゆる面で(立候補の可能性、言論出版の自由、中間組織の不在、恐怖の蔓延、投票する意味など)影響を与える基本的な要因であったことを、キンザーが過小評価したことは、おおがかりな詐欺行為に他ならない。彼のニカラグア報道にも、大規模な事実の歪曲があった。彼は大量殺戮がなかったことを指摘しなかったし、投票を強要する一連の対策が存在しなかった(透明な投票箱、IDカードへの押印、法的な投票の義務づけなどはなかった)ことに言及するのを怠った。

キンザーが選挙について書いた十四本の記事のなかに、一度だけ登場する投票義務についての記述は、重大な詐欺に相当する。彼は次のような投票者の発言を引用している。「投票には必ず行くようにしている、いつだって。それが義務だからね」と彼は言った。「もちろん、法律は別さ。だがね、投票するのも愛国心ってことが、いずれわかってくる。そして、愛国心が長生きにつながる」[98]。キンザーが引用した男は、ニカラグアでは投票が法的に義務づけられていないことを、ほのめかしてはいるが、直接には明言していない。この意味のとりにくい陳述（キンザーとしては、投票義務がなかったと認めるのにもっとも近づいたものだ）も、投票はなんらかの脅迫に動機づけられているようだ、という語り手の示唆によって相殺されてしまう。

アイルランド代表団もLASA代表団も、秘密選挙がきわめてよく守られたことを強調している。LASAの言葉によれば「濫用の可能性を最小にすべく、細心の注意が払われた」（一五頁）。これらの団体はまた、投票が法的に義務づけられていなかったことや、『タイム』などのメディアが広めたアメリカ政府のプロパガンダとはまったく逆に、人々に投票させるための強制的な要素が少なかったことも強調している。恐怖が支配する環境の一因となる政府の人権侵害も、LASAの指摘では、「中米地域の他の国々に比べれば、きわめて小規模なものだった」（二八頁）。実際、ニカラグアの人々が抱いていた恐れは、マナグア市にある自国政府よりも、米国とコントラに対してのほうが大きかったと、LASAは記している。

幻の「最大野党」

すでに見たように、エルサルバドルとグアテマラでは、反政府勢力が選挙からしめ出されていたが、そのことにアメリカのメディアが騒ぐことは、みじんもなかった。一九八一年にドゥアルテが、一年前に軍民評議会に参加したとき「大衆はゲリラ側についていた」と認めたことにも（これによってゲリラが〝最大野党〟であると、明らかになったはずだ）同じ反応だった。[99] またエルサルバドルでもグアテマラでも、軍が野党指導部を殺害したが、それがメディアに影響することはなかった。エルサルバドルでは、反政府勢力の排除は、この選挙に向けたアメリカ政府の構想にはじめから入っていた。したがって彼らは、「最大野党」ではないとされ、指導者が選挙からしめ出され、殺害されたことさえも、選挙の質を大きく損なうとはみなされなかった。

ニカラグアの場合、これとはうって変わって、アメリカ政府は違った枠組みを適用した——アメリカが支援する反政府勢力や他の候補者の排除は、選挙の質を危うくする重大な問題であった。メディアは利口な子犬（番犬というよりは愛玩犬だ）のようにつき従った。

アメリカ政府が押しつけるニカラグア選挙についてのドラマ仕立てのプロパガンダ路線によれば、アルトゥロ・クルスはサンディニスタに働きかけて、自分にも公平な選挙戦が許されるような開かれた制度を作らせるべく懸命に努力したが、「マルクス・レーニン主義者」たちが十分な譲歩をしなかったため、クルスは出馬を断念し、その後の「最大野党」の「排除」につながった、というのが筋書きだった。

だがクルスが「最大野党」の一員だったというのは、アメリカ政府とマスメディアが構築したプロパガンダの図式のなかだけで通用する話だった。国外生活が長く（いまではＣＩＡから給与を受け取っていたことを認めている）、ニカラグアには何の大衆基盤も持たないクルスが、自由選挙に打って出たとしても、惨敗するのは目に見えていた。[100] クルスはもともと、出馬するつもりなどなかったのであり、資金提供者ともども、プロパガンダの枠組みで効果的に利用できるというだけの理由で、出馬の可能性を主張しつづけたのだ、と考えられるじゅうぶんな根拠がある。[101]

マスメディアは、このクルスのドラマを無批判に大きく取り上げた。クルスの物語は途方もなく誇張された。彼はたえず、「最大野党」あるいは与党に対する「主要な対抗馬」として（何の根拠も提示されずに）言及され、彼の立候補は、「サンディニスタの民主的な意図をためす最終審査」だとされた（『タイム』、一九八四年十月二十九日）。『ニューヨーク・タイムズ』にとって、クルスの参加しないような選挙は「にせもの」であり（一九八四年十月七日の社説）、同紙のニュース・コラムでは、「最大野党」のクルスを中心的な位置に据えてい

りかえした。[102]その有利な立場から、クルスは選挙の進行状態を見て、「茶番劇」だとか「にせもの」だという非難をく

ただ、『ニューヨーク・タイムズ』では、後方の紙面に、一本の優れた記事が掲載されたことがある。その記事は、クルスにはもともと出馬するつもりはなかった、あるいは彼と親しいニカラグアの協力者やアメリカの官僚によって、出馬を差し止められていたこと、その役割は、先述のように、出馬の意志があるかのように装って、選挙の信用を傷つけることであり、そのために報道機関の注意をひこうとした証拠を提供していた。[103]けれども、この控えめに報道された記事は、これひとつきりで孤立しており、ニカラグアの選挙劇の中心的な話題として、この「最大野党」とされる人物の「排除」とされるものに、マスコミがたえまなく注目する大勢を変えることはできなかった。

自発的に出馬を見合わせた、ニカラグアの「最大野党」とされるものに注目しておきながら、マスメディアはその一方で、エルサルバドルでは本物の最大野党が、軍事力と計画によってしめ出されていたことには目を向けず、疑問をはさむこともなく政府のプロパガンダの構図を鵜呑みにした。エルサルバドルの「最大野党」が置かれた状況や、その除外の重要性を語るような情報源は、エルサルバドル人でも外国の監視員でも、完全に無視された。[104]

ニカラグアの選挙では、これとは対照的に、クルスやアメリカ政府高官に自説を展開する場が与えられ、その発言が毎日のようにたれ流されたが、それが事実に反していたり、ごまかしだったりする可能性についての但し書きは、まったく付かなかった。プロパガンダ・モデルの予想に、完璧に一致している。

レーガン政権は、クルスをメディアの前にぶらさげて気を惹こうとしただけでなく、ニカラグア選挙のほかの候補者たちにも、勧誘や賄賂をつかって出馬を取り下げるよう働きかけ、無意味な選挙という「予言」を成

就すべく懸命に試みた。この大国の干渉のあつかましさは驚くべきものであったが、アメリカのメディアは、それにほとんど関心を示さなかった。メディアはけっして、それが民主主義に背くものだと非難しなかったし、クルスのキャンペーンと結びつけることも（ボイコットによって選挙の信用を落とすという、ひとまわり大きな計画の暗示も）しなかった。また、アメリカが積極的に選挙を潰そうとしていたことを勘案すれば、有権者が投票に出かけたことはいっそう大きな意味を持つだろうと示唆することもしなかった。

一九八四年十月三十一日、スティーヴン・キンザーは、アメリカの高官がニカラグアの諸政党と「つねに接触していた」ことを正式に認めた、と記している。この記事には「ニカラグアの諸政党、サンディニスタとアメリカの両方の圧力に言及」という見出しがついていた。記事の中味同様、この見出しは、ニカラグア政府が自国の政党に援助を与えて合意を結んだことと、アメリカがそこに干渉して選挙をボイコットさせようとしたことを、あたかも同等であるかのようにあつかっているのだ！ CBSや『ニューズウィーク』や『タイム』は、アメリカの贈賄政策を完全に無視した。『タイム』は候補者の数と、一部の出馬取り下げを大きく強調したが、それを陰で支えたアメリカの黙認や、賄賂や、圧力には、一度たりとも言及しなかった。「選挙の結果に影響を及ぼそうとはしなかった」という国務省の虚言を、同誌はコメントもなしに、そのまま引用しさえする（一九八四年十一月十九日）。実質的な証拠は、すべてブラック・ホールに投げ込まれる。同じ記事の中で、「アメリカは、すべての政党が自由に参加できるような選挙を強く要求していた」と『タイム』は断定しているが、そんなつくり事を述べるには、かなりのあつかましさが必要だ。

ニカラグア選挙で、どの程度の範囲の選択肢があったかという問題については、アイルランド代表団が、「［政党に関する］法は、あらゆるイデオロギーに基づく政党の参加を保証している」と記している。これは興味深いポイントであり、実際にエルサルバドルやグアテマラ（あるいはアメリカ）よりもずっと幅広い政治的立場の政党が立候補をたてたことによって、事実であることが裏づけられている。

ＬＡＳＡは、「ニカラグアの主要な政治思潮のどれひとつとして、一九八四年の選挙に参加を拒まれたものはない」と述べている（一八頁）。もちろん、同じことは、エルサルバドルやグアテマラの選挙にはあてはまらない。ニカラグアのこのような重要な法律や慣習の特徴も、アメリカのメディアでは、言及されることもなければ、アメリカの庇護国のものと比較されもしなかった。

アイルランド代表団は、「最大野党」としてのクルスに関する二つの事実を強調している。ひとつは次のようなものだ。

代表団は、これらの政党［選挙をボイコットした三つのクルス系の政党］が、ニカラグア国内で広く支持されていた証拠を発見できなかった。本物の野党各党の代表をはじめ多数の政治家と話した結果、アルトゥロ・クルスが選挙に打って出ようとする意図が、はじめから怪しかったことが明らかになってきた……国際報道機関は、これらの政党に大きな関心を向けているが、当代表団のメンバーの見るところ、それらの政党はほとんど住民に影響力を持たず、かれらの政策を支持する人々はほとんどいない。（七頁）

第二に、アイルランド代表団が強調するのは、民衆は投票しないのも、無効投票するのも自由だったのに、そうした行為の比率は、クルス派の政党が「棄権を呼びかけたにもかかわらず」、低かったことだ。本格的な支持があるという彼らの主張を、萎ませるものであった（七頁）。

ＬＡＳＡによる報告も、広範な証拠の見直しに基づいて、似たような結論に達している。すなわち（１）「状況証拠」からは、クルスには出馬の意図がなかった可能性が高く、（２）彼には大衆的な支持基盤がまったく欠けていたため、たとえ出馬しても大敗したであろう。

後からふり返って、キンザーはこの事実を認めているが、例によってプロパガンダによる歪曲をほどこすのを忘れない、彼によれば、「オルテガの地滑り的な勝利は、一度も疑われたことはなかった」。なぜなら、「野党は分裂させられていた」（加えて――彼が書き落としたことをつけ加えれば――大衆的な支持基盤がなく、高度に組織化されたサンディニスタ党とは雲泥の差だった）からであり、また「サンディニスタが選挙制度を管理していたからだ」。キンザーも他のジャーナリストも、サンディニスタが選挙制度を管理したために選挙が偽りになったという証拠を、一片たりとも提供したわけではない。あるいは「FSLNによる現職の政権政党の地位の利用が、ほかの国（アメリカを含め）の政権政党が日常的にやっている以上のことだったわけではない」というLASA代表団の結論に、異論をはさむ証拠を示してもいない。

その数日前にキンザーは、アルトゥロ・クルスの次のような発言を引用していた。サンディニスタがソモサ政権を倒し、「積年の懸案だったニカラグアの障害を打破した」ことは賞賛に値する。「この変化はもう元にもどせない。なぜなら、われわれのような伝統的野党が、高まりつつある大衆の期待との接点を失ってしまったときに、サンディニスタは地下で活動していたからだ」と続けている。キンザーも承知している（が、けっして書きはしない）ように、同じことは一九八四年の選挙についても言えたのであり、それゆえサンディニスタの勝利を疑う者など、いなかったのだ。

このような二枚舌で一九八四年の選挙を退けたことは、中央アメリカの四つの「民主主義国家」の「選挙で選ばれた」大統領たちと、サンディニスタの独裁者オルテガという、アメリカ政府の許しをえて選ばれたのではない大統領とを対比させるメディアのキャンペーンに、キンザーが果たしてきた幾多の貢献のひとつにすぎない。ただ、今回に限った背景としては、一九八七年八月グアテマラシティで調印された中米和平合意[九]（エスキプラスII」の失敗をサンディニスタのせいにするために、大きなメディア・キャンペーンが行なわれていたことが指摘できる。これはコントラへの援助の更新の議会採決を目前に控えたレーガン政権の、優先順位に基づいたものだった。(105)

ＬＡＳＡはまた、クルス（コントラを事実上代表しており、ひいては地元の財界やアメリカの一部門の代弁者である）は豊富な資金を持ち、メディアをぞんぶんに利用でき、暗殺を恐れる必要もなかったのだから、ニカラグア選挙に出馬することはじゅうぶん可能だった、という事実を強調する。クルスがいなくてさえも、コントラは選挙で主張することができた。ＬＡＳＡは次のように記している。

ラテンアメリカの（あるいは他のどこでも）選挙で、現政権を暴力的に転覆せよと唱える集団が、選挙に参加できたという例は見たことがない。とりわけその集団が、外国からの援助を受けているような場合はそうである。にもかかわらず、一九八四年の選挙運動では、コントラが発言力を持っていた。ニカラグア民主協議会（ＣＤＮ）系の二つの政党ＰＳＤとＰＬＣが、コントラを選挙に参加させることを支持した。アルトゥロ・クルスと民主協議会は、自分たちがコントラを代表していることは否定しながら、ニカラグアでも国外でも、コントラの主張にお墨付きを与えて売り込んだらしい。（一八頁）

ＬＡＳＡは合衆国のグアテマラ選挙への介入についても、かなり詳細に論じており、選挙運動の期間中、アメリカ空軍機が威嚇するように上空を飛行したことを指摘し、候補者に出馬の撤回をうながすアメリカの働きかけについて、かなり長い議論を展開している。ＬＡＳＡの報告では、自由主義と保守主義の両方の陣営の人々が、立候補者を断念させれば、アメリカはその見返りに多額の資金を提供しようと申し出た、と主張している。

報道と集会の自由の問われ方

どんな候補でも公職選挙に出馬できる権利だけでなく、エルサルバドルやグアテマラの選挙では問題にされなかった他のすべての基本的な選挙の要件も、ニカラグアの選挙を語るアメリカ政府やマスメディアには、強い懸念材料となった。『ニューヨーク・タイムズ』、『タイム』、『ニューズウィーク』、CBSニュースはみな、『ラ・プレンサ』にふりかかった試練と苦悩を大きく強調した。[106] だがエルサルバドルの選挙のときには、これらのメディアはみな、『ラ・クロニカ』や『エル・インデペンディエンテ』が物理的な暴力と殺人によって壊滅させられたことや、殺されたジャーナリストの数などについては、言及さえしなかったのだ。『タイム』のニカラグア特集では、政府が組織したとされる群集の暴力や、近隣防衛委員会の脅迫が紙面を飾ったが、エルサルバドルやグアテマラのORDEN（民族民主機構）や「死の部隊」が、選挙の質にかかわる要素として『タイム』でふれられたことは一度もなかった。自由な選挙のための基本的要件が、メディアの関心に復活しただけでなく、そこには、ニカラグアがこれらの条件を満たしていないという、強い暗示が伴っていた。そういう暗示はほぼすべて、アメリカの役人やニカラグアのクルス一派からの引用だけに基づいていた。メディアがこうした問題を、みずから実際に調査したり、独立の情報源を開拓したようすは、まったくない。

リチャード・ワーグナーは、CBSニュースで（一九八四年十一月三日）、例によってアルトゥロ・クルスを「最強の反対派」と呼び、またニカラグアの一市民（もちろん無作為に選ばれたはずの）を登場させて、「言論の自由も出版の自由もないのに、どうしてこれが自由選挙なのでしょう」と言わせている。ワーグナーはこれを引き取って、「検閲に加えて」食糧不足、輸送システムの悪化、不人気な徴兵制、教会勢力の反対などがあったのだから、「自由で開放された選挙になる見込みがないのは明らかだ」と言う。ではなぜニカラグアで食糧不足がおこり、輸送システムが悪化したのか、という問いかけを怠ったのは、恐るべきシニシズムだ。

ワーグナーはまた、ニカラグアとエルサルバドルを区別するいま一つの違いを見落としている。すなわち、前者は「不人気な徴兵制」を施行していたが、テロ国家エルサルバドルでは徴兵制はなかったものの、代わりにスラムや難民キャンプや農村地帯から若者が強制的に軍隊に入れられ、その一方で金持ちの子弟たちはサンサルバドルやマイアミで上流社会の生活を送っていたのだ（グアテマラやホンジュラスでもだいたいは同じだ）。ワーグナーのダブルスタンダードは、ここでもきわだっている。

一九八二年と一九八四年のエルサルバドルでは、検閲は（即座に処刑することも含めて）ずっと厳しいものであったし、食糧の不足や、輸送システムの悪化や、教会の反対も、ずっと深刻だった。もっと肝要なのは、「最大野党」が完全に排除されていたことや、大規模な国家テロがあったことだ。だがそうしたことも、CBSニュースにとっては、アメリカの援助する選挙を自由で開放されたものにする見込みを、奪ってしまうものではなかった。[107]

アイルランド代表団とLASA代表団（とくに後者）は、これらの問題に取り組み、厳重に調査した証拠を示したうえで、アメリカの政府とメディアが描き出す像とは鋭く対立する結論を引き出した。LASAはサンディニスタ防衛委員会や、群集の暴力と集会の自由への干渉の範囲について、詳細な議論を展開し、混乱をひき起こす事件の報告総数は「きわめて限られた」もので、もっとも重大な事件の発生は、選挙運動が公式にはじまる前だったと結論している。「これらの混乱についてのダニエル・オルテガの不用意な発言にもかかわらず、FSLNがこれらを扇動し、組織する一貫した戦術を持っていた証拠はない」（二四頁）。防衛委員会についてのLASAの結論は、それらはスパイ網として機能していた様子はなく、民衆の怯えを煽るための組織だという大きな証拠はあがっていない、というものだった（二七頁）。

LASAはさらに、自由社会の報道が無視したポイントをふたつ、つけ加えている。ひとつは、選挙管理委員会が、「すべての政党が妨害を受けずに大会を開く権利を尊重するよう、市民に呼びかける有料広告を打った」ことだ（二四頁）。ふたつ目は、妨害を受けたクルスの大集会は、選挙法に違反して開催されていたということだ。同法は選挙運動の大会は許可制とし、警察による保護を保障している。「別の言い方をすれば、届出をしないと決定したことで、クルスと民主協議会（CDN）は、選挙法が与える法的な保護の枠外で運動することを、意図的に選んだのである」（二五頁）。

LASAはまた、ニカラグアの選挙での暴力を、中米地域の他国との比較や、ニカラグアの当時の事情との関連でとらえたうえで、次のように結論している。「この地域の他の国々に比較すれば、またコントラとの戦争を抱えていたことを考慮すれば、そうした力の濫用は、きわめて小規模なものだったといえよう」（二八頁）。

LASAは報道の自由についても論じており、それが、この選挙の重大な問題点のひとつだったとみている。戦時体制下の国は「敵の道具となっている新聞が、自由に意見を公表するのを許すわけにはいかない」（セルジオ・ラミレス）というサンディニスタ側の主張にも、一分の理はあるのだが、それでも報道機関に検閲を行なったことは、選挙の質と信頼性を損ねるものだと、LASAは考えている。とはいえ、その検閲が、どこか気まぐれで形式的だったこともあり、「反対派が自分たちのメッセージを広めることは可能であり、実際そうしていた」、とLASAは判断している（二六頁）。そしてLASAの総合的な調査結果は、ニカラグアの選挙は「ラテンアメリカの基準に照らせば、誠実と公正の手本であった」（三二頁）という結論だった。

アメリカのマスメディアはそれに同意しなかったが、それにしても彼らが比較やデータを避けるやり方には恐れ入る。メディアはニカラグアにおける報道の自由の規制を非難したが、それよりはるかに規制が厳しかったエルサルバドルについて、この問題を完全に無視してきたあげくに、よくそんなことができたものだ。こうした二分化の習慣は、あまりにも深く染みついているので、書き手は自分の偏見にまったく気づいていないらしく、平気で同じ記事のなかに二つの基準を採用する。『ニューヨーク・タイムズ』一九八四年三月十二日付けの記事で、ヘドリック・スミスは、「エルサルバドルの明白な選択、ニカラグアの不透明な計画」という見出しのもとに、エルサルバドルでは選択は「明白」だったとみなす一方、ニカラグアでは、サンディニスタが選挙で「権力と支配権を大幅に譲渡する」用意があるのかどうかが問題だとしている。エルサルバドルでは極右から中道右派までの多数の政党が参加したことが、明白な選択肢があったことを証明するとされるのだが、ニカラグアの選挙では、右派から極左までの様々な政党が参加したにもかかわらず、スミスがそこに真の選択肢があったとみなす理由にはならなかった。それはなぜか、という彼の説明はない。エルサルバドルでは、はたして選挙の結果にしたがって軍とアメリカが「権力と支配権を（勝利するまで闘うという決意もろとも）譲渡する用意が」あるのだろうか、という問題もあるとは、どうやらスミスの心には浮かばないらしい。

ほんとうに自由な選挙を行なうために必要な、基本的な自由の存在と強制の不在が、エルサルバドルでは実現しているだろうか。ヘドリック・スミスはニカラグアについてだけ、実質的な選挙の条件を話題にする。『ラ・プレンサ』裁判や報道機関の検閲、サンディニスタの権力独占、ニカラグアの野党候補に課されたとされる制限などについて、スミスは詳細にわたる細部を報告する。しかしながら、エルサルバドルの「死の部隊」や、軍による民間人の殺害、非常事態宣言のもとでの過酷な法令については、一言も語られない。いったい何人のジャーナリストがエルサルバドルで殺されたのか。いくつの新聞社が閉鎖されたのか。爆破されたラジオ局は、組合幹部や政治家の殺人は。こうした質問は、アメリカのお膳立てした選挙では重要項目から外されているのであり、ヘドリック・スミスは無視する。この『ニューヨーク・タイムズ』紙の解説委員は、事実上、自国政府のスポークスマンとして、レーガン大統領やシュルツ国務長官に一歩も引けを取らぬほど無頓着に、「二重思考」〔同時に二つの矛盾したことを信じること——オーウェル用語〕を使いこなす。

七　メディアの系統的な偏向の量的証明

第三世界の選挙についてのメディア報道が、構造的に偏向していることをより厳密に実証するため、表3-1、3-2〔二六七〜二六六頁〕、3-3〔二六九〜二六八頁〕において、『ニューヨーク・タイムズ』が一九八四年のニカラグアの選挙とエルサルバドルの選挙に関する記事の中でとりあげたトピックスを比較した。各表は、先に説明したアメリカ政府の優先する問題にしたがって整理されている。各表の前半に並んでいるのは、承認された話題——反政府勢力による妨害、候補者の人柄、選挙のしくみ等々——であり、アメリカの政府がみずからの支援する選挙について強調したがるものである。後半に並んでいるのは、アメリカが支援する選挙では話題から外された基本的な選挙の条件や、その他の否定的な要素である。われわれの仮説では、メディアはこのような意図に追従し、支援する選挙では候補者の人柄といった上位の要素に重点を置くであろうが、その一方で、ニカラグアのような選挙では優先順位は逆転し、基本的な条件に重点が置かれるはずである。

表3-1を見れば一目瞭然であるように、『ニューヨーク・タイムズ』のニュース報道は、前半の主題にひどく偏っており、有意義な選挙の前提となる根本的な諸条件は無視されている。報道の自由、結社の自由、立候補できる人々の制限などの問題を、『ニューヨーク・タイムズ』がどれほど完全に無視しているかを、ここに見ることができる。(108)

表3－2は、表3－1の記事が書かれたのと同じ二カ月のあいだに、『ニューヨーク・タイムズ』が、来たるべきニカラグア選挙をどうあつかったかを示している。同紙が自由選挙の基本的な条件に焦点を合わせているのは明白であるが、これらはエルサルバドルの選挙をあつかうときには、完全に無視されていたトピックだ。表3－3が示すのは、同じ年の末に実施されたニカラグア選挙の最中に、『ニューヨーク・タイムズ』が報道したトピックの内訳である。表3－1と表3－2の比較ほどくっきりした差はないものの、ニカラグアの選挙では基本的な条件に大きな比重が置かれたのは明白だ。このことは、編集による記事の取捨選択が、愛国的な方針に追従していたことを反映している。自由選挙のための基本的な条件においては、ニカラグアの方が優れており、強制するような要素も相対的に少なかったのであるから、ニカラグアの場合だけに基本的な条件が強調されるのは、系統的な偏向が存在することを、さらにくっきり証明するものといえよう。

八　ニカラグア選挙に合わせた「ミグ危機」の演出

『ニューズウィーク』が一九八四年十一月十九日に指摘しているように、「［ニカラグアにミグ戦闘機を運んでいたとされる］貨物船のニュースが最初に飛び込んできたのは、選挙が行なわれた夜の報道の最中だった」。だが、『ニューズウィーク』は（『タイム』や『ニューヨーク・タイムズ』やCBSニュースも）、このタイミングが故意にはかられたと示唆したことはない。ありもしないミグ戦闘機についての大々的な報道の中で、『ニューヨーク・タイムズ』は一度、ニカラグア政府の高官が、この危機は広報活動のための情報操作にすぎないと述べるのを引用した。だが、この指摘についての『ニューヨーク・タイムズ』の探求は、そこで終わりだった。ミグは実在せず、タイミングとしては、レーガン政権が懸命に信用を貶めようとした選挙が成功裏に実施

22. 死の部隊や治安部隊などによる、棄権者への法に基づかない脅迫	0	0.0
23. 透明な投票箱の使用	1	3.6
24. 投票所に治安部隊が武装して立ち合う法的権利	0	0.0

1. 『ニューヨーク・タイムズ』に1984年2月1日から3月30日の期間に掲載された、エルサルバドル選挙関連の28本の記事の分析結果。

表3-2 『ニューヨーク・タイムズ』が取り上げた話題と切り捨てた話題 :1984年11月4日に実施予定のニカラグア選挙の報道*1

話題	扱った記事の本数	全体に占める割合(%)
アメリカ政府がニカラグア選挙に抱く思惑に、合致する話題（表3-1の7項目のうち、1項目を除いて他はゼロだった）		
1. 選挙の仕組み	3	37.5
アメリカ政府がニカラグア選挙に抱く思惑に、齟齬をきたす話題*2		
2. 広報の目的	3	37.5
3. 言論の自由	2	25.0
4. 出版・報道の自由	6	75.0
5. 結社の自由	4	50.0
6. 候補者が出馬資格を得る能力	5	62.5
7. 好ましくない要素としての軍の権力、候補者や政党とのつながり	3	37.5

1. 『ニューヨーク・タイムズ』に1984年2月1から3月30日の期間に掲載された、ニカラグア選挙関連の8本の記事の分析結果。
2. 表3-1で、このカテゴリーに区分されたトピックスの多くは、ニカラグアの選挙には関係がないが、サンプル記事がとり上げているものをすべて抽出した。

表3－1　『ニューヨーク・タイムズ』が取り上げた話題と切り捨てた話題 ：1984年3月25日のエルサルバドル選挙の報道*1		
話題	扱った記事の本数	全体に占める割合(％)
アメリカ政府がエルサルバドル選挙に抱く思惑に、合致する話題		
1．民主的な目的と希望	6	21.4
2．反体制派の起こした混乱	15	53.6
3．投票率	7	25.0
4．選挙のしくみ	9	32.1
5．人物や政治の内部抗争	10	35.7
6．選挙についての政府の反省	10	35.7
7．選挙実施を保護する軍	5	17.9
アメリカ政府がエルサルバドル選挙に抱く思惑に、齟齬をきたす話題		
8．広報の目的	3	10.7
9．アメリカの選挙への投資	2	7.1
10．1982年の選挙におけるごまかし	0	0.0
11．言論や集会の自由の存在——法的な非常事態	1	3.6
12．出版・報道の自由	0	0.0
13．結社の自由	0	0.0
14．出馬資格を得られる候補者は限定されている	0	0.0
15．選挙に先立って、国家テロによる恐怖支配が確立	3	10.7
16．好ましくない要素かもしれない軍の権力、候補者や政党とのつながり	1	3.6
17．投票が法的に義務づけられていること	4	14.3
18．棄権に対する法的罰則	2	7.1
19．投票者の指に印をつける	1	3.6
20．身分証明書に押印する	2	7.1
21．投票を行なったと、10日以内に当局が確認することを法的に義務づける	0	0.0

22. 棄権者への法に基づかない脅迫	1	4.8
23. 透明な投票箱の使用	該当なし	該当なし
24. 投票所に治安部隊が配備される	該当なし	該当なし

1. 『ニューヨーク・タイムズ』に1984年9月5日から11月6日の期間に掲載された、21本の記事の分析結果。

された事実から、世間の関心をそらすのに完璧だったにもかかわらず、エリート報道機関はなんの疑問もはさまなかったし、後日ふりかえって、問い直すことさえしなかった。レーガン政権は、問題の貨物船が荷積みされたとき、人工衛星による監視が遮断されたため、積荷の正体は不明だと主張した。マスメディアはそれを事実として提示し、主張の真偽を吟味する努力はいっさいなされなかった。

メディアが注目することにしたのは、もしミグがほんとうに輸送されているのなら、どんな処置を取るか、というアメリカ政府の判断だった。これによって、議論の枠組み全体を、ニカラグア人は何かをしでかした（しかも何かゆるしがたいことを）、という前提に移すことが可能になる。「実在しなかったミグ」という表題の、『ニューズウィーク』の後日記事は、その導入部に「高性能戦闘機の持ち込みは、近隣諸国に脅威を与える意図を示している」と書いている。ミグは持ち込まれなかったという、記事の表題そのものが語る事実（アメリカ高官のでっちあげだったという事実）も、ニカラグア人が何かを企んでいると、ありもしない事実に基づいて中傷するのを妨げなかった。ニカラグア人は脅威を与える存在になろうとしている（代理勢力の侵略に抗して防衛しているのではなく）という主張もまた、愛国的な編集方針の所産である。

『ニューズウィーク』はまた、本文の中で「すべての陣営がきわめて不器用な、恐ろしく危険なゲームをしているように思われる」と述べる。なんとも不可思議な公平感覚ではないか。強盗を働いたという冤罪を、攻撃者によって着せられた者が、偽証を行なった攻撃者と同列に並べられて「危険なゲームをしている」と言われるのだ。[109]

表３－３　『ニューヨーク・タイムズ』が取り上げた話題と切り捨てた話題：1984年11月４日のニカラグア選挙の報道*1

話題	扱った記事の本数	全体に占める割合(%)
アメリカ政府がニカラグア選挙に抱く思惑に、合致する話題		
1．民主的な目的と希望	1	4.8
2．反体制派の起こした混乱	0	0
3．投票率	5	23.8
4．選挙のしくみ	0	0
5．人物や政治の内部抗争	3	14.3
6．選挙についての政府の反省	3	14.3
7．選挙実施を保護する軍	0	0
アメリカ政府がニカラグア選挙に抱く思惑に、齟齬をきたす話題		
8．広報の目的	7	33.3
9．サンディニスタの選挙への投資	2	9.5
10．1982年の選挙におけるごまかし	該当なし	該当なし
11．言論や集会の自由の存在	8	38.1
12．出版・報道の自由	6	28.6
13．結社の自由	2	9.5
14．出馬資格を得られる候補者は限定されている	11	52.4
15．選挙に先立って、国家テロによる恐怖支配が確立	3	14.3
16．政府による軍の支配	3	14.3
17．投票が法的に義務づけられていること	該当なし	該当なし
18．棄権に対する法的罰則	該当なし	該当なし
19．投票者の指に印をつける	1	4.8
20．身分証明書に押印する	該当なし	該当なし
21．投票を確認することが法的に義務づけられている	該当なし	該当なし

『タイム』は、ニカラグアの選挙についての記事の中ほどに、かつてミグ21の輸送に使われたのと同型の木箱を積んだ船が、ニカラグアの港に向かっているという、アメリカ政府の主張を挿入している。政府のプロパガンダ計略がどれほど見え透いたものであっても、『タイム』はけっしてそれに疑問をはさまないし、後日に回顧的な記事を載せたとすれば、それは政府が、意図的なごまかしを行なったことを暗黙のうちに認めたからだ。『タイム』は、『ニューズウィーク』や『ニューヨーク・タイムズ』と同じように、政府が議論を仕切るのを容認し、次のような広報向けの声明をそのまま伝える――「もしニカラグアがそんなことをしたのなら、それはアメリカに対する挑戦だ。そうだとしたら、われわれはどう対処すべきか、われわれには政治的にどんな選択肢があるのか」。この主張の真偽や、不都合な選挙結果から注意をそらすための巧妙な策略である可能性は、まったく論じられない。また当然ながら、これが、弱小な生贄を襲う侵略政策の一環だという事実は、けっして取り上げられない。

　ミグ危機におけるメディア報道の中で、唯一評価に値したのはCBSニュースである。十一月六日、ダン・ラザーは、ミグが輸送中の可能性があり、それを破壊するための戦略的な選択肢を検討中だという政府側のニュースを生で伝えた。だが十一月七日と八日には、CBSは、たぶんまたしても「利用された」という認識に基づいて、ニカラグアの外務大臣ミゲル・デスコトによる反論にかなりの報道スペースを与え、ニカラグアの「脅迫」という前提がばかげていること、ニカラグア選挙とミグ疑惑が抱き合わせになっていること、アメリカがコンタドーラ・グループの和平提案[十]への同調を拒んでいること、などを彼が指摘するのを許した。

　にもかかわらず、ミグ疑惑策略は完璧な成功をおさめた。危機的な雰囲気が捏造され、仮説的なサンディニスタの「脅威」に対処するための「選択肢」が、一般大衆の関心の中心に据えられた。ニカラグアの選挙については論じられなかった。LASAは「ニカラグアの選挙の最終結果は、ほとんどの国際メディアでは報告もされなかった。雪崩のように殺到する人騒がせなニュース報道に押し流されて、文字通り埋もれてしまったのだ」と記している（三一頁）。アメリカ政府の言うとおり、ニカラグアの選挙プロセスにはごまかしがあったが、それを行なったのは、実施を望まない選挙の信用を貶めようとしたアメリカ政府自身である、とLASAは結論を下している。エルサルバドルやグアテマラの選挙は、アメリカが支援する政権に正統性を付与することに成功した——少なくともアメリカの支配層の認識においては。それよりはるかに公正だったニカラグアの選挙は、政権に正統性を付与できなかった。メディアの愛国的な奉仕のおかげである。

九　プロパガンダ路線を応援する政府「監視員」

政府が派遣した選挙監視員は、政府に操られた「専門家」や「ニセ事件」の役割を示す典型的な例だ。すなわち、メディアの関心を惹きよせ、それをプロパガンダ路線に沿った方向へと誘導する役割だ。「宣伝」選挙において、彼らは常にこれに成功してきた。滞在期間がどれほど短いものであろうが、どれほどばかげたコメントを出そうが、問題にはならなかった（補遺1を参照）。メディアにとって、政府の派遣する監視員にニュース価値があるのは当然のことだった——彼らは有名人であるし、おまけに「世評の高い」団体から政府によって選ばれたことで、一段と信用がおける。したがって彼らの意見は、世論や政策に影響を与えるにちがいない。

この理由づけは、自己達成的な予言の性格をおびている。この人々が影響力を持つのは、メディアが彼らに注意を向けるからにすぎない。政府が派遣する監視員は、基本的な選挙の条件にはみじんの関心も向けず、選挙は公正であったと賞賛するに決まっているのだから、メディアが必ずこうした監視員に選挙の質についてコメントさせるのは、『ニューヨーク・タイムズ』、あるいは『プラウダ』が、政府の配布物をそのまま流すのと同じで、実質的な客観性の規範にそむいている。[110]

ニカラグアの選挙における外国からの監視員や監視団の数は、注目に値する。先に指摘したように、『タイム』は四百五十人の外国の監視員について言及しているものの、そのうちの誰ひとりとして引用されてはいない（その代わり、いつものように国務省の配布資料に頼っている）。すでに見たように、国務省は、みずからの意図にメディアを従わせることが可能であった――たとえそれが、同じ年にエルサルバドルやグアテマラでメディアが使った基準を、露骨に反転させることを意味したとしても。同省はまた、ニカラグア選挙の結果を無視するように、メディアを誘導することにも成功した。ミグ疑惑で注意を逸らすという策略のおかげだ。メディアはまた、大きな嘘が慣用としてまかり通るのを許した。たとえば、ニカラグアの選挙は、エルサルバドルやグアテマラの選挙にくらべて強制が多く、多元的な選択肢は限られていたとか、エルサルバドルやグアテマラの選挙は、ニカラグアの選挙とは対照的に、政権に実質的に正統性を付与するものだった、というような。

アイルランド代表団やＬＡＳＡ代表団が出したような報告が、本来与えられるべき重要性をもってあつかわれていたならば、このようなプロパガンダの虚言がまかり通ったはずがない。実際、ＬＡＳＡは、主要なマスメディアの窓口と連絡を取り、自分たちの報告書を記事にするのに興味を持たせようと働きかけた。だが主要メディアの窓口は、ことごとくその申し出を断った。

ＬＡＳＡの報告は、これまで書かれた報告書の中では、おそらくもっとも実証的で、もっとも緻密な論証を展開している。これを書いた人々は、この種の報告書の執筆者としては、これまででもっともふさわしい資格を備えた一団で、その半数はニカラグアでの現地体験を持っていた。この文書はまた、中央アメリカ研究における主要な学術団体の、公式の報告書であった。執筆者たちは多様なものの見方を代表しており、どちらかといえばリベラルであったが、強力な批判的能力を示していた（そして、メディアが大きな注目を寄せる政府の監視員たちのような偏向は、けっして持たなかった）。彼らの報告は、重要な問題をことごとくカバーしており、証拠に対して率直に向き合い、吟味していた。

ＬＡＳＡの報告を読んだ後で、『タイム』や『ニューズウィーク』や『ニューヨーク・タイムズ』に掲載されたニカラグア選挙の説明を読むと、結論の違いもさりながら、それよりも内容の深さ、バランス、客観性における大きな違いに、驚きを禁じえない。ＬＡＳＡはきちんとした歴史と前後関係をおさえ、選挙の仕組みについて完全な説明を行ない、関連する問題のひとつひとつを、他の選挙との比較においてじゅうぶんに論じている。マスメディアがＬＡＳＡを情報源として使うのをしぶる理由は、その報告書が、メディアが毎日のように無批判にたれ流しているプロパガンダの主張と、あらゆる面で対立するためだと思われる。したがって、同報告書の信頼性、客観性、高い品質そのものが邪魔な存在となり、プロパガンダ機能に奉仕するような機構にとっては、回避すべきものになるのだ。

十　国家テロリズムの忠実な手先

これまでに見てきたように、一九八四年のニカラグアにおける選挙の条件は、エルサルバドルやグアテマラのものよりも、ずっと良好であり、ＬＡＳＡの監視団は、ニカラグアの選挙は、ラテンアメリカの基準では「誠実と公正の手本」であったと評価している。(11) エルサルバドルとグアテマラでは、自由な選挙の五つの基本的な前提条件の、どれひとつとして満たされていなかった。両国とも、切断された死体を公衆にさらすような、国家が支援するテロ行為が、選挙のまさにその日まで、一般の住民を蹂躙していた。どちらの国でも、投票は法律によって義務づけられており、民衆は身分証明書に、投票したことを証明する署名をもらわねばならなかった。どちらの国でも、最大野党である反政府勢力は、法律によって、真実味のある暴力の脅しによって、選挙計画そのものによって、選挙からしめ出されていた。

にもかかわらず、アメリカのマスメディアは自国政府のプロパガンダ路線にぴったり追従して、これらの国々での投票者数の多さは、民主主義的な選択の勝利であり、選挙は正統性を付与するものであり、これによって「かけ出しの民主主義国家」が誕生したのだと報道した。そんなことが達成された大きな理由は、メディアが、真に自由な選挙を行なうための基本的な条件を分析し、対米従属国家の選挙にそれを適用するのを頑強に拒絶したことである。ニカラグアの選挙についてのみ、メディアは、報道の自由のような問題に目を向け、しかも顕著な不誠実をもって、それを報じた。あらゆる実質的な側面で優っていたにもかかわらず、メディアの判断によれば、ニカラグアの選挙は、でっちあげであり、正統性を付与するものではないとされた。

これ以前にも、一九六六年のドミニカ共和国や一九六七年のヴェトナムのように、アメリカが支援した選挙では、マスメディアは似たような動きを見せていた。これらを勘案して、わたしたちは次のような一般仮説を立てた――アメリカのメディアはいつでも、第三世界の選挙で、自国政府が支援するものは「民主主義への一歩前進」と判断し、自国政府がせっせと攪乱に励んでいる国の選挙は、茶番でごまかしだったと判断する。もちろん、これはプロパガンダ・モデルも予想するところだが、ここで検証した事例に見られるほどの国益へのおもねりは、明白な強制がなかったことを考えれば、いささか尋常でないものがある。この「フィルター」がもたらしたプロパガンダの成果は、全体主義国家でも、それを凌駕するのは難しかろう。

国益のための詐欺を上首尾にこなしたメディアは、その後の数年間、みずからの欺瞞が確立したイメージの強化にいそしんだ。グアテマラとエルサルバドルは、「選挙で選ばれた大統領」の率いる「新しい民主主義国家」とされた。これとは対照的に、ニカラグアはマルクス＝レーニン主義者の独裁国家であり、「選挙で選ばれた大統領」を持たず、アメリカの武力に無理強いされない限り、けっして選挙を認めないだろうとされた。

一九八七年十二月一日、『ニューヨーク・タイムズ』は、アメリカ政府が「貧困化し無政府状態のハイチを、見込みがないとして切り捨て」てハイチ民主党を裏切ることのないよう懇願する社説の中で、そんなことをすれば、「ニカラグアに自由選挙が必要だというアメリカ政府の主張が、信憑性を失うだろう」と述べている。なんともわかりにくい言い回しであり、ハイチについての発言は、選挙を無意味にしたデュヴァリエ派をアメリカ政府が支援していた事実を、例によって無視している。しかし明白なのは、レーガンが主張するように、一九八四年のニカラグアでは自由選挙が行なわれず、アメリカの目標は自由選挙の実現であるという見方を、『ニューヨーク・タイムズ』が受け入れていることだ。この主張は大きな歪曲に基づいているが、『ニューヨーク・タイムズ』も他の主要メディアも、みずからのプロパガンダ機能をよく心得ており、中央アメリカの選挙についての「ビッグ・ブラザー」による説明を、真実として伝えるためには手段を選ばなかった。[十二]

先に強調したように、国家のプロパガンダ路線に対するメディアの忠実な支持は、きわめて機能的なものである。グアテマラ政府が数万人の人々を殺害しておきながら、大きなしっぺ返しを受けずにすんだのは、メディアが、これらの被害者は「価値のない」人々だと認識したためであった。同じように今日でも、アメリカがエルサルバドルやグアテマラの国家テロを援助したり、ニカラグアの「ソフト・ターゲット」〔無防備な標的〕を攻撃するコントラへ資金を供与したりできるのは、アメリカのメディアが「価値」判断や、正統性の勝手な付与と剝奪を持続させていることに、負うところが大きい。彼らの政府が、この中米三国のいずれにおいても（またホンジュラスでも）テロを支援していることを勘案すれば、アメリカのマスメディアは、「テロリズム」と呼ばれるものに反対する正義の味方という自己イメージとは裏腹に、実際にはテロリズムの忠実な手先として役立っているというのが、公平なところだろう。

第四章　誰がローマ教皇暗殺を企てたか

―ＫＧＢ＝ブルガリア陰謀説を検証する―

エルサルバドル、グアテマラ、ニカラグアで実施された選挙では、分析のための適切な枠組みや関連情報を提供する主体は政府だった。マスメディアの役割は、情報の流れを好ましい方向に誘導して、政府の政策に本格的な釈明が要求されることのないよう保証することが中心だった。しかし、一九八一年五月のローマ教皇狙撃事件と、それにからむＫＧＢとブルガリアの暗殺陰謀の疑惑については、マスメディアのはたした役割はずっと大きかった。そうした主張を率先して創出し、発端から終結にいたるまでずっと、世間の関心をかきたて続けたのである。(1)

とはいえ多くの点で、プロセスは似たりよったりだった。やがて形成されていった支配的な枠組みは、ローマ教皇狙撃事件を、当時のエリート層の要求にうまく合わせて解釈するものだった。ただちにキャンペーンが開始され、彼らに都合のよいプロパガンダ路線がくり返し報道され、大衆の心に沁み込んでいった。それに代わる選択肢となる枠組みはすべて無視され、違った角度から問題をとらえようとする情報源は、マスメディアから排除された。支配的な枠組みに合致する事実だけが選択され、それ以外は、たとえ前提とされるものの妥当性を問うようなものであっても、無視された。[2]

その一方で、マスメディアに独占的な場所を与えられた有力な情報提供者たちは、自分たちの声が、ソヴィエトのプロパガンダの放つ騒音にかき消されて大衆に届かない、などと不平を唱えていた。ブルガリア人を起訴したイタリアの裁判が、長い審理のすえに検察側の敗北に終わったとき、メディアはできるかぎりそれを合理化しようとした。真摯に過去をふり返ることも、矛盾を解き明かすこともなく、この話題はやがて表舞台から消えていった。

ブルガリアン・コネクションが、プロパガンダ・モデルの価値を証明するのに格好の事例となるのは、この疑惑については、信頼できる申し立てが最初からなにも存在せず、ローマ裁判のずっと前から、すでに相当こっけいな様相を呈するようになっていたからだ。それなのにマスメディアは、最後の最後まで、これをまともに取り扱った。似たような展開が、西側諸国を標的にしてモスクワで起こったとすれば――たとえば、精神にやや障害のある犯罪者が、ソ連の牢屋に十七カ月投獄されて、ＫＧＢと検察官の友好的な面会を何度か受けた後に、アメリカ大使館の職員が暗殺計画の共犯だと自供し、その後は毎日のように供述を変更するというような――西側では、即座にブーイングの嵐によって舞台から引きずり下ろされ、証拠とされるものを調べる気にさえ誰もならなかったろう。ブルガリアン・コネクションも、ばかばかしさでは一歩も引けをとらなかったのだが、こちらは有益性の基準にかなっていたのである。

事件は一九八一年五月十三日、ローマ教皇ヨハネ・パウロ二世が、サンピエトロ広場でトルコ人メフメト・アリ・アージャ[一]に狙撃され、重傷を負ったことから始まった。アージャは右翼思想の持ち主で、トルコの極右政党ＭＨＰ（民族主義行動党）傘下の「灰色の狼」[二]に、長年所属していた刺客《アサッシン》だった。初期の欧米ニュース報道では、アージャが、一九七九年にトルコの刑務所を脱走した指名手配中の犯罪者であり、彼の変わらない政治的な帰属は、ファシスト右派だったことが指摘された。彼がローマ教皇を撃った動機は、不透明だった。アージャの仲間は徹底した反共主義者だったため、当初は東側諸国に罪を着せるのは難しそうに思われた。

二つの要因が、KGB＝ブルガリア陰謀説の登場を可能にした。第一は、アージャが「灰色の狼」の地下組織を使ってヨーロッパ中を移動したとき、通過した十二カ国の中にブルガリアが含まれており、彼はそこに、しばらく滞在していたということだった。「灰色の狼」とつながりのあるトルコの麻薬密売人たちは、ブルガリアでも麻薬売買に加わっていた。したがって、アージャとブルガリア人のあいだには、若干の「リンク」があった。これはとるに足らぬ事実だったが、後におおいに利用されることになる。

第二の要因は、欧米エリート層のニーズと、それに連動して入念にたきつけられた、西側諸国における反共主義の再燃だった。一九七九年七月に行なわれた、エルサレムのヨナタン研究所[三]の第一回会合には、西側諸国の政界やメディアを代表する人々（クレア・スターリング、ジョージ・ウィル、ジョージ・ブッシュ、ロバート・モスなど）が多数出席していた。[3]開会の辞を述べたイスラエルのメナヘム・ベギン首相をはじめ、出席者の多くが強く提唱した主要テーマは、テロリズム問題の緊急性を強く打ち出し、テロリズムとソヴィエトを結びつける戦術の、重要性と有益性だった。[4]

クレア・スターリングは一九八一年の著作『テロ・ネットワーク　国際テロ組織の秘密戦争』〔友田錫訳、サンケイ出版〕の中で、それを実践した。同書はレーガン政権と国際的な右派勢力のバイブルになり、スターリングは、この主題に関するマスメディア界の専門家のトップにまつりあげられた。テロリズムとソヴィエトの悪事が、一九八一年にはじまったレーガン政権のプロパガンダ・キャンペーンの中心テーマだった。それは同政権が計画していた軍備拡張、ヨーロッパへの新たなミサイル配備、第三世界における干渉主義政策などを推進するためのものだった。つまり、一九八一年五月のアージャによるローマ教皇狙撃事件は、西側の重要な勢力が、ソ連を「国際テロリズム」[5]に結びつける手段を探していた、まさにそのときに起こったのである。

一　SHKモデルの登場

狙撃事件に対するメディアの最初の反応は、この行為の根源には、どうやらトルコの右翼思想と政治策略があるらしいというものだった。だが右派のなかには、さっそくこの機会に飛びついて、陰謀の出所は共産圏だと主張するものがでてきた。暗殺未遂事件のわずか六日後、イタリアの諜報機関SISMI（情報海事保安庁）が公表した文書には、ルーマニアのブカレストで行なわれたワルシャワ条約機構の会合で、ソ連高官がこの攻撃をすでに発表していたこと、またアージャがソ連で訓練をうけていたことが書かれていた。後に、この「情報」は、SISMIあるいはその情報源のひとつが、でっち上げたものだと判明した。にもかかわらず、この説は西ドイツで出版された書籍に取り上げられ、そこからの引用やリークを通じてさらに広がり、この陰謀に関する一連の申し立ての一つに数えられるようになった[6]。

『リーダーズ・ダイジェスト』は、この暗殺未遂事件がプロパガンダの好機であることをかなり早くから見抜き、CIAの古参職員でプロパガンダ専門家のポール・ヘンツェと、クレア・スターリングの二人に、このトピックの追跡を依頼した。スターリングが『リーダーズ・ダイジェスト』に発表した一九八二年九月の記事「ローマ教皇暗殺計画」は、ブルガリアン・コネクションのもっとも重要な火つけ役となった。ここで提唱された考えは、ポール・ヘンツェの提唱と並んで、NBCのテレビ番組「ローマ教皇を撃った男――テロリズムの一考察」の基礎を形成した。この番組はマーヴィン・カルブがナレーターをつとめ、一九八二年九月二十一日にはじめて放送された。

アージャがブルガリアの（そして間接的にはソ連の）エージェントであったとするスターリング、ヘンツェ、カルブの御三家（以降はＳＨＫと表記）によるモデルは、またたくまに、マスメディアにおける主流の枠組みになっていった。『リーダーズ・ダイジェスト』とＮＢＣのテレビ番組（修正版が一九八三年一月に再放送された）のおおきな浸透力に加えて、ほかの主流メディアも、この見方を即座に、熱意さえもって、受け入れたためである。(7) わたしたちがサンプルとしているマスメディア――『ニューズウィーク』、『タイム』、『ニューヨーク・タイムズ』、ＣＢＳニュース――は、みな最初からＳＨＫモデルを受け入れ、一九八六年三月にローマ裁判が結審するまでのあいだずっと、それに忠誠をつくした。そのあいだじゅう、これらのマスメディアは、それに代わる別の見方や、都合の悪い多くの事実を排除しつづけた。『リーダーズ・ダイジェスト』、『ウォールストリート・ジャーナル』、『クリスチャン・サイエンス・モニター』、ＮＢＣテレビなどからも固い忠誠を示され、ＳＨＫ路線は主流メディア全体に、すみやかに優位を確立していった。

この節の残りと続く二つの節では、ＳＨＫモデルを説明し、その弱点を論じ、最後に、メディアが黙殺した別の枠組みによって、アージャがブルガリアの共謀を自供したわけを説明してみよう。そのうえで、ＳＨＫの説をやすやすと真に受けたメディアの対応を仔細に検討し、プロパガンダ・モデルとの適合性を検討する。

ＳＨＫモデルは、次のような基本的要素で成り立っている。

動機の解釈

スターリングによる『リーダーズ・ダイジェスト』の記事では、暗殺計画の動機として突出していたのは、ＮＡＴＯの結束を弱めたいというソヴィエトの願望であり、それを達成するために、トルコ人をまき込んでローマ教皇を暗殺しようとしたのだとされる。「トルコ人がサンピエトロ広場に送り込まれたのは、キリスト教世界に向けて、イスラム教のトルコは異質な存在であり、どことなく悪意のある、非NATO国家だと警告するためだった」。この動機に付随した（そしてほどなく取って代わった）別解釈は、狙撃事件はポーランドの「連帯」運動を弾圧するために、そのもっとも重要な支持者である教皇を、亡き者にしようとするたくらみだったというものだ。ポール・ヘンツェは一時、KGBの意図はおそらくローマ教皇を、警告のために「傷つける」だけで、殺すことではなかったと、ジェイムズ・ボンド映画まがいのことを示唆していた。そのような冒険が、共産圏にどれほどのコストとリスクを招くだろうということは、スターリングもヘンツェもカルブも、けっして論じることはなかった。

関与の証明

一九八二年十一月にアージャが自供し、ブルガリア人の共犯者を特定するまでは、SHKが依拠した証拠は、アージャが一九八〇年の夏にブルガリアに滞在していたことと、「灰色の狼」と関係のある麻薬密売人たちがブルガリアで商売していた、という二点に限られていた。一九八二年十一月に、アージャは共犯者として三人のブルガリア人の名前を挙げ、彼らにこの仕事を依頼されたと主張した。彼はブルガリア人とのかかわりについて、信用できる証拠も証人も、いっさい示さなかった。つまり、新しい「証拠」とは、イタリアの刑務所で十七カ月過ごした後に、アージャが断言したことにすぎなかったのだ。

根拠はイデオロギー的な思い込み

この説はきわめて根拠薄弱であり、ことに一九八二年十一月にアージャが新たな供述をするまでは、そう映ったので、それを埋め合わせるために、イデオロギー的な思い込みが援用された――そういうことをするのはソ連人にきまっている。ソ連とブルガリアは、トルコの「不安定化」を狙って活発に動きまわっていた。[8] もし確たる証拠がないとすれば、それはソ連人たちが有能なプロフェッショナルであるため、自分たちの痕跡を隠し、「関係否認の能力」[四]を維持しているからだ。KGBはトルコでアージャを雇って、彼がKGBエージェントであるという事実を隠すために、右翼を装わせた。アージャはほかにも十一カ国を転々としたけれど、ブルガリアに滞在したことが決定的だ。なぜならブルガリアは全体主義国家であり、警察はあらゆることを掌握しているのだから。したがって、もちろん彼らは、アージャが何者かを知っていたはずで、自分たちの目的のために彼を利用していたにちがいないのだ。[9]

二　SHKモデルの五つの問題点

基礎的なSKHモデルは、信頼できる証拠の完全な欠如、イデオロギー的な思い込みへの依存、自己矛盾が弱点だった。問題が起こるたびに根拠は修正されていき、ときには議論が完全に反転することさえあった。[10]

最初に持ちあがった問題は、ブルガリアやソ連の動機に関するものだった。これに関連して、スターリングの最初の提案が、いかにばかげたものであったかを指摘しておこう。東欧圏が、わざわざトルコ人ファシストを探し出してローマ教皇を狙撃させ、それによってトルコの印象を悪くし、それによってトルコとNATOの絆を弱めようとしたという説だ。トルコのファシストが教皇を撃ったからといって、この絆が弱まるというのはあまり賢い思考ではないし、保守的なソ連指導部がそのような空想的な計画に手を出すとは、たとえ「成功」の見込みがもっとあったとしても、考えにくい。[11]

おまけにこの説は、アージャが捕まってトルコ人であることが発覚することを前提としているが、その一方で、彼がブルガリアとソヴィエトに雇われていることは明かさないことになっている。スターリングは後に、アージャは口封じのため広場で射殺されるはずだった、という説を出してきた。あきれるほど無能なKGBは、この簡単な任務の遂行に失敗したというわけだ。SHKはまた、アージャは東側の共謀を自供できないように、自分が誰に雇われているのかさえ知らされていなかった可能性があると、さまざまな時点で主張していた。アージャが後に、ブルガリア人たちと深く関わっていたとローマで供述したとき、スターリングとヘンツェは、KGBが「関係を否認する能力」らしきものさえ維持できなかったことには、口をつぐんだ。

SHKが最終的に落ち着いたのは、ポーランドの「連帯」運動を弾圧することが、ソヴィエトの真の狙いだったという説だった。けれども、この説もまた、それまでのものと同様、タイミングと初歩的なコスト・パフォーマンスを考慮すれば、信じがたいものだ。アージャをトルコでスカウトしたとされるのは、「連帯」が誕生するずっと前のことだ。彼が採用されたタイミングについてスターリングが挙げる別の説では、彼は一九八〇年七月にブルガリア人に雇われたとされるが、この時もまだグダニスク造船所のストライキは起こっておらず、したがって「連帯」がソヴィエトの支配を揺るがす確かな脅威と映る以前の話である。暗殺計画のリスクと代償は大きいと想定されていたはずだ――事実、ソ連とブルガリアが支払わされた代償は、信用に足る証拠もないのに彼らの関与が広く信じられるようになっただけでも、相当にひどいものだった。

一方、この行為から得られる恩恵とされるものも、あまり本当らしくは思えない。ローマ教皇が暗殺され、しかもソ連が責任を負っていたというのであれば、ポーランド人は激怒して団結を強め、ソ連が牛耳る体制への反発を強めたであろう。また、西ヨーロッパとの関係悪化というさらなる代償への配慮も、そのような愚かなリスクをとることにはマイナスに働いただろう。一九八一年当時のソ連にとっては、天然ガスのパイプラインに関する交渉や、西ヨーロッパへの米軍の新型ミサイル配備という重大問題などによって、西ヨーロッパとの関係はきわめて重要だった。(12)

SHKモデルの第二の問題は、アージャはすでに一九七九年、ローマ教皇のトルコ訪問の際に、暗殺の意図をみせていたという事実である。これも「連帯」が誕生するずっと前の話である。ここから示唆されるのは、アージャをはじめとするトルコの右翼は、ローマ教皇に対し彼ら独自の不満を抱いており、ソヴィエトの影響とはいっさい関係なしに、教皇を暗殺する理由をもっていたということだ。アージャはローマ教皇の訪問以前に、トルコでソ連に雇われ、後の襲撃に備えさせられたとSHKが論じているのは、一部はこのためである。

けれども、それは裏づけとなる証拠がひとかけらもない純粋な憶測であり、おまけに、アージャ一人だけではなくファシスト系報道機関の全体が、一九七九年のローマ教皇訪問を攻撃した理由を説明できていない。右翼のファシストたちが、こぞってソヴィエトの目的に奉仕したとでもいうのだろうか。この問題がマスメディアに取り上げられたのは、後にも先にも一度きり、一九八三年一月五日の「マクニール&レーラー・ニューズ・アワー」だけだった。一九七九年のローマ教皇のトルコ訪問には、「[報道機関による]反対はまったくなかった」と、ポール・ヘンツェはきっぱりと言いきった。しかし、トルコ人ジャーナリスト、ウグール・ムムジュ[五]は、当時のトルコの右翼系新聞から大量の引用を集めて、ヘンツェの述べたことが偽りであったことを証明している。(13)

SHKモデルの三番目の問題は、アージャが右翼思想の熱心な信奉者であり、共産主義諸国のために奉仕するとは考えにくいことだ（ただ刑務所の中では、喜んで彼らを陰謀の共犯者として指名したかもしれないが）。SHKはアージャを、根なし草の傭兵に仕立て上げようと懸命に努力したが、彼らに指摘できたのはせいぜいが、アージャは「灰色の狼」にメンバー登録はしていなかったらしいことぐらいだった。(14)けれども彼の友人や仲間たち、高校時代からの交友関係はみな「灰色の狼」だったし、彼が一九八一年五月十三日に約束の場所にたどり着くまでのあいだ、ヨーロッパ中を転々としていたときには、すべて「灰色の狼」のネットワークを通じて移動していたのだ。

刑務所で、アージャはトルコ民族主義行動党の指導者アルプアルスラーン・テュルケシュに宛てた手紙で、変わらぬ信念と忠誠を表明している。スターリングとヘンツェにとっては、アージャが政治に無関心な人間だという自分たちの説明と食い違うので、この手紙は厄介ものだった。そこでスターリングは、これを「こっけいなほど不器用な偽物」と、議論もせずに退けている。だが困ったことに、アージャのこの手紙は、アンカラで行なわれたある裁判で、トルコ軍当局から証拠として提出されているのだ。これは普通なら、スターリングにとっては、じゅうぶんに信憑性のある証とされるところだ。彼女はこの事実に触れようとせず、それについて調べてみようともしない。『アージャ調書』という本の中で、ウグール・ムムジュは、このテュルケシュ宛の手紙に五頁も割いて、詳細な説明を行ない、当局がその信憑性を証明しようとおおいに骨を折り、外部の専門家の盗聴まで行なったと記述している。どこから見ても、この手紙は本物だった。

ＳＨＫモデルの四番目の問題は、ブルガリアの秘密警察は有能なので、アージャがソフィアに滞在していたことは把握していたに違いなく、したがってアージャは彼らに雇われていたに違いないという考えだ。ここで想定されている有能さは、なんの根拠や裏づけもないイデオロギー的な思い込みであり、ブルガリアやソヴィエトの実際の行動とは相反するものだ。偽造パスポートを使っていたアージャの正体を、ブルガリア人がつきとめていたという証拠はどこにもない。さらに、ブルガリア警察がすべてを知っているという主張は、一九八五年九月二十二日のローマ裁判で、「灰色の狼」の高官アブドゥッラー・チャトル[六]の重要な証言によって反駁された。彼によれば、「灰色の狼」のメンバーの多くは、経由地としてブルガリアを優先した。この国を通過するトルコ人移民の大きな流れが、身を隠すのに好都合だったからだ。

ＳＨＫモデルの五番目の問題は、アージャが銃を入手したのは、「灰色の狼」ネットワークを通じてと思われ、ローマでかんたんに彼にこっそり手渡しできたはずの、ブルガリア人からではなかったことだ。スターリングは『リーダーズ・ダイジェスト』の記事で、アージャの拳銃は、オーストリア人の銃砲商ホルスト・グリルマイヤーが扱ったものであるとしている。スターリングによれば、この男は一九八一年五月十三日の事件の後、西側での追及を避けるため、鉄のカーテンの向こう側に逃亡してしまったとされる。だが後に判明したところでは、グリルマイヤーは元ナチ党員で、右翼のバイヤーに銃砲を供給することを専門にしており、鉄のカーテンの向こうに姿を消したことなど、まったくなかった。また、問題の銃が「灰色の狼」の友人からアージャの手に渡るまでには、多数の仲介人の手を経ていたらしい。

最初のグリルマイヤー説の崩壊に対処するためスターリングが取った措置は、あっさり新しい陰謀説へと移行することだった——利口なブルガリア人は、アージャは右翼であり共産主義国と結託することはありえないという説を補強するために、アージャが周知のファシストを通して銃を購入するよう指示した、というのだ。

ＳＨＫモデルの最後の問題点は、ブルガリアやソヴィエトの秘密警察の特徴とされる、「関係否認の能力」の原則が大幅に破られたことと、恐ろしいまでの彼らの無能である。この特徴が、ＳＨＫモデルのほかの局面から浮かびあがる超人的スパイのイメージと、ぎこちなく同居している。ＳＨＫは、種々の場面で、ソ連人やブルガリア人はプロフェッショナルであり、共犯にされるようなことはけっしてしないので、教皇を狙うことも可能なのだと力説している。けれどもアージャのような、指名手配中の犯罪者で精神的に不安定な右翼を雇ったのだとすれば、彼らはきわめて愚かしく思われる。この男が捕まるという、じゅうぶんに予想される事態が起これば、偽装はすぐに吹き飛んでしまうだろう。

スターリングの最初の「お話」では、KGBは、アージャが捕まる――あるいは少なくとも彼の死体の身元が判明する――ことを望んだとされている。トルコの信用を傷つけるためだ。だがポーランドの「連帯」に打撃を与えることへと、動機が移行するに伴い、ブルガリア＝ソ連の関与が表ざたになることは、きわめて重大なリスクにみえてくる。にもかかわらず、ブルガリアとKGBはアージャを雇い、おまけに、彼を殺して口を封じることに失敗したのだ。

いまひとつの異常性は、指示を与えるために、アージャをソフィアに連れてきたことである。もしすでにトルコで採用されていたのなら、彼をソフィアに来させたことは、慎重に用意された彼の「偽装」をばかげて危うくする行為ではないだろうか。もしそうだとしたら、彼がソフィアを訪問したことは、ソヴィエトやブルガリアの関与を、否定する材料になるのではないのか。

ブルガリア人の共謀者がいたという、アージャの一九八二年十一月の自供は、西側のメディアにとって、ブルガリアン・コネクションを即座に「真実」にするものだったが、それはSHKモデルを、「関係否認の能力」の論理もろとも、台なしにしてしまったのだ。もし、アージャが自供したように、ブルガリア人たちがローマで彼と共謀し、攻撃計画を立てるためにサンピエトロ広場まで彼をエスコートし、自分たちの住居で彼を接待し、攻撃そのものにも参加したというのなら、「偽装」の論理はどこへいくのだろう。

三　妥当な代案モデル

ブルガリアン・コネクションに代わりうる説明の一つは、もし同じような事件がモスクワで起こったならば、アメリカの報道機関がかならず提示したはずの疑問から、引き出すことができる。アージャのような人物が、各国を旅するあいだにアメリカにも短期的に立ち寄り、ソヴィエト高官を狙撃した後、ソヴィエトの牢獄で十七カ月間過ごした後に、自分には三人のアメリカ大使館員の共謀者がいると自供したとしよう。この場合、アメリカのマスコミは、この自供がソヴィエトのプロパガンダに都合がよいということ、アメリカ人を告発するまでに十七カ月の時間がたっていること、またアージャが、おだてか強制によって話をでっちあげた明らかな可能性などに、細かい注意を払うだろう。アージャが刑務所でどのような待遇を受けていたのか、誰が訪問したのか、彼が当局と「取引」する可能性や、彼の陳述や他からの情報の中に、彼が教示を受けたような形跡がのこっていないかどうか、メディアはおおいに注目するだろう。アージャが十二カ国を歴訪した中にアメリカが含まれていた事実は、CIAの関与を裏づける有力な証拠だとは見なされないだろうし、CIAがどんなに無能でも、そもそもアージャに指示を与えるためにワシントンに連れてくるようなまねは、いくらなんでもしないだろうと、メディアは指摘したかもしれない。

代案モデルは、SHKが最初に取り上げたのと同じ事実から出発してもよいだろう——アージャがブルガリアのソフィアに滞在したことだ。だが、解釈は異なる。この訪問は、「関係否認の能力」の原則に反するし、もしKGBがすでにトルコでアージャを採用していたのなら、とりわけばかげた行為だろう。だが一方、それは西側のプロパガンダ・システムに、ローマでアージャが実行したテロ攻撃と共産圏との、必然的なむすびつきを提供する。アージャの自供の都合のよさ——イタリアでは、社会党指導者のクラクシやキリスト教民主党やネオファシストたちにとって、また「国際テロリズム」とソ連の結託を追及するレーガン政権にとっても——は明々白々であり、客観的な報道機関ならば、こうした「需要」が、刑務所に入れられたアージャから適切な「供給」を引き出したのかもしれないと、ただちに提案するだろう。

アージャがブルガリア人の名前を挙げるまでに時間をくったことも——彼がイタリアの刑務所に入ってから

十七カ月たっており、予審判事イラリオ・マルテッラに「協力する」ことに同意してからも、七カ月がたっていた――非常に示唆的である。共謀者の名前を挙げるまでに、どうしてこんなに長い時間がかかったのだろう。スターリングは、アージャはブルガリア人が「脱獄させてくれる」という希望を持っていたので、彼らに時間の猶予を与えたのだと説明している。アージャが次から次へと主張を変更し、あげくに取り下げてしまったのは、パートナーたちに「合図を送って」いたのだと、彼女は説明した。そんな複雑で憶測に満ちた議論は、不都合な事実を合理化するためのこじつけだ。アージャの性格や友好関係、彼に提示されたとされる勧誘（後述）などに基づいた、すなおな解釈でじゅうぶんだ。[15] おまけにスターリングの説では、アージャが後の裁判において、ブルガリア人が彼の「合図」とされるものに応答しないと明らかになって久しいというのに、重大な証拠をなにも提供できなかった事実が説明できない。

　アージャの自白の、もうひとつの示唆的な特徴は、ＳＨＫモデルが創出され、メディアによって広く浸透した後に、それが出てきたということだ。陰謀容疑の捜査の中で、獄中のアージャが、新聞、ラジオ、テレビをはじめ、外の世界と個人的コミュニケーションをとる手段を持っていたことが、明らかになった。捜査ではまた、アージャが「有名になりたいという抑えがたい願望を持っているらしい」ことも、明らかになった。「イタリア側の捜査のある時点で、彼はとつぜん口を閉ざしてしまった。〝自白〟に際してはジャーナリストが同席するよう求める彼の要求が、治安判事に却下されたからだ」[16]。アージャは自供のずっと前から、ブルガリアン・コネクションの可能性について尋問されており、そういうものを自供すれば、おおいに尋問者を喜ばせるとわかっていたはずだ。一九八二年秋には、新聞やテレビで毎日のように、その例が彼に提供されていた。

　先に述べたとおり、実際にイタリアの情報機関ＳＩＳＭＩは、ソ連を暗殺計画に結びつけるような偽情報を、事件から数日のうちに流布させていた。狙撃事件の当時、ＳＩＳＭＩの長官はジュセッペ・サントヴィト将軍という、最右翼組織「プロパガンダ・デュエ」（P２）のメンバーだった。ＳＩＳＭＩや他の政府系情報機関には、P２のメンバーが多数潜入していたのだった。一九八一年三月に、イタリアでＰ２関連のスキャンダルが起こり、八月にはサントヴィトがＳＩＳＭＩを辞任させられた。だがＳＩＳＭＩに対する右翼の支配はまったく揺るがなかった。

一九六六年から一九八一年までのイタリア政界の重要な特徴は、「緊張戦略」[七]と呼ばれる政治計画の下に、諜報機関が右翼テロに保護を与えたことである。[17]この戦略の一面は、右翼がテロ攻撃を行ない、左翼に罪を着せるというもので、そのためにしばしば、書類偽造や偽証のための情報提供者を用意しておくことがおこなわれた。同戦略のポイントは、社会を二極化させて左翼の信用を落とし、右翼のクーデターのために下地を整えることだった。軍隊や情報機関に浸透したＰ２メンバーの多くは、同計画の実行に関与しており、他の多くの者もこの目標には好意的だった。

一九八四年七月、イタリア議会の委員会は、Ｐ２の陰謀について最終報告を発表した。この報告書と、それに付属する何冊ものヒアリング調書で明らかにされているのは、諜報機関が政治に荷担しはじめ、偽情報のテクニックを頻用して右翼テロを黙認し、保護したことである。一九八五年七月、ボローニャ法廷は、ＳＩＳＭＩとその職員が無数の文書改竄に従事し、一九八〇年のボローニャにおける爆弾テロ事件の隠蔽工作に、加担したとする審判を下した。[18]

一九八一年十二月、ＳＩＳＭＩは五時間にわたるアージャの尋問に関与し、「国際テロリズム」と彼とのつながりを追及した。マルテッラ判事は長文の調査報告の中で、「協力」と引き換えに減刑する可能性についてアージャに話したことを認めており、イタリアの報道機関は、アージャに提案された司法取引の条件について、彼の弁護士の報告を引用した。[19]ヨーロッパのメディアや反体制メディアには、獄中のアージャにかけられた圧力について、さまざまな報告がある。一九八三年五月、ロンドンの『サンデー・タイムズ』は、諜報機関が「アージャを訪問し、いったん独房から出されてしまえば、〝当局も君の安全を保障できないだろう〟と警告した」と指摘している。[20]

同事件についてのトルコ人専門家オルセン・オイメンによれば、アージャの刑務所のカトリック教戒師マリアノ・サンティーニ神父は、アージャに頻繁に接触することができ、当局への協力を強くうながしたひとりだった。[21] サンティーニの圧力戦術を確認しうる材料として、アージャがヴァティカンに宛てた、一九八二年九月二十四日付けの手紙がある。アージャはそこで、ヴァティカンの使者が自分の生命を脅迫していると、憤懣をぶつけている。

ジョバンニ・パンディコは、ナポリ・マフィアの首領たちの裁判におけるイタリア政府側の主要な証人で、アスコリピチェノ刑務所にアージャと共に収容されていたマフィアの首領ラファエル・クトロの相棒だった男だ。彼は、アージャの裁判がローマで進行しているとき、あるインタヴューの中で（後には法廷においても）、アージャが、ブルガリア人を共犯と主張するよう、クトロやサンティーニなどから、脅迫や説得や教示を受けていたと主張した。パンディコによれば、クトロ自身も身の安全を脅かされてやむなくアージャへの働きかけを行なったのであり、元ＳＩＳＭＩのジュゼッペ・ムスメキとフランチェスコ・パツィエンツァが、陰謀の中心的な仕掛け人であった。パンディコが告発する重要関与者のひとりフランチェスコ・パツィエンツァは、自分への告発は否定する一方で、ＳＩＳＭＩの誰がアージャを説得して自供させる仕事に加わっていたのかを、詳細に説明している。

事件の発端から、アージャが刑務所にいるあいだに教示を受けたことを示唆するものはあった。アージャは長い（そして説明されない）沈黙を破って、一九八二年十一月九日、彼にはじめて示されたとされる写真帳の中から、事件に関与したブルガリア人たちを選び出した。だがイタリア議会での演説の中で、レリオ・ラゴリオ国防相は、アージャが一九八二年九月に、ブルガリア人を識別していたと述べている。この食い違いは一度も説明されたことがないが、アージャがこれらの写真をはじめて見せられたのが、十一月九日であるというのは信じにくい。(22)

アージャの証言の重要な要素は、彼が、この「陰謀」で逮捕されたブルガリア人の一人セルゲイ・アントノフのアパートを訪れ、アントノフの妻と娘に会ったという主張だ。これは、アントノフの趣味や彼のアパートの特徴についての、多くの細かい描写によって裏づけられている。だが弁護側は、アージャがアントノフの住居について述べた特徴の一つは、同じ建物の他の部屋にはあてはまるけれども、アントノフの部屋にはあてはまらないことを証明してみせた。これが示唆するのは、アージャは、同じ建物の他の部屋の観察から得られた情報を与えられていた、ということである。もっと重要なのは、アージャがアントノフ夫人に会ったとされる訪問の時期には、彼女は国外にいたのを、弁護側が立証したことだった。

このような弁護側の反論が新聞に掲載された後、一九八三年六月二十八日に、アージャは、アントノフの住居を訪問し、その家族に会ったという主張を撤回した。これによって、アントノフの住居や家族についての彼の詳細な証言は、説明がつかなくなった――アージャに獄中で情報が与えられたという仮説を除けば。ほかの多くの場面でも、アージャの提示した情報には、法廷や警察の職員や代理人から与えられた疑いが濃厚なものがある。告発されたブルガリア人の一人に、ソフィアでインタヴューを行なったロンドンの『サンデー・タイムズ』の特派員は、つぎのように報告している。「なにか目立った身体的特徴はないか」とブルガリアでマルテッラ判事にきかれて、ヴァシレフは、自分は左のほおにあざがあると告げた。「その後に行なわれた自供で、アージャはわたしのあざについて、わたしが自分で説明したときに使ったのと、まったく同じ言葉で説明していました」とヴァシレフは指摘した。[23]

一九八五年から八六年にかけてのローマ裁判の中で、ブルガリア人から受け取ったとアージャが供述した金については、いっさい何の手がかりも見つからなかった。アージャが、自分を護衛してブルガリア人がローマのあちこちを連れまわしたと供述した車も、ついに見つからなかった。アージャは何度もブルガリア人と会う機会があったはずだが、それを目撃した者は一人も見つからなかった。彼の銃は、トルコの「灰色の狼」ネットワークを通じて渡されたもので、彼が西ヨーロッパで「灰色の狼」のメンバーと接触していたことには、ふんだんな証拠が存在する。一九八一年五月十三日にアージャが身につけていたメモには、協力者についての言及はいっさいなく、暗殺計画のおおまかな時間表と、列車でナポリへ逃走する計画が示唆されているだけだった。

要約すると、アージャの自供は取引による可能性が高く、彼への待遇を左右できる人々は、暗殺計画にブルガリア人とソ連人が共謀していたという彼の証言を希望していると、明瞭に伝えていたと思われる。自供の前にすでにできあがっていたＳＨＫモデルについて、アージャは知る手段を持っていた。したがって、彼の自供ははじめから疑わしいものであり、誘惑と圧力による指導を受けたという「代案モデル」は、アージャが最初にブルガリア人の共謀を主張しはじめたときから、きわめて本当らしい、妥当な推測だった。やがて時がたつにつれ、アージャは戦略的な主張を撤回してしまい、他方でブルガリアン・コネクションについての決定的な証拠はなにも出てこず、結果として、このモデルはさらに説得力を増した。同じ理由から、もともと怪しげだったＳＨＫモデルは、時の経過とともに、いっそう擁護しにくいものになっていった。

四　ブルガリアン・コネクションの無批判な受け入れ

アージャがローマ教皇を狙撃するためブルガリア人とKGBに雇われていた、というSHKの主張は、およそありそうもない話であり、まったくのごまかしでしかない議論で維持されていたにもかかわらず、「ブルガリアン・コネクション」は有用性の標準を満たしていた。したがってこのケースでは、プロパガンダ・モデルが示唆するように、アメリカのマスメディアはSHKモデルを根拠のあるものと認め、それに代わるような別の解釈は無視して、ブルガリアとソ連の犯罪行為というメッセージを大衆に広める、古典的なプロパガンダ・キャンペーンに加わった。マスメディア業界の一部は、ブルガリアン・コネクションという主張の創出に手を貸し、他の者たちはSHK路線を広める（そしてそれに代わるような見方や都合の悪い情報は排除する）ことだけに邁進した。

キャンペーンは一九八二年九月、『リーダーズ・ダイジェスト』に掲載されたスターリングの記事に始まり、すぐ続いてNBCテレビの番組が一九八二年九月二十一日に放映された。ブルガリアン・コネクションを言明する二つの声明の到達範囲は広く、他のメディアも要約という形で広く報じ、その妥当性には、ほとんどなんの疑問もはさまなかった。一九八二年十一月、アージャがブルガリア人の共犯者を自供したことから、マスメディアはいっせいに、ブルガリアン・コネクションについての報道を開始した。報道は、SHKモデルの枠組みにそって排他的に行なわれ、このモデルからの大きな逸脱は、一九八六年三月にローマ裁判が結審するまでの全期間を通じて、たいていのマスメディアでは、一度も起こらなかった。(24)

アージャがブルガリア人の名を挙げたことは、ニュース報道を生み出す重要な事実であり、これを契機に、ブルガリア人たちについての詳細が復唱され、ブルガリア（とソヴィエト）の動機が説明され、今回の告発が真実であると確認された場合の、政治的な影響についての憶測が何度もくり返された。これらのニュース報道の大きな特徴は、そのまったくの皮相性だった。告発の妥当性が真剣に検証されたことは一度もなく、ただおうむ返しにくり返され、おかしな事実や意見によってさらに凝ったものに練り上げられていった。SHKの枠組みから外れることはなく、ほかの枠組みも役立つかもしれないという示唆もなかった。

額面通りにうけとめて皮相的に示されれば——すなわち、メディアが提示するにあたって、政治的な都合や拘置所の状態、取引があった可能性、「関係否認の能力」原則などの諸要素を、勘案しなかったならば——アージャの告発は、SHKモデルを裏づけるものだ。そうして、このような進め方——アージャの主張が何度も復唱され、陰謀説に立つうわすべりな憶測によって補足される——こそが、プロパガンダ路線を受け入れ推進するマスメディアの、主要な行動様式であった。

『ニューズウィーク』の一九八三年一月三日の記事、「ローマ法王ヨハネ・パウロ二世の暗殺計画」は、SHKの枠組みに沿ったニュース報道の原型といえよう。SHKが描くブルガリア＝ソ連の動機とされるものが、彼らの同類からの引用——「ポーランド侵略に代わる予防的な措置」——によって再確認され、その一方で、コストと便益の関係や、ソヴィエト指導部の性格、アージャの自供による西側の恩恵などを論ずる声は、ついぞ引用されない。[25]実際『ニューズウィーク』は、このようにソ連圏を暗殺計画で告発することは、西側政府にとってきわめて面目のない事態であると示唆している（この点についてのSHK路線を復唱しているだけだ）。『ニューズウィーク』は、アージャの自供までに十七カ月もの時間がたっていることを論じる気配もなく、この記事の中で（また後の記事でも）、ロンドンの『サンデー・タイムズ』やイタリアの新聞が指摘した、アージャが拘留中に誘惑や脅迫を受けたかもしれないという主張、またそれについての情報を、報道することはない。

『ニューズウィーク』は、アージャの示した証拠に信憑性を与えるために、いくつかの仕掛けを用いている。彼の主張を記事の核心として何度もくり返し、二つの別々のシークエンスの中で、マルテッラ予審判事の公正さ、正直さ、誠実さとされるものを強調する。「アージャが、ブルガリア人と緊密に連絡をとりながら活動していた証拠を、つかんでいる」という、イタリア政府高官の言葉を引用する。アージャが「正気である」ことを、「すべての証拠が示唆している」と断言する、等々。だが、いちばん重要なのは、先に述べたように、SHKの枠組みの前提を論じたり、それに代わる枠組みを試すことの拒絶である。

『ニューズウィーク』は、SHKの一連のイデオロギー的な思い込みを、そのまま受け入れる。例えば、アージャが「灰色の狼」を隠れ蓑として利用したのだろうと「追跡者たちは［「ポール・ヘンツェは」と読める］考えるに至った」とか、ブルガリアやソ連は、「テロリズムによってトルコを不安定化させようと」（ヘンツェの直接の引用）長年にわたってつとめてきたとか、ソフィアではアージャの滞在が「ブルガリア秘密警察の注意を引いたにちがいない」（ブルガリア秘密警察には自国領内を通過するトルコ人を簡単に識別できた、という誤った前提に立っているばかりか、アージャはすでにトルコで教皇暗殺計画に引き込まれていた、というみずからの主張を忘れたSHKの、ひんぱんな誤謬を踏襲している）などだ。

『ニューズウィーク』は、「アージャはブルガリア人の大組織から援助を受けていた」と、あたかも確定事実のように述べているが、その証拠は提示せず、ただアージャやイタリア政府高官やポール・ヘンツェによる断定を記載するだけだ。同誌は、アージャがローマでブルガリア人と行なった無数の交渉について報道しているが、「関係否認の能力」の問題に言及することも、この筋書きのまったくのばからしさに警戒のサインを示すこともなかった。

それでもなお、この『ニューズウィーク』の記事は大きな威力を持っている。多くの詳細が反復され、プロットやサブプロットが自信たっぷりに断定され、告発を支持する多数の権威筋の発言が引用され、率直さを装い、たまには完全な証明が欠けていることに言及したりするからだ。だがその本質は、SHKの枠組みを忠実に守った無批判なプロパガンダにほかならず、そこからはみ出したのは、さきほど引用したたった一句だけだった。

当初は、他の主要メディアも、きわめて画一的に同じパターンを踏襲した――無批判かつ凡庸、SHKモデルの枠組みから一歩もはみ出すことなく、「代案」モデルが突きつける厳しいけれども明らかな疑問点は、ことごとく回避するというやり方だ。暗殺計画についての、あるいはそれに深く関連した記事が、一九八二年十一月一日から一九八三年一月三十一日にかけて、『ニューヨーク・タイムズ』紙に三十二本掲載されたが、そのうち十二本にはニュースらしい内容は何もなく、伝えられたのは誰かの意見や事件についての憶測、あるいは憶測の拒絶だけだった（『ニューヨーク・タイムズ』の記事の一つは、レーガン大統領が、この事件に関しては「ノーコメント」だということのみを内容としていた）。

もっと典型的なのは、ヘンリー・カムによる第一面の記事「ブルガリアとテロリストの結びつきを恐れるドイツ政府」（一九八二年十二月十二日）や、バーナード・ガーズマンの、「アメリカはブルガリアとの関連に関心を持つが確信はない」（一九八二年十二月二十六日）だ。どのニュース報道をみても、匿名の人物が「関心を持つ」のだが、その関心は「はぐらかされ」、証拠は「完全に説得力があるとはいえない」、あるいは「最終的な証明はまだなされていない」とされる。

『ニューヨーク・タイムズ』の報道記事のうち四本は、ブルガリアへの密輸入とか、教皇とソ連の関係といった周辺的な主題についてのものだった。もっと直接的な報道記事十六本のうち、たった一本だけが確かな事実を報じている——アントノフのローマでの逮捕だ。それ以外の十五本のニュース記事は、つまらないものばかりだ。たとえば、カムの「イメージが汚れたことを後悔するブルガリア人」（一九八三年一月二十七日）、あるいは同じくカムの「イタリアの判事がブルガリア事件の容疑者の住居を捜査」（一九八三年一月十二日）などのように。このような意見表明、疑惑、関心、仮説、些細な事実などは、人を煙に巻くような役割をはたし、ソヴィエトの関与の可能性という問題を、大衆の前にちらつかせつづけた。これらの記事は、動機や証拠の質、トルコやイタリアの背景となる状況説明などにかかわる重要な問題は、ほとんど避けて通っている。

それに続く数年間は、一九八六年三月の公判の結審にいたるまで、マスメディアは、少数の例外を除いて、SHKの枠組みにぴったりと無批判に追従しつづけた。[26] メディアは、代案に導くような疑問を打ち出すことを怠ったばかりか、SHKの主張を支える前提、ロジック、証拠について、綿密に検証することを拒絶した。その理由のひとつは、メディアが情報源として、スターリングとヘンツェに（そしてNBCテレビの報道記者としてのカルブに）あまりにも大きく依存し、またこれらの情報源に、証明を求める質問をするのに消極的だったことだ。

五　情報源の著しい偏向

スターリングとヘンツェ、そしてやや遅れてマイケル・レディーンは、アメリカのマスメディアでのブルガリアン・コネクションについての認識に、圧倒的な力をふるった。おまけに彼らは、イタリアにおける事件の展開に影響を及ぼしさえした。というのは、彼らの解釈によるブルガリア人の犯罪関与は、アージャがブルガリア人の共謀を証言する以前にイタリアのメディアに流れており、マルテッラ予審判事にも影響を与えていた可能性があるからだ。[27] スターリングとヘンツェがメディア報道に圧倒的な地位を占めたのは、この事件についての彼らの記事や書物が、幅広く流布されたおかげであり、またエリート新聞やニュースマガジン、テレビのニュースやトークショーで、彼らが専門家として、広範かつ無批判に取り上げられたことが原因である。[28]

スターリングは、『リーダーズ・ダイジェスト』の記事に加えて、『ウォールストリート・ジャーナル』にも三本のかなり長い記事を書いており、『ニューヨーク・タイムズ』にも数本の記事を書いている。彼女の見解は、CBSニュースで何度もくり返し放送されたが、反論されることはなかった。ヘンツェは、一九八二年九月から一九八五年五月までの期間に『クリスチャン・サイエンス・モニター』に掲載された、ブルガリアン・コネクション関連の記事十四本のうち、十二本を書いており、その他のメディアでも、彼の記事は広く採用された。これと同じ期間に、『フィラデルフィア・インクワイアラ』に一本だけ登場したブルガリアン・コネクションについての論説記事は、マイケル・レディーンが書いたものだった。

スターリング、ヘンツェ、レディーンの三人は、「マクニール＆レーラー・ニューズ・アワー」がこの主題で放送した三本の番組で、合計七六パーセントの時間を独占した。これらの番組では、彼らにきびしい質問を突きつけることはなかったし、反対派の声も聞かれなかった。おそらくスターリングとヘンツェは、自分たちの意見に反対する人々と一緒に、テレビ番組に（あるいは大学の討論会に）出演するのを拒んでおり、ヘンツェの場合は、質問はすべて前もって承認されるべきだと、強く主張したためだ。つまり、彼らの当初の優越性は、威圧的な戦術によって、さらに強められたのである。[29]

そもそも、なにゆえこの専門家たちは、はじめから優越した位置を与えられたのか。この一段ふみ込んだ問いについては、彼らのスポンサーが持つ権力や、彼らの見解が企業社会や主流メディアときわめて相性がよいことに、答えが見出せよう。彼らのメッセージは、プロパガンダ・システムのフィルターをなんなく通過した。

スターリングには、『リーダーズ・ダイジェスト』が資金を提供し、著作を出版した。これによって彼女は、非常に幅広い読者を獲得し、ただちにブランドとして認知されるようになった。保守派のネットワークはスターリングを好み、それゆえ保守派のコラムニストやシンクタンク——ジョージタウン戦略国際問題研究所（CSIS）〔八〕やアメリカン・エンタープライズ公共政策研究所（AEI）〔八〕のような——の関係者たちも、彼女の見解を後押しする。レーガン政権も、スターリングの見解を歓迎した——CIAや国務省は、テロリズムやブルガリアン・コネクションの追及に、じゅうぶんに積極的な取り組みをしてこなかった（！）といって、その弱腰を彼女がしばしば非難していたにもかかわらず。同じように『ニューヨーク・タイムズ』も、『タイム』も、『ニューズウィーク』も、CBSニュースも、他の多くのメディアも、一様に彼女を歓迎した。スターリングが解説者として突出した人気をほこったテーマは、一九七九年七月のヨナタン研究所の会合で熱心に説かれたもので、軍拡競争に追い風となるような精神環境や、反革命の自由の戦士への世界的な支持のとりつけに懸命だったレーガン政権は、しきりにそれを喧伝した。[30]

ヘンツェはCIAの古株で、スピグニェフ・ブレジンスキーの子分だったが、スターリング同様『リーダーズ・ダイジェスト』から資金を提供されていた。レディーンは、CSISとレーガンの政治チームの、両方に関係していた。メディアがこの御三家の、文字通りの嘘を伝達するのであれば——実際、しばしばそうだった——集中砲火《フラック》装置は沈黙を守っている。あるテレビ局の役員が筆者の一人に語ったところでは、もしブルガリアン・コネクションを批判する意見の放送が許されたならば、「一つのケアレス・ミスもないように、原稿の端々までくまなくチェックする必要があっただろう。スターリングならば何の問題もなかったのだが」。

ここでもプロパガンダ・モデルの示唆するとおり、スターリングやヘンツェやレディーンが情報源として際立って偏向しており、証拠主義のルールに縛られておらず、実際のところ、偽情報をたれ流すための手先であったことなどは、メディアにとって、当然の懸念ではなかったのだ。スターリングが、アージャのテュルケシュに対する心酔を否定したことや、アージャの拳銃に関する不都合な問題をどう処理したかはすでに論じたし、似たようなケースは他にいくらでも指摘できる。[31]

スターリングの『テロ・ネットワーク』には、イスラエルや南アフリカやアルゼンチンの秘密警察から与えられた情報を額面どおりに受け入れる、軽率なだまされやすさが目立っている。とりわけそれが顕著なのは、チェコから亡命したスターリン主義者ヤン・シェイナの証言だ。[32]ソヴィエトのテロ・ネットワークについての彼の証言は、ＣＩＡがシェイナの正直さを試験するために偽造した文書に基づいているのだ[33]！

スターリングの『暗殺者の時代』（*Time of the Assassins*）や、ブルガリアン・コネクションに関する他の著作の目だった特徴は、レーガン政権とＣＩＡが「アカの陰謀」の追及に積極的でなかったのは、緊張緩和《デタント》を推進したいという意図があったからだと、くり返し述べていることだ。[34]自著の驚異的な売れ行きや、アメリカのメディアによる無批判な受容にもかかわらず、スターリングは、ブルガリアン・コネクションを疑問視する立場が、西側で「一般に受け入れられている」ことを嘆く。これが「一定のサークルに入り込み、自分の専門領域で認められたいと望むなら……社会的に欠かせない立場」なのであり、そうなった原因は、ソ連人ジャーナリスト、イオナ・アンドロノフによる、この陰謀事件に関する四十ページの小冊子を、ＫＧＢが売り込むことに成功したからだと彼女は主張する。[35]

このような大ぼらも、スターリングに対する合衆国メディアの信用を損なうことはなかった。実際、『ニューヨーク・タイムズ』は彼女の記事に第一面を与え、ブルガリアン・コネクション関連のニュース報道員として常用していた。そうすることによって、同紙は、活字になるのにふさわしいニュースを決めるのは編集方針だ、ということを保証した。

そのことを完全に証明するのは、検察官アルバーノの報告についての、スターリングによる一九八四年六月十日のトップ記事である。この報告でもっとも重要な新情報は、一九八三年六月二十八日に、アージャが、ブルガリア人に関する自供の重要な部分を取り下げたことだったが、スターリングの記事ではそれが省略されており、ただ、すでに「実証された」若干のポイント（それが何かは記されていない）が取り下げられたことが、控えめに示唆されているだけだった。これは、ひどい誤解を招くやり方だ。アージャがアントノフの住居を訪問し、彼の家族に会見したことは、一度も実証されていないし、この件に関して彼が供述した詳細は、彼の主張全般の決定的な裏づけとして、スターリングとヘンツェによって引用されていた。したがって、アージャがこの部分の自供を取り下げたことは、彼が訪れたこともないアントノフの住居について、どのようにして詳細を知ったのかという、重要な疑問に導くものだ。だが、この問題が『ニューヨーク・タイムズ』紙上で真剣に問われることは、一度もなかった。(36)

ポール・ヘンツェは古参のＣＩＡ職員で、トルコのＣＩＡ支局長をつとめたプロパガンダの専門家だった。前トルコ首相ビュレント・エジェビトは、自分の任期中にトルコの不安定を煽ったとして、ヘンツェを非難さえした。(37)ヘンツェは、「ニュース」記事の中では、自分がＣＩＡの一員としてトルコ情勢に積極的に関わっていたことにはけっして触れない。彼の書くものに顕著な特徴は、トルコの軍政をつねに弁護する姿勢、不誠実、(38)そしてソヴィエトの悪事を証明するに際しては「証拠主義」のルールを堂々と侮蔑していることなどだ。(39)

マイケル・レディーンは、すでに第一章で見たように、マスメディアは、アメリカ政府よりもカダフィの方を信じたがる傾向があると主張し、国家テロの犠牲者へのメディアの関心は、アメリカの庇護国で起こったものの（東ティモールでのインドネシアや、グアテマラのことか？）の方が、敵国や急進的な国家で起こったもの（カンボディアやポーランドで？）よりも、ずっと大きいと論じている。こんなばかげた発言をしていても、

レディーンがブルガリアン・コネクションや他の問題についてマスメディアに登場するのには、何の妨げにもならない。(40)

マスメディアは、こうした偽情報の流し手が、世間に浸透するのを許しただけでなく、彼らの怪しげな資格が明るみに出るような暴露から、彼らを保護したのである。ヘンツェが長年CIAに勤めていたことは、新聞ではほとんど言及されなかったし（テレビでは、筆者の知るかぎり一度もない）、彼がトルコの軍事政権を一貫して弁護してきたことや、頻繁に嘘をついていることは、決して公表されなかった。

スターリングの場合は、事実関係についての彼女の無数の誤謬、愚かしい議論、突飛な政治見解が、『ニューヨーク・タイムズ』、『タイム』、『ニューズウィーク』の読者や、CBSニュース、「マクニール＆レーラー・ニューズ・アワー」の視聴者に明かされることはなかったし、彼女の資質を問うような「ニュース価値のある」事件さえも、無視された。たとえば、フランスで殺された急進主義活動家アンリ・キュリエル[九]に対して無数の攻撃を加えた結果、彼女はパリで名誉毀損の訴訟を複数起こされた。『ニューヨーク・タイムズ』は、一度もこれらの名誉毀損訴訟に言及したことがない。それらの訴訟でスターリングが、全面的ないしは部分的に敗北したからだけでなく、それによって彼女の情報源や手法の実態が暴露され、彼女の印象を悪くするからだ。

スターリングはフランス人ジャーナリスト、ジョルジュ・シュフェール[十]を大きな情報源としていたが、彼はフランスや南アフリカの情報機関とつながっており、「テロリスト」組織の一覧表トップに、アフリカ民族会議（ANC）を置いてゴマをすったような人物だ。スターリングは著書『テロ・ネットワーク　国際テロ組織の秘密戦争』の中で、キュリエルがKGBのエージェントであったと強くほのめかしたが、フランス法廷は、フランスの情報機関が提供した証拠書類に基づいて、スターリングの主張は根拠のないものと判断した。スターリングは防衛のために、自分がほのめかしたキュリエルとＫＧＢとの関係は、たんなる「仮説」であって、事実の断言ではないと、主張を後退させた。要するに、彼女は偽情報を流すパイプであり、殺害された急進主義者の名誉を、最右派の偽情報提供者の主張に基づいて毀損することも辞さないということを、この事例は示している。

マイケル・レディーンは、新保守主義の活動家で偽情報の供給者だが、彼は『ニューヨーク・タイムズ』に容易に記事を載せることができ、またその手厚い保護も受けていた。彼の著書『ゆゆしき新世界』（*Grave New World*〔A・ハクスレーの*Brave New World*のもじり〕）について、『ニューヨーク・タイムズ』に書評を載せたウィリアム・グリフィスは、『リーダーズ・ダイジェスト』の「移動編集者」を務めるＭＩＴの右翼政治学者だ。彼にとっては、レディーンによるブルガリアン・コネクションの説明は、非常に説得力のあるものだった。[41]

レディーンは「ビリーゲート」事件[十一]でフランチェスコ・パツィエンツァと深く関わっており、イタリアの情報部や極右人脈と無数のつながりを持っていた。イタリアのファシストでＰ２の頭目、リチオ・ジェッリ[十二]は、ウルグアイに潜伏中だったが、共謀者のひとりに指示して、レディーンのもとへ草稿をとどけた。レディーンはイタリアの情報機関ＳＩＳＭＩのメンバーであり、コード番号はＺ-３だったと、パツィエンツァは主張している（ＳＩＳＭＩ長官サントヴィトもそれを追認している）。レディーンはＳＩＳＭＩから一〇万ドル以上の報酬をもらって、その見返りに、アメリカ情報部の古くなった報告を供給する（ＳＩＳＭＩが自前の調査として使えるように）などのサービスを提供していた。レディーンはこの金を、バミューダの銀行預金口座に貯め込んでいた。彼がイタリアでおこなった不正操作活動の規模は、非常に大規模だったので、一九八四年夏に新任されたＳＩＳＭＩ長官は、レディーンは「干渉屋」であり、イタリアには歓迎できない人物だと、イタリア議会で述べたほどだった。[42] これらの点はいずれも、『ニューヨーク・タイムズ』では明かされたことがない。[43]

六　問われない質問、使われない情報源

使われた情報源、理論の枠組み、ニュース価値ありとされる議題のあいだには緊密なつながりがあった。マスメディアがスターリング、ヘンツェ、レディーンを重用すると決めたとき、同時に採用された理論の枠組みは、ブルガリアとソ連の有罪を前提とし、アージャは政治に無関心な傭兵であり、勤勉なマルテッラ判事の下に、自由主義国イタリアにおいて法の裁きが進められている、としていた。それに続いたプロパガンダ・キャンペーンでは、ＳＨＫモデルの質を問うきびしい質問はまったく聞かれなかったし、それに代わりうる情報源や枠組みは無視された。

前章で論じたような、当面の議論に組み込まれるものと、外されるものの区別は、ここにもあてはまり、それが示唆するところは啓発的だ。「組み込まれた」のは次のようなものだ。アージャの最新の主張やブルガリア人の関与の証拠についての、アージャやマルテッラの声明、ブルガリア人がこのような脱線行為（たしかにそうだ）に手を出すかどうかについてのブレジンスキーの意見、あるいは〔ニュースキャスターの〕ジュディ・ウッドラフがポール・ヘンツェに聞いた、ソヴィエトは「またやるつもりなんでしょうか」という疑問（いつだって、やっているんだよ。今回は、ちょいと迂闊だっただけだ――「イタリアじゃ、たいていのことはまかり通るのに」）。[44]

前章で説明した第三世界の選挙に見られたように、メディアが好んで注目したのは、関係者についての表面的な詳細と、せまい範囲に限定された体制側の見方（加えて、ブルガリアやソヴィエトの高官によるぶっきら

ぼうな否定）である。それと並んで、容認された解釈を裏づけるような個別のできごと（亡命者による告発、アージャのさらなる自供、調査官や検察官の報告、申し立てや新展開と期待されるもののリーク）が、その信憑性にはかかわりなく注目された。

「外され」たのは、ＳＨＫの基本モデルの信憑性に疑問をはさむような議論や事実、およびＳＨＫに代わりうる「代案モデル」（なぜアージャが、これほど後になって自供したのかという疑問と、彼が脅され、すかされて自供した、という可能性から出発する）に関連するものだった。ここでは、マスメディアがこれらの問題を回避したことを証明する重要なポイントや疑問のうち、ほんの二、三のものだけに、ざっと目を通してみよう。

ＳＨＫの基本モデルが主張の根拠としているのは、ソヴィエトの動機、アージャのソフィア滞在、そしてソヴィエトとブルガリアの秘密警察の高度なプロフェッショナリズムである。これによって、アージャがブルガリアに滞在したのなら、彼らに操られていた可能性が高い、ということになるのだった。

マスメディアがひたすらＳＨＫ路線を反復しつづける中で、ＡＢＣの番組「20／20」の一九八三年五月十二日の放送分だけが、ソヴィエトの動機に、少しは踏み込んだ検証を行なった。ＡＢＣは、わざわざヴァティカンに問い合わせて、マーヴィン・カルブが主張するように、ローマ教皇が外交書簡の中で、ソヴィエトが侵略するようなことがあれば自分は辞職してポーランドに戻り、抵抗運動を率いるとほのめかすようなことが、本当にあったのかどうか確かめようとした。ジョン・クロール枢機卿は、ヴァティカンを代表して次のように答えた。「そんな手紙は存在しないだけでなく、教皇からブレジネフにあてて、直接そのような手紙が送られたとしたら、それは通常の手続きを完全に逸脱したものだ。そもそも、ローマ教皇が「辞職する」という発言をするなどということ自体、およそ考えられない」。同じくＡＢＣがヴァティカンから得た情報では、教皇が口頭でブレジネフに伝えたメッセージは融和的なものであった。

ＳＨＫの主張の重要な要素が、このように見事に否定されたことも、他のメディアで報道されることはなく、ＡＢＣで放送されただけで消えていった。そして、アージャを支援することでソ連が引き受けることになるコストとリスクを、その見返りとされる利益とつりあわせようとする努力も、マスメディアではいっさい払われなかった。

アージャの一九七九年の書簡が、ローマ教皇が先にトルコを訪れた際に暗殺すると表明していたことを、じっくり検討しようとするメディアは存在しなかった。ＫＧＢがトルコ人を雇って教皇を暗殺させ、それによってトルコとＮＡＴＯの関係悪化を狙った、というスターリングのばかばかしい主張は、決して議論の対象にならなかった。アージャがテュルケシュにあてた手紙は、彼の政治信条に（ゆえにＳＨＫの前提の一つにも）かかわるものだが、その信憑性がアメリカのマスメディアで論じられたことはなかった。

公判中に、アブドゥッラー・チャトルが証言した、ブルガリアはそこを往来する多くのトルコ人に紛れ込むことができるので、「灰色の狼」がヨーロッパへの通過地点として重宝したという内容は、ＳＨＫの主張する、ブルガリアの秘密警察はすべてを把握しており、したがってアージャのソフィア滞在はブルガリア当局の計画だったにちがいないという説と、真っ向から対立したが、アメリカのマスメディアによるローマ裁判関連の報道では、けっして取り上げられなかった。

だが、ＳＨＫの基本的な主張についてのマスメディアの扱いで、もっとも欠陥が目立ったのは、ＳＨＫのエセ科学的な憶測や、「関係否認の能力」の初歩的原則を何度も踏みにじっていることに対する、メディアの驚くべき騙されやすさだった。アージャがトルコでＫＧＢによって将来の使命のために雇われ、「隠れ蓑」として右翼のフリをしていたというＳＨＫの愚劣な主張──証拠らしいものの痕跡もない──が嘲笑されることはなく、こんなものが真実と称して提示されても、妥当性が吟味されることはなかった。[45]アージャがトルコで採用され、慎重な偽装工作を行なったという主張が、彼が指示を受けるためにソフィアに連れてこられ、長期に滞在したという主張と、まったく矛盾することについて、マスメディアで議論がもちあがることはついぞなかった。アージャがローマでブルガリア人と公然とかかわりを持ったという主張では、先に主張された「プロフェッショナリズム」や、トルコの右翼を「隠れ蓑にした」という話が、どこかへ消えてしまっているが、マスメディアは、それについて議論するのをいっさい拒んでいた。

ＳＨＫに代わりうる別のモデルについて、またアージャの自白が誘導されていた可能性については、マスメディアはここでもまた、こういう不調和な可能性を追及するのを拒んだ。新たに発覚した陰謀が、西側の多くの利権集団に好都合であることについて、メディアは考察も議論もまったくしなかった。ブルガリア人を共犯者として名指しするまでの長い時間のひらき、アージャが拘置所で置かれていた環境や接触した人々、アージャに自供を促すための面会や申し出や脅迫があったという報告、イタリアの警察と情報部の妥協的な性格、などについても同様だった。これによってメディアは、重要な証拠の隠蔽に荷担することになった。

重要な例を一つ挙げれば、一九八四年七月十二日の「フリーメーソン・ロッジＰ２に関するイタリア議会委員会報告書」は、この大規模なネオファシストの陰謀が、軍や秘密警察、新聞、司法などに広く浸透していることを、克明に記していた。この報告書は、それ自体としてもニュース価値のあるものだったが、それだけでなく、ブルガリアン・コネクションにも影響するものだった。ブルガリアに対する告発と起訴に直接関わった、イタリアの諸機関の性格を問題にしているからだ。『ニューヨーク・タイムズ』、『タイム』、『ニューズウィーク』、「ＣＢＳイブニング・ニュース」は、この報告書が発表されたことに一度も言及しなかった。

ふたつ目の重要な事例として、一年後の一九八五年七月に、ローマ刑事裁判所は「フランチェスコ・パツィエンツァらに関わる判決」を下した。そこにはイタリア政府諜報機関ＳＩＳＭＩの高官たちが、文書偽造や書類を忍び込ませることなどを含めて、不正行為を何度もくり返していたことが記されていた。これらの高官は、一九八〇年のボローニャ駅大虐殺[十三]でも実行犯のもみ消しに関与したとして、告発されている。この虐殺事件は、適切な悪役を犯人にすることさえできたら、マスメディアの熱狂的な関心をひいたに違いない類のテロ事件だった。先に述べたように、ＳＩＳＭＩ高官は刑務所でアージャを訪問しており、ローマ教皇暗殺未遂のわずか六日後の一九八一年五月十九日に、ＳＩＳＭＩは、教皇狙撃計画にソ連の関与をほのめかす偽造文書を発行していた。この偽造文書のことは、『ニューヨーク・タイムズ』でも『タイム』でも『ニューズウィーク』でもＣＢＳニュースでも、決して語られることはなく、一九八五年七月の裁判判決は、『ニューヨーク・タイムズ』の三面記事でかろうじて言及されただけだった。

このような報道管制は、イタリアの手続きの不正や、アージャが陰謀の責任を東側に負わせるよう説得され、教示された可能性をほのめかす材料に対するものだった。ブルガリアン・コネクションとされるものを利用するプロパガンダ・システムが、このような証拠を避けようとするのは当然だろう。

アージャの刑務所での環境がきわめてルーズで、イタリア情報部員が出入りしていたことは、イタリアの新聞やアメリカの反体制新聞では、何度となく指摘されたが、一九八二年と八三年を通じて、アメリカのマスメディアではほとんど言及されなかった。一九八三年六月、『イン・ディーズ・タイムズ』の海外〔欧州〕編集員ダイアナ・ジョンストンは、情報部員の訪問や、アージャが非協力的な態度を続けるなら開放的で快適な刑務所生活は終わるかもしれないという脅迫、マルテッラ判事がアージャに取引を提案したことなどの、証拠や主張をまとめた記事を、『ニューヨーク・タイムズ』と『フィラデルフィア・インクワイアラ』の論説欄に投稿した。この投稿記事は却下され、この路線にそった評論やニュースは、『ニューヨーク・タイムズ』や『フィラデルフィア・インクワイアラ』では、表に出ることが許されなかった——その他どこでも、わたしたちの知るかぎりでは同じである。

数年後、一九八五年六月十七日付けの『ニューヨーク・タイムズ』の記事で、ジョン・タリアブーエは、アージャが刑務所でどのように教示されたかについての、パンディコの詳細な説明に言及しながら、アージャの刑務所は「穴だらけで有名」だったと記した。けれども同紙は、それ以前には一度もこの有名な事実に言及したことがなく、それがこの事件に、少しでも関係すると考察したこともなかった。

アージャが一九八二年十一月に、ブルガリア人共謀者の名前を自供したころには、この事件を追及するイタリアの検察や司法の手続きは、数々の理由でひどく危ういものになっていたが[46]、アメリカのマスメディアは、そんなことにはいっこうに興味をしめさなかった。同様に、西側諸国の新聞で広く流布していた有名なアントノフの写真が、不可思議な状況にとりまかれていることにも、アメリカのマスメディアは冷淡だった。一九八一年五月十三日にサンピエトロ広場の光景を見つめているアントノフが、非常に鮮明で、きわめて本人らしく写った写真である。だが、マルテッラが後に主張したところでは、この写真はアントノフではなく、アメリカ人観光客のものだった。けれども、このアントノフそっくりの容貌の観光客は、一度も所在を突き止められたことがなく、このショットが入っていたフィルム自体が、なぜか姿を消してしまった[47]。

アージャがブルガリア人についての主張をころころ変更させ、五月十三日のできごとのタイミングについて、ブルガリア側の反証が強いときにはいつでも自分の回想を修正するのを、マルテッラは気前よく許していたが、そのこともメディアの注意を引くことはできなかった[48]。アージャが、アントノフの住居をみずから訪れ、彼の家族に会ったという主張を、一九八三年六月二十八日に取り下げたことについても、マスメディアがそれに言及したのは、丸一年もたってからのことだった。おまけにそのときでさえも報道機関は、それがこの事件にとっても、マルテッラの捜査活動についても、とくに大きな問題をつきつけるものとは受けとめなかった[49]。アントノフの住居を訪問したことがないとすれば、アージャはいったいどのようにして、その詳細を知ったというのだろう。誠実な報道機関であれば、この点を容赦なく追及したにちがいない。スターリングが記者をつとめている『ニューヨーク・タイムズ』は、この問題を黙殺した。(50) 他の報道機関は、まったく興味を示さなかった。

また、ブルガリア人を共犯にしたてようと、ヴァティカンがかなりの苦労をしたというオルセン・オイメンの発見や、西ドイツの当局が「灰色の狼」の一員オラル・チェリックに賄賂を贈って自国に呼び寄せ、アージャの主張を確認したことが、公判で明るみに出たことにも、メディアは興味を示さなかった。マフィアやSISMIがアージャを自供させるのに関与した、というパンディコやパツィエンツァによる内部告発も、わずかな関心しかひかず、これらの材料の積み重ねが暗示するイタリアの司法手続きの性格も、けっして全体として見直されることはなかった。

このような故意の軽視がもっとも露骨に出たのは、たぶん、イタリア人フィクサーで元SISMIの、フランチェスコ・パツィエンツァに関するものだろう。パツィエンツァは、いくつかの犯罪で指名手配されてイタリアを逃げ出し、一九八五年にはニューヨーク市に亡命者として居住していた。最終的に、彼は同市の移民入国管理局によって逮捕、拘留された。パツィエンツァは「ビリーゲート」事件で、マイケル・レディーンのイタリアにおけるパートナーであり、レディーンがレーガン政権初期に、ヘイグ将軍のイタリアにおける右腕になった後も、その関係を維持していた。パツィエンツァはまた、SISMIの頭目ジュセッペ・サントヴィトの緊密なパートナーだった。

一九八三年以降、イタリアの新聞では、パツィエンツァがアージャに自供を促すことに関与していたと、とりざたされており、最終的にはパツィエンツァ本人が、SISMIの要員による教示について細部にわたる告発を行なっている。パツィエンツァはニューヨーク市の刑務所にいたため、インタヴューするのは容易だったのだが、『ニューヨーク・タイムズ』は彼を無視した。同紙がそうした理由は、わたしたちの仮説では、もし彼にインタヴューすれば、彼とレディーンやスターリング（ともに『ニューヨーク・タイムズ』が庇護する情報提供者だった）との関係に触れないのは、困難だと判断したからだ。もしそうなれば、同紙の情報提供者の質について、悪い印象を与えることになるだろう。パツィエンツァの話はまた、『ニューヨーク・タイムズ』がSISMIの腐敗に関する事実を隠蔽したことをきわだたせ、アージャへの教示があったという疑惑を呼び起こすだろう。そうなればプロパガンダの路線に支障をきたす。

ローマ裁判は、西側メディアにとってはぐあいの悪いものだった。アージャはすぐに自分はイエスであると宣言するようになってしまい、さらに困ったことに、ブルガリアン・コネクションに関する自分の供述を裏づける証拠を、なにひとつ提出できなかった。裁判所の勤勉で大規模な捜査によって、暗殺未遂事件が起こるまでの期間に、アージャと「灰色の狼」のあいだには無数のリンクが発見されたが、彼が申し立てるようなローマでのブルガリア人との多数の接触も、資金も、乗用車も、証拠はいっさい見つからず、最終的に有罪判決も出なかった。

先に指摘したように、刑務所でのアージャの扱いが寛大であったことや、一九八一年に情報部員と面会したり、マルテッラ予審判事の申し出を受けたという既出の証拠に加えて、ブルガリア人の共犯を供述するようアージャに圧力がかかっていたという証拠と証言が、着実に積みあがっていた。にもかかわらず、このような証拠も、長い調査と裁判のはてに、結局はブルガリア人たちに有罪判決を下せなかったという事実も、西側のマスメディアがこの事件を、少しはまともに再評価しようとする契機とはならなかった。メディアはほぼ画一的に、イタリアの法廷が本件を棄却したのは証拠不十分によるものであって、無罪が証明されたからではないということを盾にとった。イタリア法廷や陪審員が、依然として東欧圏に偏見をもっており、ブルガリアン・コネクション説を熱心に支持してきた有力な西側の利害を守ろうとするかもしれないと、メディアがほのめかすことはけっしてなかった。

マスメディアは、自分たちが以前に主張したことや、偽情報屋が主張したことをふり返って、それらが、積み重ねられた証拠にどれほど耐えうるかを検証することは、けっしてなかった。一九八三年一月三日、『ニューズウィーク』は、あるイタリアの高官の「アージャがブルガリア人と緊密に連絡をとりながら動いていたという……重大な証拠をわれわれは握っている」という発言を引用し、『ニューヨーク・タイムズ』は一九八四年十月二十日、「ブルガリアの高官との接触についてのアージャの供述は、重大な詳細が証明できる」という論説を掲載した。もし裁判のずっと前に、「相当な証拠」と「証明できる」詳細があったというなら、その証拠はなぜ、法廷に提出されなかったのだろう。その後に大規模な捜査活動が行なわれたにもかかわらず、有罪判決を下すに足る証拠が、依然として揃わなかったのはなぜだろう。このような疑問に、アメリカのマスメディアは答えようともしなかった。そんなことをすれば、ＳＨＫモデルの正当性が大きく揺らぎ、それに代わるモデルが模索されることになるが、そんなことを許す用意は、メディアにはないのだ。

一九八六年三月ごろまでには、多くの証拠に基づいた代案モデルに現実味が出てきたが、彼らにとっては依然として、それは「ブルガリア側の見解」だった。「ブルガリア側の見解」がつきつける疑問は、モスクワで同じような事件が起こっていたならば、アメリカのマスメディアも採用しただろうと思われるものだ。それが意味するのは、メディアが実際に採用していた見解は、初めから終わりまで「アメリカ政府の見解」であったという、プロパガンダ・モデルが示唆するとおりのことである。そのことは、裁判が結審した後にさえもあてはまる。それについては、補遺２の「タリアブーエによる締めくくり——偏向のケーススタディ」で、詳細に分析した通りである。

補　遺

補遺1

アメリカ政府が派遣したグアテマラの選挙監視団

一九八四年七月一日のグアテマラの選挙のため、レーガン政権は監視団を派遣した。監視団は共和党下院議員ラルフ・レグラを団長とし、ジャック・ハイタワー下院議員（民主党・テキサス）、ミッキー・エドワーズ下院議員（共和党・オクラホマ）、カンサス州務長官ジャック・ブライヤー、インディアナ州務長官エド・シムコックス、ケネス・ベイカー神父（ニューヨーク市の『ホミレティック・アンド・パストラル・レヴュー』誌編集員）、ワシントンの弁護士ジョン・カーボー、アメリカ自由労働開発機構（ＡＩＦＬＤ）のジェシー・フリードマン、アメリカ労働総同盟産別会議のトム・カーン、ポトマック・オーガニゼーションのマックス・シンガー、アメリカ公共政策研究所（ＡＥＩ）の選挙専門家ハワード・ペニマンなどが参加していた。(1) この一団はグアテマラにほんの短期間滞在しただけで、選挙当日に「監視」のためにヘリコプターで送り込まれ、短い声明を発表し、翌七月二日には記者会見を行なった。その声明と記者会見のもようは、一九八四年七月十八日、グアテマラ市のアメリカ大使館から発表された。以下の議論は、それをもとに展開する。

グアテマラは大規模な政治殺戮や記録的な数の「失踪者」が出ていることを、人権団体から長年にわたって非難されていたにもかかわらず、「殺人」や「失踪」という言葉は、記者会見で発言した十人の監視員の、だれの口からも出なかった。そのほかにも、けっして口にされなかった語句がある——「国家安全保障ドクトリン」、「違法団体法」、「国家テロリズム」、「死の部隊」、「大虐殺」、「拷問」、「強制移動」、「民間防衛パトロール隊」、「報道・出版の自由」、「投票の義務づけ」。

軍事占領下の国にヘリコプターで降り立った、スペイン語も話さない外国人の質問に、グアテマラの農民が返した「前向きな」回答の信憑性を、監視員はだれも疑っていなかった。監視員はみな、長蛇の列や、彼らの表情や、当局が護衛する訪問者の質問への少数の応答などから、グアテマラの人々の本音を推測できると考えていた。選挙は公正で感動的だったこと、政治参加と愛国心の表明へのグアテマラ国民の熱意の証明だったこと、民主主義に向かう第一歩であったことなどの結論に、異論を唱える監視員はひとりもいなかった。宣伝選挙のおきまりの言葉は、なにひとつ省略されなかった——歴史は隠蔽され、自由選挙の基本条件のどれひとつをも、監視員たちが吟味することはなかった。

このグアテマラ選挙監視員が提供したきまり文句を、いくつか例証してみよう。

一、国民は希望にあふれ、きわめて肯定的なすべり出し　「力強い始まり……最初の一歩」だった、と団長のラルフ・レグラは述べている。ケネス・ベイカー神父は、「将来への希望に満ちた……期待感の充満」を感じた。ジャック・ブライヤーも、「今後についての期待感が観察されるが、かならずしも、選挙の結果どんな行動がおこるかについての自信ではない」と述べている（きわめて微妙な含みのある区別であるが、ブライヤーはわずか数人の投票者から得た、短い、通訳された回答をもとに、これを付言することができた）。

トム・カーンは、「投票の列につく労働者たちに話しかけると、その多くが、自分たちは大きな期待を持っている、これが最初の一歩だ、と話した」と主張した。カーンは記者会見で、闘争中のコカ・コーラ社の労働者を訪問したか、と聞かれた。彼はしていなかった。同じく労組代表であるアメリカ自由労働開発機構（ＡＩＦＬＤ）のジェシー・フリードマンも、カーンと同様、グアテマラにおける組織労働者数が激減したことや、組合指導者たちの大量殺害について、何も言わなかった。

二、長蛇の列、辛抱づよい投票者　監視員たちを感動させたのは、「投票するため、辛抱づよく待つ人々の様子」（レグラ）だった。ハワード・ペニマンは、「投票する人々の並外れた辛抱づよさ」に注目している。エド・シムコックスは、投票者たちが「ほんとうに投票所に出向いて、朝の早くから列をつくり、場合によっては二時間、三時間、四時間も順番を待って、ようやく投票した」と指摘した。ハイタワー下院議員によれば、「ただちに感銘を受けたのは、長い行列だった」。トム・カーンは「投票台のまわりを支配していた、静けさと秩序」に感銘を受けた。

長蛇の列をつくって辛抱づよく投票を待つ人々の姿は、恐怖によって支配された住民がとにかく生き延びたい一心で投票するからだと説明しても、少しもおかしくはない。政府派遣監視員たちは、グアテマラにおける壮大な国家テロの記録にはけっして言及せず、投票者が根気よく順番を待ったのは邪気のない理由からだという仮定を、自明のものとみなしていた。

三、愛国心に駆られて　この監視団の主要テーマは、投票者たちは愛国心から熱心に投票したがっている、というものだ。彼らが忠誠を感じているとされるのは、軍国主義化したテロ国家であり、ロナルド・レーガンやアメリカ国務省の要求は満たしていた。マックス・シンガーは「グアテマラ人の、投票は自分たちに重要なものだという気持ちが、伝わってきた」と言う（それは正しい。だがシンガーに欠けているのは、彼らにとっての重要性は、恐怖や、そこら中に出没する軍の懲罰を免れたいためだったかもしれない、という配慮だ）。レグラは、グアテマラ人たちは「憲法制定議会の選出に参与する機会」を、根気よく待っていたと語る。シムコックスによれば、「彼らは、これが愛国的な行動であり、自分たちの国にとって重要なことだと承知している」。トム・カーンが投票所で列をつくる人たちに話しかけると、彼らは「おおいに国を誇りに思う気持ちを表明した」。

四、強制の兆候はない　ケネス・ベイカー神父は、「怯えがないのが、一般的な雰囲気だったようだ」と述べた。ベイカーは、その雰囲気をどうして感じたのか述べておらず、軍に護衛されてたった一日だけ観察した外国で、それが自信をもって確言できるものだったのかどうかも述べていない。ベイカーは、司教たちが人々に強く投票をうながしたと語る。だが、失踪やテロ、破滅的な社会経済状態の中では、意味ある選挙の実施はできないと、司祭たちが述べていたことは指摘しなかった。

ジャック・ブライヤーは「暴力はいっさい」目にせず、「軍が直接に関与している証拠はまったく見られなかった」と記している。だが、もし鎮圧が徹底していたのであれば、軍の推す候補者の当選を確実にするために、暴力に訴えたり、軍隊を出動させる必要などないだろうという問題は、彼は論じない。ソ連の選挙に暴力の行使はまったくないし、軍が直接関与しているという証拠もない。ブライヤーはとぼけて、選挙当日の暴力の有無が重要であるかのようなふりをし、長期的な暴力が住民たちから慣習的な保護をはぎ取り、恐怖に陥れていたことを無視した。(2)

ミッキー・エドワーズ下院議員はグアテマラにおける軍隊の存在の大きさに気づいたが、それは「抑圧的」ではなかったと言う。「この地域の人々が圧力を受けたり脅迫されたりしていることを示すものは、何も見当たらなかった」。エドワーズがどの程度しっかり観察していたかは疑わしい。(3)

五、驚異的な投票率　ジャック・ブライヤーは「驚くほど高水準の投票者数」と述べ、エド・シムコックスは投票率六〇～七〇パーセントという水準は「信じがたいほど肯定的な数字だ」と評している。アメリカ大使館でさえ、グアテマラでは選挙が義務づけられていることを記している（とはいえ、この法律が実際に適用されるのはまれだというグアテマラ官僚の言葉を引いて、印象を弱めようとはしているが）。それなのに政府派遣監視員たちは、そのような法的義務づけや、身分証明書に認証を捺してもらう必要などという些細な事実には、けっして触れようとしない。軍による警告や、大量の殺人と失踪という背景が語られないのは、言うまでもないだろう。

六、人権の向上　ミッキー・エドワーズ下院議員は、「客観的に観察すると、この国の人権状況の記録は、ここ二、三年で飛躍的に改善している」と述べる。どういう客観的な観察のことを述べているのか、彼は語らない。マックス・シンガーも、「わたしに言える範囲では、グアテマラの人権状況は改善している」と判断している。その一因はゲリラ活動が弱まったことであり、彼らの活動がグアテマラの人々の人権を大きく脅かしていたからだと、彼は説明している。シンガーは記者会見で、改善と判断した根拠について聞かれた。彼の答えは「農村部の住民が語った」というものだった。

七、白票や無効票の理由　グアテマラの選挙では、投票用紙のおよそ二六パーセントが、白紙あるいは無効票であった。これは、どの政党の獲得総数をも、大きく上回る水準である。このことは、グアテマラの人々が、一途な愛国心から長蛇の列をつくったという話を、疑わしくするものと思われよう。だがハワード・ペニマンはこれを、識字率が低い結果だと説明した。他の可能性は語られない。また同様に、アメリカがグアテマラの自由を救済してから三十年もたつというのに、どうしてそんなに識字率が低いのか、ということも論じられない。

八、支援拡大のための言い分　監視員は客観性を示し、労組代表のカーンとフリードマンは、今回の選挙は「第一歩」に過ぎず、エルサルバドルでちょうど確立されたような完全な民主主義（レグラ）は、まだこれからだと認めることによって、自由主義原則への忠誠心を証明した。監視員の一部は、即座に援助を追加することに積極的で、ミッキー・エドワーズは、グアテマラ軍が「アメリカの価値観にさらされ、アメリカ流の訓練を経験することで」、恩恵を受けるだろうと、熱弁をふるった(4)。他の者たちはそれほど熱心ではなかったが、選挙は公正で有意義なものであり、アメリカの認知と支持を受けるに値する、ということでは一致した。

要約すると、これは選挙監視のカリカチュアだったが、アメリカの「政府派遣監視員」としては、典型的なパフォーマンスだった。このグループの報告は、スティーヴン・キンザーが『ニューヨーク・タイムズ』で引用したのをはじめ、アメリカ報道機関のいたるところで、グアテマラ選挙の重大な情報源として引用された。ラテンアメリカ研究学会によるニカラグア選挙に関する公式報告は、同地域についての専門家たちが八日間にわたる集中的な調査を踏まえて書いたものだが、キンザーをはじめとするマスメディア関係者は、それについて一度も言及していない。

補遺2

タリアブーエによる締めくくり――偏向のケーススタディ

ブルガリアン・コネクションに関するマスメディア報道のプロパガンダ的性格を、別の角度から証明するために、一九八六年三月三十一日の『ニューヨーク・タイムズ』に掲載されたジョン・タリアブーエの記事、「教皇暗殺陰謀に判決、だが答えはない」をくわしく検討しよう。この記事は、ローマ裁判を担当した『ニューヨーク・タイムズ』のベテラン記者による円熟した判断として、「歴史」に加えられる最終総括なのであるが、そこには、ブルガリアン・コネクションについてのマスメディア報道を特徴づけていると思われる、組織的なバイアスが典型的にあらわれている。例外は、ごくわずかだった。タリアブーエの記事を詳細に検討すれば、それが、ブルガリアン・コネクションを説明するスターリング＝ヘンツェ＝カルブ（ＳＨＫ）モデルの要素をすべて取り込んでいることや、このモデルの要求に応じて事実を取捨選択し、相容れない事実や解釈は回避していることが明らかになる。(1)

問題の枠組み――事件はいまだ「未決着」

ローマの裁判所が、教皇暗殺事件を共謀したとされるブルガリア人たちに対する起訴を却下したことから、『ニューヨーク・タイムズ』は、枠組みの問題に直面させられることになった。『ニューヨーク・タイムズ』は長年にわたって、この訴追は信憑性があると報じてきたため、裁判所が起訴却下を決定したことに対応を迫られることになったのだ。これを解決する手段は、イタリアの司法制度の独特の特徴にすがることだった。そこでは、無罪と判定された側は、確信的に無罪だともいえるし、証拠不十分で無罪だともいえる。そこで、タリアブーエの記事の表題が示唆するように、判決はあったが「答えはない」ということになり、タリアブーエの最初のパラグラフは、事件の「未決着」な性格に注目する。

ブルガリア人は、証拠不十分で無罪にな
った、という事実を目立たせ、欧米の法律では、有罪とするには決定的な証拠が必要なのだという点を強調することもできただろう。けれども『ニューヨーク・タイムズ』は、五年にわたってブルガリア人を有罪と断定してきたため、いまさら敗北を認めるわけにはいかなかった。

タリアブーエはまた、裁判所の決定を控えめにみせるため、それが意外なことではないかのように描く。「判決に驚いた者は、ほとんどいなかった」とタリアブーエは記している。だが、ブルガリア人の有罪判定ができなかったことは、大きな驚きだったに違いないのだ。なにしろスターリングたちは、あきらかにブルガリア人たちが陰謀の背後にいると請け合っていたし、ポール・ヘンツェが述べたように、「証拠」は「着実に積みあがっており、もはやほとんど疑いの余地はないところにきている」はずだったのだから。(2)

その代わりになる枠組みは、次のようなものだろう。イタリアが国家資源を傾注して三年にわたる捜査と長期の公判を遂行し、しかもイタリアや西側諸国の有力な利権集団が、ブルガリア人の有罪立証に関心をもっていたにもかかわらず、検察側はイタリア人陪審員に、ブルガリア人の有罪を確信させることができなかったのだ。だが、こうした利権集団や彼らのプロパガンダ装置には、徹底して論じるべき材料が与えられた。完全な無罪認定ではなく「証拠不十分」を理由に告訴を却下するという決定のおかげである。これによって、プロパガンダ機構がこの事件をタリアブーエ流の枠組みで語ることが可能になった。

イタリアの訴訟手続きの擁護

この事件の全過程を通じて、アメリカのマスメディアは、ブルガリアン・コネクションの追及に関与したイタリアの公的機関の、あやうい性格を物語るような証拠を隠蔽した。マルテッラ予審判事は、つねに正直者の典型のようにあつかわれ、それに合わない事実は無視された。(3) この作法にしたがって、タリアブーエは、マルテッラへの、根拠のない的はずれな賞賛にスペースを浪費している(強調のために小見出しが付されている)。

「予審判事を決然と非難するものは、ほとんどいなかった」という彼の言辞は、ばかげている。裁判の証人たちは、事件に関する事実を具体的に証言することを要求されているのであって、予審判事を攻撃するような立場にはなかったし、そんな行為が法廷で許されるはずもなかったろう。マルテッラを攻撃する資格があるのは、ブルガリア人側の弁護団だけだった。そして事実、彼らはそれを行なった。だが、彼らが一九八六年三月四日から八日までに提出したこの声明が、『ニューヨーク・タイムズ』をはじめとするマスメディアで報道されることはなかった。

本来この裁判の役割は、予備捜査の結果を審議するだけのはずだったのに、実際には検察側が新たに大量の捜査活動を行なったと、タリアブーエは指摘している。そうだとすれば、これは、マルテッラ予審判事による捜査がお話にならぬほど不十分だと、事実審裁判所が判断したことを物語るのかもしれないのだが、タリアブーエはけっしてその点には言及しない。

アージャの裁判放棄

この弁明的な枠組みの重要な部分は、裁判まではコネクションについて一貫性のある申し立てを行なっていたとされるアージャが、急に百八十度方向を変え、いっさいの証言を拒否したことだ。タリアブーエは、この問題にいくつもの段落を割いて論じたて、最終的に、アージャの気まぐれな行動がだんだんひどくなっていったのは、「法廷の努力をぶち壊すことを狙っていたのかもしれない」と示唆している。検察側はこの困難を克服できず、したがって起訴が却下されたのはアージャの行動のせいであって、検察側の立件に不足があったからではないと、彼はほのめかしている。

実際には、アージャの主張は、矛盾を重ねながらゆっくりとできあがってきたものであり、そのあいだに何十回もの供述の取り下げがあった。これらを全部まとめて、いちばんうまく説明してくれるのは、アージャが誰かの指導を受けており、外部情報を与えられていたこと、また彼は、マルテッラやマスコミが聞きたがっていると想像したことを供述していたということだ。ブルガリアン・コネクションについて、アージャが一貫した説明をしたとか、一度でも態度を固めたことがあったと信じる理由はどこにもない。むしろ、彼の説明は絶えず変化していたように思われ、マルテッラ報告の最終結果は、マルテッラが勝手につなぎ合わせてつくったものだったようだ。(4)

アージャが裁判中にいっそう不安定な発言をするようになったという主張も、何の根拠もない。アージャがたえず不安定な行動をとっていることは、彼の初期の証言が伏せられているために、わかりにくくなっているが、マルテッラの報告を読めば、彼がすでに自分はイエスであると主張し、他にもわけのわからない言動を示していたことは明らかだ。おまけに、アージャが裁判の途中で協力を拒んだというタリアブーエの説明は、誤っている。アージャは自分の証言があまりにも支離滅裂になると、そのたびに法廷から退出したが、やがてまた必ず証言台に戻り、多くの質問に答えたのである。タリアブーエはけっして採用しない仮説だが、もしもアージャの供述が、誰かの指導や空想に基づいたものだったとすれば、公開の法廷で追及されればひとたまりもなく、すぐに追い詰められてしまっただろう。

タリアブーエはまた、突っ込んだ質問もしない。たとえアージャが黙秘したとしても（そういうことはなかったが）、マルテッラによる膨大な捜査報告があるのだから、裁判所はすでに確立された道筋にしたがって、じゅうぶんな結果をひきだすこともできたのではなかろうか。ローマでブルガリア人と多数の会合を重ね、一緒に旅行もしたというアージャの申し立てを確認するための証人が、なぜ一人たりとも立てられないのか。ブルガリア人たちが借りたとされる乗用車は、なぜ見つからないのか。アージャに与えられたはずの金は、どこへいったのか。タリアブーエは、こうした質問に取り組もうとしない。

アージャの話の「部分的な確証」

タリアブーエは、アージャの主張の部分的な確証と称するものをいくつか記している。第一のものは、「エズベイ氏によれば、ブルガリア人たちは、ローマ教皇を狙撃させるためにアージャ氏を使いたいとほんとうに望んでいたが、彼を信頼していなかった」。しかし、もし最終的にブルガリア人たちはアージャを雇い損ねたというのであれば、これは部分的な確証にはならない。さらに、エズベイがローマで証言したときに傍聴した別の記者は、エズベイはブルガリア人たちがアージャを「使いたがっていた」とは、法廷で証言していないと主張している。ABCテレビ・ニュースのウォルフガング・アハトナーによれば、ローマでエズベイが証言した唯一のことは、ブルガリア人たちは「興味をもって聞いていたが、無関心をよそおっていた」（法廷のトルコ人通訳による翻訳）、あるいは「興味をもって聞いていたが、真剣に受けとめなかった」（アハトナー本人の翻訳）。要するに、タリアブーエは証拠を改竄したらしい。

もうひとつの「部分的な確証」は、「チャトルは、西ドイツ情報部に秘密警察が接触をしたらしいことや、捜査に関与したトルコ人に目的不明の金を支払ったことをほのめかした」というものだ。このぼんやりとした供述は、教皇暗殺計画についてさえ言及しておらず、いったい何を「部分的に確証」しているのかさえわからない。

この点についての、もっとも重要なチャトルの証言は、西ドイツ警察が、アージャの共犯者とされるオラル・チェリクを買収して西ドイツに来させ、アージャの主張を確認しようと画策したことについての説明だった。これは、アージャが教示を受けていたという仮説を裏づける。当然、タリアブーエはこれを報道しない。

チャトルの証言で、この他に秘密警察にかかわるのは、「灰色の狼」の指導者アリー・バットマンからの伝え聞きというものだけだ。それによると、ワルシャワ条約機構加盟諸国がルーマニアの会合でローマ教皇暗殺を決めていたらしいと、バットマンはドイツ秘密警察から聞かされていたようだ。これはあきらかに、偽造された一九八一年五月十九日付けのＳＩＳＭＩ文書がリークされたものだ。そこにも同様の主張が載っているからだ。ということは、偽造された内容を、伝聞にもとづいて説明したのが、タリアブーエの言う、アージャによる陰謀の主張の「部分的な確証」なのだ。

さらに指摘しておきたいのは、タリアブーエは、このような「部分的な確証」と称するものを引き合いに出しておきながら、ではいったいアージャの主張で、裏づけがとれていないものがどれだけあるのか、それを示す一覧はどこにも掲載していない。

ソヴィエト＝ブルガリア側の動機

タリアブーエは、この三十二段落の記事の二段落を割いて、アージャの暗殺計画を後押ししたとされるソヴィエトの動機について詳述している――「ポーランドの共産主義支配に対する、宗教に鼓吹された抵抗を粉砕するため」というものだ。タリアブーエはここで、『ニューヨーク・タイムズ』の長年の慣習に従い、この問題に関する反論の声は絶対に受けつけない態度をとった。だが、たとえ彼らが自分たちの痕跡を上手に隠したとしても、ソヴィエトがたきつけた教皇暗殺が実行されれば、当然ソヴィエトの責任として非難されるだろうし、ポーランドの敵意は強まり、ソヴィエトと西ヨーロッパの関係は途方もなく悪化することになっただろう。したがって、そのような計画は、膨大なリスクを伴う一方、それに見合うような見返りはなにもない。(5)

この陰謀で誰が得をし、誰が損をしたのか。西側には、この事件の方向に影響を及ぼす動機があったのではないか。タリアブーエはSHK路線を継承して、こうした疑問ははさまない。だが、アージャがイタリアで投獄されると、西側の冷戦主義者たちには、アージャを操って暗殺計画の責任を東側に負わせることで、大きな得点を稼げる一方、失うものはわずかだった。タリアブーエは、ブルガリアン・コネクションの告発が表面化したとき、米ソ関係は「どん底に」あったと述べている。彼は、そのことによって、いかに欧米でこの陰謀の信憑性が増したかを指摘しているのだが、決してほのめかそうとしないのは、それが新たな冷戦に役立つことが、アージャが遅ればせに自供したことを説明するかもしれないということだ。

アージャのブルガリア滞在

これはつねにスターリング＝『ニューヨーク・タイムズ』のシナリオに、深刻な問題を起こしてきたが、タリアブーエもそれを引きずっている。それどころか、「ブルガリアに二カ月滞在」という見出しによって、一段と強調されている。タリアブーエは、アージャが他にも十一カ国に立ち寄ったことには触れていない。彼がここで指摘するのを怠り、また『ニューヨーク・タイムズ』がずっと隠蔽しつづけてきたのは、「灰色の狼」が西ヨーロッパに出るときのルートとして、トルコ人の往来が多く、身を隠すのに都合のよいブルガリアを特に好んだという、チャトルのローマでの証言である。

タリアブーエは言及していないが、アージャをソフィアに連れて来て、長期滞在させれば、「関係否認の能力」を保つという鉄則を破ることになっただろう。ブルガリア人を使って、ローマでアージャの行動を助けた場合には、もっとそうだろう。タリアブーエは、「関係否認の能力」という問題を論じてない。

これもまた彼が指摘を怠っていることだが、もしアージャがしばらくのあいだソフィアに滞在していたならば、西側のプロパガンダ推進者にとって、狙撃事件の背後に東側がいると主張する格好の材料となっただろうし、またアージャに望ましい自供をさせるための取り調べの基本的な材料を提供しただろう。

トルコへのブルガリアの関与

ブルガリア人は、「伝えられるところでは」、トルコの極右と極左の両方を支援し、「戦闘的な左翼テロリストを右翼の同類にけしかけて」対立を煽り、それによって「政情不安を拡大させる」政策をとってきた、とタリアブーエは断言する。これはスターリングがつくった神話のひとつであり、タリアブーエは「伝えられるところでは」という言辞に隠れて、根拠のない社会通念を伝聞証拠としてつかませようとしているのだ。

一九七〇年代のトルコにおける武力行使で、左派と右派を同列におこうとするのは偽りだ。暴力的な攻撃のほとんどは、「灰色の狼」の手によって、軍と警察の保護の下に実行されたのだ。タリアブーエはまた、極右が一九七七年に政府に参加しており、軍や情報機関に幅広いパイプを持っていた事実も、論じていない。ブルガリアが右派と左派の両方を支援したという主張が、証拠によって裏づけられたことは一度もない。タリアブーエはけっして語らないが、アメリカが、トルコの軍、秘密警察、ファシスト民族主義行動党（ＦＮＡ）などと、「伝えられるところ」以上のつながりを持っており、一九七〇年代後半のテロ騒ぎも、最終的にはアメリカの利害にうまく合致するものだった。

かなめの質問――どうしてアージャはそんなに知っていたのか

タリアブーエへの「かなめの質問」は、「アージャの知識はどのようにして、いつ獲得されたものなのか」ということだ。これは重要な問題だ。だがそのほかにも、彼がＳＨＫの構図の枠外で調査していたならば指摘したかもしれない問題は多々ある。なぜアージャは、ブルガリア人の名前を挙げるまでにそんなに長い時間がかかったのか。強制されたのか、あるいは話したくなるような好ましい誘因を提供されたのか。なぜ彼は、証言を大幅に取り下げねばならなかったのか。アージャがついに口を割ったとき、その供述はまさに尋問者が聞きたがっていたことだった、というのは怪しくないのか。証人（アージャ）が外部の情報源と常時接触しており、嘘をついても、証言を取り下げても、処罰されない司法手続きを、わたしたちはどう評価したらよいのか？

「ブルガリア人側の弁護士でさえ認めている」

アージャがどうしてそんなに多くを知っていたのかを吟味する中で、タリアブーエはアージャがだれかに教示された可能性について、たったの一段落しか割いてない。他方、彼は、アージャが非常にたくさんの電話番号や、個人的な習癖、ニックネームなどを知っていたことを強調するため、多大な労力を払っている。タリアブーエは、アージャの知識の「もっとも単純な説明」として、本や新聞、雑誌など、外から持ち込まれた素材に彼がアクセスできたことをあげている。おもしろいことに、タリアブーエは、アージャが刑務所で、秘密情報機関やマフィア、ヴァティカンの特使などと何度も接触していたことを、語っていない。アージャはヴァティカンに手紙を書き、かれらの代表が刑務所で圧力をかける（マフィアともつながっている）ことに抗議さえしているが、この事実は、『ニューヨーク・タイムズ』が長いあいだ報道を控えていたものだ。これらの訪問が暗示するのは、アージャが獄中で情報を与えられていたという可能性だ。タリアブーエは、この危険領域に踏み込む事実は、容認しない。

大事な質問は、アージャがいかにしてアントノフの住居についての詳細を知りえたのかということだ。なにしろ後に彼自身が、自分はそこを一度も訪れたことがないとマルテッラに認めているのだから。ブルガリア人やアントノフ側の弁護団は大変な労力を注いで、アージャが提供したアントノフのアパートの様子は、彼が詳細を列挙するまでは、一度もメディアに漏らされていなかったことを証明した。これは教示があったことを示唆している。また、アージャが説明したアントノフのアパートの特徴は、実際にはアントノフの住居ではなく、同じ建物の他の住居に当てはまるものだったことも、同様のことを示唆している。アージャが名前を挙げた事物については、新聞を読むだけでは知ることができない。そのことは、「ブルガリア人側の弁護士でさえ認めている」とタリアブーエは述べるが、その言い方はまるで、彼らがしぶしぶ認めたかのようであって、教示があったという痛烈な主張をしているようには聞こえない。これほど不正直な新聞の記事があるだろうか。

「シニスターな見方」

タリアブーエは後の方で、一段落を割いて教示があった可能性を論じているが、それはたんに一つの主張にすぎないと断定され、裏づけとなる証拠は山ほどあるのに、どれひとつとして提供されない。(6) 彼はプロパガンダのための二重の侮辱を使う――皮肉を込めて、教示を受けたという仮説を「シニスターな見方」と呼び「シニスター」には「悪意のある」と「左側の」という二つの意味がある」、それは「この事件を政治的に左派の立場から批評する人々が支持する見方であり、そこにはソ連圏の諸政府も含まれる」と述べている。

だが、イタリアのマフィア幹部ジョバンニ・パンディコが、みずからも同席したというアージャへの「教示」のすじがきを供述したことに、タリアブーエ自身が以前のニュース報道で言及したことがあるのだ。それなのにタリアブーエは、そのことに触れようとはせず、教示があったという仮説に根拠を与えるような他の記述や事実もいっさい取り上げない。SHK形式にあてはまる要素だけに注目し――善良なマルテッラ、アージャが裁判で裏切った、ソヴィエトの動機、アージャのブルガリア訪問、詳細についての彼の知識――それ以外の材料はみな「陰険/左寄り」呼ばわりされ、さもなければ報道を控えられ、公式路線の信憑性が高められるしかけになっている。

アージャがブルガリア人を救った

タリアブーエは彼の記事の結びに、ブルガリア人はアージャに「感謝すべきだ」というアージャの弁護士の言葉を引用している。タリアブーエのお気に入りテーマのくりかえしだ――アージャが意図的に裁判を台無しにした。これはスターリングの説から出たもので、アージャのぐらつきは実はブルガリア人たちへの「合図」であり、彼らへの脅しと報酬を交互にくりかえすことによって、最終的には自分が刑務所から出るのに手を貸すよう促していたというものだ。もっと早い時期の記事でもタリアブーエはこの路線にしたがっており、この総括記事においては、はっきり前面に出ている。だがこの説は、なんの証明もない、スターリングの新手のからくりなのだ。(7) アージャが裁判で何を取り引きしていたというのか。ブルガリア人が自分を脱出させてくれると期待したのか。彼の釈放を取りはからうために、ブルガリア人たちが事件へのみずからの関与を認めることか。もし彼がブルガリア人の機嫌をとろうとして裁判を妨害していたというのなら、明らかにブルガリア人たちは取り引に応じなかったのだから、どうしてアージャは最終的に彼らに打撃を与えないことにしたのか。タリアブーエがこうした疑問に目を向けることは、けっしてない。

要するに、これは「ニュース」や「ニュース解説」という衣をかぶったプロパガンダに他ならない。この例でも数多くの嘘があったが、それらは組織的な歪曲に比べれば重要ではない。タリアブーエと『ニューヨーク・タイムズ』は、ブルガリアはどうやら有罪らしいのに、いくつかの要因のせいで起訴は却下された、という枠組みにそってこの事件を説明し、そもそもはじめからそんな事実はなかったと示唆する要因は排除する。ブルガリア人たちとの会合や取引に関する事実関係の主張には、いずれも確認できる証拠が得られなかったことについて、彼らは論じるのを拒む。「関係否認の能力」の問題については、論じるどころか言及さえしない。

彼らは、自分たちの好むSHKモデルの要素を復唱し、そこにある不合理なものや相容れない事実には注意を向けない。教示があったという解釈を裏づけるような証拠は無視する。気に入らない傾向の議論や論者についてだけ、不快な言語を適用し、望ましい方向に向けてことばを操作し、証拠をねじ曲げる。この記事は、プロパガンダやメディアの偏向、またそれらに関連する主題を学ぶ授業の、教材として利用するのに最適だろう。

原　注

新版の序

（1）貿易協定や保健医療、適正な軍事予算の水準など多くの問題について、メディア業界やエリート層が持つ意見と一般国民の意見は、はっきり分かれている。これについては本「序」の後段、「メディアが選択肢を制限する」の項で論じている。

（2）ソ連でさえも、これがあてはまった。アフガン戦争についての都合の悪い事実をメディアが暴露したため、ソ連の国防相は報道機関が愛国的でないと非難している。Bill Keller, "Soviet Official Says Press Harms Army," *New York Times*, January 21, 1988.

（3）本書に寄せられた批判と、それに対する著者たちの反論については、次を参照されたい。Noam Chomsky, *Necessary illusions* (Boston : South End Press, 1989), appendix I ; Edward S. Herman, "The Propaganda Model Revisited," in *The Myth of the Liberal Media* (New York : Peter Lang, 1999)

（4）Ben Bagdikian, *The Media Monopoly*, 6th ed. (Boston : Beacon Press, 2000), p. xxi.

（5）同書。

（6）Edward S. Herman and Robert McChesney, *The Global Media* (London : Cassell, 1997).

（7）Robert McChesney, *Rich Media, Poor Democracy* (Urbana : University of Illinois Press, 2000), p. 108.

（8）同書 p. 109.

（9）James Ledbetter, "Public Broadcasting Sells ; (Out ?)," *The Nation, December* 1, 1997.

（10）同書。

（11）Stephanie Strom, "Japanese Sites for Women Aim for Empowerment," *New York Times*, December 25, 2000.

（12）Mark Fineman, "Military Can't Outflank Rebels in War of Words," *Los Angeles Times*, February 21, 1995 ; Leonard Doyle, "Rebels Try to Advance via Internet," *The Independent*, March 7, 1995.

（13）Jim Shultz, "Bolivia's Water War Victory," *Earth Island Journal*, September 22, 2000 ; "Bolivia-The Last Word," April 13, 2000, JShultz@democracyctr.org ; "How the Internet Helped Activists," *Straits Times* (Singapore), May 25, 1998 ; Marshall Clark, "Cleansing the Earth," *Inside Indonesia* (October-December 1998).

(14) Madelaine Drohan, "How the Net Killed the MAI," *Globe and Mail*, April 29, 1998.
(15) Kayte Van Scoy, "How Green Was My Silicon Valley," PC/Computing, March 1, 2000 ; Keith Perine, "Power to the (Web-Enabled) People," *Industry Standard*, April 10, 2000. 本「序」の後段、「その後に起こった事例」も参照のこと。
(16) James Ledbetter, "Some Pitfalls in Portals," *Columbia Journalism Review* (November-December 1999).
(17) 同書に引用されたもの。
(18) Alex Carey, *Taking the Risk out of Democracy* (Urbana : University of Illinois Press, 1997) ; John Stauber and Sheldon Rampton, *Toxic Sludge Is Good for You!* (Monroe, Maine : Common Courage Press, 1995) ; Stuart Ewen, *PR! A Social History of Spin* (New York : Basic Books, 1996).
(19) Mark Dowie, "Introduction," Stauber and Rampton, *Toxic Sludge*.
(20) Stephen Cohen, *Failed Crusade : America and the Tragedy of Post-Communist Russia* (New York : Norton, 2000). 次も参考になる。Thomas Frank, *One Market Under God* (New York : Doubleday, 2000).
(21) Kevin Robins and Frank Webster, *Times of the Technoculture* (London : Routledge, 1999), p. 127.
(22) Patricia Aufderheide, "Journalism and Public Life Seen Through the 'Net,'" in Aufderheide, *The Daily Planet* (Minneapolis : University of Minnesota Press, 2000) ; Joseph Turow, *Breaking Up America* (Chicago : University of Chicago Press, 1997).
(23) Herman and McChesney, *Global Media*, chapter 5.
(24) コマーシャルに込められた思想的メッセージについては、Erik Barnouw, *The Sponsor* (New York : Oxford University Press, 1978), part 2, chapter 1.
(25) Robert McChesney, *Telecommunications, Mass Media, and Democracy* (New York : Oxford, 1993).
(26) Herman, *Myth of the Liberal Media*, pp. 32-33.
(27) これらの信頼できる情報源を主流メディアが無視した証拠については、本書の一七一～一七七頁を参照のこと。
(28) Peter Galbraith, "How the Turks Helped Their Enemies," *New York Times*, February 20, 1999.
(29) サダム・フセインがアメリカの同盟者であり、アメリカから援助を受けていた一九八〇年代には、彼がイラクのクルド人に対して化学兵器を使用し、一九八八年には数千人を死に至らしめたことも、ブッシュ政権がサダムを支持するのに何の支障にもならなかった。ブッシュ政権のサダム支持は、一九九〇年八月三十日にイラクがクウェートを侵略するまで続いた。Mark Phythian, *Arming Iraq : How the U.S. and Britain Secretly Built Saddam's War Machine* (Boston :

Northeastern University Press, 1997) ; Miron Rezun, *Saddam Hussein's Gulf Wars : Ambivalent Stakes in the Middle East* (Westport Conn. : Praeger, 1992).

(30) CIA自身が、一九六五年から六六年のインドネシアにおける虐殺を「二十世紀における最悪の大量殺戮のひとつ」と呼んでいる。(Robert Cribb, ed., *The Indonesian Killings of 1965-1966* [Monash Papers on Southeast Asia, no. 21, 1991]). この虐殺の被害者の数として挙げられた五十万という数字は、インドネシアの国家治安長官から出されたものであり、したがって最小限度の数字として理解されるべきである。他の推定では、死者数は最大で二百万人に達する。Noam Chomsky and Edward Herman, *The Washington Connection and Third World Fascism* (Boston : South End Press, 1979), pp. 208-9 ; Benedict Anderson, "Petrus Dadi Ratu," *New Left Review* (May-June, 2000).

(31) アメリカの元国連大使パトリック・モイニハンは自伝の中で、一九七五年に自分がどれほど効果的に、侵略を止めさせようとする国際的な動きからインドネシアを守ったかを自慢している。「国務省は、[インドネシアの東ティモール侵略に関して] 国連がとるどのような措置も、まったく効果がないことを望んだ。それを実現する使命を課されて、わたしはかなりの成功を収めた」。彼はみじんも悪びれる様子なく、自分が守った侵略によって、数週間のうちに六万人が殺された、とつけ加えている。Patric Moynihan, *A Dangerous Place* (New York : Little, Brown, 1978), p. 19.

(32) このシフトについての説明は、以下を参照。John Pilger, *Hidden Agendas* (London : Vintage, 1998), pp. 33-34 ; Chomsky, *Necessary Illusions*, pp. 109-110. インドネシアの東ティモール侵略について、メディアが初期にどう扱ったかについては、次を参照。*Washington Connection*, pp. 129-204.

(33) John and Karl Mueller, "Sanctions of Mass Destruction," *Foreign Affairs* (May-June 1999), p. 43.

(34) UNICEF, "Iraq Surveys Show 'Humanitarian Emergency,'" Press Release, August 12, 1999.

(35) Leslie Stahl interviewing Madeleine Albright, "60 Minutes," CBS News Transcript, May 12, 1996.

(36) 多数のKLAやセルビア人の戦士がコソヴォで死んでいるし、非戦闘員は、NATOの空爆や民間人を狙ったわけではない戦闘に巻き込まれて死んでいる。Jonathan Steele, "Figures Put on Serb Killings Too High," *Guardian* (August 18, 2000). より完全な説明は次を参照。Noam Chomsky, *A New Generation Draws the Line* (London : Verso, 2000), chapter 3.

(37) John Taylor, *East Timor : The Price of Freedom* (London : Zed, 1999). Arnold Kohen, "Beyond the Vote : The World Must Remain Vigilant Over East Timor," *Washington Post*, September 5, 1999.

(38) この情報源は西側の現場調査官であり、その中にはアメリカの軍関係者も含まれる。Lindsay Murdoch, "Horror Lives on for Town of Liquica," *The Age* (Australia), April 8, 1999 ; Barry Wain, "Will Justice Be Served in East

"Timor?" *Wall Street Journal* (Asia edition), April 17, 2000.

(39) ラチャクがアメリカの同盟国や一般大衆を戦争に動員する根拠として重要な役割を果たしたことについては、次を参照されたい。Barton Gellman, "The Path to Crisis: How the United States and Its Allies Went to War," *Washington Post*, April 18, 1999. オルブライト国務長官は、ラチャクでのできごとを「電撃的な刺激」と評価した (Bo Adam, Roland Heine, and Claudius Technau, "I Felt that Something Was Wrong," *Berliner Zeitung*, April 5, 2000).

(40) Edward Herman and David Peterson, "CNN: Selling Nato's War Globally," in Philip Hammond and Edward Herman, eds., *Degraded Capability: The Media and the Kosovo Crisis* (London: Pluto, 2000), pp. 117-119. もっと最近では、ラチャクで発見された四十体の死体を検証した調査団に参加していた、フィンランドの三人の専門家が、セルビア人による身体切断という主張を裏づけるようなものはまったく発見できなかったと証言しており、その記事の中で示されたデータから、これらの被害者が全員処刑されたという主張への疑惑が、さらに強まっている (J. Raino et al., "Independent Forensic Autopsies in Armed Conflict Investigation of Victims from Racak, Kosovo," *Forensic Science International*, vol. 16 (2001), pp. 171-185.) これらの記事のデータの原典であるオリジナルの法医学報告書を、OSCEがいまだに公表できずにいるのは注目される事実である。

(41) Herman and Peterson, "CNN: Selling Nato's War Globally."

(42) Editorial, "Election Risks in Cambodia," *New York Times*, November 28, 1997.

(43) "Gathering Storm in Serbia?" editorial, *Washington Post*, September 11, 2000; "Repudiating Mr. Milosevic," editorial, *New York Times*, September 26, 2000.

(44) Editorial, "Kenya's Flawed Election," *New York Times*, December 31, 1997.

(45) Editorial, "Mexico's Radical Insider," *New York Times*, July 3, 1988.

(46) Editorial, "The Missing Reform in Mexico," *New York Times*, August 24, 1991.

(47) Editorial, "Turkey Approaches Democracy," *New York Times*, November 11, 1983.

(48) Editorial, "Victories for Voters in Latin America: Uruguay's Slow Boat to Democracy," *New York Times*, December 1, 1984.

(49) Editorial, "A Victory for Russian Democracy," *New York Times*, July 4, 1996.

(50) "And the Winner Is?" *Moscow Times*, September 9, 2000; Matt Taibbi, "OSCE-The Organization for Sanctioning Corrupt Elections," *The Exile*, Issue no. 18/99, September 14-28, 2000.

(51) 主流メディアの中では『ロサンゼルス・タイムズ』だけが、それについて報告している。"Russia Election Chief

Rejects Fraud Claims in Presidential Vote"（September 13, 2000）という記事がそれだが、この見出しはロシア官僚が反論していることを示すだけで、告発そのものにはふれていない。この記事についての議論は、次を参照されたい。Taibbi, "OSCE."

（52）主流メディアが、ロシアの経済や社会の崩壊を報道したり、選挙について報道したりする際の、全般的な悪意については、次を参照のこと。Stephen Cohen, *Failed Crusade*, chapter 1.

（53）たしかに旧ソ連が自国民や従属国家の国民を虐待したのはまちがいないが、一九九一年以降に西側の支援で政権についた「改革者」たちがロシア人を扱うやり方が、以前にくらべてさほど改善したわけではない。それにしても、国際テロリズムを援助しているという非難は誇大であり、偽善的だ。西側諸国もみずからのテロ・ネットワークを支援していたのだから。Edward Herman, *The Real Terror Network*（Boston : South End Press, 1982）; Noam Chomsky ; *Pirates and Emperors : International Terrorism in the Real World*（New York : Claremont Research, 1986）.

（54）Edward S. Herman and Frank Brodhead, *The Rise and Fall of the Bulgarian Connection*（New York : Sheridan Square Press, 1986）, chapter 5.

（55）ウェインスタインが「驚くべき新発見はなく」（つまり、何にも発見できず）帰国したことについて、主流メディアが載せた唯一の記事は、「八一年の教皇襲撃事件の調査は資金不足」というものだった。（R. C. Longworth, "Probe into '81 Pope Attack Short of Funds," *Chicago Tribune*, May 6, 1994.）

（56）"The Gates Hearings : Excerpts from Senate Hearing of Nomination of C.I.A.Chief," *New York Times*, October 2, 1991.

（57）Edward S. Herman and Howard Friel, "'Stacking the Deck' on the Bulgarian Connection," *Lies of Our Times*（November 1991）; Michael Ross, "Gates Corrupted CIA Intelligence, Ex-Officials Say," *Los Angeles Times*, October 2, 1991 ; Benjamin Weiser, "Papal-Shooting Analysis : Case Study in Slanting ?" *Washington Post*, October 1, 1991.

（58）Editorial, "The Fingerprints on Agca's Gun," *New York Times*, October 30, 1984.

（59）Barbara Crossette, "Hanoi Said to Vow to Give M.I.A. Data," *New York Times*, October 24, 1992.

（60）アメリカの高官は長年にわたって、ヴェトナムがアメリカ人戦争捕虜と行方不明者の全員についての消息を知らせていないという主張を、同国への敵対的な行動を正当化する口実としてきた。この問題については、この序文の「ヴェトナム戦争史を書き換える」の中や、第II巻の第五章一一四〜一一七頁で詳しく論じている。

（61）Leslie Gelb, "When to Forgive and Forget : Engaging Hanoi and Other Outlaws," *New York Times*, April 15,

1993.

(62) William Buckingham, Jr., *Operation Ranch Hand : The Air Force and Herbicides in Southeast Asia, 1961-1971* (Washington : U. S. Air Force, 1982), p. 82. の中に引用されている。

(63) Arthur Westing, ed., *Herbicides in War : The Long-Term Ecological and Human Consequences* (Stockholm : SIPRI, 1984), pp. 5ff. ; Hatfield Consultants Ltd., *Development of Impact Mitigation Strategies Related to the Use of Agent Orange Herbicide in the Aluoi Valley, Viet Nam,* vol. 1 (West Vancouver, B. C., April 2000).

(64) Buckingham, *Operation Ranch Hand*, p. 127.

(65) Seymour Hersh, *Chemical and Biological Warfare* (Indianapolis : Bobbs-Merrill, 1968), p. 153 に言及されている。J. B. Neilands et al., *Harvest of Death : Chemical Warfare in Vietnam and Cambodia* (New York : Free Press, 1972). も参照されたい。

(66) 化学兵器の使用は一九二五年のジュネーヴ条約に違反し、食用作物の殲滅は多数の国際戦争法規に違反する。後者は、アメリカ軍がヴェトナム戦争中に使っていた「戦闘マニュアル」の規則にさえ、違反していた。Edward Herman, *Atrocities in Vietnam* (Philadelphia : Pilgrim Press, 1970), pp. 81-83 参照。

(67) ハーバード大学の物理学者 Jean Mayer, "Crop Destruction in Vietnam," *Science* (April 15, 1966).

(68) Alistair Hay, *The Chemical Scythe : Lessons of 2, 4, 5-T and Dioxin* (New York : Plenum Publishing, 1982), pp. 187-94.

(69) 一九六九年十二月十六日の国連総会決議 2603A (XXIV)。同決議は「嫌悪をこめて」アメリカの化学兵器使用を強く非難した。

(70) Peter Waldman, "Body Count : In Vietnam, the Agony of Birth Defects Calls an Old War to Mind," *Wall Street Journal*, December 12, 1997.

(71) Barbara Crossette, "Study of Dioxin's Effect in Vietnam Is Hampered by Diplomatic Freeze," *New York Times*, August 19, 1992.

(72) Matthew Meselson, Julian Robinson and Jeanne Guillemin, "Yellow Rain : The Story Collapses," *Foreign Policy* (Fall 1987), pp. 100-117 ; Edward S. Herman, "The Wall Street Journal as a Propaganda Agency," in Herman, *Myth of the Liberal Media*, pp. 103-110.

(73) Peter Kann, "Clinton Ignores History's Lessons in Vietnam," *Wall Street Journal*, September 9, 1992.

(74) サダム・フセインが八〇年代に化学兵器をイランや自国のクルド人に対して使用したときには、レーガン政権もブッシュ政権もなんの抗議も行なわず、ひき続き大切な同盟者として彼を処遇していた。フセインが九〇年にクウェートを侵略してはじめて彼は厄介者となり、彼が「大量破壊兵器」を持っていることが容認できないと見なされるようになったのだ。先の注(29)を参照されたい

(75) ロイド・ガードナーは一九九九年に、Barnes & Noble のウェッブサイトで、ヴェトナム戦争関連の書籍が一千九百二十冊掲示されている一方、絶版や古書は八千冊を超えることを確認している。Lloyd Gardner, "Going Back to Vietnam for a Usable Past," *Newsday*, November 14, 1999 (a review of Michael Lind's *Necessary War*).

(76) この見方については、次を参照のこと。Michael Crozier, Samuel Huntington, and Joji Watanuki, *The Crisis of Democracy* (New York: New York University Press, 1975).

(77) Robert McNamara, *In Retrospect: The Tragedy and Lessons of Vietnam* (New York: Vintage Books, 1996).

(78) 南ヴェトナム人への攻撃についての詳細と分析は次のものを参照されたい。Eric Bergerud, *The Dynamics of Defeat* (Boulder, Colo: Westview, 1991); Chomsky and Herman, *Washington Connection*, chap. 5; Bernard Fall, "2000 Years of War in Vietnam," *Horizon* (Spring 1967), reprinted in Fall, *Last Reflections on a War* (Garden City: Doubleday, 1967); Jeffrey Race, *War Comes to Long An* (Berkeley: University of California Press, 1971); Jonathan Schell, *The Military Half An Account of Destruction in Quang Ngai and Quang Tin* (New York: Vintage, 1968).

(79) H. Bruce Franklin, "Antiwar and Proud of It," *The Nation*, December 11, 2000.

(80)『タイム』も『ニューズウィーク』も、ヴェトナム戦争二十五周年特集号では、終戦時の撤退と「〝侵略してくる北ヴェトナム人〟から必死で逃れようとする南ヴェトナム人」に注目した記事を載せている。Douglas Brinkley, "Of Ladders and Letters," *Time*, April 24, 2000; また、Evan Thomas, "The Last Days of Saigon," *Newsweek*, May 1, 2000. 一九九五年の『ワシントン・ポスト』の社説は、ヴェトナム戦争は「ヴェトナム人の敗北だった。彼らは血を流し、被害者を出し、最終的には大挙して共産主義体制から逃亡した」(April 30, 1995) と書いている。ここでもまた、南ヴェトナムの大多数の人々を「南ヴェトナム人」とは認めていない。

(81) McNamara, *In Retrospect*, p. 319.

(82) これについての歴史と証拠の欠如に関する完全な分析は、次の本の中に見つかる。H. Bruce Franklin, M.I.A., or, *Mythmaking in America* (Brooklyn, N. Y: Lawrence Hill Books, 1992). *Vietnam and Other American Fantasies* (Amherst: University of Massachusetts Press, 2000).

(83) Franklin, *Vietnam and Other American Fantasies*, p. 183.

(84) 軍内部での反体制運動が過少に報告されていたことを強調する議論については、同書 pp. 61-62 を参照。
(85) Michael Lind, *The Necessary War* (New York : Free Press, 1999).
(86) Gardner, "Going Back to Vietnam for a Usable Past."
(87) Barry Wain, "The Deadly Legacy of War in Laos," *Asian Wall Street Journal*, January 24, 1997 ; Ronald Podlaski, Veng Saysana, and James Forsyth, *Accidental Massacre : American Air-Dropped Bomblets Have Continued to Maim and Slaughter Thousands of Innocent Victims, Mainly Children, for the Last 23 Years in Indochina* (Humanitarian Liaison Services, Warren, Vt. 1997). ラオスで活動したことのあるこの三人の著者は、年間の死傷者が二万人という政府推定の数字は、控えめすぎると考えている。
(88) Daniel Pruzin, "U.S. Clears Laos of the Unexploded," *Christian Science Monitor*, September 9, 1996.
(89) Keith Graves, "U.S. Secrecy Puts Bomb Disposal Team in Danger," *Sunday Telegraph*, January 4, 1998.
(90) Strobe Talbott, "Defanging the Beast," *Time*, February 6, 1989.
(91) Ben Kiernan, "The Inclusion of the Khmer Rouge in the Cambodian Peace Process : Causes and Consequences," in Kiernan, ed., *Genocide and Democracy in Cambodia* (New Haven : Yale Council on Southeast Asia Studies, 1993), pp. 199-272.
(92) フィンランド政府が資金を提供した研究の一つは、標題が「カンプチアー―ジェノサイドの十年」*Kampuchea : Decade of the Genocide* (London : Zed, 1984) となっている。ここでは、アメリカがカンボディアの農村部に激しい空爆を浴びせていた一九七〇年から七四年にかけての時期も、「ジェノサイドの十年」に含まれている。この研究は、アメリカのマスメディアでは無視された。
(93) "Cambodia's Dictator," editorial, *Washington Post*, February 10, 1998.
(94) Edward Herman, *Myth of the Liberal Media*, chapter 16, "Suharto : The Fall of a Good Genocidist" ; Edward Herman and David Peterson, "How the *New York Times* Protects Indonesian Terror in East Timor," *Z Magazine* (July-August 1999). スハルトによる殺人の途方もないスケールについては、本章の注(30)を参照されたい。
(95) これらの言及については、以下を参照のこと。Herman, *Myth of the Liberal Media*, chapter 16.
(96) Seth Mydans, "Indonesia's Rising Prosperity Feeds a Party for Democracy," *New York Times*, June 21, 1996.
(97) Herman and Peterson, "How the *New York Times* Protects Indonesian Terror."
(98) 同書。
(99) James Reston, "A Gleam of Light," *New York Times*, June 19, 1966.

(100) David Sanger, "Indonesia Faceoff : Drawing Blood Without Bombs," *New York Times*, March 8, 1998.

(101) Thomas Ferguson, *Golden Rule* (Chicago : University of Chicago Press, 1995), pp. 28-29.

(102) 主要研究として、次のものがある。Steven Kull, "Americans on Defense Spending : A Study of U.S.Public Attitudes," *Report of Findings*, Center for Study of Public Attitudes, January 19, 1996. レーガン時代の過剰な軍事支出に対する世論の反対については、次を参照のこと。Thomas Ferguson and Joel Rogers, *Right Turn* (New York : Hill & Wang, 1986), pp. 19-24.

(103) 二大政党が有権者に「はっきり区別された選択肢」を与えているので、「今年は第三党からの立候補をうながす根拠」がない、というのが『ニューヨーク・タイムズ』の社説の主張である。"Mr. Nader's Misguided Crusade," *New York Times*, June 10, 2000.

(104) 特に第二次大戦後は、軍事予算が――したがって納税者が――基礎科学研究のかなりの部分に資金を提供した。この基礎科学が、航空機、コンピューター、エレクトロニクスなどの製造業やインターネット・エコノミー、大部分のバイオテクノロジーなど、多くの産業の発展を支えたのである。

(105) 北米自由貿易協定に対する大衆の反対については、次を参照のこと。Herman, *Myth of the Liberal Media*, pp. 185-186. 二〇〇〇年はじめに実施された *Business Week*/Harris の世論調査によれば、回答者の一〇パーセントが、自分たちは「自由貿易主義」であると答え、五一パーセントは「フェアトレード主義」、三七パーセントが「保護主義」だと答えた。"Harris Poll : Globalization : What Americans Are Worried About," *Business Week*, April 24, 2000.

(106) さらに拡大した説明は、次を参照されたい。Herman, *Myth of the Liberal Media*, chapter 14 ; Thea Lee, "False Prophets : The Selling of NAFTA," Briefing Paper, Economic Policy Institute, 1995 ; John McArthur, *The Selling of "Free Trade"* (New York : Hill & Wang, 2000).

(107) Thomas Lueck, "The Free Trade Accord : The New York Region," *New York Times*, November 18, 1993.

(108) Editorial, "NAFTA's True Importance," *New York Times*, November 14, 1993.

(109) 北米自由貿易協定成立の過程で、政府が労働者の意見を取り入れるのを拒絶したこと（法に反して）、またメディアがそのことに興味をしめさず、このほかにもＮＡＦＴＡや他の貿易協定の成立過程にみられた非民主主義的な性格に興味を示さなかったことについては、次に詳述した。Noam Chomsky, *World Orders Old and New* (New York : Columbia University Press, 1994), pp. 164-178.

(110) Herman, *Myth of the Liberal Media*, pp. 183-185.

(111) Seth Ackerman, "Prattle in Seattle : WTO coverage Misrepresented Issues, Protests," *EXTRA!* (January-Feb-

ruary 2000), pp. 13-17 からの引用。

(112) Rachel Coen, "For Press, Magenta Hair and Nose Rings Defined Protests," EXTRA! (July-August 2000). ワシントンの会合と抗議運動に関する報道の例外として、つぎの記事がある。Eric Pooley, "IMF: Dr. Death?" *Time*, April 24, 2000.

(113) Walden Bello, "Why Reform of the WTO Is the Wrong Agenda" (Global Exchange; 2000).

(114) Edward P. Morgan, "From Virtual Community to Virtual History: Mass Media and the American Antiwar Movement in the 1960s," *Radical History Review* (Fall 2000); Todd Gitlin, *The Whole World Is Watching* (Berkeley: University of California Press, 1980).

(115) Rachel Coen, "Whitewash in Washington: Media Provide Cover as Police Militarizes D.C.," *EXTRA!* (July-August 2000); Ackerman, "Prattle in Seattle"; Neil deMause, "Pepper Spray Gets in Their Eyes: Media Missed Militarization of Police Work in Seattle," *EXTRA!* (March-April 2000).

(116) 前注(115)で挙げた、Coen, Ackerman, deMause の文献。

(117) Nichole Christian, "Police Brace for Protests in Windsor and Detroit," *New York Times*, June 3, 2000.

(118) *CBS Evening News Report*, April 6, 2000.

(119) National Lawyers Guild〔人権擁護活動をつづけるアメリカの民衆派弁護士団体〕のリーガル・オブザーバー・コーディネーターのザカリー・ウルフ (Zachary Wolfe) は、「警察は恐怖が肌で感じられるような雰囲気をつくろうとし」、反対派の考えに耳を貸そうとする者は、「演説がなされた場所にいたというだけの理由で」警官から暴行を受けるリスクをおかすことになった、と結論している。Coen, "Whitewash in Washington."

(120) Rachel Coen, "Free Speech Since Seattle: Law Enforcement's Attacks on Activists-and Journalists-Increasing." *EXTRA!* November-December 2000.

(121) Frank Donner, *Protectors of Privilege: Red Squads and Police Repression in Urban America* (Berkeley: University of California Press, 1990); Elizabeth Fones-Wolf, *Selling Free Enterprise: The Business Assault on Labor and Liberalism*, 1945-60 (Urbana: University of Illinois Press, 1994); William Puette, *Through Jaundiced Eyes: How the Media View Organized Labor* (Ithaca: Cornell University Press, 1992).

(122) Kim Moody, *Workers in a Lean World* (London: Verso, 1997), p. 24.

(123) Aaron Bernstein, "The Workplace: Why America Needs Unions, But Not the Kind It Has Now," *Business Week*, May 23, 1994.

(124) Jonathan Tasini, *Lost in the Margins : Labor and the Media* (New York : FAIR, 1990), pp. 7-9.
(125) Jared Bernstein, Lawrence Mishel, and Chauna Brocht, "Any Way You Cut It : Income Inequality on the Rise Regardless of How It's Measured," Briefing Paper, Economic Policy Institute, 2000.
(126) Lawrence Mishel, Jared Bernstein, and John Schmitt, *The State of Working America, 2000-2001* (Ithaca : Cornell University Press, 2001), p. 120.
(127) Marc Miringoff and Marque-Luisa Miringoff, *The Social Health of the Nation : How America Is Really Doing* (New York : Oxford University Press, 1999). この研究によれば、一九七〇年代半ばまでは社会の健全性を表わす指標がＧＤＰに連動していたが、その後は、ＧＤＰはひき続き拡大しているのに「社会的な不景気」が起こり、九〇年代初期のしばしの中断を除けばずっとその状態が続いた。
(128) たとえば、以下のような記事。Gerald Baker, "Is This Great, Or What?" *Financial Times*, March 31, 1998 ; Richard Stevenson, "The Wisdom to Let the Good Times Roll," *New York Times*, December 25, 2000. だが、ときには次のような警告の指摘もある。Anne Adams Lang, "Behind the Prosperity, Working People in Trouble," *New York Times*, November 20, 2000.
(129) Rachel Carson, *Silent Spring* (Greenwich, Conn. : Fawcett, 1962), p. 183.
(130) Dan Fagin and Marianne Lavelle, *Toxic Deception : How the Chemical Industry Manipulates Science, Bends the Law, and Endangers Your Health* (Secaucus, N.J. : Birch Lane Press, 1996), chapters 4, 5.
(131) Joe Thornton, *Pandora's Poison : Chlorine, Health, and a New Environmental Strategy* (Cambridge : MIT Press, 2000), p. 100.
(132) Fagin and Lavelle, *Toxic Deception*, chapters 4, 5 ; Edward Herman, "Corporate Junk Science in the Media," chapter 17 in Herman, *Myth of the Liberal Media*, pp. 240-244.
(133) モンサントの広報主任フィル・エンジェルは、「わたしたちの関心は、できるだけたくさん［バイオ工学処理を施した製品を］販売することです。安全性については、食品医薬品局（ＦＤＡ）の仕事だと考えています」と述べている。Michael Pollan, "Playing God in the Garden," *New York Times Magazine*, October 25, 1998 に引用されている。
(134) 二〇〇〇年一月に行なわれたバイオ技術の安全性についての会合では、アメリカ政府はＷＴＯの「良質の科学」を主張したが、ＥＵは予防原則の適用を強く要望し、会議は決裂に瀕した。Andrew Pollack, "130 Nations Agree on Safety Rules for Biotech Food," *New York Times*, January 30, 2000 ; Pollack, "Talks on Biotech Food Turn on a Safety Principle," *New York Times*, January 28, 2000.

(135) 予防原則の適用という主張についての優れた議論は、次に載っている。Thornton, *Pandora's Poison*, chapters 9-11.
(136) Fagin-Lavelle, *Toxic Deception*, chapters 3-5 ; Herman, "Corporate Junk Science," pp. 232-234, 237-243.
(137) Fagin-Lavelle, *Toxic Deception*, chapter 3 ; Herman, "Corporate Junk Science," pp. 232-234.
(138) Herman, "Corporate Junk Science," p. 235.
(139) 同書 pp. 245-248.
(140) 同書 pp. 234-244.
(141) 同書 p. 240. また次を参照。Thornton, *Pandora's Poison*, chapter 9.
(142) John Canham-Clyne, "Health Care Reform : Not Journalistically Viable," *EXTRA!* (July-August 1993) ; Canham-Clyne, "When 'Both Sides' Aren't Enough : The Restricted Debate over Health Care Reform," *EXTRA!* (January-February 1994) ; Vicente Navarro, *The Politics of Health Policy : The U.S. Reforms, 1980-1994* (Oxford : Blackwell, 1994).
(143) Bagdikian, *Media Monopoly*, pp. xxvii-xxix.
(144) Dean Baker and Mark Weisbrot, *Social Security : The Phony Crisis* (Chicago : University of Chicago Press, 2000).
(145) Noam Chomsky, *Deterring Democracy* (London : Verso, 1991), pp, 114-121.
(146) Noam Chomsky, "The Media and the War : What War ?" in Hamid Mowlana et al., *Triumph of the Image : The Media's War in the Persian Gulf-A Global Perspective* (Boulder, Colo. : Westview, 1992) ; Douglas Kellner, *The Persian Gulf TV War* (Boulder, Colo : Westview, 1992) ; Chomsky, *The New Military Humanism* (Monroe, Maine : Common Courage Press, 1999) ; Edward Herman, "The Media's Role in U. S. Foreign Policy : The Persian Gulf War," in Herman, *Myth of the Liberal Media*, chapter 12 ; Philip Hammond and Edward Herman, eds., *Degraded Capability : The Media and the Kosovo Crisis* (London : Pluto, 2000).

初版の序

(1) わたしたちが「特定利益集団」(special interests) と言うとき、それは常識的な意味で使っているのであって、レーガン時代のオーウェル流の語法によるものではない。その語法では、この言葉がさすのは、労働者、農民、女性、若者、黒人、高齢者、失業者、つまり国民全般だった。ただし、ひとつだけ、この称号にふさわしくないグループがあった。企業と、その所有者および経営者である。彼らの存在は「特定利益」ではない。「国民の利益」“national interest” を代表するのだから。この用語法は、支配の現実と、二大政党にとっての「国民の利益」という言葉の実践的な使い方を、あらわしている。同じような見解を、この用語法と二大政党の関連を立証しながら展開しているものとして、次を参照されたい。Thomas Ferguson and Joel Rogers, *Right Turn : The Decline of the Democrats and the Future of American Politics* (New York : Hill and Wang, 1986), pp. 37-39 および随所。

(2) たとえば Herbert Gans は、次のように述べている。「ニュースに反映される信念は、実際には国民的ジャーナリズムにもともと備わっている、職業的な価値観であり、記者たちが仕事を通じて学んでいくものだ……ニュース判断のルールは、それぞれの素材のもつ潜在的な影響のことは無視せよ、と要求する」。(“Are U.S. Journalists Dangerously Liberal ?” *Columbia Journalism Review* [Nov.-Dec. 1985], pp. 32-33). 彼の著作 *Deciding What's News* (New York : Vintage, 1980) では、メディアのリポーターたちはおおむね「客観的」なのだが、そこには大枠として一連の「恒久的な価値観」、たとえば「自民族中心主義」や「責任のある資本主義」などのようなものが存在する、と主張する。だがもし『プラウダ』の記者たちが、ソヴィエト国家の基本的な正義や「責任ある共産主義」という思考体系の枠の中で活動していると判明すれば、それ以上の「客観性」についての議論はまったく無意味だと判断されるだろう。おまけに Gans は、メディア・レポーターがどれほど限定的な前提の枠内で活動しているかを、後に立証するように、はなはだしく控えめに述べている。

(3) 新保守主義者のマスメディア批評は、マスメディアを、リベラルで反体制的な制度批判の牙城として描くのが一般的だ。彼らは、マスメディアが巨大企業であり、突出した資産家や他の企業によって支配されている事実を無視する。また、メディアの「リベラルなカルチャー」と彼らが語るものに属している人々は、企業の雇われ人であることも無視している。また、このリベラルなカルチャーが、ふつうは現行体制の基本的な前提を受け入れており、体制側の人々との相違点はおおむね戦術的なものにとどまり、それを通じて達成すべき目標自体は共有しているということにも、新保守主義者たちは無関心だ。要するにこの人たちには、自分たちの見方からはずれたものの存在を、容認する用意がまったくないのだ。本書の第一章では、「用心棒」という彼らの重要な役割を説明している。メディアを恫喝して、今のところは大目にみられているわずかな異論の声さえも、聞こえぬようにさせようとしているのだ。新保守主義のメディア観についての分析は、次のものを参照されたい。Edward S. Herman and Frank Brodhead, “Ledeen on the Media,” in *The Rise and Fall of the Bulgarian Connection* (New York : Sheridan Square Publications, 1986), pp. 166-170 ; George Gerbner, “Television : The Mainstreaming of America,” in *Business and the Media*, Conference Report, Yankelovich, Skelly and White, November 19, 1981 ; Gans, “Are U.S. Journalists Dangerously Liberal ?”

(4) Walter Lippmann, *Public Opinion* (1921 ; reprint, London : Allen & Unwin, 1932) ; Harold Lasswell, “*Propa-*

ganda," in *Encyclopedia of the Social Sciences* (New York : Macmillan, 1933) ; Edward Bernays, *Propaganda* (New York : H. Liveright, 1928) ; M. J. Crozier, S. P. Huntington, and J. Watanuki, *The Crisis of Democracy : Report on the Governability of Democracies to the Trilateral Commission* (New York : New York University Press, 1975). さらに議論を加えているのは、Noam Chomsky, *Towards a New Cold War* (New York : Pantheon, 1982) の第1章と、ここに引用された参考文献、とくにAlex Carey, "Reshaping the Truth : Pragmatists and Propagandists in America," *Meanjin Quarterly* (Australia), vol. 35, no. 4 (1976).

(5) *Public Opinion*, p. 248. リップマンは、これを不快なものとはとらえておらず、「共通利害は、世論のなかではまったく見失われるのがふつうで、個人的利害がローカル性を超越している専門家階級の手によってのみ、管理することができる」(p. 310) と考えている。報道機関の救いがたい偏向が、大衆のみならず、この「専門家階級」さえも、誤った方向に導く可能性がある、とリップマンは嘆いている。したがって、問題はいかにして政策決定を行なうエリートたちに、じゅうぶんな情報を届けるかということだ (pp. 31-32)。これを達成する手段として、彼は、指導層に偏りのない忠告を与えることのできる、独立した専門家の団体をつくることを考えている。「共通利害」の言語化を任せることになる「専門家階級」や「エキスパート」には、個人的な利害や階級的な利害があるかもしれないこと、また彼らにそんな能力や権利があるのかどうかについて、リップマンは、なにも疑問をはさんでいない。

(6) たとえば、クレア・スターリングやジョージタウン戦略国際問題研究所 (CSIS) の専門家たち (ウォルター・ラカー、マイケル・レディーン、ロバート・クッパーマン) は、マスメディアによってテロリズムの権威にしたてあげられた。教皇暗殺計画に際しての「ブルガリアン・コネクション」のでっちあげに、スターリングやポール・ヘンツェがはたした役割については、本書の第四章に詳しい。ラテンアメリカに関する報道では、メディアは、学者を使って公認の意見を吐かせるという、いつもの手段を使うことができなかった。この場合にかぎっては、学者たちはたいてい、国家プロパガンダの枠組みを拒絶したからだ。したがって学説的な必要を満たすために、頼りになる「エキスパート」の一団を新たにつくりあげる必要があった (ロバート・ライケン、ロナルド・ラドッシュ、マーク・ファルコッフ、スーザン・カウフマン・パーセルなど)。これについては、次のものなどを参照されたい。Noam Chomsky, *The Culture of Terrorism* (Boston : South End Press, 1988). システムの要求に応じてエキスパートをつくりあげるプロセスに関しては、本書の第一章「マスメディアの情報源」を参照のこと。

(7) 政治的な言説にあらわれる他の用語と同じく、「民主主義」という言葉には、オーウェル風のテクニカルな意味がある。それが使われるのは、レトリックな飛躍において、すなわち通常の「ニュース報道」の中で、アメリカが確立しようとする「民主主義」について語るときである。そこでは「民主主義」という言葉は、アメリカの国力のニーズに奉仕する人々の統治が、資源の管理と暴力行使の手段によって保障される体制をさしている。したがって、エルサルバドルやグアテマラのようなテロ国家は「民主的」であり、軍と少数支配階級が支配するホンデュラスもまた「民主的」とされる。またアメリカがソモサ派の傭兵軍をつくったとき表看板として組織した、一握りの裕福な実業家や銀行家などによる勢力にも、「民主的なレジスタンス」という言葉が冠せられた。詳細は、本書の第三章を見られたい。

(8)『ニューヨーク・タイムズ』と『ワシントン・ポスト』は、一九八六年の一月から三月まで（コントラへの援助の議会承認に先立って、「全国的な論争」が展開していた）のあいだに、ニカラグアに関する論説記事を合計で八十五本載せたが、この初歩的な事実にふれた記事は、ただの一本もなかった。これについての詳細な論評は、次を参照されたい。Noam Chomsky, "Introduction," in Morris Morley and James Petras, *The Reagan Administration and Nicaragua*, Monograph 1 (New York : Institute for Media Analysis, 1987).

(9) 先の注で説明した八十五本の論説記事の中で、ニカラグア政府が改革を実施したことにふれているのは、たった二つのフレーズだけだ。この重要な問題について、ニカラグアをエルサルバドルやグアテマラと比較するものは皆無だった。

(10) Dianna Melrose, *Nicaragua : The Threat of a Good Example ?* (Oxford : Oxfam, 1985)、また、本書の第三章、五章、七章も参照されたい。

(11) 一九八七年八月のレーガンによる中米「和平」プランにきわめて批判的な記事の中で、トム・ウィッカーは、「彼の外交方針がどうあれ、アメリカには他の国々に民主主義を持ち込むような歴史的使命も、神から授かった権利もありはしないし、そんな目的を掲げることによって、気に入らない政府を転覆させることが正当化されるわけもない」と述べている("That Dog Won't Hunt," *New York Times*, Aug. 6, 1987)。ただしウィッカーは、レーガンがニカラグアに民主主義をもたらそうとしたという主張そのものには、反論していない。彼が問題にしているのは、レーガンの手法がいかがわしく、計画が実現しそうもないということにすぎない。そのようなウィッカーの立場が、アメリカのマスメディアで表現できる反対意見の極限に位置していることを認識しておきたい。より詳細な議論は、本書の第三章で展開している。また、付加的な参考文献と議論が、Chomsky, *Culture of Terrorism* に載っている。

(12) たとえば一九八七年八月のグアテマラの和平合意を受けて、アメリカは即座にニカラグアに展開している自国軍への空輸物資供給を拡大し、一日に二、三便という空前の規模にひき上げた。その目的は、戦闘を激化させて和平合意に揺さぶりをかけ、ニカラグアが防衛を緩めることを妨げて、結果的に、合意を守らなかったと非難されるようにすることだった。こうしたアメリカの先導的行為は、和平合意に対するとびぬけて重大な違反であるが、メディアはそれについて、ほぼ完全に沈黙していた。この件についての詳細な論考は、次の論文を参照されたい。Noam Chomsky, "Is Peace at Hand?" *Z magazine* (January 1988).

（13） Jacques Ellul, *Propaganda* (New York : Knopf, 1965), pp. 58-59.

（14） ソ連の新聞を注意深く読めば、アフガン戦争について政府の主張と矛盾する事実を知ることも可能だ。第II巻の第五章九三〜九五頁を参照されたい。だが西側では、そういう不都合な事実は、ソ連の新聞の客観性を証明するものとはみなされないし、この問題についての報道がそれで十分だともみなされない。

第一章

（1） 初版の序の注（4）参照

（2） メディア業界の代表者たちは、政府の言うことはそれ自体で「ニュース価値がある」と主張する。だが、もし政府の断定が、前後関係もアセスメントも抜きにして、政府が世論操作を意図している可能性を考慮することもなく伝達されるのであれば、メディアは「管理」されるようにみずからを陥れているのだ。彼らの客観性は「名目的」で、実体がない。一九八六年十月前半に、リビア情勢に影響を与えようと、レーガン政権が意図的に偽情報を流す作戦をとっていたことを示す覚え書きが、リークされた。このネタを無条件で伝達していたマスメディアは、偽情報をつかまされたことにおおいに憤慨してみせた。さらに滑稽なのは、その五年前に、報道機関はすでに、ＣＩＡが「カダフィと彼の政府を困らせるための偽情報計画」を、カダフィを失脚させ、可能なら暗殺しようというテロ活動と併行して進めていることを、報道していたことだ（*Newsweek*, Aug. 3, 1981 ; P. Edward Haley, *Qaddafi and the United States since 1969* [New York : Praeger, 1984], p. 272）。だが、そこからは何の教訓も引き出されなかった。実際、マスメディアはほぼ毎日のようにだまされているのだが、政府の文書によって彼らのだまされやすさが暴かれるような侮辱を味わうことはまれである。リビアに関しては、メディアはプロパガンダの策略が出されるたびにそれに同調し、一九八一年の「狙撃部隊」からベルリンのディスコ爆破事件にいたるまで、そのときどきに打ち出された信じがたい主張を丸呑みしてきたが、後から振り返って過失を認めることもせず、次から次へとだまされつづけてきた経験から、なにも学ぶことができなかったらしい。これは、すすんで間違いをおかしていることを示唆している。そのことについては、Noam Chomsky, *Pirates & Emperors* (New York : Claremont, 1986) の第三章を参照されたい。本書のいたるところで明らかにしているように、政府による一連の虚言は、つぎつぎと暴露されているのだが、そのことが、次の政府の主張に対する疑念をメディアの中にかきたてることは、けっしてないように思われる。

（3） ニカラグア選挙から注意をそらすためにミグ戦闘機のニュースをでっちあげた政府の戦術と、この政府の計画にメディアが奉仕したことについては、本書第三章の「ニカラグア選挙に合わせた「ミグ危機」の演出」に詳しい。

（4）James Curran and Jean Seaton, *Power Without Responsibility: The Press and Broadcasting in Britain*, 2d ed. (London: Methuen, 1985), p. 24.
（5）同書の引用 p. 23.
（6）同書 p. 34.
（7）同書 pp. 38-39.
（8）Alfred McClung Lee, *The Daily Newspaper in America* (New York: Macmillan, 1937), pp. 166, 173.
（9）Earl Vance, "Freedom of the Press for Whom," *Virginia Quarterly Review* (Summer 1945), quoted in *Survival of a Free, Competitive Press: The Small Newspaper: Democracy's Grass Roots*, Report of the Chairman, Senate Small Business Committee, 80th Cong., 1st session, 1947, p. 54.
（10）ここで話しているのは、大部数を発行するマスメディアのことである。小部数の新聞を発刊し、ガリ版刷りやフォトコピーによるニュースレターを少数の読者に配布することは、いつでも可能だ。だが、小規模な新聞でさえ、今日のアメリカでは、財力のあるパトロンの寄付によってようやく存続していることが多い。
（11）たとえば、タイムズミラー社は一九八七年現在で、ロサンゼルス、ボルティモア、デンヴァー、ハートフォード、コネティカットの新聞を所有し、書籍出版や雑誌出版の子会社を持ち、ケーブル・システムと七社のテレビ局を所有している。
（12）Ben Bagdikian, *The Media Monopoly*, 2nd ed. (Boston: Beacon Press, 1987), p. xvi.
（13）David L. Paletz and Robert M. Entman, *Media. Power. Politics* (New York: Free Press, 1981), p. 7; Stephen Hess, *The Government/Press Connection: Press Officers and Their Offices* (Washington: Brookings, 1984), pp. 99-100.
（14）西側の四大通信社——ＡＰ、ＵＰＩ、ロイター、フランス通信社——は、今日の世界で流通している国際ニュースの約八割を配信している。ＡＰは加入している新聞社が所有している。ＵＰＩは個人の所有。英国のロイターは、一九八四年に株式公開されるまではおもに自社で株を所有していたが、新株の投票権を制限したため、株式公開後も実質的な経営権は旧所有者が握りつづけている。フランス通信社はフランス政府から多額の助成を受けている。ジョナサン・フェンビーが指摘するように、通信社は「市場に奉仕するために存在する」のであり、それゆえ彼らの主要な関心が注がれるのは、「アメリカや西ヨーロッパや日本のような富裕なメディア市場であり、しだいに産業界にも傾きつつある」。彼らは激しく競争しているが、ＡＰとＵＰＩは、「実際のところは、国際的に活動しているアメリカ企業であり……国内の基盤を抜きにしては、ＡＰもＵＰＩも国際エージェンシーとして活動することができない。このため、彼らは、アメリカ国内の圧力や要求に従わざるをえない、アメリカの組織なのだ」（*The International News Services* [New York: Schocken, 1986],

pp. 7, 9, 73-74). 次のものも、参照されたい。Anthony Smith, *The Geopolitics of Information: How Western Culture Dominates the World* (New York: Oxford University Press, 1980), chapter 3.

(15) ローパーの第十四回年次調査によれば（"Public Attitudes toward Television and Other Media in a Time of Change," May 1985)、一九八四年には調査対象者の六四パーセントが、「今日の世界のできごとについてのニュースを得るのは、たいていは」テレビであると回答している (p. 3)。テレビ・ネットワーク自身は、ニュースの選択にあたって有力新聞、通信社、政府発表などに大きく依存していることが、しばしば指摘されている。ニュース製造者としてのテレビの自立性は過大評価されやすい。

(16) 最上層の企業は、視聴者や購読者の広がり、標準的なニュースを決定する際の影響力、資産価値と利益水準の総合力を基準に選ばれた。ここに掲げた二十四社のうち、最後の五、六社の選択には、ある程度の恣意性がある。とはいえ、視聴者・購読者の規模がもっとも重要な判断基準であることに変わりはない。マグロウヒルを含めたのは、同社が政治関連の一般書籍や雑誌に強みを持つと同時に、広範囲な供給力を持っているためである。

(17) 表1―1の注7に記したように、ストーラー社は一九八五年に、コールバーグ・クラヴィス・ロバーツ証券会社の一時的な支配下に入った。本書の執筆時点で同社が最終的にどうなるかは不明であり、一九八四年以降は財務報告書が公開されていないので、不透明性はあるものの同社はリストに載せておくことにした。

(18) ジョン・クルーグは、一九八四年にレバレッジド・バイアウト（LBO）によってメトロメディア・システムを一一億ドル相当で買収し、八五年から八六年にかけて同社を分割して五五億ドル相当で売却し、三〇億ドル前後を個人のふところに入れた (Gary Hector, "Are Shareholders Cheated by LBOs?" *Fortune*, Jan. 17, 1987, p. 100)。ロサンジェルスのテレビ局KDLAテレビは、一九八三年に外部の経営グループによるLBOで二億四五〇〇万ドルで買収され、二年後に五億一〇〇〇万ドルでトリビューンに売却された。(Richard Stevenson, "Tribune in TV Deal for $510 Million," *New York Times*, May 7, 1985). また、"The Media Magnates: Why Huge Fortunes Roll Off the Presses," *Fortune*, October 12, 1987 も参照されたい。

(19) ジェイムズ・E・スクリップスの後継者たちの分裂は、やがては『デトロイト・イヴニングニュース』の売却という結果を招くことになった。あるニュース記事によれば、「スクリップス一族のダニエル・マレンテットは、みずからを〝怒れる株主〟と呼び、一族のメンバーはもっと高い投資収益を求めていると述べた。〝ニューヨークの当座銀行預金に投資した方が、まだましな収益を得られる〟とマレンテット氏は言う。彼は競走馬を取り引きしている」(Damon Darlin, "Takeover Rumors Hit Detroit News Parent," *Wall Street Journal*, July 18, 1985)。ビンガム一族がこの問題で分裂したときには、『ルイスヴィル・クーリエ・ジャーナル』が売却される結果になった。ジャクソン一族の『ニューヘヴン』紙も、長年の諍いのすえに売却され、「[ニューヘヴン紙の]売却価格一億八五〇〇万ドルは、ほかの同族所有の新聞における一族の持ち株の、潜在的な価値を広く知らしめることに役立っただけだった」(Geraldine Fabrikant, "Newspaper Properties, Hotter Than Ever," *New York Times*, Aug. 17, 1986)。

(20) レーガン政権は、既存のテレビ放送事業認可の保持者の支配を強化するため、ライセンス期間を三年から五年に引きのばし、FCCによる更新手続きを、ほぼ自動的なものにした。FCCは他にもテレビ事業資産への投機と売買を大きくうながすような規制変更として、新たに取得した資産に義務づけられる最低保有期間を、三年から一年に短縮した。

レーガン時代のFCCと司法省はまた、大幅な権力の集中につながると思われる合併と株式公開買付(GE＝RCA)や、メディアの集中(キャピタルシティ＝ABC)に異議を申し立てることを拒んだ。おまけに一九八五年四月二日からは、メディア所有者は、合計の視聴者数が全国のテレビ世帯数の二五パーセントを超えない限り、最大十二局までの所有が許されることになった。おまけに、彼らはAMラジオ局とFMラジオ局も、それぞれ十二局ずつまで所有することが許される。一九五三年の「七・七・七規則」が「十二・十二・十二規則」にとって代わられたからだ。Herbert H. Howard, "Group and Cross-Media Ownership of Television Stations: 1985" (Washington: National Association of Broadcasters, 1985) 参照。

(21) レーガン時代のFCC会長マーク・ファウラーは、市場は解放を望んでおり、大衆には自由な選択が与えられるべきであるという根拠でこれを正当化した。フレッド・フレンドリーは、この法律のもつ公衆の利益を捨ててしまったと批判したが、それに対してファウラーは、フレンドリーは「一般視聴者が市場メカニズムを通じて自分の判断で決定する能力を信用していないが、私は信用している」と反論している(Jeanne Saddler, "Clear Channel: Broadcast Takeovers Meet Less FCC Static, and Critics Are Upset," *Wall Street Journal*, June II, 1985)。ほかにも問題はあるが、ファウラーはここで、真の選択の自由には、広告のために視聴者を惹きつけようとする寡占事業者からは、提供されないかもしれない選択肢を選ぶ能力も含まれる、ということを無視している。

(22) CBSは一九八五年、約一〇億ドルの負債を増加させて自社株二一パーセントを買い戻した。テッド・ターナーが仕掛けた買収を防ぐためだった。『ウォールストリート・ジャーナル』は、「いまや負債が資本金の六割に達しており、返済と金利払いのために広告収入を引き上げ続ける必要がある」と記している(Peter Barnes, "CBS Profit Hinges on Better TV Ratings," June 6, 1986)。広告収入の伸びが減速したため、CBSは放送部門で六百人もの人員削減を行なった。同社にとっては、一九七一年にたばこ広告の収入を失ったとき以来の、大規模な人員削減である(Peter Barnes, "CBS Will Cut up to 600 Posts in Broadcasting," *Wall Street Journal*, July 1, 1986)。一九八六年六月には、タイム社が自社株一千万株の買戻し(普通株式の一六パーセント)に着手した。予想コストは約九億ドルと見積もられている。これもまた、敵対的な企業買収のおそれを低下させるためであった（Laura Landro, "Time Will Buy as Much as 16% of Its Common," *Wall Street Journal*, June 20, 1986)。

(23) ジェシー・ヘルムズとターナーによるCBS買収計画に対抗するため、ロウズ社のローレンス・ティッシュは、すでに一一・七パーセントに達していたCBS株の保有を引き上げるよううながされた。一九八六年八月に、ロウズ社の保有比率は二四・九パーセントに引き上げられ、ティッシュはCBSの実質支配権をにぎる立場になった。八・一パーセントを所有するウィリアム・パーリーと協力して、ティッシュはCBSの経営者を解任し、みずからが一時的にその地位についた（Peter Barnes, "Loews Increases Its Stake in CBS to Almost 25%," *Wall Street Journal*, Aug. 12, 1986)。

(24) リラ・ウォーレスの資産を含めれば八社になる。ウォーレスは、『リーダーズ・ダイジェスト』に保有する支配株式を管財人の手に残して、一九八四年に亡くなった。

(25) 旧版の序で指摘したように、新保守主義者はつねに「リベラル派」がメディアを牛耳っていると発言し、メディアを所有したり、支配権を持つ人たちではなく、その手下たちが采配をふるっているかのように思い込むか、見せかけている。メディアの所有者たちがどれほど金持ちかを示したこのデータは、当然ながら彼らにとっては無視したいものである。それでも、ときには新保守主義者も「人民主義」に走り——モービル石油やリチャード・メロン・スケイフから資金を得ているくせに——メディアを牛耳る金持ち特権階級に対抗して、「民衆」のために発言しているふりをする。Edward S. Hermanによる *The Spirit of Democratic Capitalism* の書評 "Michael Novak's Promised Land: Unfettered Corporate Capitalism," *Monthly Review*（October 1983）や、注(3)に引用した研究などに、より突っ込んだ議論が載っている。

(26) Peter Dreier, "The Position of the Press in the U. S. Power Structure," *Social Problems*（February 1982), pp. 298-310. にも同じような結果が報告されている。

(27) Benjamin Compaine et al., *Anatomy of the Communications Industry: Who Owns the Media?*（White Plains, N. Y.: Knowledge Industry Publications, 1982), p. 463.

(28) 同書 pp. 458-460.

(29) Edward S. Herman, *Corporate Control, Corporate Power*（New York: Cambridge University Press, 1981), pp. 26-54.

(30) 大手新聞十五社が、他の業態のメディア企業に持つ利権や、各種メディア産業の最大手企業が参入している他の産業部門のチェックリストは、以下を参照されたい。Compaine, *Anatomy of the Communications Industry*, tables 2. 19 and 8. 1, pp. 11, 452-453.

(31) 合併はFCCの承認を得たが、司法省の介入によって妨害された。以下を参照されたい。"A broken engagement for

ITT and ABC," *Business Week*, January 6, 1967.

(32) 同書。

(33) GEが行なっている巨大な規模の、効果的なロビー活動については、以下を参照のこと。Thomas B. Edsall, "Bringing Good Things to GE: Firm's Political Savvy Scores in Washington," *Washington Post*, April 13, 1985.

(34)「新聞の言うことが気にくわないなら、いつでもご自由に、ご自分の新聞をはじめるか、買収するかなさって結構」という、あちこちに引用された A. J. Liebling のジョークは、個人の無力を強調している。だが、レーガン政権下でつくられた有利な政治環境のもとで、巨大企業は、メディア企業のパフォーマンスが気に食わないなら、GEがしたように自分でメディアを買い取ればよい、ということになったのだ。

(35) Allan Sloan, "Understanding Murdoch-The Numbers Aren't What Really Matters," *Forbes*, March 10, 1986, pp. 114ff.

(36) ニクソンとアグニューが、メディアに嫌がらせをするために公然と攻撃をしかけたことについては、次を参照のこと。Marilyn Lashner, *The Chilling Effect in TV News* (New York: Praeger, 1984). ラシュナーは、ニクソン政府のメディアを黙らせようという試みは、「テレビに関するかぎりはわけなく成功した」(p. 167) と結論している。ほかにも、以下のものを参照されたい。Fred Powledge, *The Engineering of Restraint: The Nixon Administration and the Press* (Washington: Public Affairs Press, 1971); William E. Porter, *Assault on the Media: The Nixon Years* (Ann Arbor: University of Michigan Press, 1976).

(37) 彼がサンプリングした大新聞の二百九十人の取締役のうち、三十六人は、連邦政府の中で（過去あるいは現在の）高い地位を持っていた (Dreier, "The Position of the Press," p. 303)。

(38) ある調査によれば、一九四五年から七〇年までの間にFCCを去った六十五人の委員や上級職員のうち、十二人はFCCにくる前に通信セクターの民間企業に雇われており、三十四人はFCCを離れた後に民間企業に入っている (Roger Noll et al., *Economic Aspects of Television Regulation* [Washington: Brookings, 1973], p. 123)。

(39)「アメリカのテレビと多国籍企業は共生的に成長してきたため、両者はもはや分離したものとして考えられないほどに絡み合っている。両者は本質的におなじ現象なのだ。先発部隊としての軍事顧問、ロビイスト、設備販売員、広告スペシャリスト、商品化スペシャリスト、テレビ映画販売員などによる膨大な範囲の活動を足場にして、彼らは非社会主義圏のほとんどに浸透している。テレビはそういうものの中で一番目につきやすい部分にすぎない」(Erik Barnouw, *The Sponsor* [New York: Oxford University Press, 1978], p. 158)。より広い範囲にわたる説明は、次を参照のこと。Herbert I. Schiller, *Communication and Cultural Domination* (White Plains, N.Y.: International Arts and Sciences Press,

1976), 特に第三〜四章。

(40) もしも大衆がオーナーの忌み嫌うようなコンテンツを「要求」したならば、競争原理と利益の追求によって、メディアはそれを提供することになるのではないだろうか？　この議論にもたしかに一面の真実があり、メディアで働く人々がもつ限定的な自立性ともあいまって、ときおりマスメディアに「意外な事件」が露出する理由を、あるていど説明するのかもしれない。だが、そのような大衆の要求の力を制限するものとして、提供されない番組に対する要望をとどけ出る手段が、何百万人もの視聴者には与えられていないという事実がある。さらに問題なのは、本章でこれから論じるような数々のフィルターを通じて、オーナーの階級利害が強化されていることだ。

(41) Curran and Seaton, *Power Without Responsibility*, p. 31 の引用。

(42) 同書 p. 41.

(43)「パトロン［広告主］たちに、大衆から利益を生みだす最大の機会を提示できるプロデューサーは支持されるが、この部分の得点が上がらない者たちは生き残れない」(Joseph Turow, *Media Industries : The Production of News and Entertainment* [New York : Longman, 1984], p. 52)。

(44) 非営利目的のテレビも、おなじ理由からおおきな不利を背負っており、競争力を維持するために公的支援を必要とするだろう。公共テレビには、富裕者によって所有されているという制約がなく、広告主をなだめる必要もないため、少数のエリートによるマスコミュニケーション支配に脅威を突きつける。それゆえ保守派は、公共放送をがんじがらめに束縛しておこうと腐心し、財政支援の決定を年次ベースにしたり、低水準に抑えたりという手段を使うのだ (Barnouw, *The Sponsor*, pp. 179-182 参照)。このほかに、カーターとレーガンの時代に採用されたのは、極端な資金不足に陥れて、商業的な関係を求めるように追いやるという手段だった。

(45) Bagdikian, *Media Monopoly*, pp. 118-126.「ガネット社会長のアレン・H・ニューハースは、〝有力な新聞が究極的に繁栄する。弱小紙は最終的に滅びる〟と述べる」(Joseph B. White, "Knight-Ridder's No-Lose Plan Backfires," *Wall Street Journal*, Jan. 4, 1988)。

(46) Curran and Seaton, *Power Without Responsibility*, p. 43 に引用。

(47) "Advertising and the Press," in James Curran, ed., *The British Press : A Manifesto* (London : Macmillan, 1978), pp. 252-255.

(48) 同書 p. 254.

(49)『一九八四年版ＣＢＳ年次報告書』(p. 13)。これは「視聴者をお届けする」「効率」を測定する方法を、さらに高度化したものだ。雑誌業界では、標準的な尺度はＣＰＭ、すなわち広告主が一色刷りの全面広告で消費者に到達しようとしたときの千人あたりの広告費である。ＣＢＳのＣＡＰのような近年開発されている尺度は、広告対象となる視聴者の性格特性を特定する方向に向かっている。広告主への売り込み文句として、『ソープオペラ・ダイジェスト』は、「わたしたちの最初の快挙をお教えしましょう。今日、『ソープオペラ・ダイジェスト』は「十八歳から四十九歳までの女性」カテゴリーの読者を他のどの女性雑誌よりも多く、最低水準のＣＰＭでお届けしているのです」と述べている（Turow, *Media Industries*, p. 55 に引用されている）。

（50）William Evan, *Organization Theory*（New York : Wiley, 1976）, p. 123.

（51）Turow は、「製作者と主要パトロンのあいだの継続的なやりとりが、日々の製作活動における一般的な限界条件の設定に重要な役割をはたす」と述べている（*Media Industries*, p. 11）。

（52）Todd Gitlin, *Inside Prime Time*（New York : Pantheon, 1983）, p. 253 の引用。

（53）Pat Aufderheide, "What Makes Public TV Public?" *The Progressive*（January 1988）.

（54）"Castor oil or Camelot?" December 5, 1987. このような干渉についてのさらなる事例は、以下に載っている。Harry Hammitt, "Advertising Pressures on Media," *Freedom of Information Center Report no. 367*（School of Journalism, University of Missouri at Columbia, February 1977）; James Aronson, *Deadline for the Media*（New York : Bobbs-Merrill, 1972）, pp. 261-263.

（55）Procter & Gamble が広告代理店に与えた指示によれば、「企業活動が冷徹で情け容赦なく、感情や精神的な動機をまったく欠いているというような考えを助長するようなものが、今後わが社が提供する番組にあらわれることはない」。ＧＥの企業情報活動部長は、「弊社の企業メッセージを助長するような番組環境を要求する」と述べている（Bagdikian, *Media Monopoly*, p. 160 に引用されている）。ＧＥが現在、ＮＢＣテレビを所有していることを思い出してもよかろう。

（56）Barnouw, *The Sponsor*, p. 135.

（57）広告主はまた、自分たち自身や自分たちの製品に対する攻撃によって機嫌を損ねることもある。広告された製品についての批判は、たとえそれが消費者の福祉にとってきわめて重大であるとしても［たとえば喫煙の影響など］、メディアはそれを避けようとする傾向があるということについて、次を参照されたい。Bagdikian, *Media Monopoly*, pp. 168-173.

（58）統計的にこれを証明するのは難しい。ＦＣＣは長年にわたって乏しいデータしか公表していないためだ。広告時間と番組時間の関係における長期的な傾向を劇的にさらけだすのは、一九二九年に全米放送事業者協会が、ラジオ放送におけるコマーシャルの基準として次のようなものを採択していたことだ。「コマーシャル告知は、午後七時から十一時までのあいだは放送されてはならない」。一九三〇年の上院商務委員会での証言で、ウィリアム・パーリーは、ＣＢＳの放送時間のうち商業ベースのスポンサーのついた番組は二二パーセントだけで、残りの七八パーセントは自主番組であると述べている。

彼は、広告が占める割合は全放送時間の〇・七パーセントにすぎないと指摘していた（*Public Service Responsibility of Broadcast Licensees*, FCC［Washington : GPO, Mar. 7, 1946］, p. 42)。フランク・ウルフは公共の事柄に関する番組の制作に関して、「そのような番組が商業放送テレビで少しでも放映されることがあるということ自体、ＦＣＣの規制の結果だろう」と述べている（*Television Programming for News and Public Affairs*［New York : Praeger, 1972］, p. 138, pp. 99-139)。

（59）Barnouw, *The Sponsor*, p. 134.

（60）アルコアが反トラスト法訴訟の後でエドワード・Ｒ・マローのスポンサーを引き受けたことや、ＩＴＴが一九七〇年代初めのスキャンダルの後で The Big Blue Marble のスポンサーを引き受けたことについては、Barnouw, *The Sponsor*, ibid., pp. 51-52, 84-86 を参照。バーナウはＩＴＴに関するテレビ・ニュース報道が、同社が番組スポンサーをしていた時期に激減したことを明らかにしている。

（61）Barnouw, *The Sponsor*, p. 150.

（62）Mark Fishman, *Manufacturing the News*（Austin : University of Texas Press, 1980), p. 143.

（63）同書 pp. 144-145.

（64）Gaye Tuchman, "Objectivity as Strategic Ritual : An Examination of Newsmen's Notions of Objectivity," *American Journal of Sociology* 77, no. 2（1972), pp. 662-664.

（65）United States Air Force, "Fact Sheet : The United States Air Force Information Program"（March 1979）; "News Releases : 600,000 in a Year," *Air Force Times*, April 28, 1980.

（66）J. W. Fulbright, *The Pentagon Propaganda Machine*（New York : H. Liveright, 1970), p. 88.

（67）同書 p. 90.

（68）一九八七年四月三日の『ワシントン・ポスト』に掲載された "Newspapers Mustered as Air Force Defends B1B" についてのＡＰ通信の報道によれば、アメリカ空軍の新聞は、一九七九年には百四十紙だったが、一九八七年には二百七十七紙に増加した。

（69）"DOD Kills 205 Periodicals ; Still Publishes 1,203 Others," *Armed Forces Journal International*（August 1982), p. 16.

（70）同団体の九カ所の地方事務局も、あるていど広報活動を行なっているが、この活動にいつでも人材や資金を向けられるわけではない。その規模は本部の機能におよばない。ＡＦＳＣの広報活動予算を総合すると、コントラのためにロビー活動をするＩＢＣに国務省が与えた契約（四一万九〇〇〇ドル）と、ちょうど同じような規模になる。これを含めて二十五件の契約が、「ラテン・アメリカン・パブリック・ディプロマシー局によって、中央アメリカに関する調査や研究報告のために個人に与えられたと、これらの契約を調査したＧＡＯの担当官は述べている」（Rita Beamish, "Pro-contra Contracts are Probed," *Philadelphia Inquirer*, July 22, 1987, p. 4A）。

（71）ＮＣＣのニュース・サービスは情報局に集約されているが、その他にも同組織の各所に広報機能を持ったスタッフが散在しており、少数のニュースレターや雑誌、ビデオや映画などを制作している。

（72）モービル石油は、一九八〇年に二千百万ドルの広報活動予算を組み、七十三人の広報スタッフを雇っていた。同社は一九七六年から八一年までのあいだに、ガソリン価格などの話題について、少なくとも十本以上の特別報道番組をテレビで放映した。テレビ・ジャーナリストを雇って、同社の重役やエキスパートにインタヴューさせたものだ。これらは頻繁にテレビで放映されたが、モービルがスポンサーだということが明示されないことも多かった。A. Kent MacDougall, *Ninety Seconds To Tell It All*（Homewood, Ill.: Dow Jones-Irwin, 1981）, pp. 117-120.

（73）John S. Saloma III, *Ominous Politics: The New Conservative Labyrinth*（New York: Hill & Wang, 1984）, p. 79.

（74）MacDougall, *Ninety Seconds*, pp. 116-17.

（75）Thomas B. Edsall, *The New Politics of Inequality*（New York: Norton, 1984）, p. 110.

（76）Peggy Dardenne, "Corporate Advertising," *Public Relations Journal*（November 1982）, p. 36.

（77）S. Prakash Sethi, *Handbook of Advocacy Advertising: Strategies and Applications*（Cambridge, Mass.: Ballinger, 1987）, p. 22. このほかにも、次のものを参照されたい。Edsall, *New Politics*, chapter 3, "The Politicization of the Business Community"; Saloma, *Ominous Politics*, chapter 6, "The Corporations: Making Our Voices Heard."

（78）一九八六年四月十四日のアメリカによるリビア爆撃は、テレビの午後七時からのプライムタイム・ニュースの関心をさらうように、タイミングを図って実行された軍事行動の最初のものである。Chomsky, *Pirates & Emperors*, p. 147.

（79）レーガン政権が、これらの材料を使って報道機関をあやつった見事な手腕については、次を参照。"Standups," *The New Yorker*, December 2, 1985, pp. 81ff.

（80）Fishman, *Manufacturing the News*, p. 153.

（81）本章の注（70）参照。

（82）一九八六年一月十六日、合衆国フレンズ奉仕団（ＡＦＳＣ）は、情報開示法に基づく調査の結果からニュース発表を行なった。それによれば、一九六五年から七七年までの期間に、海軍では三百八十一件の核兵器関連の事故や「事件」が起こっており、その数は従来報告されていたよりずっと多いことがわかった（だが、マスメディアはこの最新ニュースを直接報道せず、海軍からの応答というフィルターを通して伝えた。応答は、新たな発見の重要性を控えめに評価し、ＡＦＳ

Cの暴露の全貌やそれが持つ意味についての解釈を、排除したり、脇に押しやったりしたものだった。典型的な表題は次のようなものだ。「海軍、核兵器関連の事故六百三十件を列挙。いずれも一般人に危険なしと軍当局は語る」(“Navy Lists Nuclear Mishaps：None of 630 Imperilled Public, Service Says,” *Washington Post*, January 16, 1986)。

(83) 同プログラムの責任者であるハーヴァード大学教授ハーヴェイ・マンスフィールドによれば、ホワイトへの招待はいずれにせよ失敗だった。フォーラムの意図は「リベラルと保守のあいだの」論争を展開することだったが、ホワイトは「極左派の代表者だからだ」(*Harvard Crimson*, May 14, 1986)。

(84) Edward S. Herman and Frank Brodhead, *The Rise and Fall of the Bulgarian Connection* (New York：Sheridan Square Publications, 1986), pp. 123-124.

(85) Mark Hertsgaard, “How Reagan Seduced Us：Inside the President's Propaganda Factory,” *Village Voice*, September 18, 1984；本章の注(79)に引用した “Standups” も参照されたい。

(86) Stephen L. Vaughn, *Holding Fast the Inner Lines* (Chapel Hill：University of North Carolina Press, 1980), p. 194.

(87) Bruce Owen and Ronald Braeutigam, *The Regulation Game：Strategic Use of the Administrative Process* (Cambridge, Mass.：Ballinger, 1978), p. 7.

(88) Edward S. Herman, “The Institutionalization of Bias in Economics,” *Media, Culture and Society* (July 1982), pp. 275-291.

(89) Henry Kissinger, *American Foreign Policy* (New York：Norton, 1969), p. 28.

(90) Alex Carey, “Managing Public Opinion：The Corporate Offensive” (University of New South Wales, 1986, mimeographed), p. 32 に引用されている。

(91) 同書 pp. 46-47. 一九七八年と一九八五年に提出されたフルナーの論文を引用している。

(92) Saloma, *Ominous Politics*, 第4章、第6章、第9章に、これらの組織の多くについて、その目的や資金源、人脈、出張サービスなどについての、興味深い議論が展開されている。

(93) Herman and Brodhead, *Bulgarian Connection*, p. 259；Fred Landis, “Georgetown's Ivory Tower for Old Spooks,” *Inquiry*, September 30, 1979, pp. 7-9 などを参照されたい。

(94) CSISのテロ専門家ロバート・カッパーマンは、おそらく過去数年間のテレビやラジオのテロ関連トークショーに、もっとも多く登場した人物だろう。

(95) スターリングとシェフチェンコの専門家としての資格については、それぞれ以下の書物を参考にされたい。Herman and Brodhead, *Bulgarian Connection*, pp. 125-146；Edward J. Epstein, “The Invention of Arkady Shevchenko,

Supermole: The Spy Who Came In to Be Sold," *New Republic*, July 15-22, 1985.

(96) David Caute, *The Great Fear: The Anti-Communist Purge under Truman and Eisenhower* (New York: Simon & Schuster, 1978), pp. 114-138. ここでは、嘘をつく情報提供者の重要性を強調している。このマッカーシーふうの病理をコピーしているのが、ロバート・リーケンが「ソヴィエトの覇権主義」(標準的な毛沢東主義の用語だ)について書いた一九八二年の本だ。ここで想像されているソヴィエトの戦術は、キューバやサンディニスタをはじめ各地のゲリラ活動を通じて、西側世界を乗っ取ろうというものだ (Robert Leiken, *Soviet Strategy in Latin America* [New York: Praeger, 1982])。

(97) 当時も今も、転向した反体制派たちがとくに貴重な専門家とみなされるのは、元の仲間たちの誤りについて信憑性のある話ができるからだ。彼らの主張がしばしば虚偽であることは、問題にならない。なぜなら、マスメディアがそれを指摘するのを拒むからだ。たとえばジャン・ラクチュールは、彼のクメール・ルージュ批判に信憑性をそえるために、かつては同派の支持者だったと主張するが、これは虚言である(彼はシアヌーク派だったのだから)ばかりでなく、まったくのナンセンスだ。クメール・ルージュについては何ひとつ知られていなかったのだから。ダヴィッド・ホロヴィッツは、改心した愛国者としての自分の価値を引き上げるため、ヴェトナム戦争反対派とならんで、「北朝鮮の金日成のような暴君に対しても、評価を改めるようになった」と主張する (Peter Collier and David Horowitz, "Confessions of Two New-Left Radicals: Why We Voted for Reagan," *Washington Post National Weekly Edition*, April 8, 1985)。ロバート・リーケンがサンディニスタの批評家としての影響力を拡大したのは、自分は元平和運動家であり初期のころはサンディニスタを支持していた、と申し立てたからだ。こうした主張はどれもこれもでっち上げだが、その事実はメディアでは語られない。リーケンの主張や、「サンディニスタ支持者」から転向したという自己申告によって彼のサンディニスタ批判が獲得した「特別の力」については、次を参照されたい。Michael Massing, "Contra Aides," *Mother Jones* (October 1987). この見せかけについては否定しているものの、マッシングは、リーケンが「反戦運動で活動した」という部分は本当だとしている。だが、それは大きな誤解である。彼が反戦運動を組織したと主張するボストン地区の活動家たちには、リーケンが運動に参加した記憶は、一九七〇年ごろになるまではない。そのころであればマクジョージ・バンディでさえも、自分は活動家を率いていたと主張することができただろう。

(98) 注(55)を参照。

(99) "The Business Campaign Against 'Trial by TV,'" *Business Week*, June 22, 1980, pp. 77-79; William H. Miller, "Fighting TV Hatchet Jobs," *Industry Week*, January 12, 1981, pp. 61-64.

(100) Walter Schneir and Miriam Schneir, "Beyond Westmoreland: The Right's Attack on the Press," *The Nation*,

March 30, 1985.

(101) "Crooks and Clowns on TV" というタイトルの広く流通したユナイテッド・テクノロジー社の広告は、ビジネスマンがテレビの娯楽番組でひどいあつかいを受けているという主張する、「メディア研究所」の研究 *Crooks, Conmen and Clowns : Businessmen in TV Entertainment* に由来する。

(102) John Corry, *TV News and the Dominant Culture* (Washington : Media Institute), 1986.

(103) S. Robert Lichter, Stanley Rothman, and Linda Lichter, The Media Elite (Bethesda, Md. : Adler & Adler, 1986). リヒターたちの新しい研究所について、次の文献に有用な議論が載っている。Alexander Cockburn, "Ashes and Diamonds," *In These Times*, July 8-21, 1987.

(104) Louis Wolf, "Accuracy in Media Rewrites News and History," *Covert Action Information Bulletin* (Spring 1984), pp. 26-29.

(105) ＡＩＭの影響を測定するのは難しいが、この団体も、企業と右翼が結託したメディア攻撃キャンペーン全体の中の、一部を構成するにすぎないことを認識する必要がある。ＡＩＭの出資者たちは、ＡＥＩ、フーバー、インスティテュート・フォア・コンテンポラリー・スタディーズなどのような、保守派の迷宮のような組織へも出資しているが (Saloma, *Ominous Politics*, esp. chapters 2, 3, and 6)、この団体には独自の役割がある。ＡＩＭの所長リード・アーヴィンはテレビのトークショーにしばしば出演しており、彼の投書や評論はマスメディアにいつも登場する。メディアは、自分たちのニュースやドキュメンタリーに対する彼の細部にわたる攻撃に対して、慎重に対応する義務があると感じており、公共放送協会は、ＰＢＳテレビのヴェトナム戦争シリーズに対して、アーヴィングの組織が応答する資金を援助することまでしている。彼が『ニューヨーク・タイムズ』の経営者と年に一度、個人的な会合を持つことができる（ロビー活動をする者にとっての第一目標）ことは、その影響力をよく物語っている。レイモンド・ボナーが『ニューヨーク・タイムズ』を去ったことに、アーヴィンの働きがあったことについては、次を参照のこと。Wolf, "Accuracy in Media Rewrites News and History," pp. 32-33.

(106) フリーダムハウスの監視者たちの偏向についての分析は、以下を参照のこと。Edward S. Herman and Frank Brodhead, *Demonstration Elections : U.S.-Staged Elections in the Dominican Republic, Vietnam, and El Salvador* (Boston : South End Press, 1984), appendix 1, "Freedom House Observers in Zimbabwe Rhodesia and El Salvador."

(107) R. Bruce McColm, "El Salvador : Peaceful Revolution or Armed Struggle?" *Perspectives on Freedom 1* (New York : Freedom House, 1982) ; James Nelson Goodsell, "Freedom House Labels US Reports on Salvador Biased," *Christian Science Monitor*, February 3, 1982.

(108) メディアについてのレディーンの見方は、以下で議論されている。Herman and Brodhead, *Bulgarian Connection*, pp. 166-170.

(109) ＡＩＭへの献金者の中には、リーダーズ・ダイジェスト社、ディヴィット・ウォーレス基金、ウォルター・アネンバーグ、ジェームス・ゴールドスミス（French *L'Express* のオーナー）、Ｅ・Ｗ・スクリップス（新聞・テレビ・ラジオ系列の取締役会長）などが含まれる。

(110)『ロサンゼルス・タイムズ』のホワイトハウス特派員ジョージ・スケルトンは、レーガン大統領の事実関係についての誤謬に関して、「一、二度そういう記事を書くと、〝それはあら捜しだろう。新聞だって誤植はあるじゃないか〟という手紙が大量に舞い込み、デスクはその対応に追われることになる。しばらくすると、そういうネタはもう載らなくなる。怖いからね」と指摘している。これは、次に引用されている。Hertsgaard, "How Reagan Seduced Us."

(111) Piero Gleijeses, *The Dominican Crisis* (Baltimore: Johns Hopkins University Press, 1978), pp. 95-99.

(112) Jan K. Black, *United States Penetration of Brazil* (Philadelphia: University of Pennsylvania Press, 1977), pp. 39-56.

(113) 上掲書 pp. 24-25；次掲書 pp. 157-161.

(114) "The Stalinists of Anti-Communism," in Ralph Miliband, John Saville, and Marcel Liebman, Socialist Register, 1984: The Uses of Anticommunism (London: Merlin Press, 1984), p. 337.

(115) デックスは一九四九年に、スターリンの強制収容所について、それは「ソ連のもっとも輝かしい業績」であり、「人間による他の人間の搾取を、完全に抑圧する」ものだと述べている（Miliband et al., *Socialist Register*, p. 337 の引用）。かつては共産党の強硬派だったクリエジェルは、一九八二年の著作の中で、サブラとシャティーラのパレスチナ難民キャンプ虐殺事件を、ＫＧＢが工作したという説を展開している。ソ連の国際テロ計画の一環として、ＰＬＯと関係したドイツ人テロリストを雇い入れ、ＣＩＡの無言の協力のもとに、イスラエルを中傷しようとしたというのだ。この「深遠な」研究の詳細とその影響については、次を参照されたい。Noam Chomsky, *Fateful Triangle* (Boston: South End Press, 1983), pp. 291-292, 374-375.

(116) *Socialist Register*, p. 345.

(117) もちろん反体制派に公敵を非難する用意があるのなら、彼らはいくらでもマスメディアのフィルター・システムをくぐり抜けることができる。「制御メカニズムとしての反共思想」（一一二頁）の中で描いた元共産主義者と同じことだ。

(118) 本書第二章の「価値ある被害者と価値なき被害者」を参照されたい。トルコの事例で興味深いのは、トルコ政府の報道機関に対する攻撃を、西側の報道機関が公表しないことである。そこには、同国において西側の新聞記者が受ける攻撃も含まれる。UPI通信の記者 Ismet Imset はトルコ警察に殴打され、でたらめな容疑で投獄されたが、自分への告発を公表しないようUPIから警告された。彼がその妥協的なやり方を批判すると、UPIはやがて彼を解雇した。Chris Christiansen, "Keeping In With The Generals," *New Statesman*, January 4, 1985.

(119) これと同じ二分法は、国内ニュースの領域にもあてはまるようだ。たとえば、イギリスとアメリカの分析研究がともに指摘するのは、マスメディアによって定期的に集中的な関心（と、憤り）が「福祉制度にたかる人々」に向けられる一方、それよりもずっと重大な、産業界や富裕層によるごまかしや脱税行為に対する、寛容なあつかいが軽視されることだ。またマスメディアには、不平等や貧困の構造的な理由を考察することへの、根深い抵抗感がある。

ピーター・ゴールディングとスー・ミドルトンは、イギリスにおいて長年つづいた「貧困の犯罪視」という伝統と、福祉制度のたかり屋に対するたえまない攻撃について、徹底した議論をくりひろげた後に、それとは対照的に、脱税行為は報道機関では「容認されるものであり、賞賛さえされる」と指摘し、納税忌避者は「被害者であり、そればかりか英雄あつかいだ」と記している。彼らはまた、「厚生資本主義の偉大な功績」は、貧困の理由と状況をほとんど見えないものにしたことだったと記している（Peter Golding and Sue Middleton, *Images of Welfare: Press and Public Attitudes to Poverty* [Oxford: Martin Robertson, 1982], pp. 66-67, 98-100, 186, 193）。

A. J. Liebling は "The Deserving Rich" という表題の章の中で、アメリカでも同様に、「貧困の撲滅は、新聞社がもっとも好む撲滅運動」であり、「福祉にあたいしない貧乏人という概念ほど、一般的に報道機関に好まれるものはない」と指摘する（*The Press* [New York: Ballantine, 1964], pp. 78-79）。リーブリングは、メディアが「彼ら［貧乏人］は資産を隠匿しているか、性根が悪いか、またはその両方だと主張して」(p. 79)、社会福祉予算と税金を低くとどめおくために使う、さまざまな手段を詳細に論じている。この戦術は貧困から関心をそらすだけでなく、有職の労働者を失業者や無用視された人々から分断し、不名誉な「たかり」の制度に加わることを特別に不快なものに感じさせることに貢献する（Peter Golding and Sue Middleton, "Attitudes to Claimants: A Culture of Contempt," in *Images of Welfare*, pp. 169ff）。

レーガン大統領が、福祉制度のたかり屋について虚偽の逸話を語る一方、彼に資金を出す企業人たちの大規模なたかりについては完全に沈黙していることは、長年の伝統であるシニカルで思いやりのない貪欲に、ぴったり合致しているのだ。

(120) この二分法的な扱いについての全面的な議論は、次を参照。Edward S. Herman, "Gatekeeper versus Propaganda Models: A Critical American Perspective," in Peter Golding, Graham Murdock and Philip Schlesinger, eds., *Communicating Politics* (New York: Holmes & Meier, 1986), pp. 182-194.

(121) 一九七三年三月一日の社説。ソ連側は民間機を撃墜したことに気づかなかったらしいが、そのことは合衆国の役人によって隠蔽され、民間機と承知の上で撃墜したという偽りの申し立てが、ソ連の蛮行への極端にきびしい批判の根拠を提供した。一方、イスラエルは民間機と承知の上で撃墜したことを公然と認めたが、この場合に限っては、そのことは西側の興味をひかなかった。

(122) たとえば『ニューヨーク・タイムズ』のインデックスには、一九八三年九月分だけでも、大韓航空機ＫＡＬ〇〇七便についての言及が、七頁にわたって続いている。

(123) 一九八四年のロサンゼルス・オリンピックや、スペースシャトルの打ち上げ、「リバティ・ウィークエンド」のような愛国的なお祭り騒ぎは、いずれも「わたしたちを一つにする」という、似たような機能を果たしている (Elayne Rapping, *The Looking Glass World of Nonfiction TV* (Boston : South End Press, 1987), chapter 5, "National Rituals")。

(124) 第II巻の第六章参照。

(125) エリートのあいだに深刻な対立がある問題については、マスメディアでも反体制派の声が登場することも許されるであろうし、むやみな誇張や批判的な判断の停止も、ある程度は制限されだろう。この点についての議論は、本書の序論（三〜五頁）と、それに続く事例研究の中で展開した。

(126) これらの事例における政府の役割は、完全に無視するわけにはいかない。『リーダーズ・ダイジェスト』とＣＩＡの強いつながりや、「ブルガリアン・コネクション」キャンペーンの中心的な情報提供者、推進者のひとりであったポール・ヘンツェが、長年ＣＩＡで働いてきた人物だったことなどがあるからだ。ＣＩＡと『リーダーズ・ダイジェスト』の関係については、次を参照。Epstein, "The Invention of Arkady Shevchenko," pp. 40-41. ヘンツェについては、本書の第四章を参照されたい。カンボディアに関する、影響力のあった『リーダーズ・ダイジェスト』のベストセラーが、部分的にはＣＩＡの偽情報工作の一環であった可能性については、第II巻の第六章二〇〇頁以降と、そこに記した原典を参照されたい。

(127) これらのポイントについては、以降の各章で多くの説明を加えている。反証例として持ち出されるウォーターゲート事件や、より最近の、レーガン政権末期に発覚したイラン＝コントラゲート事件については、本書の第七章で論じた。

(128) これらのポイントは、あきらかに教皇暗殺計画のブルガリアン・コネクション説にあてはまる。本書の第四章を参照されたい。

(129) すでに各所で指摘してきたが、『ニューヨーク・タイムズ』は、インドネシアが侵略している東ティモールに関して、「事実を提示」するときはインドネシア政府の情報に依存し、難民や教会関係者などによる情報は、無視するのを常とする。その逆に、戦後のヴェトナムやカンボディアのできごとを報道するときには、『ニューヨーク・タイムズ』の主要な情報源は、難民たちであり、政府高官たちではなかった (*The Washington Connection and Third World Fascism* [Boston : South End Press, 1979], pp. 151-152, 169-176, 184-187)。含意を避けようとする明らかな試みについては、第II巻の第六章「第二期のポル・ポト時代」を参照されたい。

(130) したがってＣＩＡが、国務省の明瞭な承認のもとに、ニカラグアのコントラに対して、農業協同組合のような「ソフト・ターゲット」を攻撃せよとの指示を与えたとき、メディアの解説者たちの反応は、ハト派も含めて、それに拍手喝采を送るか、さもなければ、そのような対象を標的にするのは、彼らが軽装備の民兵に防衛されていることに鑑みて、はたして正当なものかどうかという、哲学的な論考を提供するかのどちらかだった。イスラエルのキブツも、武装した入植者によって防衛されているのだが、それに対するテロリストの攻撃は、なにか違うものと考えられている。詳細は次を参照。Noam Chomsky, *The Culture of Terrorism* (Boston : South End Press, 1988).

(131) 取り上げられる話題や枠組みの、異なった適用は、本書の第三章で見るように、第三世界の選挙のあつかいが、アメリカが支援する場合と敵対する場合によって異なることに、きわめて明瞭に示されている。

(132) ずうずうしさの典型的な例は、マイケル・レディーンによる次のような断定である。(1) カダフィの言葉は、マスメディアではアメリカ政府の言葉よりも信用が置かれている、(2)「比較的マイナーな人権侵害が友好国で起こった場合［とくに右翼の独裁的な政府が統治している場合］は、われわれに敵対的な国の、より深刻な犯罪に比べて、ずっと大きな関心と、猛烈な非難の対象となる (Michael Ledeen, *Grave New World*, New York, Oxford University Press, 1985, p. 131)。カダフィに与えられた、より大きな信用について述べているのは、同書 pp. 132-133。従属国家と敵性国家で起こった虐待事件に関するマスメディアのあつかいの実態は、本書の第二章で実例を挙げて証明している。

第二章

(1) 一九八六年七月十九日の演説で、ニカラグア大統領ダニエル・オルテガは、宗教迫害という告発に対して、中央アメリカでは一九七九年以降、教会関係者百三十八人が殺され、二百七十八人が誘拐されまたは失踪したが（僧籍にはない説教師も含めた数字）、ニカラグア政府による犠牲者は一人もいないと答えた (*Central America News Update*, Aug. 4, 1986)。だがソモサ派の暴力主義の伝統をつぐコントラによる被害者の数は多かった (Andrew Reding, "The Church in Nicaragua," Monthly Review (July-August 1987), pp. 34-36)。殺された人々の大半は、アメリカが支援する国々の軍隊や治安部隊、あるいは彼らと結託した「死の部隊」の手にかかったものである。

(2) Edward Herman, *The Real Terror Network* (Boston : South End Press, 1982). エドワード・ハーマンによれば、一九七六年から八一年までのあいだに、『ニューヨーク・タイムズ』が国外の個人虐待事件について大々的に報道したのは、ソヴィエト反体制派に関するものだけであった。シャランスキーやサハロフの事件は特に有名になったが (pp. 196-199)、アメリカの勢力圏内においては、それに匹敵するような事件や、もっとたちの悪い事件が数知れず起こっていたのである。

（3）この数字は、ポピエウシュコに関する記事やCBSニュース報道（または一インチコラム欄）の本数を、百人の宗教迫害の犠牲者について書かれた記事の本数で割って、一〇〇を掛けることによって算出した。

（4）アンソニー・ルイスは、ソ連の反体制派は「わたしたちが自己同一化できるほどにわたしたちに似ている」と述べている（"A Craving for Rights," *New York Times*, Jan. 31, 1977）。部分的には、これは正しい。アメリカの外交政策による被害者の大半は、第三世界の農民なのだから。だが、アメリカが援助する国々の被害者たちは、ソ連の反体制派と同じ程度にわたしたちと似た存在であり、それにもかかわらずじゅうぶんな注意を向けられていない（ここで触れた事例や注（2）で言及したものが示すように）。このことからすると、この議論は正しくない。

（5）実際、アメリカのアレグザンダー・ヘイグ国務長官やジーン・カークパトリック国連大使は、この後に記したとおり、このアメリカ人女性たちの暗殺を弁護した。

（6）『ニューヨーク・タイムズ』は表2-2で示した詳細のほかに、少なくともさらに四本の記事で同じような情報をくりかえした。また類似の詳細は『タイム』や『ニューズウィーク』やCBSニュースでも提供された。『タイム』が載せた多数の記事のうち、サンプルとして"Grim Tale: Details of a Martyr's Death"（Nov. 19, 1984）という表題の記事をみてみよう。「この殉教した司祭の遺体を見た教会役員たちは、彼がひどく殴打されていたことを報告した。彼の首には縄がかけられ、手首や足首に結びつけられていたので、抜け出そうとしてもがけば、自分で自分の首をしめるしかけになっていた。ポピエウシュコの左手の指の三本は骨まで切り裂かれ、腕には深くえぐられた傷が複数あった。彼の肺にはかなりの水がたまっていたので、彼が両手両足を縛られて貯水池に投げ込まれたとき、意識はなくともまだ呼吸をしていたことがわかる」。『タイム』は、こうした具体的な記述を機会あるごとに、あきらかに楽しみながら何度もくりかえし掲載した。だが後で見るように、価値のない被害者に関する詳細については、『タイム』はそれほど気前よくはなかった。

（7）『タイム』が"Memories of Father Jerzy"（Nov. 12, 1984）という表題のもとに掲載した説明には、以下で論じるような価値なき被害者たちの殺害に関しては、それに匹敵するものがまったく抜けていた。

（8）"A Polish General is Tied to Death of Warsaw Priest," November 3, 1984；"Pole in Killing Tells of Hints of Top-Level Backup," January 9, 1985；"Pole on Trial Names 2 Generals," January 5, 1985；"Second Abductor of Polish Priest Says Order Came 'From the Top,'" January 3, 1985.

（9）第四章参照。

（10）一九八六年五月六日、エルサルバドルの「失踪者母の会」会員ローラ・ピントは、三人の武装した男たちにさらわれ、殴打され、レイプされた後、街頭に捨てられた。五月二十九日、彼女はふたたび拉致され、拷問され、そのすぐ後に彼女と同じ団体に所属している十二人の会員が警察に拘留された。イギリスの『ニュー・ステイツマン』誌は、そのようなテロ事件が発生したことそのものに驚愕を示した。なにしろ、ローラ・ピントはそれ以前にヨーロッパを訪れたことがあり、西欧の人々にその存在が知られていたからだ（Jane Dibblin, "El Salvador's Death Squads Defy European Opinion," June 13, 1986）。じっさい欧米の世論はこのような虐待に抗議した。こんなテロが起こることが可能になったのは、エルサルバドルに直接干渉している大国、すなわちアメリカが、自国の政策にぴったり同調してくれるメディアを持っていたからだ。ローラ・ピントが二度にわたって襲撃され、母の会のメンバー十二人が拘留されたことを、『ニューヨーク・タイムズ』をはじめとする報道機関はいっさい報道しなかった。「失踪者母の会」の会員で、本人もドゥアルテの治安部隊による残虐行為の被害者だった女性が、一九八七年三月にアメリカへの入国を拒否された事件についても、アメリカの一流紙にはひとことも言及されなかった。彼女は国際婦人デーの集会でスピーチをするため、いくつかの都市に招待されていたのだった。Noam Chomsky, *The Culture of Terrorism*（Boston: South End Press, 1988）参照。ポーランドの国家権力による暴力に歯止めをかける力になったと『ニューヨーク・タイムズ』が認めるような世論の関心も、価値なき被害者を保護するためには喚起されないようだ。

（11）一九八〇年代のエルサルバドルに関する『ニューヨーク・タイムズ』の社説は、一貫して国家テロを免罪していたというチョムスキーの批評が、次の文献に載っている。Noam Chomsky, "U.S. Polity and Society," in Thomas Walker, ed., *Reagan versus the Sandinistas*（Boulder, Colo.: Westview, 1987）, pp. 295–296.

（12）深く首を突っ込んで、ラテンアメリカの軍事政権に都合の悪いことを知らせるような記者たちは、国外退去処分になったり、暗殺されることさえあるという事実も、報道機関を抑制しているのかもしれない。西側の記者たちが身体的な脅迫を受けることは（殺害はもとより）、ポーランドやソ連やキューバやニカラグアではまれなことである。彼らがしばしば脅迫を受け、時には殺害されることもあるのは、エルサルバドルやグアテマラなど、ラテンアメリカにある対米従属国家においてなのだ。このアイロニーについて、自由社会の報道機関がコメントすることはないし、このような反体制ジャーナリストに対する潜在的かつ実際的な暴力が、誠実な報道の可能性にどんな影響をおよぼすかが論じられることもない。この点については、第三章でさらに議論を展開した。

（13）Penny Lernoux, *Cry of the People*（New York: Doubleday, 1980）, p. 73.

（14）James R. Brockman, *The Word Remains: A Life of Oscar Romero*（Maryknoll, N.Y.: Orbis, 1982）, p. II.

（15）この関係については、この節の後段で論じている。

（16）カーター大統領は、元ニューヨーク市長ロバート・ワグナーを派遣して教皇を説得し、教皇を通じてロメロを抑制しようとした。教皇も、これに応じて手綱を締めようと試みた。Raymond Bonner, *Weakness and Deceit*（New York:

Times Books, 1984), p. 176 参照。イエズス会の中央アメリカ管区長セザール・エレス神父は、この後すぐにローマに召喚され、ロメロの書簡の説明を求められた。エレス神父は、軍による生命の脅迫を受けてグアテマラを逃れていたが、ロメロ大司教とは非常に親しかった。後に彼はエルサルバドルからも脱出を余儀なくされ、現在はニカラグアに避難している。ニカラグアでは彼はセントロアメリカーナ大学の総長をつとめているが、上記の二つの「駆け出し民主主義」国家には、短期的に（危険な）滞在をする以外には、戻ることができないでいる。

(17) Bonner, *Weakness and Deceit*, p. 172 に引用されている。

(18) 一九八一年九月二十七日、アラン・ライディングによる『ニューヨーク・タイムズ』の記事によれば、「カーター政権下のアメリカの官僚たちは、残虐行為の九割は治安部隊によるもの」であって、「暴走する右翼団体のせいではない、と述べていた」。要するに、ブッシュネルが偽証しただけでなく、メディアも事実を知っていながら、その情報を有効に使おうとしなかったのだ。ライディングは一九八〇年三月二十三日に "El Salvador's Junta Unable to Halt the Killing"（エルサルバドルの暫定政権は、殺戮を止めさせることができない）という表題の記事を書いている。一九八〇年のエルサルバドルに関するメディア報道が、ひどい歪曲と隠蔽を行ない、議会報告でさえその対象になったことについては、次を参照されたい。Noam Chomsky, *Towards A New Cold War*, pp. 35ff., James Peck, ed. *The Chomsky Reader* (New York : Pantheon, 1987) に再録されている。

(19) 教会側の推定では、政府の責任において殺された民間人は、一九八〇年のはじめの三カ月で約九百人に達し、その前の一九七九年の一年間を通じて殺害された民間人の数をしのいでいた。アムネスティ・インターナショナルは一九八〇年三月二十一日の発表で、治安部隊や軍隊、一般的に軍の管理と指導のもとにおかれた民兵組織などが、非武装の民間人（主に農民）を殺害するという事件について、七頁におよぶ報告をしている (Bonner, *Weakness and Deceit*, p. 172)。

(20) この点についてはドゥアルテ本人が認めている。彼はレイモンド・ボナーによるインタヴューの中で、エルサルバドルを統治しているのは軍隊であることを認め、将来は自分が統治したいという希望を述べた (*New York Times*, Mar. 1, 1982)。

(21) *Weakness and Deceit*, p. 146.

(22) 第三章二一六～二一九頁参照。

(23) 民間武装組織が政府の保護のもとに殺人を行なっていたことを証明する材料の一つは、くる年もくる年も、民間武装組織による殺人が行なわれるというのに、けっして逮捕者が出なかったことだ (Herman, *Real Terror Network*, pp. 115-119)。正規軍については、一九八六年までの全期間を通じて、「エルサルバドルの民間人に対する人権侵害の罪で、軍士官や兵隊が刑事罰を受けたという事例は、ひとつも知られていない」(*The Reagan Administration's Record on Human*

Rights in 1986 [New York: The Watch Committees and Lawyers Committee for Human Rights, February 1987], p. 46)。

（24）Laurie Becklund, "Death Squads: Deadly 'Other War,'" *Los Angeles Times*, December 18, 1983.

（25）Michael McClintock, *The American Connection*, vol. 1（London: Zed, 1985), p. 221.

（26）Bonner, *Weakness and Deceit*, p. 162.

（27）"United States Network News Coverage of El Salvador: The Law and Order Frame"（manuscript, 1986), pp. 17–18. アメリカのテレビ放送は、一九八〇年を通じてこの軍民評議会を穏健派と呼び続けていたが、そのあいだに残虐行為は拡大し、ロメロ大司教の後継者リベラ・イ・ダマス司教が一九八〇年十月に表現したように、軍隊による「無防備な民間人の絶滅戦争とジェノサイドへと発展していった」と、アンダーソンは記している（Bonner, *Weakness and Deceit*, p. 207)。

（28）"23 Die in El Salvador As Clashes Continue; 3 Officials Step Down," *New York Times*, March 29, 1980.

（29）Robert Armstrong and Janet Shenk, *El Salvador: The Face of Revolution*（Boston: South End Press, 1982), p. 146.

（30）国務省へのホワイトからの電信（Bonner, *Weakness and Deceit*, p. 184 に引用されたもの)。

（31）Armstrong and Shenk, *El Salvador*, p. 152 に引用された声明。ほかの目撃者たちは軍が現場にいたと主張し、その逆を主張するドゥアルテや軍民評議会やトリースターとの矛盾を示している。葬儀に参加していたフィリップ・ベリマンは、現場付近で二台のトラックに満載された兵士たちをはっきり見かけたと、筆者に語っている。トリースターは狡猾だ。彼が語っているのは広場にいた軍隊のみであって、その付近に待機していた軍隊や、国営宮殿などの建物の中にいた軍隊についてではないのだ。

（32）ホワイト大使の電信が示す見方は、左派が治安部隊に応戦をうながすような動きをしたというものだが、そのような自滅的な戦術がとられた証拠は、なにも提示されていない。

（33）Brockman, *The Word Remains*, p. 212 に引用されている。

（34）注(18)参照。『タイム』誌もトリースターと同じような歪曲した説明をしているが、こちらはもう少し手がこんでいる。「説教壇で彼がきまって非難したのは、暴政とテロリズムが、エルサルバドルを細かく分裂させ、貧困化させ、内戦の瀬戸際まで追い込んでいるということだった」(Apr. 7, 1980)。

（35）"Church in Salvador Now Follows the Middle Path," *New York Times*, March 22, 1981.

（36）シューマッハが大司教の慎重な発言を操って弁解に利用しているという議論の詳細は、Herman, *Real Terror Network*, pp. 178-179 を参照。

（37） この怠慢が、ほんとうに事件に関する知識を欠いていたことから起こった可能性は否定できない。だが知識の欠如は、ある程度は関心の欠如と偏向した見方の反映であり、そうしたものが一定の問題提起を追究の焦点からそらせてしまったのだろう。

（38） これはほんとうかもしれない。殺人犯は、エルサルバドルの治安部隊が雇ったコントラの暗殺者だった可能性はある。

（39） 無数にあったことが確認されているフィデル・カストロ暗殺の企てや、ＣＩＡが仕組んだパトリス・ルムンバの暗殺については、以下を参照。*Alleged Assassination Plots Involving Foreign Leaders*, Senate Select Committee to Study Government Operations, 94th Cong., 1st sess., November 20, 1975, S. Rep. 94-465, pp. 13-180.

（40） Graham Hovey, “Salvador Prelate's Death Heightens Fear of War,” *New York Times*, March 26, 1980.

（41） Craig Pyes, “Who Killed Archbishop Romero?” *The Nation*, October 13, 1984.

（42） Bonner, *Weakness and Deceit*, p. 178.

（43） Stephen Kinzer, “Ex-Aide in Salvador Accuses Colleagues on Death Squads,” *New York Times*, March 3, 1984.

（44） Craig Pyes, “Dirty War in the Name of Freedom,” *Albuquerque Journal*, December 18, 1983. 一九八七年十一月、ドゥアルテは、ダビュイッソンの関与を示す新たな（かつ薄っぺらな）証拠を発表したが、幅を利かせていた治安部隊の関係者の関与にはまったく口をとざしていた。この発表は、左と右の急進派の中道をいく「穏健派」という彼のイメージを維持するための、みえすいた工作だった。これは慎重にタイミングを測って、ＦＤＲ指導者のルーベン・ザモラとギジェルモ・ウンゴという、真の「穏健派」によるエルサルバドル訪問にぶつけて公表された。このテロ国家から暗殺の脅しを受けて亡命生活を送っている両名にとっては、勇気ある訪問だった。

（45） Noam Chomsky, *Turning the Tide* (Boston: South End Press, 1985), p. 103.

（46） Armstrong and Shenk, *El Salvador*, pp. 160-161.

（47） メキシコの新聞 El Día は、一九八二年二月十一日付けサンサルバドル発の記事で、ダビュイッソンが二人のヨーロッパ人記者（一人はドイツ人）に告げた、「君たちドイツ人はとても賢い。ユダヤ人たちが共産主義を浸透させているのに気づいて、彼らを殺しはじめたのだからね」という発言を引用している。アメリカの新聞は、サンディニスタの反ユダヤ主義というでっち上げをおおげさに宣伝したが、その反面、このホロコーストを容認するようなダビュイッソンの主張が、エリート・メディアにとりあげられることはなかった。

（48） “Peace Is Still a Long Shot in El Salvador,” *New York Times*, September 27, 1987, Week in Review.

（49） この声明は、最終的に公表された記事からは落ちていた。

（50） Report, p. 8.
（51） Ana Carrigan, *Salvador Witness* (New York : Simon & Schuster, 1984), p. 271.
（52） *Foreign Assistance Legislation for Fiscal Year 1982*, part 1, Hearings before the House Committee on Foreign Affairs, 97th Cong., 1st sess., March 1981, p. 163. 国務省の David E. Simcox から William P. Ford に宛てた一九八一年四月十六日付けの書簡。当時ヘイグ国務長官は、この女たちがレイプされ、至近距離で後ろから撃たれて殺されたという明らかな証拠があると述べた。ヘイグ自身は、この侮蔑的な虚言を謝罪することはなく、それによってマスメディアから深刻な攻撃を受けるようなこともなかった。あっぱれな例外がアンソニー・ルイスだった。だが、このエピソードが、ヘイグの評判にこれといった影響を及ぼしたようには思えない。
（53）「これについては、じっさいに把握している以上に明言しておくべきだろう。彼女たちはフレンテのために働く政治活動家であり、フレンテに暴力的な手段を用いて反対する何者かが、彼女たちを殺したのだ」(Carrigan, *Salvador Witness*, p. 279 に引用された *Tampa Tribune*, Dec. 16, 1980 のインタヴュー)。ロバート・ホワイト元大使は、カークパトリックのような人々の発言は、エルサルバドルの当時の状況においては「殺人の教唆」に等しいと指摘する（T.D. Allman, *Unmanifest Destiny* [New York : Doubleday, 1984], p. 17)。ジーン・ドノヴァンは、ロバート・ホワイト大使に「貧民を援助したり、孤児のめんどうをみることさえもが、政府によって破壊活動とみなされるところで、いったい何ができますか？」とたずねた（Allman, p. 3)。エルサルバドルの農村地帯での孤児救済活動は、レーガン政権の役人によっても破壊活動とみなされていた。
（54） 表2－2に示した『ニューヨーク・タイムズ』の記事は、下着の使用法について、簡潔で不正確な説明をおこなっている。
（55） "Statement by Revolutionary Governing Junta," December 8, 1980. この声明にはまた、「革命政府は暴力と非理性的な犯罪を拒絶し、非難する」とあるが、それはみずからが生み出しているものなのだ。
（56） Juan de Onis, December 24.『ニューヨーク・タイムズ』の記者には、治安部隊が殺人に関与していないならば、なぜ彼らは死体を隠そうとしたのだろうという疑問が浮かばなかったようだ。
（57） この神話については、「大司教オスカル・ロメロの殺害」（一三六頁）で論じた。
（58） Juan de Onis, "Rightist Terror Stirs Argentina," *New York Times*, August 29, 1976.
（59） 注(67)参照。
（60） John Dinges, "Evidence Indicates Military Planned Missionaries' Deaths," *National Catholic Reporter*, July 17, 1981.

(61) Stephen Kinzer, "Ex-Aide in Salvador Accuses Colleagues on Death Squads," March 3, 1984. この見出し（「エルサルバドル元補佐官、死の部隊について同僚を非難」）の「穏やかさ」に注意したい。『ニューヨーク・タイムズ』が遠慮した別の選択肢としては、「ドゥアルテとカサノバ国防相、四人のアメリカ女性の殺害隠蔽容疑で告発される」というものもありえたろう。サンティバネス特殊情報部長には、証言と引き換えに五万ドルが与えられた。告白することによって引き受けることになるリスクと今後の所得減少の見通しにかんがみて、本人が要求した金額だ。この支払いは、彼の証言が不名誉なものである証拠として異常なまでに宣伝され、『ニューヨーク・タイムズ』はこのような原則論に基づく問題から、彼の証言の第二弾を握りつぶした。そのような基準は、これほどの保護を必要としないソ連からの亡命者たちには、けっして適用されない。ＣＩＡによってコントラの市民の顔として据えられた「第一級の民主主義者たち」が、何年にもわたって年間八万ドル以上の無税報酬をＣＩＡから受け取っていたことは、メディアの情報源としての彼らの完全性を危うくする要因とはけっしてみなされなかった。ニカラグアの亡命者ミランダは八〇万ドルを受け取ったが、それで信用を落とすことはなかった。

(62) Michael Posner と国際人権法律家委員会（Lawyers Committee for International Human Rights）は、一連の調査報告書（一九八一年九月、八二年七月二十日、八三年二月一日付け）の中で優れた説明を行なっている。そこには、司法手続きの完全な崩壊と政府による隠蔽についての、強力な証拠が載っている。ディンゲスの報告と同様、これらの文書もアメリカのマスメディアからは基本的に無視され、証拠や手がかりは握りつぶされた。法律家委員会の報告について、ニュース報道はほとんどなされなかった。Michael Posner と Scott Greathead は、『ニューヨーク・タイムズ』に一九八三年十二月六日付けで、投稿記事 "3 Years after Killings, No Justice in Salvador"（殺害から三年、エルサルバドルではいまだ裁きなし）を載せることに成功した。

(63)『タイム』と『ニューズウィーク』はいずれも一九八一年二月に、妨害工作についての記事を載せた。『タイム』の記事は "Stonewalling"（Feb. 23）という表題だ。だが、妨害工作は何年も続いたのだが、ニュース雑誌がこの問題に関心を示したのは、後にも先にもこれきりだった。

(64) Lawyers' Committee for International Human Rights, Update: Justice in El Salvador: *A Case Study*, February 1, 1983, p. 17.

(65) Bonner, *Weakness and Deceit*, p. 80.

(66) Larry Rohter, "Salvador Defense Lawyer Charges Cover-Up in Slaying of U.S. Nuns," *New York Times*, May 6, 1985.

(67) 下っ端の警備隊員たちはかってに行動していたのだと、ヒントンが自信を込めて断言したのと同じ月に、国務省では

「この書類を読むといくつもの疑問が浮かんでくる。本気で犯人を突き止めたいと思っている捜査官ならば、だれでも思いついたはずの疑問だ」という内部メモが回っていた（引用元は *Update*, p. 31）。

（68）引用元は、*Update*, pp. 30-31.

（69）タイラーによる調査については、次を参照のこと。Bonner, *Weakness and Deceit*, pp. 78-80.

（70）Stephen Kinzer, "Ex-Aide in Salvador Accuses Colleagues on Death Squads," *New York Times*, March 3, 1984.

（71）Carrigan, *Salvador Witness*, p. 265.

（72）Stephen Schlesinger and Stephen Kinzer, *Bitter Fruit*（New York : Doubleday, 1982), pp. 32-47, 54-63 参照。

（73）無所属の観察者たちは、ほぼ全員が、土地改革は平等実現のためにも、効率性のためにも、きわめて望ましいという見方をしている。特に次の文献を参照されたい。José M. Aybar de Soto, *Dependency and Intervention : The Case of Guatemala in 1954*（Boulder : Westview, 1978), chapter 6.

（74）同書。また、次も参照されたい。Richard H. Immerman, *The CIA in Guatemala*（Austin : University of Texas Press, 1982).

（75）Blanche Wiesen Cook, *The Declassified Eisenhower*（New York : Doubleday, 1981), p. 222.

（76）Piero Gleijeses, "Guatemala : Crisis and Response," in Richard B. Fagen and Olga Pellicer, *The Future of Central America : Policy Choices for the U.S. and Mexico*（Stanford, Calif. : Stanford University Press, 1983), p. 188.

（77）同書 pp. 191-192.

（78）同書 p. 192.

（79）アメリカの高官は、まったく形式的な民主主義改革と殺人事件の発生率引き下げを強引に求めることが多かった。だが、彼らが一貫して組織化をうながし、支援してきた枠組みは、民主主義的な改革を骨抜きにし、殺人事件の発生率を押し上げるようなものだった。他の地域と同様に、グアテマラでもアメリカが反民主主義的な機構をつねに支持してきた理由は、左翼への恐れと、アメリカの高官や実業家が大衆組織（労働組合、農民組合、大衆政党）に対して、経済と政治の両面から慢性的に抱いていた敵意であった。したがって、リベラルな改革への断続的な支援も、自由主義の内実を蝕むような機構をシステマティックに強化することによって、無意味なものになってしまう。Lars Schoultz が指摘するように、アメリカが支援した一九六四年のブラジルのクーデターにはじまって、ラテンアメリカをはじめとするアメリカの勢力範囲の随所に広がった「軍事独裁主義」の役割は、「既存の社会経済的な特権をおびやかすとみられるものを根絶するために、数の上では多数を占める人々の政治参加を阻む……」ことなのだ（Lars Schoultz, *Human Rights and United States Policy toward Latin America*［Princeton : Princeton University Press, 1981], p. 7）。だが長らく続いた軍事政権によるゲリラ鎮圧と民衆組織の徹底解体の後であれば、選挙を実施して彼らを「参加」させてやってもよいだろう、ということになるらしい。第三章参照。

(80) "Counterrevolution and the 'Shakedown States,'" in Noam Chomsky and Edward S. Herman, *The Washington Connection and Third World Fascism* (Boston : South End Press, 1979), pp. 61-66.

(81) 一九七七年以降、グアテマラはイスラエルに援助を求めている。イスラエルはアメリカ政府のためにつねに同様の奉仕を行なっている。詳細については、以下の三冊を参照。Bishara Bahbah, *Israel and Latin America : The Military Connection* (New York : St. Martin's, 1986) ; Benjamin Beit-Hallahmi, *The Israeli Connection* (New York : Pantheon, 1987) ; Jane Hunter, *Israeli Foreign Policy* (Boston : South End Press, 1987) カーター政権時代にアメリカからグアテマラへの武器供与が途切れずにつづいていたことについては、Lars Schoultz, "Guatemala," in Martin Diskin, ed., *Trouble in our Backyard* (New York : Pantheon, 1983), pp. 187ff 参照。

(82) Piero Gleijeses の推定では、一九七九年以降「グアテマラ軍は十万人近くを殺害した」("The Reagan Doctrine and Latin America," Current History [December 1986])。

(83) たとえば次のような文献を参照されたい。Amnesty International, *Guatemala : A Government Program of Political Murder* (London : AI, 1981) ; Parliamentary Human Rights Group, "Bitter and Cruel ...," Report of a Mission to Guatemala by the British Parliamentary Human Rights Group, October 1984 ; Americas Watch, *Civil Patrols in Guatemala* (New York : AW, 1986).

(84) Amnesty International, *Guatemala : Massive Extrajudicial Executions in Rural Areas under the Government of General Efraín Ríos Montt*, October 11, 1982.

(85) 一九八一年七月三十日の国務省の証言では、「グアテマラに対しては建設的な新政策が必要だ」った (Americas Watch, *Guatemala Revisited : How the Reagan Administration Finds "Improvements" in Human Rights in Guatemala* [New York : AW, 1985], p. 4 に引用されている)。

(86) Americas Watch, *Guatemala Revisited*, p. 5 の引用。

(87) Amnesty International, *Guatemala : A Government Program of Political Murder*, p. 8.

(88) Americas Watch, *Guatemala Revisited*, p. 6.

(89) State Department 1984 Human Rights Country Report. 引用元は Americas Watch, *Guatemala Revisited*, p. 15.

(90) *Guatemala : A Government Program of Political Murder*, p. 5.

(91) このことはニュース記事においてはほぼ例外なくあてはまったが、『ニューヨーク・タイムズ』や『ワシントン・ポスト』の投稿論説欄には、グアテマラの国家テロを批判する記事や投書が、一九八〇年から八六年までのあいだに十本あまり掲載された。その一部はアメリカ政府の政策を鋭く非難していた。

(92) 先の注で言及した論説記事のいくつかは、たしかにアメリカの役割について論じている。

(93) "Requiem for a Missionary," August 10, 1981.

(94) この十本の資料の内訳は、アムネスティ・インターナショナルによるものが四本――Amnesty International: *Guatemala: A Government Program of Political Murder*, February 1981; *"Disappearances": A Workbook*, 1981; *Guatemala: Massive Extrajudicial Executions in Rural Areas under the Government of General Efraín Ríos Montt*, October 1982; *"Disappearances" in Guatemala under the Government of General Oscar Humberto Mejía Víctores*, March 1985 および、アメリカズ・ウォッチによるものが六本である――Americas Watch: *Human Rights in Guatemala: No Neutrals Allowed*, November 1982; *Guatemala Revisited: How the Reagan Administration Finds "Improvements" in Human Rights in Guatemala*, September 1985; *Little Hope: Human Rights in Guatemala, January 1984-January 1985*, February 1985; *Guatemala: The Group for Mutual Support*, 1985; *Civil Patrols in Guatemala*, August 1986; *Human Rights in Guatemala during President Cerezo's First Year*, 1987.

(95) この書簡は、Americas Watch, *Human Rights in Guatemala: No Neutrals Allowed*, November 1982 に採録されている。

(96) 一連の殺人事件の最後のものである、一九八三年三月十五日のマリアネラ・ガルシア・ビリャス殺害については、次の書籍に徹底した議論が載っている。Edward S. Herman and Frank Brodhead, *Demonstration Elections: U.S.-Staged Elections in the Dominican Republic, Vietnam, and El Salvador* (Boston: South End Press, 1984), pp. x-xi.

(97) Americas Watch, *Guatemala: The Group for Mutual Support, 1984-1985*, p. 2 (hereafter, AW, *Mutual Support*) に引用されている。

(98) Council on Hemispheric Affairs, *News and Analysis*, April 26, 1986, p. 222.

(99) McClintock, *American Connection*, vol. 2, p. 83.

(100) AW, *Mutual Support*, p. 3.

(101) "Bitter and Cruel," British Parliamentary Human Rights Group, October 1984.

(102) AW, *Mutual Support*, p. 8.

(103) 前掲書 p. 7.

(104) 一九八四年十一月十五日の公開書状。AW, *Mutual Support*, p. 24 に引用されている。

（105）AW, *Mutual Support*, pp. 24-25.

（106）前掲書 p. 36. これはもちろん、完全なでっちあげである。メヒア・ビクトレスが言及しているのは、自分の創設した捜査機関のことだ。すべてのスタッフが、国防副大臣をふくむ政府関係者で占められており、当然予想されるように、政府にはまったく問題がないというお墨付きを出した。

（107）同書 p. 38.

（108）同書 p. 41.

（109）二つの非常に短い例外があった。ゴメスが拷問されたことに触れた、この事件に関する四月十三日の記事、および彼の舌が切り取られていたことを記した四月十九日の記事だ。ゴドイ・ド・クエバスが弟や息子とともに殺害されたことに関しては、詳細はいっさい示されていない。次章で見るように、文民政権の誕生も、軍隊による民間人の攻撃に歯止めをかけるにはなんの役にも立たなかった。だが、じゅうぶんに予想されるように、文民政府の誕生に寄せた報道機関の楽観的な見通しが、その後に起こったできごとの追跡によって検証されることはなかった。

（110）先に指摘したとおり、アメリカの新聞は、エルサルバドルの「失踪者母の会」メンバーの一人が講演を行なうために入国することを、自国の政府が拒否したことを、完全に黙殺した。本章の注(10)参照。

（112）この新聞発表は、Guatemala Human Rights Commission/USA による一九八六年十月三日付けの "Urgent Action" メモに紹介されている。

第三章

（1）Edward S. Herman and Frank Brodhead, *Demonstration Elections: U.S.-Staged Elections in the Dominican Republic, Vietnam, and El Salvador* (Boston: South End Press, 1984) の各所から引用。

（2）一九八二年と八四年のエルサルバドルの選挙では、政府はメディアの力を借りて、この計画のみならず、次のことも隠蔽した。すなわち、反政府勢力が反乱をおこしたのは、軍が何十年にもわたって民主的な選択をまったく許さなかったことが引き起こした結果だということ、また、どのみち反政府勢力は、殺される危険を犯してまで選挙に参加することはないだろうという見通しである（エルサルバドルでは一九八〇年十一月、サンサルバドルで五人の野党党首が拷問され、殺され、身体の一部を切り取られている）。

（3）第一章で指摘したように、政府や他の権力集団は、メディアの関心を独占しようと、自分たちのプロパガンダでメディアをあふれさせたばかりか、そのプロパガンダの正しさを確認するために、本物の信頼できる「専門家」までも提供した。

（4）監視員たちの偏向と愚劣さのモデルケースとして、一九八四年七月一日のグアテマラ選挙に派遣されたアメリカ政府監視団の報告（補遺1）を参照されたい。

（5）「監視団の使命は単純なものだった。エルサルバドルの選挙における投票の公正さ、正直さ、正当性を評価し、得票数を数え、最終結果を報告することだ」（Senator Nancy Kassenbaum, *Report of the U. S. Official Observer Mission to the El Salvador Constituent Assembly Elections of March 28, 1982*, Report to the Senate Foreign Relations Committee, 97th Cong., 2d sess., p. 2）。ここに挙げられた検討項目には、有意義な選挙を行なう前提となる基本的な条件（表現の自由や国家テロがないことなど）が、ひとつも入っていない。本文の後続部分を見られたい。

（6）『ニューヨーク・タイムズ』は、一九七九年、ローデシアでイアン・スミスが実施した選挙の報道で、右派のフリーダムハウスの監視員にばかり発言させた（April 22 and May 11, 1979 の記事）。残虐な内戦が猛威をふるい、反政府派の黒人組織は投票を阻止されていたが、フリーダムハウスは公正な選挙であったと判断した。一年後に英国政府の後援で開かれた「やり直し選挙」では、イアン・スミスが担ぎ出した黒人候補は、前回の「公正」な選挙では六五パーセントの票を獲得したのに、今回は八パーセントにとどまった。一方、これまで選挙から排除されていた黒人反政府勢力が、過半数を得て支配権を握った。フリーダムハウスに言わせれば、二度目の選挙は「うさん臭い」（!-）。Herman and Brodhead, *Demonstration Elections*, appendix 1, "Freedom House Observers in Zimbabwe Rhodesia and El Salvador" を参照。

（7）Herman and Brodhead, *Demonstration Elections*, pp. 71-72.

（8）Philip Taubman, "Shultz Criticizes Nicaragua Delay," *New York Times*, February 6, 1984 ; *Security and Development Assistance*, Hearings before the Senate Foreign Relations Committee, 98th Cong., 2d sess., February 22, 1984, p. 83.

（9）George Orwell, *1984* (New York : Signet, 1950), p. 163.〔ジョージ・オーウェル『一九八四年』、新庄哲夫訳、早川書房〕

（10）"The Electoral Process in Nicaragua : Domestic and International Influences," Report of the LASA Delegation to Observe the Nicaraguan General Election of November 4, 1984, Latin American Studies Association (Nov. 19, 1984), p. 32 (hereafter, LASA, Report).

（11）一九四七年一月にポーランドで、ソ連の管理のもとに、治安部隊が国中のいたるところに配置されるなかで行なわれた選挙について、アメリカのメディアは、前もってその不備を指摘するという、きわめて適切な対応をした。だが、ここでの殺人の規模は、一九七九年から八七年にかけてのエルサルバドルやグアテマラで起こったものとは比較にならないほど小さい。Herman and Brodhead, *Demonstration Elections*, pp. 173-180 参照。

（12）LASA, Report, p. 5.
（13）*Nicaragua : The Threat of a Good Example ?*（Oxford : Oxfam, 1986）, p. 14. オックスファムのアメリカ法人も、サンディニスタの活動については好意的で、「オックスファムが活動している中米の四カ国（グアテマラ、エルサルバドル、ホンデュラス、ニカラグア）では、ニカラグアだけが土地所有の不平等に対策を講じ、貧農たちに保健、教育、農業支援などのサービスを提供するため、かなりの努力をしてきた」と評している（*Oxfam America Special Report : Central America*, Fall 1985）。
（14）後出の「言論と集会の自由はあったか」（二〇五頁）および「出版と報道の自由はあったか」（二一一頁）の節を参照。
（15）Herman and Brodhead, *Demonstration Elections*, pp. 119-120.
（16）Amnesty International, *Guatemala : A Government Program of Political Murder*（London : AI, 1981）; Michael McClintock, *The American Connection*, vol. 2（London : Zed, 1985）.
（17）UN General Assembly, *Report of the Economic and Social Council : Situation of Human Rights in Guatemala*, November 13, 1985, p. 15. Viscount Colville の弁明については次を参照のこと。Americas Watch, *Colville for the Defense : A Critique of the Reports of the U.N. Special Rapporteur for Guatemala*（February 1986）.
（18）Guatemala Human Rights Commission, "Report for the 39th General Assembly of the United Nations on the Human Rights Situation in Guatemala"（New York, 1984）, p. 18（Hereafter, HRC, Report）.
（19）同書 p. 23.
（20）"Bitter and Cruel ...," Report of a Mission to Guatemala by the British Parliamentary Human Rights Group, October 1984, p. 21.
（21）Bishop Maurice Taylor and Bishop James O'Brien, "Brief Report on Visit to Guatemala," October 27-November 3, 1984. 出典は Americas Watch, *Little Hope : Human Rights in Guatemala, January 1984-1985*（New York : AW, 1985）, p. 25.
（22）InterAmerican Commission on Human Rights, *Civil and Legal Rights in Guatemala*（1985）, p. 156. 開発拠点（Development Poles）は軍が創設した組織体で、名目は「開発」を助成するためとなっているが、実際は支配と監視を強化するための便利な行政機構にすぎない。
（23）International Human Rights Law Group, *The 1985 Guatemalan Elections : Will the Military Relinquish Power ?*（Washington : December 1985）, p. 56.（以後は IHRLG Report と記す）。
（24）前掲書 p. 61.

(25) LASA, Report, p. 27.
(26) 前掲書 p. 25.
(27) Herman and Brodhead, *Demonstration Elections*, pp. 120-121 に、さらに詳しい議論がある。
(28) "Journalists Killed and Disappeared since 1976," Committee to Protect Journalists (December 1986), pp. 6-8.
(29) Council on Hemispheric Affairs and the Newspaper Guild, "A Survey of Press Freedom in Latin America, 1984-85" (Washington: 1985), p. 38.
(30) IHRLG, Report, pp. 59-60.
(31) Howard H. Frederick, "Electronic Penetration," in Thomas S. Walker, ed., *Reagan versus the Sandinistas* (Boulder: Westview, 1987), pp. 123ff.
(32) メディアの状況についての徹底した説明は、次を参照されたい。John Spicer Nichols, "The Media," in Thomas S. Walker, ed., *Nicaragua: The First Five Years* (New York: Praeger, 1985), pp. 183-199.
(33) 同書 pp. 191-192. ニカラグアのメディアの状況と、戦時中のアメリカのメディアやその主要な庇護国イスラエルのメディアとの比較は、以下を参考にされたい。Noam Chomsky, "U. S. Polity and Society: The Lessons of Nicaragua," in Walker, ed., *Reagan versus the Sandinistas*.
(34) この大量殺戮のプロセスと集団ごとの殺戮の一覧は、次を参照のこと。Herman and Brodhead, *Demonstration Elections*, pp. 121-126.
(35) "The Grass Roots Organizations," in Walker, ed., *Nicaragua*, p. 79.
(36) 同書 p. 88.
(37) アメリカの民主主義を研究する人々のあいだでよく指摘されるのは、中間的な組織（組合、政治クラブ、企業に支配されないメディアなど）が比較的ひ弱なことが、合衆国の政治に民主主義が定着する大きな妨げになっていることだ。投票率がこれほど低く、選挙についてのシニカルな態度がこれほど強い理由の一つだ。
(38) Raymond Bonner, *Weakness and Deceit* (New York: Times Books, 1984), pp. 278-279.
(39) Herman and Brodhead, *Demonstration Elections*, pp. 122-124.
(40) Enrique A. Baloyra は真の選択肢があったという立場をとり、人々が投票したのは「主に、今回の大規模な行動によって暴力と内戦に終止符を打ちたいと願ったからだ」と主張する。だがバロイラは、ドゥアルテやダビュイッソンが和平交渉によって戦争を終わらせることをどう考えていたのか、なにも論じていない。そのため彼の議論は、あたかも二者のうちいずれか一方が、武力以外の方法で暴力と内戦を終結させる方針であるかのような、印象を与えることができる（*El*

Salvador in Transition [Chapel Hill: University of North Carolina Press, 1982], p. 175)。

(41) Dennis Hans, "Duarte: The Man and the Myth," *Covert Action Information Bulletin 26* (Summer 1986), pp. 42-47; Noam Chomsky, *Turning the Tide* (Boston: South End Press, 1985), pp. 109ff 参照。

(42) *Weakness and Deceit*, p. 205.

(43) 社会民主党の最高指導部は一九八〇年に殺害され、生き残った幹部たちは国を逃れた。この亡命した党幹部たちは、一九八五年の選挙に際してほんの一部が帰国した。

(44) 軍が国を支配するシステムを作り上げてしまったため、軍の支配が制度化されてしまい、選挙は意味を失ったというのが、ゲリラ側の立場だった("Guerrillas' View of Elections: Army Will Hold Power Despite Polls," *Latin America Weekly Report*, October 25, 1985, p. 11)。

(45) HRC, Report, p. 7.

(46) Americas Watch, *Civil Patrols in Guatemala* (New York: AW, 1986), p. 2.

(47) "El Señor Presidente?" An interview of Cerezo by George Black in October 1985, *NACLA Report on the Americas* (November-December 1985), p. 24.

(48)「数カ月前、死の部隊とつながりが深いといわれる超右翼団体「祖国の友」(Amigos del Pais) との会合で、PDCGの国民議会代表は、自分たちが政権をとったら農業改革や金融改革、軍による人権侵害の調査、および反乱鎮圧計画への干渉などはいっさい差し控えると約束した」("Guatemala Votes," *Washington Report on the Hemisphere*, Nov. 27, 1985)。またスティーヴン・キンザーによれば、セレソは個人的に右派の地主たちと会合を持ち、「現在のこの局面においては、われわれはみな互いを必要としている、と述べた」("When a Landslide Is Not a Mandate," *New York Times*, Dec. 15, 1985)。

(49) Allen Nairn and Jean-Marie Simon, "The Bureaucracy of Death," *New Republic*, (June 30, 1986) には、セレソと軍が「暗黙の同盟」を結び、過去の行状についての責任追及から保護されることの見返りに、軍はセレソが政権につくのを認めることになっていた、と指摘されている。

(50) "Cerezo Adapts to Counterinsurgency," *Guatemala*, Guatemala News and Information Bureau (May-June 1986).

(51) Americas Watch, *Human Rights in Guatemala during President Cerezo's First Year*, February 1987. セレソは軍の過去の犯罪を追及しない言い訳として、だれもが一からやりなおしたいからだとしている。だが、もし過去の恐ろしい犯罪が、法の支配から除外されるのであれば、セレソには将来における軍の犯罪も阻止する力がないということだ、とアメリカズ・ウォッチは指摘する。「法の支配がグアテマラでは確立していないしるしであり、これからもできないだろうと示唆している」(p. 4)。この指摘を裏づけているのは、セレソが政権についてからも、毎月百人単位の人々が虐殺されているのに(その多くは、軍による政治的な暗殺だ)、何の処置もとられていないことだ。

(52) Michael Parenti, "Is Nicaragua More Democratic Than the United States?" *Covert Action Information Bulletin* 26 (Summer 1986), pp. 48-52.

(53) Wayne S. Smith, "Lies About Nicaragua," *Foreign Policy* (Summer 1987), p. 93. スミスによれば、クルスは「いまでは身を引いたことを後悔しており、一九八四年の選挙に出馬しなかったのは大きな政治的誤算だったと述べている」。

(54) LASA, Report, pp. 24-25, 29-31. この問題や、クルスの出馬の取り下げは広報戦略の一環だった可能性が高いことについては、本書の後段、「ニカラグア選挙の正統性をいかに剝奪したか」で論じた。

(55) LASA, Report, p. 23.

(56) ドーアティの陳述とゴメスの声明の出典は、それぞれ次のとおり。*U. S. Policy toward El Salvador*, Hearings before the Subcommittee on Inter-American Affairs of the House Committee on Foreign Affairs, 97th Cong., 1st sess., 1981, p. 290; *Presidential Certification of El Salvador*, House Committee on Foreign Affairs, 97th Cong., 2d sess., 1982, vol. 1, p. 330.

(57) AW, *Little Hope*, p. 1.

(58) IHRLG, Report, p. 4.

(59) だが彼らの殺害を定期的に実行していたのは、アメリカが支援するテロリストたちであった。ホンデュラスやコスタリカから、ニカラグアへ潜入した勢力である。

(60) ダニエル・ロング師ほか七人のキリスト教会監視団による資料。"March 25, 1984, Elections in El Salvador" (1984, 謄写版印刷), p. 4.

(61) 投票者との会話をもとに、ロング監視団は「たいてい人々は、棄権によって罰金を課され、ことによっては政府や軍に報復されるのを避けようと、投票所におもむき、セドゥラにハンコを押し、指にインクをつけてもらうために、何時間も順番を待った」と記している。多くの場所で、あまりの混みあいに投票できずにいる人々があふれかえり、投票所の役人たちは、彼らの身分証にハンコを押して帰れるようにしてやった、と監視団は指摘している(前掲書 p. 6)。

(62) 一九八四年七月一日の国民議会選挙では、無効票や白票の数が二六パーセントに達し、どの政党の得票数をも上回った。

(63) IHRLG, Report, p. 54.

(64) この手続きは、複数の野党政党の要求によって決定された(LASA, Report, p. 15)。

(65) 一九八二年には投票台の数がきわめて少なかった。治安上の理由からとだけは説明されたものの、これが長蛇の列ができる原因を作った事実を、メディアはたいてい、握りつぶしていた。

(66) "Media Coverage of El Salvador's Election," *Socialist Review* (April 1983), p. 29.

(67) "Salvadorans Jam Polling Stations; Rebels Close Some," *New York Times*, March 29, 1982.

(68) Herman and Brodhead, *Demonstration Elections*, pp. 164-167.

(69) ウォレン・ホーグはたしかにガルシアを引用しているが、それは開かれた選挙であったことを示唆するためでしかなかった。「正直なところ、ここに人々が何を望んでいるかが現われている」("Salvadorans Jam Polling Stations," *New York Times*, Mar. 29, 1982)。

(70) 一九八二年の選挙の十一日前でさえ、四人のオランダ人ジャーナリストがエルサルバドルの治安部隊に殺されている。遺体を見ようと死体置き場に群がった外国の新聞記者たちの前に、引き裂かれた生殖器がさらされていた。このできごとは、一九八四年のドキュメンタリー映画 *In the Name of Democracy*（『民主主義の名において』）に描かれているが、アメリカのメディアでは隠蔽され、エルサルバドル政府の性格についての一般化や激しい抗議には結びつかなかった。おそらくこれが一因となって、エルサルバドルのジャーナリストたちは、この未熟な民主主義国のメディアの（他の面と同様に）好ましくない状況について、驚くべき沈黙を保っているのだろう。

(71) "Salvador Vote：Uncertainty Remains," April 3, 1982.

(72)『ニューヨーク・タイムズ』は一本の記事をまるごと使って、エルサルバドルの参謀長が「軍は（一九八四年）三月二十五日の選挙でじゅうぶんな安全を保障する」と約束したことを報道した。ブランドンの「国中の人々がみな安心して選挙にいけることを私が保証する」という言葉が引用されている（Lydia Chavez, "Salvadoran Promises Safe Election," *New York Times*, Mar. 14, 1984)。

(73) 一九八四年七月十六日付けの『タイム』より。「穏健化」は、メディアが「デモンストレーション」選挙について、好んで使う言葉だ。『ニューズウィーク』は一九八四年五月七日、ドゥアルテと一九八四年五月のエルサルバドルの選挙について、「エルサルバドル――穏健化の奇跡」という記事を掲載した。「穏健」という言葉のメディアによる使用法については、次を参照されたい。Noam Chomsky, *The Culture of Terrorism*, (Boston：South End Press, 1988), chapter 2, 8.

(74) グアテマラの極右指導者マリオ・サンドバル・アラルコンは、中央アメリカにおける「死の部隊」のゴッドファーザーと描写されることが多いが、レーガンの最初の大統領就任式に出席し、彼の外交政策顧問たちと会い、このときに結ばれた「口頭合意」によって、グアテマラの人権侵害への非難が骨抜きにされ、アメリカの軍事援助が拡大されることになったといわれている。Marlise Simons, "Guatemala：The Coming Danger," *Foreign Policy* (Summer 1981), p. 101; Scott Anderson and John Lee Anderson, *Inside the League：The Shocking Exposé of How Terrorists, Nazis, and Latin*

American Death Squads Have Infiltrated the Anti-Communist League (New York: Dodd, Mead, 1986), p. 175; and Alan Nairn, "Controversial Reagan Campaign Links with Guatemalan Government and Private Sector Leaders," Research Memo for Council on Hemispheric Affairs, October 30, 1980, p. 11.

(75) アメリカのマスメディアは、一九四七年一月のポーランドの選挙をそのように描いたが、ポーランドの国家テロは、一九八四〜八五年のグアテマラのものより、はるかに穏やかだった。Herman and Brodhead, *Demonstration Elections*, pp. 173-180.

(76) Council on Hemispheric Affairs, *News and Analysis*, February 6, 1987.

(77)「アフガニスタンにおける殺人の多数は、ザコフ将軍が反乱の鎮圧に成功したことに結びついている」と『タイム』が主張することは、まずないだろう。

(78) 一九六〇年代にドミニカ共和国とヴェトナムで行なわれた選挙の報道で、『タイム』が示したまったくの奴隷根性と不誠実については、次を参照のこと。Herman and Brodhead, *Demonstration Elections*, pp. 45, 46, 51-52, 83-86.

(79) この文書の要約が、以下に載っている。Enfoprensa News Agency, "Information on Guatemala," June 22, 1984. このグアテマラについての優れた週刊ミニコミ紙は、ニュース価値ありと思われる記事を流しつづけたが、残念ながらそれは価値なき犠牲者についてのニュースだったので、マスメディアの関心をひくことはなかった。

(80) 一九八五年十月のこの声明は、IHRLG, Report に報道されている。

(81) この後に続く二つのニュース素材は Enfoprensa, "Information on Guatemala," で論じられている。

(82) "A New Chance in Guatemala," December 12, 1985.『ニューヨーク・タイムズ』は、サンディニスタが一九八四年に約束を「守った」ことを、けっして認識しようとしなかったが、それはレーガン政権も同様だった。また、その社説では、軍事政権の司令官たちが、選挙の計画をすすめるのを許す前に、恩赦を——自分たちのために——宣言したことの意味が、つきつめられることはなかった。

(83) 一九八五年十二月十二日の『ニューヨーク・タイムズ』の社説は、セレソが「政権を担当しても軍の残虐な統治に復讐することはない」と誓ったことを評価している。プロパガンダの常道から解釈すると、これが意味するところは、セレソは極悪犯罪に最低限の法の裁きを下すこともできぬほど無力だということであり、彼にほんとうの権力があるのかどうかは、きわめて疑わしい。高級新聞は、この大量殺人者たちの免罪をあたかも美徳であるかのように描き、セレソは寛大な処置をとっただけ、というふりをした。『ニューヨーク・タイムズ』は、セレソ大統領が「軍への復讐」を選んだとしたら、どんな事態になっていたか、あるいは事実上の軍による支配の下で、いったい彼はどうやってこの使命を遂行したのだろうか、ということは憶測さえもしなかった。

(84) Stephen Schlesinger and Stephen Kinzer, *Bitter Fruit* (New York : Doubleday, 1982).

(85) もっと大きな偽善は、もちろん、ニカラグアでは政府が自由選挙に情熱を傾けたが、チリやインドネシアやナミビアや韓国などではそうでなかったことに、注意を喚起しなかったこと、またエルサルバドルやグアテマラのようなテロ国家で行なわれた選挙が自由なものであり、民主主義に少しでも関係があるかのようなふりをしたことだ。

(86)『ニューヨーク・タイムズ』は、ニカラグアにおける多数の監視員について一本の記事を掲載したが、それは選挙の前だった（"Election Draws Many U.S. Observers," Nov. 4, 1984）。この記事は、監視員たちがサンディニスタ側に偏向しているという、政府の監視団についてはけっして問われなかった問題を提起し、批評している。選挙についての同紙のその後の議論では、四百五十人の監視員は、ラテンアメリカ研究学会のメンバーも含めて、完全に無視された。Lucinda Broadbent の未出版の傑作 "Nicaragua's Elections : A Cruz Around the Issues ; Comparative Analysis of Media Coverage of the 1984 Elections" は、アメリカの全国テレビ放送網、イギリスとアメリカの新聞を含む、広範なサンプルの分析に基づいたもので、わたしたちの研究成果と細部にわたって一致している。Broadbent は、彼女のあつかったサンプルの中では、ニカラグア選挙で野党に割かれたスペースが政府の二倍だったことを指摘し、「通常はどこの国を報道するに際しても〝政府筋〟の情報にひどくこだわるメディアにしては、きわめて異常な優先の仕方である」と述べている（p. 77）。Broadbent はわたしたちと同様、レーガン主義の枠組みが、イギリスやリベラル系の新聞のあいだでさえも支配的になっていること、その偏向した枠組みの結果、事実の大幅な歪曲がなされていることを指摘している。彼女によれば、メディアはニカラグアの競合する政党の公約についてけっして取り上げようとせず、それによって、サンディニスタの意図や政策についてのレーガン主義者の常套句が、広く浸透することを可能にした。メディアが描き出したのは「国際選挙監視員たちが目撃したものとは、ほぼ正反対の光景だった」（p. 99）。このために、国際選挙監視員たちを無視する必要があった、というのがわたしたちの見方だ。

(87) Noam Chomsky, "Introduction," in Morris Morley and James Petras, *The Reagan Administration and Nicaragua*, Institute for Media Analysis, Monograph 1（New York : 1987）. 注(32)に、さらなる議論が展開されている。ここではまた、『ニューヨーク・レヴュー・オブ・ブックス』の一九八五年十二月五日号に掲載された、ロバート・ライケンによるオランダ監視員報告の歪曲についても、論じている。ＬＡＳＡの報告はサンディニスタ寄り、すなわち誤った結論に達していると、ライケンは何のコメントもなしに決めつけている。

(88) LASA, Report, p. 2.

(89) サンディニスタは自分たちのイメージを変えようとしていたので、これは部分的にはあてはまる。だが、同じことはエルサルバドルにも言えるし、おまけにそこでは、国家テロが続く中で選挙が行なわれていた、という問題がつけ加わっている。『タイム』は「芝居」という言葉を、エルサルバドルで行なわれた二回の選挙の、いずれにも使ったことはない。

(90) 一九八二年と同じように、ＦＭＬＮは選挙当日のプロセスに対してなんの軍事行動もとってはおらず、エルサルバドルの投票者たちを脅すこともしなかった。だが、一九八二年のときと同じように、このことは『タイム』の報道に少しも影響をあたえはしなかった。真の脅威、コントラによるニカラグアの投票者に向けたラジオ放送、コントラによる投票監視員数人の殺害などは、けっして『タイム』で報道されることはなかった。すでに指摘したように、長蛇の列というような表層的なことの強調は、宣伝選挙のプロパガンダの必要条件にふくまれている。また、エルサルバドルの場合のように、長蛇の列が投票台の数を制限することによって引き起こされた可能性を、隠蔽することも同じである。『タイム』には、長蛇の列の強調も、それほど長い列ができた理由の隠蔽も、両方みられる。Herman and Brodhead, *Demonstration Elections*, pp. 126–127.

(91) クルスは、キンザーの書いたニカラグア選挙に関する十四本の記事のうち、十一本で言及され、うち五本では発言が引用されている（多くは、かなりの長さのもの）。七本の記事が、選挙妨害やいやがらせに言及しており、おおきく取り上げているものもある。

(92) 特に、彼の書いた次のような記事。“Sandinista Is Favored but Runs Hard” (Oct. 30, 1984), “Going Through the Motions in Nicaragua” (Nov. 4), “Sandinistas Hold Their First Elections” (Nov. 5).

(93) 本書の後段で論じるように、『タイム』はニカラグア選挙の報道で、投票をむり強いするような脅しを捏造しようとさえした。

(94) 二二九頁のウォーレン・ホーグの言葉の引用を参照。

(95) これらの点は、後に記すようにＬＡＳＡの報告書で論じられていたが、キンザーや他のジャーナリストにとっては論外の項目だった。

(96) アメリカでは正反対があてはまる。そこに暗示されるのは、この二つの国の一般大衆が、選挙の手続きでだれが利益を得るのかを、ちゃんと認識していることをだ。

(97) この数字は、アメリカにおける一九八四年の大統領選挙が、ようやく投票率五〇パーセントを超えた程度だったのに比べて、かなり高いものである。

(98) “Sandinistas Hold Their First Election,” *New York Times*, November 5, 1984.

(99) このドゥアルテの発言は Edward Schumacher によって *New York Times*, February 21, 1981 に引用されている。

(100) 一九八五年四月二十三日、『ウォールストリート・ジャーナル』は、クルスがＣＩＡに雇われていたことを暴露した。そこでオリバー・ノースは、彼への資金提供を打ち切り、それによって、アメリカ政府がニカラグア選挙の信用を貶めようとしていた時期にクルスがＣＩＡから金を受け取っていたことから、注意をそらそうとした。Stephen Engelberg, *New York Times*, July 15, 1987.

(101) Stephen Kinzer, "Ex-Contra Looks Back Finding Much to Regret," *New York Times*, January 8, 1988. クルスは、自分を候補に立てた反サンディニスタ連合（Coordinadora）は、「選挙運動を最後までやりぬく気のなかった人々が大半」であり、「途中で立候補を取り下げることにより、サンディニスタに恥をかかせようとした」だけだと、現在では考えている。

(102) 上記の注(91)、および後出の表３-２、３-３を参照。

(103) Philip Taubman, "U.S. Role in Nicaragua Vote Disputed," *New York Times*, October 21, 1984. Robert McCartney は、一九八四年六月三十日の『ワシントン・ポスト』で、「野党指導者たちがインタヴューで認めたところでは、彼らは十一月四日の選挙に本気で出馬するつもりは最初からなく、ただ二カ月ほど選挙運動を行なった後、サンディニスタの不正工作を根拠に立候補を取り下げる作戦を議論した」。

(104) イギリス議会人権委員会を代表してエルサルバドル選挙に立ち会ったベテラン監視員 Lord Chitnis は「この選挙の信用にかかわる第一の問題は、キリスト教民主党［ＰＤＣ］の一部を含めて、それより左派の政治家はだれも自由に出馬できなかったことだ。……［ＦＤＲの排除はこの選挙を］エルサルバドルが今日直面する状況に、大きく責任のある二人の候補が、干渉と漠然とした約束を競う場にしてしまった」と語っている。一九八四年のエルサルバドルの選挙は、「恐怖と絶望の雰囲気」のなかで実施されたものであり、「ゾッとするような噂やむごたらしい現実があたりに蔓延していた」と、彼は続けている（Pratap C. Chitnis, "Observing El Salvador: The 1984 Elections," *Third World Quarterly* [October 1984], pp. 971-973)。アメリカのマスメディアが、Chitnis を情報源として引用することは一度もなかった。

(105) Stephen Kinzer, "Ortega: Can He Be Trusted?" *New York Times Magazine*, January 10, 1988; Kinzer, "Ex-Contra Looks Back" *New York Times*, January 8, 1988. 和平合意の実態と、そういうものを排除して政府の政策に貢献したマスメディアの役割については、Chomsky, *Culture of Terrorism*, および *Z magazine* (January 1988, March 1988) の記事による最新情報へのアップデートを参照されたい。

(106) メディアは高度な見せかけによって、『ラ・プレンサ』がソモサ政権に勇敢に反対した新聞であり、編集者はこのアメリカが支援するヤクザに殺害されたという印象をつくっている。だが、この二つの雑誌は名前が同じという以外にほとんど関係がないことを、メディアはじゅうぶんに承知していたはずである。この編集者は、一九八〇年にオーナーとの争いから同紙を去り、新たな新聞 El Nuevo Diario を創刊した。八割の職員が彼についていった。かつての『ラ・プレンサ』の後を継ぐものだという主張ができるものがあるとすれば、それはこちらの新聞である（Council on Hemispheric

Affairs, *Washington Report on the Hemisphere*, July 23, 1986)。

(107) エルサルバドル政府に対抗する教会勢力の最高指導者オスカル・ロメロ大司教は暗殺され、彼を殺した犯人はけっして捕らえられなかった。ニカラグアでは、国家に反抗する教会勢力の最高指導者オルランド枢機卿は、恐れることなく公の発言をつづけている。この違いが、自由な報道機関によって指摘されたことはない。

(108) この主題に関する『ニューヨーク・タイムズ』の記事についてのもっと詳細な議論は、Edward S. Herman, "'Objective' News as Systematic Propaganda : The New York Times on the 1984 Salvadoran and Nicaraguan Elections," *Covert Action Information Bulletin* 21（Spring, 1984）を参照。

(109) より大きな枠組みでも、ニカラグアは外部の敵の攻撃から身を守ろうとして、ゴッドファーザーの要求に抵抗する危険なゲームを演じている。ニカラグアがミグを輸入して近隣諸国への軍事的「脅威」になる、という主張のばからしさは、当時レーガン政権が、ニカラグアを攻撃する口実を探しており、ニカラグアがそんな動きをみせようものなら、待ってましたとばかりに直接介入を行なったであろうと考えれば、明白である。だがアメリカのマスメディアは、けっしてそうは考えなかった。レーガン政権がニカラグアの武器輸入を制限して、目下継続中の侵略に対する同国の自衛能力を低下させようとしていた可能性も、報道機関にはけっして思い浮かばなかった。ゲリラ勢力とは異なり、コントラは定期的な空輸によるアメリカの物資補給に頼らねば存続できず、一九八七年半ばには空輸の頻度は月に三十回から四十回という水準に達し、八月以降はグアテマラ合意を反故にしようとするアメリカの意図を反映して、その二倍から三倍の量に増加した。したがって、たとえニカラグアが五〇年代型のジェット戦闘機を入手して、アメリカの代理軍から身を守ろうとしたとしても、それには立派な理由があったのだ。

(110) アメリカ政府が派遣した公式および半公式の監視団が、ドミニカ共和国、ヴェトナム、エルサルバドル、ジンバブエなどで、どのような行動をとったかについては、Herman and Brodhead, *Demonstration Elections* を参照。なお、本書の補遺1には、一九八四年七月のグアテマラ選挙におけるアメリカの政府派遣監視団の見解の要約を紹介した。それらはみな、本書で述べてきたことをすべて確認している。

(111) LASA, Report, p. 5.

第四章

(1) この記述については若干のことわり書きが必要だろう。民間のメディアがこの事件に関する情報提供者として重用した御三家、クレア・スターリング、ポール・ヘンツェ、マイケル・レディーンは、いずれもアメリカ政府と長期にわたって関係してきた人物だった。またイタリアの各種政府機関、特にイタリアの情報機関ＳＩＳＭＩが、本文中で後に説明されるような告発の創出と宣伝に一役買っていたという事実もある。

（2）これは一般論であり、少数の例外については、この後に記述されている。

（3）詳細については、以下を参照のこと。Edward S. Herman and Frank Brodhead, *The Rise and Fall of the Bulgarian Connection* (New York: Sheridan Square Publications, 1986), pp. 66-71; Philip Paul, "International Terrorism: The Propaganda War" (June 1982, San Francisco State University の国際関係学修士論文).

（4）これがなぜベギンに重要だったかは、先の注に引用した書籍の中で論じた。

（5）暗殺計画をソ連とＫＧＢに結びつけることは、一九八二年から八三年初期にかけて、ソ連指導部の信用を貶めるのにとくに有効だった。当時ブレジネフ政権の後を継いだばかりのユーリー・アンドロポフ首相は、ＫＧＢの元長官だった。ブルガリア人セルゲイ・アントノフは、アンドロポフ政権が成立してから三週間もたたぬうちに、イタリアで逮捕された。

（6）Herman and Brodhead, *Bulgarian Connection*, pp. 102-3, 206-207.

（7）これらのＮＢＣテレビ番組の分析については、次を参照されたい。Edward S. Herman and Frank Brodhead, "The KGB Plot to Assassinate the Pope: A Case Study in Free World Disinformation," *Covert Action Information Bulletin* 19 (Spring Summer 1983), pp. 13-24.

（8）スターリングもヘンツェも何度かこれを言明しているが、証拠はなにも挙げられず、また、なにゆえ不安定化がソヴィエトの利益に結びつくのかを説明しようともしない。だが当時、トルコ国内の政情不安は、結果的により親米的な軍事政権の誕生に結びつく可能性が高かった（事実、そのとおりのことが後日起こった）。スターリングとヘンツェは、運よく、そういうことを西側の聴衆に説明するよう求められることはけっしてなかった。

（9）マーヴィン・カルブは、まさにこの通りのシークエンスを詳細に解説したが、根拠らしいものを挙げたのはたったひとつ、アージャがブルガリアに（他の十一カ国とならんで）短期逗留したということのみで、「彼がブルガリア秘密警察、またその延長でＫＧＢの地下組織網に組みこまれており、おそらく彼らがどのような計画に自分を利用しようとしているのかを、自覚していなかったと考えるのが、穏当な結論だろう」と断定している（transcript of the Sept. 21, 1982, show, pp. 44-45）。

（10）アージャの拳銃についての問題を、スターリングがどのように扱ったかという、本書のこの後の部分に出てくる記述を参照されたい。

（11）ＳＨＫはいつも、ソヴィエトの指導部は向こう見ずで、「ドクター・ノオ」まがいの陰謀にふけっているという前提に立っていたが、そのようなイメージに、マスメディアはなんの異論も唱えなかった。ソ連指導部の保守的な現実については、以下を参照されたい。George Kennan, *The Nuclear Delusion : Soviet-American Relations in the Nuclear Age* (New York : Pantheon, 1982) ; John Lowenhardt, *Decision-Making in Soviet Politics* (New York : St. Martin's, 1981) ; Jerry Hough and Merle Fainsod, *How the Soviet Union Is Governed* (Cambridge, Mass. : Harvard University Press, 1979).

(12) NBCテレビが強調した説では、教皇がブレジネフに送った外交文書の中で、もしソヴィエトがポーランドに侵攻すれば、自分は教皇の位を捨ててポーランドに戻り、ポーランドの抵抗運動を率いるつもりだと脅したとされる。したがって、暗殺計画はじゃまだてする教皇を排除して、将来の侵攻に備えるためのものだったというのである。そのような文書は作成されてはおらず、ヴァティカンはその信憑性を否定している。三〇六頁を参照されたい。この問題についてのもっと詳しい議論は、次の文献に載っている。Herman and Brodhead, *Bulgarian Connection*, pp. 14-15, 200.

(13) *Papa, Mafya, Agca* (Istanbul : Tekin Yayinevi, 1984), pp. 213-220. ムムジュはまた、アージャと彼の記録について、次の大著を記している。*Agca Dosyasi* (Ankara : Tekin Yayinevi, 1984).

(14) アージャは「自供」を決意した後、イタリア人予審判事に対して、自分は雇われの殺し屋であり、信用できる「国際テロリスト」を雇いたい人間には誰にでも奉仕すると説明した。彼の言葉は、まるでクレア・スターリングが台詞をつけたかのように響いた。イタリア司法当局や西側の報道機関は、これをきわめて真剣に受けとめた。Herman and Brodhead, *Bulgarian Connection*, pp. 113-114 参照。

(15) この理論の完全な分析は以下を参照されたい。Herman and Brodhead, *Bulgarian Connection*, pp. 138-140.

(16) Michael Dobbs, "Child of Turkish Slums ...," *Washington Post*, October 14, 1984. アージャの教皇狙撃の動機には、有名になりたいという本人の願望も含まれていた可能性がある。

(17) この戦略や、この段落で扱った他の事象についての完全な説明は、次を参照されたい。Herman and Brodhead, *Bulgarian Connection*, pp. 71-98.

(18) ローマ司法裁判所の *Judgment in the Matter of Francesco Pazienza, et al.*, July 29, 1985, signed by Francesco Amato, president of the court.

(19) Diana Johnstone, "Latest Scandal Leads to Reagan Administration," *In These Times*, December 5-11, 1984.

(20) Tana de Zulueta and Peter Godwin, "Face to Face with the Colonel Accused of Plotting to Kill the Pope," *Sunday Times*, May 26, 1983, p. 50.

(21) "Behind the Scenes of the 'Agca Investigation,'" *Milliyet*, November 1984. この優れた二部作は Milliyet の西ドイツ特派員によるもので、当時進行中だったイタリア側の捜査が、非常に偏った、役に立たないものだったことを描いている。そこには、きわめて重要な、都合の悪い事実が多数あばかれている。たぶんそのせいもあって、西側の報道機関から完全に無視されることになったのだろう。

(22) この写真鑑定に関する、多くの疑わしい点については、以下で論じている。Herman and Brodhead, *Bulgarian Connection*, pp. 110-111.

(23) De Zulueta and Godwin, "Face to Face with the Colonel ...," p. 50. この事件の調査段階でさえも、アージャがローマのブルガリア大使館の電話番号を知っていたというセンセーショナルな事実が、彼が拘置所で「なんの気なしに」ローマの電話番号帳と共にひとりで放置されていたと判明して、やや後退したというできごとがあった。その他の事例については、Herman and Brodhead, *Bulgarian Connection*, pp. 112, 118-119 を参照。

(24) SHKモデルからの大きな逸脱が、マスメディアではじめておこったのは(それに代わるモデルが提供されたわけではないにせよ)、ようやく一九八三年五月十二日になってから、ABCテレビ番組「20/20」でのことだった。逸脱のパターンについては、後にもう一度ふれている。注(26)を参照されたい。

(25) この長文記事の後の方で、『ニューズウィーク』は、たしかに話のついでに次のように認めている。「ソヴィエトの人々が、教皇の暗殺がポーランド問題の解決に結びつくと期待していたとは考えにくい。ソ連人が、自分たちの運命をブルガリア人やトルコ人にゆだね、みずから状況を支配するというきわどい諜報活動には不可欠の能力を放棄したというのは、人によってはおかしな話に聞こえるだろう」。このような問題点がマスメディアで取り上げられるのは例外的なことだが、SHKの分析が有効なものだとする議論が長々と続いた後で、この疑問はそのままにうちやられ、さらに展開されることはなかった。

(26) プロパガンダの枠組みに異論をとなえた唯一の全国放送テレビ番組はABCのものだった。一九八三年五月十二日に「20/20」で放送された「ローマ教皇暗殺計画」("To Kill the Pope") というタイトルのこの番組は、この問題がテレビで報道されていた五年間のあいだに、放送業界の批判的な能力と誠実さをわずかながらも証明した、たったひとつのものだった。ABCは後に、別の番組で、スターリングとアレグザンダー・コバーンが論争するところを放映した。この論争はスターリングには知らされずに用意されたもので、彼女は自分の見解に異論が挟まれたことに激怒した(この顛末については Herman and Brodhead, *Bulgarian Connection*, pp. 123-124 を参照)。新聞の中では、プロパガンダへの同調が続き、一九八四年六月にアルバーノ検事の報告書が公表されてようやく、『ワシントン・ポスト』のマイケル・ダブズが『ロサンゼルス・タイムズ』のドン・シャンチェと並んで、これまでより批判的な見方を取りはじめた。ダブズはその後の数年間、アージャの主張には懐疑的だったが、アージャが指導を受けたという考えにも同じように懐疑的で、それは「ブルガリア側の見方」であるとして、この仮説をさらに追求しようとはけっしてしなかった (Herman and Brodhead, *Bulga-*

rian Connection, "The Small Voices of Dissent," pp. 199-202)。

(27) マルテッラ判事は一九八二年十月にワシントンを訪問し、滞在中にアーノルド・ド・ボルクグレイヴの見識に助けられただけでなく、NBCテレビスペシャル "The Man Who Shot the Pope" の特別試写の機会を与えられた（Herman and Brodhead, *Bulgarian Connection*, pp. 24-27)。レディーンはもっと直接に、フランチェスコ・パツィエンツァの告発によるイタリアでの裁判開始に関与していた可能性がある。これについては次を参照されたい。Diana Johnstone, "Bulgarian Connection : Finger-pointing in the Pontiff Plot Labyrinth," *In These Times*, January 29-February 4, 1986.

(28) この偏向の程度を統計的に表にまとめたものが、Herman and Brodhead, *Bulgarian Connection*, pp. 182-183. の表 7-I, "Sterling-Henze-Ledeen Dominance of Media Coverage of the Bulgarian Connection, September 1982-May 1985," である。

(29) 威圧的な戦術が有効だったのは、彼らがすでに傑出した知名度を築いていたためだ。彼らは客寄せの力を持っていたため、番組制作者にとっては重要な存在となり、大きな発言権を持つことになった。これはクレイトン法第三項で禁止されている "tying agreements" の基本事例である。

(30) このスターリングのテーマと会議出席者が追求していた目的は、同時にまたアメリカのエリートのあいだのコンセンサスを反映したものでもあった。さもなければ、マスメディアが彼女の意見をこれほどすんなり受け入れることはなかっただろう。

(31) Herman and Brodhead, *Bulgarian Connection*, chapter 6, "The Disinformationists."

(32) これは彼女らしい虚言だ。スターリングは *Terror Network*（[New York : Holt, Rinehart & Winston / Reader's Digest Press, 1984], p. 290）の中で、シェイナは「ソ連軍の侵攻の直前に、飛び出すように」チェコを逃れたと書いている。だが、実際にシェイナが亡命したのは「プラハの春」のさなかであり、ソ連の侵攻のかなり前で、彼が主犯としてあげられた汚職疑獄のまっただなかのことであった（Leslie Gelb, "Soviet-Terror Ties Called Outdated," *New York Times*, October 18, 1981 を参照のこと)。ボブ・ウッドワードは *Veil* という著書で、CIAのアナリストたちは、スターリングの作り話を「ばかばかしい」と即座に退けたと書いている。その理由として挙げられた中に、彼女が依拠していたイタリアの新聞報道の記事は、CIAの偽情報工作で仕掛けられたものだったという指摘がある（[New York : Simon & Schuster, 1987], pp. 124-129)。より詳細な論駁は、Edward S. Herman, *The Real Terror Network*（Boston : South End Press, 1982）で展開した。

(33) もちろんシェイナは、この偽造文書を「認知」して、テストに失格した。彼はそのことをうっかり忘れて、後年に著した派手な暴露本のなかで、これを採用した。これについては、次のような文献を参照されたい。Lars-Erik Nelson, "The

Deep Terror Plot : A Thickening of Silence," *New York Daily News*, June 24, 1984 ; Alexander Cockburn, "Beat the Devil," *The Nation*, August 17-24, 1985. スターリングは、シェイナに関する情報を、マイケル・レディーンから偶然に教わった（Sterling, *Terror Network* p. 34）。

（34）"Why Is the West Covering Up for Agca ? An Exclusive Interview with Claire Sterling," *Human Events*, April 21, 1984 も参照されたい。

（35）この引用と考察は、スターリングが一九八四年十二月五日にパリの偽情報会議で行なったスピーチで表明されたもので、この会議の主催は、右派レジスタンス「解放」組織（Internationale de la Resistance）と支持団体の連合だった。わたしたちが引用した部分は、主催者側が配布した彼女の演説原稿の、第二頁に載っている。それほど大きな影響を与えたと彼女が主張するアンドロノフの小冊子は、わたしたちの知るかぎり、アメリカのマスメディアでは、スターリングとヘンツェのものを除いては一度も言及されていない。

（36）アンドロノフの住居の詳細が一般の情報源（つまり新聞やラジオやテレビ番組など）で紹介されたことは、アージャが予審判事に詳細を告げる以前には一度もなかった、というブルガリア側の弁護人の主張には、マイケル・ダブズでさえも対処できなかった。これが示唆するのは、アージャが詳細を知っていたのは、獄中でなんらかの指導をうけたからだということだろう。ダブズは、指導が行なわれた可能性を「ブルガリア側の見解」として退けるが、それではいったい他のどのような見解によって、アージャが訪れたこともない場所の様子を知ったことを説明できるのか、彼は語らない。

（37）*Panorama*, May 26, 1985, p. 107.

（38）先に引用したウグール・ムムジュの本は、彼がヘンツェの「嘘」と何度もはっきり呼ぶものについての、実況報告である。

（39）…もしもミニマリストの杓子定規な姿勢を採用して、ソ連政府が陰で操っていると「証拠書類」などの動かぬ証拠で立証できないかぎり、そうでないと仮定すべきだと論じるならば、わたしたちは共産圏以外のどの陣営にも役立たない一線を、越えてしまうことになるでしょう（Paul Henze, "The Long Effort to Destabilize Turkey," *Atlantic Community* [Winter 1981-82], p. 468）。

（40）レディーンは一九八四年から八七年のあいだに、『ニューヨーク・タイムズ』の論説欄に投稿記事を三回掲載されている。

（41）*New York Times Book Review*, May 19, 1985. レディーンの新保守主義の立場からのメディア理論の分析については、Herman and Brodhead, *Bulgarian Connection*, pp. 166-170.

（42）資料による裏づけと典拠については、Herman and Brodhead, *Bulgarian Connection*, pp. 93-98, 160-161、また

Jonathan Kwitny, "Tale of Intrigue : Why an Italian Spy Got Closely Involved in the Billygate Affair," *Wall Street Journal*, August 8, 1985 を参照のこと。

(43)『ニューヨーク・タイムズ』が、偽情報の提供者をいかに総合的に保護するかを示す面白い事件が、一九八七年二月に起こっている。『ワシントン・ポスト』のチャールズ・バブコックが、レディーンは一九七二年に「剽窃」の罪でセントルイスのワシントン大学を解雇されていた疑いが濃い、と暴露した。これとまったく同じ日に、『ニューヨーク・タイムズ』のスティーヴン・エンゲルバーグは、レディーンについての記事を書き、彼の経歴を次のように紹介している――「一九七二年にセントルイスのワシントン大学で永任在職権を否定された後、レディーン氏は……」。重宝なお宝に関しては、これが活字にするにふさわしいニュースのすべてだった。

(44) "McNeil-Lehrer News Hour," program of May 27, 1985.

(45)『ニューズウィーク』一九八三年一月三日号に載った記事で、完全に無批判に提示されていることは、先に述べた通りだ。

(46) 一九八二年十一月九日の写真鑑定の信憑性をめぐる議論や、この事件に関するマルテッラ予審判事の一般的なふるまいについての議論は次を参照のこと。Herman and Brodhead, *Bulgarian Connection*, chapter 5.

(47) このアントノフの写真は、偽情報の道具として「偽造」された可能性が強い。Howard Friel, "The Antonov Photo and the 'Bulgarian Connection,'" *Covert Action Information Bulletin* 21 (Spring-Summer 1984), pp. 20-21.

(48) この点については、ＡＢＣの番組「20／20」が、一九八三年五月十二日の放送で傑出したとり扱いをしている。またアージャの証言がぐらぐら揺れたことについては、マイケル・ダブズが、『ワシントン・ポスト』の一九八四年六月以降の記事でしっかり論じている。だが、そうしたものは例外的であり、全般的な状況は、注(26)で指摘した通りである。

(49) ダブズは名誉ある例外である。ただし彼は、マルテッラ判事によるこの事件の扱いを、一般化して考えることには慎重であり、またすでに指摘したように、「代案」モデルについて本格的に考察することを怠った。

(50) 当初、スターリングがあいまいに示唆したのは、取り下げられた供述はみなすでに「実証されて」いたという、虚偽の主張である。後にスターリングは、イタリア人検事アルバーノの解決法にしたがって、アージャは実際にアントノフの住居に行ったのだが、ブルガリア人たちに自分を脱獄させろという合図を送るために、証言を取り下げたという説を採用した。

補遺1

（1）ペニマンの経歴と、監視員としての彼の方法の研究については、次を参照されたい。"Penniman on South Vietnamese Elections : The Observer-Expert as Promoter-Salesman," in Edward S. Herman and Frank Brodhead, *Demonstration Elections : U.S.-Staged Elections in the Dominican Republic, Vietnam, and El Salvador* (Boston : South End Press, 1984), appendix 2.

（2）監視員としての騙されやすさに支持者から苦情を述べられて、ブライヤーは一九八四年十二月二十日付けの返書の中で、自分の義務は「選挙のごまかしや、投票者への強制や、投票権の拒否が観察されたときに」報告することだと言明している。基本的な条件については、ブライヤーは「選挙日以前の言論の自由についてわたしは何も述べませんが、グアテマラで目撃してきたばかりの選挙にはそれが存在していただろうと思います。なぜなら、十四から十六の政党が候補を立てているからです。報道機関の説明によれば、現在準備中のニカラグアの選挙では言論の自由は存在しないようです」と述べている。実際には、アメリカの報道機関にときおり報道されるグアテマラの国家ぐるみの殺人から、ブライヤーもそこでの自由があるていど制限されている可能性に気づいていたかもしれないが、彼は何も質問しなかったらしく、その問題について知識を得ようともしなかったようだ。彼が多数の政治政党の存在から表現の自由の存在を推測しているのは、論理の誤りだ。テロの横行する独裁国家では、あらかじめ決められた政界諸派から多数の候補者が立つことを容認するのは簡単なことだし、奨励することさえありえよう。ブライヤーは、ニカラグアでの言論の自由の制限についての報道機関の説明を引き合いに出し、あたかもそれが関連する主題であるかのような比較をしているが、グアテマラに関しては、彼は問題の追究を怠っている。彼はまた、アメリカの報道機関がクライアント国家の状況と疎ましい国家の状況を説明するに際し、客観性を保っているという愛国的な想定をしている。ブライヤーはアメリカが支援する選挙については目隠しを着けるが、敵対国家で行なわれる選挙の正当性を論じるときには、いつでもそれを外す用意がある。この二分化は国務省がおおっぴらに採用するものであり、『ニューヨーク・タイムズ』のヘドリック・スミスをはじめ、メディア一般がそれに追従していることは、すでに見てきたとおりである。

ブライヤーが名をあげたのは、フェルディナンド・マルコスが当選した一九八六年二月のフィリピン選挙に政府派遣団の一員として赴き、メディアが「暴力、票の買収、選挙違反」などといったマイナス面に注目し、その結果として「彼らは二千万人の人々が脅されたわけでもないのに良心に基づいて投票に赴き、彼らの選択する大統領の名を記したという事実を完全に見失った」と攻撃したことによってだ（ロバート・ピアによるジャック・ブライヤーの引用、"U.S. Observers Disagree on Extent of Philippines Fraud," *New York Times*, Feb. 12, 1986）。クライアント国家の選挙を弁護するため表層的なことに注目するのが習慣になっていたため、ブライヤーは政権内の路線がシフトしつつあることに気がつかなかった。そのためこの数日後、自由を愛するマルコスが護送つきで国外追放されたときに、彼は気まずい思いをすることになった。

（3）彼は、民間自衛パトロールのようなグアテマラの実際の制度に言及したり評価しようとしたわけではなく、また彼も他のどの監視団員も、平定計画や農民殺害という、すでに膨大な数の報告がなされていた主題について、述べることはなかった。エドワーズの「調査」というのは、アメリカ大使館の助言で成り立っていたのではないかと思われ、自分のいるところで農民が殺されるのを目撃したことはなかったようだ。

（4）上記のテキストでは、グアテマラでテロが始まったのは一九五四年のアメリカの侵略を契機とするということ、またその後のテロの拡大は、アメリカによるゲリラ鎮圧活動の拡大と警察への援助・訓練に相関するということを指摘した。また、Edward S. Herman, *The Real Terror Network* (Boston : South End Press, 1982), pp. 175-176 も参照されたい。

補遺2

（1）一九八一年の教皇狙撃事件の直後、当時は『ニューヨーク・タイムズ』の西ドイツ特派員だったタリアブーエは、アージャとトルコのファシストとのつながりについて、いくつかの啓発的な記事を書いた。だが、これらの材料は、タリアブーエが一九八五年に『ニューヨーク・タイムズ』のローマ裁判特派員になってからは、無視されるようになった。彼が裁判について書いた最初の記事は、これは重要なことだが、クレア・スターリングと共著のかたちになっており、裁判についての彼の報道は、彼女のモデルに忠実なものでありつづけた。

（2）*The Plot to Kill the Pope* (New York : Scribner's, 1985), p. 196.

（3）たとえば、マルテッラがアージャへの面会や読み物の差し入れを管理する権限をもっていなかったことは、この事件の審議をきわめて危ういものにした。また、秘密であるはずの彼の調査から、がっくりするほど多数のリークが出てくることも同様だ。Edward S. Herman and Frank Brodhead, *The Rise and Fall of the Bulgarian Connection* (New York : Sheridan Square Publications, 1986), pp. 118-120 を参照されたい。

（4）前掲書 pp. 102ff.

（5）ソヴィエトの動機とされるものについてのさらなる議論は、前掲書 pp. 14-15.

（6）前掲書 chapter 5.

（7）スターリングの「信号」説の分析は、前掲書 pp. 139-141.

訳　注

新版の序

［一］ Alex Carey　オーストラリアの著作家。ニューサウスウェールズ大学で心理学と労使関係論を教えた。オーストラリア人文学会の創始メンバー。二十世紀アメリカに始まり、英語圏を中心に西側に広く浸透している企業プロパガンダについての歴史的論考は、チョムスキーに大きな影響を与えた。一九八八年に亡くなったが、死後に *Taking the Risk Out of Democracy : Corporate Propaganda versus Freedom and Liberty*, University of Illinois Press, 1996 が編纂、出版された。

［二］ Herbert I. Schiller（1919‐2000）　アメリカの通信政策とメディア批評の権威、社会学者。カリフォルニア大学サンディエゴ校でコミュニケーション学科を創設。同校の弔辞によれば、シラーは、国内では公共空間の民営化の進展、海外では米国企業による文化支配という、「新情報経済」の欠陥を先駆的に指摘した。一九六〇年代よりメディア研究をはじめ、*Mass Communications and American Empire*（1969）, *The Mind Managers*（1973）などの著作の中で、マスメディアは政治経済的な権力と深く結びついているため、民主的な公論の場を提供することも、権力を監視することもできないと指摘し、コミュニケーション理論に政治経済批判を導入した。八〇年代からは、勃興しつつある情報社会に関心を寄せ、*Who Knows : Information in the Age of the Fortune 500, Culture Inc : The Corporate Takeover of Public Expression* などの著作を発表した。

［三］ James Barrett Reston（1909‐1995）　アメリカのジャーナリスト。記者、編集者、コラムニストとして、一九三〇年代から九〇年代初期にまたがるキャリアの大半をニューヨーク・タイムズ社で送り、二度のピュリッツァー賞に輝いた。世界の多くの指導者と交流があり、同時代で最も有力なジャーナリストの一人と賞賛された。だが、ヘンリー・キッシンジャーなどの有力政治家と職業的な共生関係をむすぶ手法は、死後に批判された。政治家から情報をもらい、その見返りに彼らの都合にあわせた報道操作を行なうという、権力に奉仕するメディアの典型例であると、エリック・オルターマンは Columbia Journalism Review, September/October 1991 で述べている。

［四］ John Milton（1608‐1674）　イギリスの詩人。ミルトンは失明の不幸に見舞われた後、口述によって『失楽園』を著した。

［五］自由市場こそが最高の民主主義だとする九〇年代以降の風潮をさす、トーマス・フランクの造語。*One Market Under God : Extreme Capitalism, Market Populism, and the End of Economic Democracy* (2000).

［六］Ralf Nader（1934－）　アメリカの消費者運動の旗手、弁護士。一九六五年にゼネラル・モーターズ社の欠陥車を告発する *Unsafe at Any Speed* を発表し、自動車産業界に製造物責任を負わせる安全規制立法を成立させ、一躍有名になった。以後、数多くの消費者保護立法を成立させ、さまざまな政府規制機関の設置を促した。また、消費者運動の組織化にもつとめ、一九六八年に「ネーダー突撃隊」を結成。七二年には上下両院議員の勤務内容と政治資金源を暴露、大企業の不正、食品公害、政治の腐敗などの問題を次々と取り上げた。ネーダーが組織した市民団体で最大のものは、十万人以上の会員を持ち、調査研究、ロビー活動、訴訟などを行なう「パブリック・シティズン」（一九七一年発足）で、食品・薬品管理行政、連邦取引委員会、保育所、大気汚染、水質汚染などに関する種々の「ネーダー・レポート」を発表してきた。
　一九九六年以降は、二大政党支配に挑戦して緑の党から大統領選挙に出馬している。だが、ゴアとブッシュの接戦となった二〇〇〇年の選挙では、支持層が重なる民主党のゴア陣営を攪乱させる要因となり、結果的に共和党候補を利することになった。同じことは二〇〇四年の選挙でも繰り返され、左派のあいだに大きなジレンマを引き起こした。

［七］Haymarket affair　一九八六年五月一日に始まった、シカゴの労働組合による八時間労働制をもとめるストライキとデモが、五月四日に警察との衝突で大規模な暴動に発展した事件。社会主義者やアナキストにとっての労働者の祭典「国際メーデー」の起源となった。

［八］Homestead Strike　ペンシルヴァニア州ピッツバーグのカーネギー製鉄会社のホームステッド工場で、一八九二年六月三十日にはじまったロックアウトとストライキが、七月六日には会社側の警備員と労働者の衝突に発展し、アメリカ労働史上でもっとも深刻な労使対立のひとつとなった事件。

［九］Red Scare（1917－1920）　ロシア革命を受けてアメリカで巻き起こった、前駆的な共産主義者の取り締まりと排斥運動。ボルシェビキ革命が間近に迫っているというヒステリックな妄想に基づくものだった。その後、第二次大戦後の一九五〇年代に、マッカーシズムとして復活した。

［十］『ビジネスウィーク』の記事（Aaron Bernstein, "Why America Needs Unions But Not the Kind It Has Now," Business Week, May 23, 1994, p. 70）によれば、アメリカの雇用者は、基本的に組合の権利を認めていない。レーガン政権がゴーサインを出して以来、組合活動を理由にした不当解雇が横行し、アメリカ企業による組合たたきは空前の成功を収めた。その結果、一九七〇年代には組合結成のための従業員投票が年間七千件のペースで行なわれていたものが、一九九三年には半減し、一千人以上が参加するストライキの数は、同時期に年間二百件強から三十五件へと減少している。組合結成の機運が盛り上がった一九八〇年代後半には、組合支持者の不当解雇は三十六人に一人の割合に達し（七〇年代後

半には百十人に一人、六〇年代後半には二百九人に一人だった）、組合結成の是非を問う代表権承認投票が実施された際には、その三分の一で不当解雇が行なわれた（六〇年代後半には全体の八％だった）。それより深刻なのは、組合結成の運動をすれば解雇される危険があるという認識が労働者に行き渡ったことだ。

初版の序

［一］Walter Lippmann（1889 - 1974）　アメリカの作家、ジャーナリスト、政治評論家。民主主義におけるメディアによる世論形成の役割を論じて大きな影響力をもった『世論』（*Public Opinion*, 1922）という本で、「合意の捏造」という表現が使われた。――「合意の捏造」は、民主主義の実践に革命をもたらした。少数の支配階級が一般大衆の心をコントロールすることを可能にしたからだ。それは有用であり、必要なことだ。なんとなれば、「共同利害」、すなわちすべての人にかかわる全体的な関心事は、大衆の心からすべり落ちやすいため、「専門家」にまかせておくべきなのだ、とリップマンは論じている。

第一章

［一］American Enterprise Institute　第四章の訳注［八］参照。

［二］Elliott Abrams（1948 - ）　共和党の歴代大統領に仕えた外交政策専門家。レーガン政権時代に国務次官補として中南米の社会主義勢力潰しを担当し、八〇年代初期からニカラグアのコントラを支援、中南米の反動政権・反動諸勢力に対するアメリカの支援の中心を担っていた。イラン＝コントラ事件では、偽証罪を認めて有罪が確定したが、一九九二年に先代ブッシュ大統領の恩赦を受け政界に復活、ネオコンの中心メンバーの一人となった。「アメリカの新世紀プロジェクト（ＰＮＡＣ）」の設立に参加し、イラクの「体制変革」を要求し、パレスチナ問題ではアメリカがはっきりイスラエル側に立ち、圧倒的な軍事力を背景に中東問題を一気に解決すべきだと主張した。二〇〇二年九月、国務省の反対を押し切って、国家安全保障会議の中東政策担当に任命された。

［三］Clair Sterling　一九六八年のプラハの春で流出した資料を使い、一九四八年のチェコ革命当時のマサリク外相の「自殺」は他殺の疑いが濃厚とする『チェコ戦後史の謎――マサリク外相の死』などを書いたアメリカの作家。『テロ・ネットワーク　国際テロ組織の秘密戦争』（友田錫訳、サンケイ出版、一九八二年）では、ソ連が国際テロリズムの背後にある勢力だという陰謀論を展開したが、その背後にはＣＩＡの暗躍があったと言われ、中央アメリカにおける米国の政策を

正当化するために利用されたらしい。

［四］Arkady Shevchenko（1930－1998）　ウクライナ出身のソ連の外交官。一九七三年に国連事務次官に任命されたが、ニューヨーク赴任中にCIAに情報を漏らし、八七年に本国に発覚すると合衆国に亡命した。

［五］William Childs Westmoreland（1914－2005）　アメリカの軍人。第二次世界大戦、朝鮮戦争と華麗な戦歴を誇り、ヴェトナム戦争ピーク時（一九六四年から六八年）に南ヴェトナム駐留司軍令官、六八年から七二年までは陸軍参謀長官をつとめた。

ヴェトナム戦争では、きわめて楽観的なアメリカ軍勝利の見通しを喧伝したことで知られるが、実際には任期中に派兵規模は拡大の一途をたどり、着任時の一万六千人から、六八年の参謀長官栄転時には五十万人にまで膨れ上がっていた。ウエストモーランド将軍のもとで、アメリカは戦闘にはことごとく勝利したが、戦争には負けたといわれる。転機となったのは、一九六八年のテト攻勢で、共産軍が米軍勢力の四〇%をケサンに釘づけにしているあいだに、南ヴェトナム各地で米軍や南ヴェトナム軍への攻撃が展開された。共産主義勢力は多大の犠牲を出したが、これによってアメリカ国民は、従来のウエストモーランドによる楽観的な戦況報告への信頼を失ったとされる。

退役後の一九八二年、マイク・ウォレスがCBSの特別番組のためにウエストモーランドへのインタビューを行なった。このドキュメンタリーは、ウエストモーランドが一九六七年当時、戦争への国民の支持と士気を保つために、解放軍の戦力を意図的に過小評価して報告したと主張していた。ウエストモーランドはCBSを相手に名誉毀損の訴訟を起こしたが、結果的にはCBSの謝罪を受け入れる形で和解し、訴訟を取り下げた。

［六］Richard Mellon Scaife（1932－）　ピッツバーグ生まれの大富豪で、メディア企業や銀行、石油企業などを所有する。右派思想を推進し、ヘリテージ・ファンデーションなど保守系の公共政策機関に大金を援助していることで知られる。

［七］Ian Smith（1919－）　イギリスの政治家。一九六四年にイギリス直轄植民地南ローデシアの首相となり、六五年十一月に一方的に独立を宣言し、少数の白人が独占的に支配する体制で七九年まで首相をつとめた。ローデシアの一方的独立は国際社会の承認をえられず、国連の経済制裁を受けることになった。十四年間にわたる白人支配のあいだ、スミスの政党は総選挙に勝利しつづけたが、黒人勢力の解放闘争が激しくなり、国際情勢の変化もあって圧力に耐え切れなくなり、七九年に黒人にも参政権を与えて選挙を行ない、黒人のムゾレワを首相の座につけた。だがムゾレワ首相は白人政権の傀儡にすぎなかったため、国際社会の承認を得られず、イギリスの調停で黒人勢力との協定を結び、八〇年の総選挙でロバート・ムガベが大統領に選ばれて、ようやく多数派支配が達成された。ローデシアの独立は取り消され、ジンバブエとして新たに出発することになった。スミスはその後も国会議員として八七年まで現役で活躍した。

［八］Robert Gabriel Mugabe（1924－）　ジンバブエ初代大統領。一九八〇年の総選挙の結果、白人中心のローデシア共

和国からジンバブエ共和国へと平和裏に政権が移行した。政権は黒人に移行したが、八〇年の協定に従って、七年間は白人に現状の土地保有や国会での優先枠を保障するなど、一定の既得権を認めた。

ムガベ政権は白人と黒人の融和による国家建設に努め、アフリカにおける模範的な指導者であると国際社会ではみなされていた。だが八七年に政権協定が切れると、ムガベは次第に独裁色をつよめ、与党ZANU-PF（ショナ族中心）に野党第一党のZAPU（ンデベレ族中心）を統合して一党体制を築き、以来ずっと国家元首の地位にある。九〇年代になって、白人から土地を購入して黒人に再分配するという経済政策の破綻が顕在化すると、人種対立が表面化し、旱魃やエイズの蔓延で経済は危機的な状態となっている。

［九］Michael Ledeen（1941-）　アメリカン・エンタープライズ・インスティテュート（AEI）の専従研究員で、*The U.S. National Review* や *The Jewish World Review* の補助編集員。JINSA（国家安全保障問題ユダヤ研究所——アメリカにあるイスラエル系軍事研究機関）の創設メンバーで、現在も顧問をつとめている。二〇〇三年当時は、ブッシュ大統領に大きな影響力を持っていたカール・ローヴの主要な国際関係顧問だった。七〇年代半ばにイタリアでファシズムやテロリズムを研究し、帰国後はジョージタウン大学の戦略国際問題研究所に所属した。一九八〇年にはイタリアの軍情報局に「リスク・アセスメント」顧問として雇われ、八一年にはアレグザンダー・ヘイグ国務長官の特別顧問に就任した。

［十］Juan Bosch（1909-2001）　ドミニカ共和国の政治家、作家。一九三七年にラファエル・トルヒーリョを批判して追放され、キューバに亡命した。作家として多数の作品を発表する一方、一九三九年に結成したドミニカ革命党は、反トルヒーリョの亡命者グループの中で最有力となった。六一年トルヒーリョが暗殺されると帰国し、ドミニカ共和国ではじめての民主的な選挙によって大統領に選ばれた。六三年に就任した後は民主化につとめたが、これを危険視したアメリカによってクーデターをしかけられ、わずか七カ月でふたたび亡命をしいられた。だが軍事政権の悪政はすさまじく、六五年に民衆蜂起が起こり、改革派の将校も反乱に参加、ボッシュはふたたび政権に返り咲いた。しかし新政権と保守派の対立は内戦に発展し、アメリカの軍事介入を招いた。米軍は撤退したが、翌六六年の選挙でボッシュは破れ、改革党のバラゲールに政権を譲った。ボッシュは七三年にドミニカ解放党を結成し、反帝国主義の象徴として、その後もドミニカ政界の重鎮であり続けた。

［十一］Annie Kriegel（1926-1995）　フランスの歴史家、作家。第二次大戦中はレジスタンス運動に参加した戦闘的な共産主義者だったが、戦後は次第に距離を置くようになり、五六年にスターリン主義の実態が明らかになると離党し、逆にフランス共産主義の過去に対し、もっとも批判的な目を向ける論客の一人となった。

第二章

［一］Solidarity　一九八〇年、グダニスク造船所（旧レーニン造船所）で結成されたポーランドの独立自主管理労働組合で、初代書記長レフ・ワレサのもとに八〇年代には広範な反体制社会運動を形成した。数年間の弾圧の後、政府は組合との対話に乗り出し、円卓会議の結果、八九年に野党主導の半自由選挙が実現した。同年末に「連帯」を中心とする連立政権が成立し、ワレサが首班となった。これ以降、連帯運動は革新性を弱め、通常の労働組合として政治的な影響力をおおむね失った。

［二］José Napoleón Duarte（1925 - 1990）　エルサルバドルの政治家。アメリカに留学し、帰国後一九六〇年に、中道を標榜するキリスト教民主党を創始。六四年から七〇年までサンサルバドル市長をつとめた。モリーナ政権から迫害をうけたが、七九年のクーデターで亡命先から帰国し、八〇年三月に軍民評議会に参加、同年十二月から八二年まで軍民評議会を率いた。八一年から始まった左派ゲリラ連合（ＦＭＬＮ）との全面対決にアメリカから軍事支援を受け、レーガン政権によって中央アメリカの反共対抗勢力の象徴として喧伝された。軍や民兵組織による民間人の誘拐、殺害はいっこうに止まず、土地改革は凍結された。アメリカの公然たる支援を受けて、八四年の選挙でロベルト・ダビュイッソンを破り、同年六月から八九年六月まで大統領をつとめた。八四年十月にＦＭＬＮとの首脳交渉を実現させた。

［三］Major Roberto D'Aubuisson Arrieta（1944 - 1992）　エルサルバドルの軍人、政治家。七二年に米州軍学校を卒業。一九七八年から九二年までの内戦時代に猛威をふるった「死の部隊」による超法規的殺人を、陰で操っていた人物と考えられている。ロメロ大司教の暗殺後に逮捕され、暗殺や政府転覆の陰謀にかかわった証拠も押収されたが、相次ぐテロリストの脅迫や組織的な圧力に政府が屈し、彼は解放された。軍民評議会に対抗して八一年九月、少数特権階級や保守派を支持層とする国民共和同盟（ＡＲＥＮＡ）を結成し、九二年まで党首をつとめた。同党は八二年三月の立憲選挙で多数を制し、Álvaro Alfredo Magaña Borja を大統領に任命して軍民評議会の統治に幕を引いた。八四年の大統領選挙でドゥアルテに敗北し、八五年の選挙でＡＲＥＮＡが議会の多数を失うと、ダビュイッソンは党首を退き、アルフレッド・クリスティアーニが後を継いだ。ロメロ暗殺への関与の十分な証拠が揃っているとの、元アメリカ大使ホワイトの証言にもかかわらず、ダビュイッソンは存命中にいかなる罪状で起訴されることもなく、九二年に病没した。

［四］Colonel Nicolas Carranza　エルサルバドルの軍人。一九七九年後半から八一年初めまで国防副大臣をつとめ、国家警備隊、国家警察、財務警察を支配下に置き、これらの組織による何万人もの民間人の殺害を指導した。アメリカの圧力で国防副大臣の地位は退いたが、八三年に財務警察の長に任命された。八五年に失脚し、合衆国に移住した。二〇〇三年、五人の被害者を代表するアメリカの人権団体 The Center for Justice & Accountability（CJA）等の提訴により、米国の裁判所で人権侵害で裁かれた。ロバート元大使は、カランサが閣僚時代にＣＩＡから金をもらって情報を流していたと裁

判で証言した。

［五］Treasury Police　カランサが国防副大臣の地位にあった七九年から八一年のあいだに、勢力下においていた三つの治安組織のひとつ。他に、国家警備隊（National Guard）と国家警察（National Police）がある。

［六］William P. Rogers（1913 – 2001）　アメリカの政治家、アイゼンハワー政権で司法長官（在任一九五七〜六一年）、ニクソン政権では国務長官（在任一九六九〜七三年）をつとめ、「ロジャーズ提案」など中東和平に力を入れたが、次第にキッシンジャーに影響力を奪われた。

［七］Natan Sharansky / Anatoly Scharansky（1948 – ）　ウクライナ生まれのユダヤ人で、反共産主義のシオニスト。ソ連時代にアンドレイ・サハロフの通訳をつとめ、やがて本人も反体制の人権活動家として西側で有名になった。一九七七年にKGBに逮捕され、合衆国のスパイとして有罪となり、十三年の強制労働を宣告された。西側ではソ連の弾圧の犠牲者として象徴的な存在となり、その釈放を求める声が高まった。一九八六年に捕虜交換で解放されると、シャランスキーはイスラエルに移住し、アナトリーからナタンへと改名した。イスラエルでは政治家として活躍し、ロシア移民党の党首として一九九六年以降、閣僚をつとめてきたが、二〇〇五年シャロン政権の進めるガザ撤退に反対して辞職し、政界からの引退を表明している。

第三章

［一］Contra　反革命運動の略称。サンディニスタ民族解放戦線（ＦＳＬＮ）が、一九七九年七月のクーデターでソモサ政権を倒して以来、サンディニスタ革命政府に対抗する武装勢力がいくつも生まれた。コントラはそれらを総称してアメリカの新聞が一般的に使っている名称であり、各集団のあいだに思想的な統一性はない。当初はＣＩＡやアルゼンチンなどから資金を提供されていたが、後にはレーガン政権から秘密の援助を受けることになった。またサンディニスタの土地改革に抵抗する国内の大土地所有者たちからも援助を受けている。

［二］LASA　ラテンアメリカ研究では世界最大の学会。

［三］軍による構造的な支配　グアテマラの内戦時やその後の状況については、人権団体や研究者の報告がある。八〇年代後半まで、少なくとも五万人のグアテマラ人が、北部森林地帯や政府が設計した「モデル村」に分散させられていた。グアテマラ北部一帯に散在したモデル村は、国家が管理する農業生産の「開発拠点」となるはずだった。散らばった村落を一カ所に集めて、監視の行き渡った大村落をつくり、飢えや、栄養失調、病気、衣服や住居の不足などを管理の手段に使うグアテマラ軍によって支配されていた。このようなモデル村の政府支配の鍵を握ったのは、民間人の「自衛」パトロー

ル（PACV）の存在であり、百万人を超える男たちが、共同体レベルで民兵組織の構造に組み込まれることになった。これによって、軍は農村を離れて代理人をつかった遠隔操作をすることが可能になった。

[四] Vinicio Cerezo（1942－）　グアテマラの政治家。一九八四年一月から九一年一月まで大統領をつとめ、その後も現役議員として活躍している。一九八三年八月にリオス大統領が、メヒア国防大臣を中心とする軍の圧力で失脚すると、メヒア政権は新憲法の制定とそれに基づく民政移管を命題として、一九八四年七月に憲法制定議会選挙を実施した。同年八月に発足した同議会は一九八五年五月に新憲法を公布し、十一月に大統領及び国会議員選挙を実施した。十二月の決戦投票でキリスト教民主党のセレソが大統領に選出され、一九八六年一月に就任し、二十年ぶりの民政移管が達成され、新憲法も発効した。セレソ大統領は、内政面ではさしたる成果は挙げられなかったが、外交面では「積極中立」政策を唱え中米和平にイニシアティヴをとり、ニカラグア紛争の解決に大きな役割を果たした。

[五] Stephen Kinzer　アメリカの作家、新聞記者。『ニューヨーク・タイムズ』特派員として五十カ国以上を経験し、八〇年代には中央アメリカの革命や社会変革を報道した。九〇年代にはベルリン支局長としてヨーロッパの旧共産圏諸国をカバーした。トルコや中央アメリカ、イランなどについての著作があり、最近は十九世紀末から現在までの、アメリカによる外国政府の転覆の歴史について書いている。*Overthrow : America's Century of Regime Change from Hawaii to Iraq*, Times Books, 2006.

[六] José Daniel Ortega Saavedra（1945－）　ニカラグアの政治家。八五年から九〇年までニカラグア大統領。若いころからサンディニスタ民族解放戦線（FSLN）に参加し、重要幹部として活躍。一九七八年にソモサ政権を倒した革命暫定政府に参加し、まもなく実質的な国家指導者となった。社会主義政策を採用したためアメリカの敵意を買い、同国の支援するコントラとの内戦に引き込まれた。レーガン政権はコントラへの支援資金を捻出するため、秘密裏にイランへの違法な武器供与をおこない、後にこれが発覚して大スキャンダル（イラン＝コントラ事件）となった。また、ニカラグアは内乱によって数万人の犠牲者を出した。一九八四年にオルテガは全国選挙を呼びかけ、投票者の六割以上の支持を得て、八五年に大統領に就任した。レーガン政権はこの選挙が不正であったと非難し、ひきつづきコントラの反政府活動を支援した。九〇年の選挙でバリロス・チャモロに破れたが、その後も政界の重鎮として存在し続け、二〇〇六年十一月の選挙でふたたび大統領に当選した。

[七] Frente Farabundo Martí para la Liberación Nacional（FMLN）　エルサルバドルの政党。もとは社会主義者、共産主義者、社会民主主義者をふくむ革命的ゲリラ組織で、一九八〇年に反政府闘争のための五つの武装組織の上部団体として誕生し、アメリカが支援する政府と十二年にわたる内戦を戦った。九二年に和平合意が成立してからは、軍事部門が解体し、合法的な政治政党となった。現在はエルサルバドルの二大政党の一翼を担う。ファラブンド・マルティは、一九

三〇年代初期に社会改革を要求して立ち上がった農民と労働者の蜂起を率いた人物。独裁者マルティネスによる暴虐な鎮圧は「ラ・マタンサ」(謝肉祭に豚を殺すこと)と呼ばれ、数万人の無実の市民が殺された。

[八] The parties of the Democratic Coordinating Committee　アメリカの支援を受けた、財界中心の保守的政治グループ。

[九] Guatemala City peace accord(エスキプラスII)　一九八〇年代半ば、中南米諸国で長年にわたる戦争状態の解決を目指して、グアテマラのエスキプラスで各国首脳の合意が結ばれた。八三年以来のコンタドーラ・グループによる努力の結実だった。一九八六年五月に中米五カ国の首脳会談によって「エスキプラスI」が実現し、コスタリカのアリアス大統領が会談の成果にもとづいた和平提案を提出した。八六年から八七年にかけて、中米各国の首脳が経済協力と交渉による紛争解決の枠組みに合意し、「エスキプラス和平プロセス」が確立した。これを踏まえて一九八七年八月、グアテマラシティで中米和平合意(エスキプラスII)が調印された。

中米和平合意は、国家間の和解を促進するために、停戦、民主化、自由選挙、非合法勢力への援助の全面停止、軍縮交渉、亡命者への援助など、多数の措置を提案し、国際的に承認された手続きとスケジュールを設定していた。だがアメリカ政府は、これが事実上ニカラグアの民主選挙で選ばれたサンディニスタ政権の承認につながるため、和平合意の承認を拒んだ。アメリカの拒絶によって、和平合意は破綻した。しかし、このエスキプラスIIを下敷きにして、一九九〇年代はじめにグアテマラやエルサルバドルで和平が進展した。

[十] Contadora peace proposals　メキシコ、パナマ、ベネズエラ、コロンビアの四カ国による和平提案。本章の訳註[九]を参照。

[十一] the Duvalierists(デュヴァリエ主義者)　ブードゥー教を利用して個人崇拝を煽り、恐怖政治を敷いて終身大統領の地位を築いたハイチの独裁者フランソワ・デュヴァリエが、一九七一年に亡くなると、息子のジャンクロード・デュヴァリエ Jean-Claude Duvalier(1951-)が弱冠十九歳で跡を継いだ。当初ジャンクロードは世襲大統領制をよろこばず、公務に熱意を示さなかったため、その母親を中心に、亡き独裁者の教えに忠実な老年の側近たちが実権を握っていた。

第四章

[一] Mehmet Ali Ağca(1958-)　一九八一年、ヨハネ・パウロ二世の暗殺をはかり、重症を負わせた罪で、イタリアの裁判所から終身刑を宣告された。十九年間の服役の後、恩赦によって出所した。アージャはトルコに送還され、今度は同国で一九七九年におかした強盗と殺人の罪でトルコの刑務所に収監された。刑期をつとめあげて二〇〇六年一月にいった

ん出所したが、法務省の異議申し立てを最高裁が認めたため、すぐに再逮捕、収監された。

[二] Gray Wolves　アルプアルスラーン・テュルケシュ（Alparslan Türkeş）が一九六九年に結成した超国家主義運動団体、トルコ国民主義行動党（ＭＨＰ）の青年組織として誕生したが、綱領では独立組織をうたっている。この呼び名は、囚われのトルコ人を解放するといわれる灰色の狼の伝説に基づいている。ナチ政権がアーリア人の帝国をめざしたように、旧ソ連から中国にまたがるトルコ人の大帝国（テュラン）の建設をめざしている。トルコのマフィアや情報機関、ＣＩＡとの関係が指摘されており、政府の対ゲリラ戦への協力も、元最高裁判事によって証明されている。『ル・モンド・ディプロマティーク』の記事によれば、ＣＩＡは旧ソ連内のトルコ系ムスリムのあいだで反ソヴィエト感情を煽るのに、大トルコ主義を利用した。

「灰色の狼」には、グラディオ（ＮＡＴＯの残留勢力による反共民兵組織）の影響が浸透しており、アブドゥッラー・チャトルのような幹部がグラディオのために働いていた。チャトルは、イタリアのネオファシストで国際テロリストのステファノ・デレ・チアイエと出会い、ピノチェトの秘密警察ＤＩＮＡとつながりをもち、アルゼンチンの「汚い戦争」（七〇年代後半から八〇年代前半にかけて、政府がしかけた何万人もの市民の失踪や殺害）にも加担した。またイタリアやトルコでは、グラディオが「緊張戦略」を支援していた。一九八〇年の軍事クーデター後、ＭＨＰと「灰色の狼」は非合法化され、トゥルケシュやメンバーたちは逮捕された。彼らには、分離独立運動を推進するクルド人やアルメニア人と戦うという釈放の条件が提示された。トルコの情報部は「灰色の狼」の民兵組織を利用して、ＰＫＫやＡＳＡＬＡの指導者の暗殺を図ったらしい。

[三] Jonathan Institute　イスラエルの右派ベンジャミン・ネタニヤフ（1949‐）が、一九七六年に設立した私設の対テロリズム対策研究機関。同年六月のエンテベ空港奇襲作戦（テルアビブを離陸したエールフランス機がパレスチナ解放人民戦線（ＰＦＬＰ）と西ドイツのグループにハイジャックされ、ウガンダのエンテベ空港に強制着陸させられた際、イスラエルがウガンダの主権を無視した奇襲作戦によって人質を奪還した）で戦死した、兄ヨナタン・ネタニヤフに捧げたもの。国際テロの脅威を世界に喧伝するという、イスラエルの新戦略を担う重要なプロパガンダ機関で、「ＰＬＯはテロ組織であり、その背景にはソ連がある」という考えを世に広めた。七九年七月のエルサレム会議の後、ネタニヤフは駐米副大使、八四年には国連大使に就任し、合衆国の国際テロ政策にも影響をあたえた。

[四] plausible deniability　政府内に非公式でゆるやかな命令系統をつくること。暗殺や非合法活動が明るみに出たときに備えて、政府高官が責任を追及されないように、いっさいの関係性を否認できるように配慮したもの。

[五] Ugur Mumcu（1942‐1993）　トルコのジャーナリスト、作家。アンカラ大学卒業後イギリスで法律を学び、Cumhuriyet 紙の記者として、テロリズム、麻薬や拳銃の密輸入、汚職などを扱ったコラムで人気を博した。独立派のクルド

労働者党（ＰＫＫ）とトルコ情報機関のあいだのつながりを追跡中に、一九九三年一月、アンカラの自宅で車に仕掛けられた爆弾で殺された。

［六］Abdullah Çatli（1956 - 1996）　トルコの民族主義者。ネオファシストの活動家で、一九七八年に「灰色の狼」の中で、トゥルケシュに次ぐナンバーツーの地位を確立した。ＮＡＴＯの残留勢力による秘密軍事ネットワーク、グラディオのメンバーで、アルメニア解放秘密軍（the Armenian Secret Army for the Liberation of Armenia）の粉砕に一役買い、トルコ政府や反共民兵組織と協力していた。犯罪活動にもかかわらず、トルコの超国家主義者のあいだでは尊敬を集めていたが、九六年に自動車事故で死亡した。

［七］strategy of tention　テロリズムへの恐怖感を煽って世論を操作する手法を指す。イタリアで、七〇年代から八〇年代にかけてネオファシストが実行した襲撃や殺人が、裁判にかけられたときにできた造語。右翼テロを陰で支援していたのは、プロパガンダ・デュエ（Ｐ２――本章の訳註［十二］参照）などの情報機関で、共産圏の脅威に対抗する秘密工作の一環として、これらの襲撃を共産主義者によるものだと宣伝し、躍進するイタリア共産党の政権参入を阻もうとしたのではないかと考えられている。

［八］Center for Strategic and International Studies（CSIS）は、一九六四年に設立されたワシントンＤＣにある保守系シンクタンクで、当初はジョージタウン大学の付属研究機関だったが後に独立した。

American Enterprise Institute for Public Policy Research（AEI）は、一九四三年に創設された共和党系シンクタンクで、ブッシュ政権に数多くの人材を供給している。新保守主義の頭目的存在アーヴィング・クリストルをはじめ、リン・チェイニー（ディック・チェイニー夫人）、元国連大使ジーン・カークパトリックなどが所属しており、有力イスラエル・ロビーのひとつ。

［九］Henry Curiel（1914 - 1978）　カイロのセファラディーム系ユダヤ人の家庭に生まれ、フランスで教育を受けたエジプトの政治活動家。第二次大戦中にレジスタンス運動に参加し、共産主義活動により王政下のエジプトを追放された後は、フランスを拠点に反植民地運動を展開した。アルジェリア民族解放戦線を支援して投獄され、アフリカ民族会議（ＡＮＣ）をはじめとする第三世界の解放闘争を支援した。七六年にはイスラエル＝パレスチナ問題の交渉による解決をめざし、イスラエルの和平推進派ウリ・アヴネリやマティアス・ペレドと、ＰＬＯ幹部イサーム・サルターウィの対話をパリで仲介した。七八年にパリで暗殺されたが、犯人はわかっていない。

［十］George Suffert　一九七六年六月にフランスの週間誌『ル・ポワン』に発表した記事で、アンリ・キュリエルを、ＫＧＢと通じた「テロ支援ネットワークの頭目」と非難した。テロ組織とされるＰＬＯ幹部とイスラエルの和平派の対話を、キュリエルがとりもったためだった。これで火がついた中傷キャンペーンの結果、キュリエルは嫌疑が晴らされるまで、

自宅拘禁の状態におかれた。

［十一］Billygate affair　カーター大統領の弟ビリー・カーターが、一九七八年末から七九年はじめにかけてリビアを三回にわたって訪問し、リビア政府から二十二万ドルのローンを受けとり、同国のエージェントとして登録されたことが発覚し、政府役人の不正地位利用の嫌疑で上院の公聴会に呼び出された事件。

［十二］Licio Gelli（1919－）　一八七七年に創始されたイタリアの有力なフリーメイソン・ロッジ、プロパガンダ・デュエ（P2）のマスターで、「マルタの騎士団」の団員でもある。P2はCIAやマフィアと結びついた秘密結社で、イタリアの要人が数多く参加している。ボローニャ駅の爆弾テロ事件やバチカン銀行疑獄など、過去三十年のイタリアの主だったスキャンダルのほぼすべてに関与が疑われており、イラン＝コントラ事件への関与も示唆されている。ジェッリは現在、トスカナの自邸に在宅拘禁されている。

［十三］Bologna railroad station massacre　一九八〇年八月二日、ボローニャの中央駅で起こった爆弾テロ事件。八十五人が死亡、二百人以上が負傷した。政府や警察は、はじめ「赤い旅団」の犯行を示唆していたが、多数の捜査妨害がつづいたため、「緊張戦略」の一環ではないかとの疑惑が浮上してきた。長期にわたる裁判闘争の結果、極右のテロリスト組織Ordine Nuovo の犯行であることが確定し、SISMIのエージェントやP2のジェッリが、捜査妨害で有罪を宣告された。

著者紹介

ノーム・チョムスキー（Noam Chomsky）

マサチューセッツ工科大学言語学教授。生成文法理論により20世紀の言語学に「チョムスキー革命」をもたらす。心理学でも、当時優勢だったB・F・スキナーの行動主義的なアプローチを批判し大きな影響を与えた。その一方、60年代のアメリカによるヴェトナムへの軍事介入に反対し、ラディカルな政治批判やメディア批判をくり広げる。著書は80冊を超え、邦訳書も30冊近い。その思想と活動をあますところなく描いたカナダの長編ドキュメンタリー映画『チョムスキーとメディア』（1992）は、世界的な大ヒットを記録した。

エドワード・S・ハーマン（Edward S. Herman）

ペンシルヴァニア大学ウォートン校名誉教授。金融業界・企業システムの構造や、企業としてのメディアの構造を研究する。60年代にヴェトナム反戦運動を通じてチョムスキーと知り合う。最初の共著 *Counter-Revolutionary Violence: Bloodbaths in Fact & Propaganda* (Warner Modular, 1973) は、親会社ワーナーによって抹殺されたが、1973年には共著 *The Political Economy of Human Rights* をサウスエンド・プレスより出版。著書に、*The Real Terror Network*（1982）など、アメリカの外交政策やメディアに関するものが多数あり、Zマガジンにも定期的に寄稿している。

訳者紹介

中野真紀子（なかの まきこ）

翻訳家。訳書にエドワード・サイードの『ペンと剣』（筑摩書房）、『遠い場所の記憶』、『バレンボイム/サイード 音楽と社会』、『オスロからイラクへ 戦争とプロパガンダ2000-2003』（以上みすず書房）、イスラエル・パレスチナ問題でバイナショナリズムを論じたチョムスキーの『中東 虚構の和平』（講談社）などがある。佐藤真監督の映画『エドワード・サイード OUT OF PLACE』の字幕・監修を担当、監督との共著で同じタイトルのコンパニオンブック（みすず書房）も出版している。 http://www.canaanite.net

マニュファクチャリング・コンセント I
―マスメディアの政治経済学―

二〇〇七年二月五日　初版第一刷発行

著　者　ノーム・チョムスキー
　　　　エドワード・S・ハーマン
訳　者　中野真紀子
発行者　中　嶋　廣
発行所　株式会社トランスビュー
　　　　東京都中央区日本橋浜町二―一〇―一
　　　　郵便番号一〇三―〇〇〇七
　　　　電話〇三（三六六四）七三三四
　　　　URL http://www.transview.co.jp
　　　　振替〇〇一五〇―三―四一一二七

印刷・製本　中央精版印刷
ISBN978-4-901510-45-5　C1036